Glockner-Gruppe
33 Kitzsteinhorn 3203 m
34 Großer Grießkogel 3066 m
   Hocheiser 3206 m
35 Hoher Tenn 3368 m
36 Großes
   Wiesbachhorn 3570 m
   Hint. Bratschenkopf 3412 m
37 Johannisberg 3463 m
   Hohe Riffl 3346 m
38 Fuscherkarkopf 3336 m
39 Großglockner 3798 m

Granatspitz-Gruppe
40 Stubacher Sonnblick 3088 m
   Granatspitze 3086 m

41 Nussingkogel 2991 m
42 Großer Muntanitz 3232 m
   Gradötzspitze 3063 m
43 Meßlingkogel 2694 m
   Hochgasser 2922 m

Venediger-Gruppe
44 Tauernkogel 2989 m
   St. Pöltener
   Westweg
45 Venediger-Höhenweg
   Kristallwand 3329 m
46 Großvenediger 3674 m
47 Hoher Zaun 3467 m
   Schwarze Wand 3511 m
   Rainer Horn 3560 m

48 Großer Geiger 3360 m
49 Östl. Simonyspitze 3488 m
50 Vord. Gubachspitze 3318 m
   Rostocker Eck 2749 m
51 Dreiherrnspitze 3499 m
52 Rötspitze 3495 m
53 Weißspitze 3300 m
54 Säulkopf 3209 m
   Hoher Eichham 3371 m
55 Larmkogel 3022 m
56 Schlieferspitze 3289 m

Lasörlingkamm
Deferegger Alpen
57 Großer Zunig 2771 m
   Kleiner Zunig 2443 m

58 Lasörling 3098 m
59 Gösleswand 2912 m
60 Gölbner 2943 m
61 Hochgrabe 2951 m
   Großes Degenhorn 2946 m
62 Weiße Spitze 2963 m
   Rote Spitze 2956 m
63 Deferegger
   Pfannhorn 2819 m

Rieserferner-Gruppe
64 Almer Horn 2986 m
65 Hochgall 3435 m
66 Großer Lenkstein 3236 m
   Roßhorn 3068 m

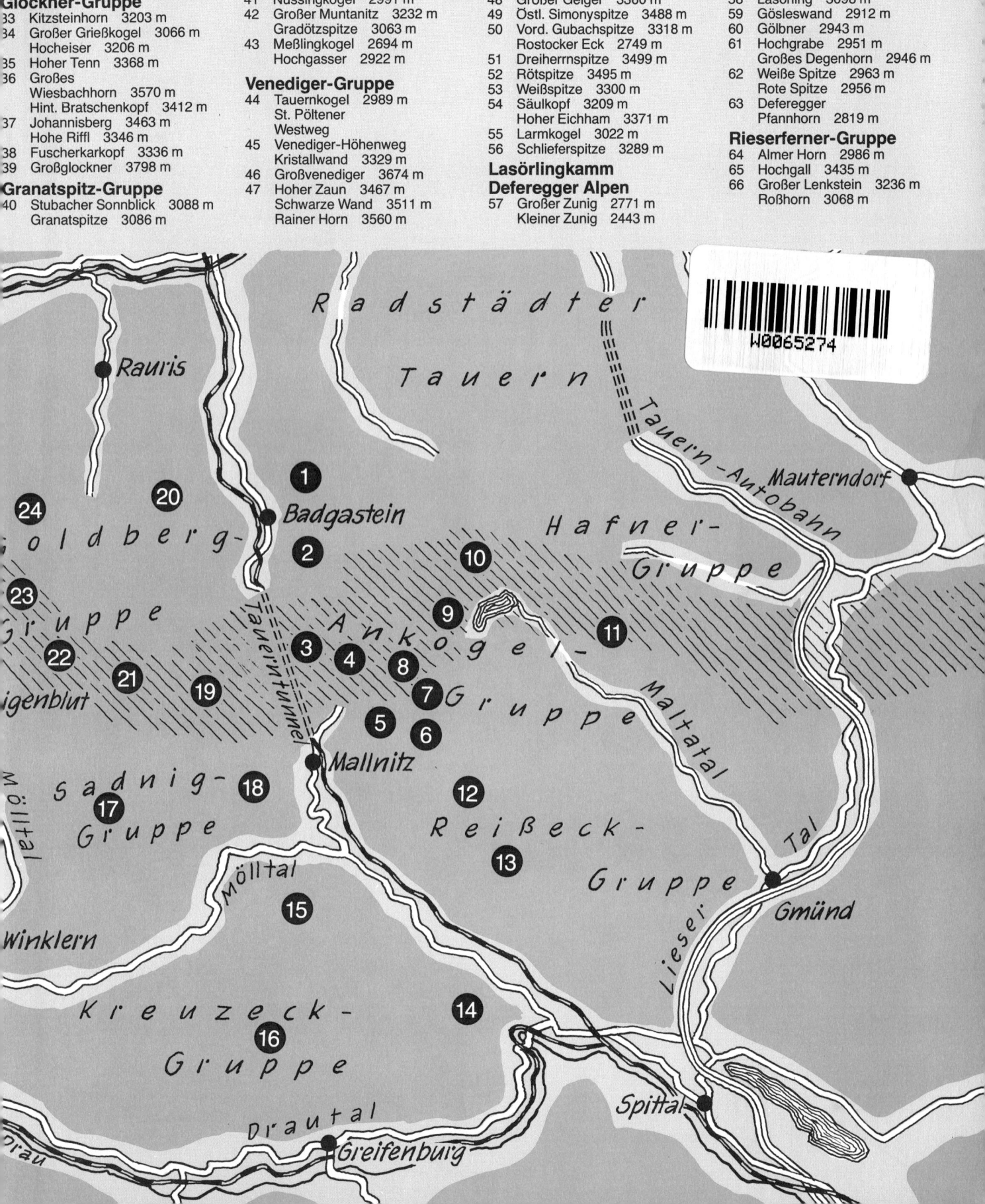

Sepp Schnürer
Hohe Tauern

Sepp Schnürer

Hohe Tauern

Bergsteigen und Bergwandern

BLV Verlagsgesellschaft
München Wien Zürich

CIP-Kurztitelaufnahme der Deutschen
Bibliothek

Schnürer, Sepp:
Hohe Tauern: Bergsteigen u. Bergwandern /
Sepp Schnürer. [Zeichn.: Hellmut Hoffmann]. –
München; Wien; Zürich: BLV Verlagsgesell-
schaft, 1983.
  (BLV Kombi-Bergsteigerbuch)
  ISBN 3-405-12639-8

Schriftliche und bildliche Darstellungen dieses
Werkes erfolgten nach bestem Wissen und Gewissen des Autors. Die Begehung der Touren
nach diesen Vorschlägen geschieht auf eigene
Gefahr. Eine Haftung kann nicht übernommen
werden.

Alle Fotos sind Aufnahmen des Verfassers.

Zeichnungen: Hellmut Hoffmann

Satz und Druck: Georg Appl, Wemding
Bindung: Grimm & Bleicher, München

Printed in Germany · ISBN 3-405-12639-8

Literaturnachweis

Buchenauer, Liselotte: Hohe Tauern,
Band 1 und 2
Buchenauer/Gallin: Kärntner Wanderbuch
Forcher, Michael: Felbertauern
Herrmann, Ernst: Tauernhöhenweg
Knorr, Otto: Großvenediger
Kühlken, Oskar: Die weltalte Majestät
Kühlken, Oskar: Das Glocknerbuch
Kühlken, Oskar: Tauerngold
Lukan, Karl: Alpinismus in Anekdoten
Mair, Walter: Osttiroler Wanderbuch
Pinguin-Verlag: Großglockner Berg und Straße
Richter, Eduard: Die Erschließung der
Ostalpen
Schnürer, Sepp: Hohe Route Ostalpen
Jahrbücher des Deutschen und
Österreichischen Alpenvereins

Führerliteratur: Siehe Tourensteckbriefe.

Erläuterung der Kartensymbole

▬▬▬	Tourenverlauf
- - - - -	sonstige Routen
⌂	Hütte
◻	Biwakschachtel
▲	Gipfel
▫	Alm, unbew. Hütte
⋊⋉	Paß, Joch

Zum Titelbild:

*Das prächtige Gebirge der Hohen Tauern, auf-
gefaltet vor Jahrmillionen aus den Urgesteinen
des Erdinneren zu einem weitläufigen Zug
schwerer dunkler Berge und noch bedeckt
vom Eis vergangener Jahrtausende, diese Hohen Tauern bewahren für Millionen Menschen
einen unermeßlich reichen, unersetzlichen Er-
holungsraum. Der Großglockner, ihr größter
und schönster Gipfel, ist die Wiege des Alpinismus in den Ostalpen. Die Erstbesteigung im
Jahre 1800 war das Signal für den allgemeinen
Aufbruch: Ein neues Naturverständnis, das
Zeitalter des Humanismus und der Aufklärung
schuf den Bergsteiger und Bergwanderer, der
um seiner selbst willen, um Leib und Seele zu
kräftigen, die Alpen bereiste und nach und
nach alle Gipfel bestieg. Die Chronik des
Bergsteigens in den Hohen Tauern beginnt mit
dem Großglockner, deshalb soll sein Bild den
Titel dieses Tauernbuches gestalten.
Die Nordseite des Glocknermassivs gehört zu
den klassischen Schaustücken der Alpen. Einmal wenigstens möchte jeder Bergfreund dieses Bild sehen, und so findet mit der Öffnung
der Glocknerstraße Jahr für Jahr die große
»Wallfahrt« zum Parkplatz an der Franz-Josefs-
Höhe statt. Der Bergsteiger freut sich auf die
Anstiege entweder über den Firnmantel des
Hofmannskeeses (links im Bild) hinauf zum hohen Gletschersaum der Adlersruhe oder aus
den Katarakten des Glocknerkeeses im steilen
Eis der Pallaciniririnne zur winzigen Scharte
zwischen dem Kleinglockner und dem Großglockner. Diese außergewöhnliche Route wagte als erster, am 18. August 1876, Alfred Markgraf von Pallavicini (1848–1886) mit den Heiligbluter Führern Bäuerle, Kramser und Tribusser.
Josef Tribusser schlug allein etwa 2500 Stufen;
wegen der Steilheit (50°) und ohne Steigeisen
konnten die Führer im Vortritt nicht wechseln.
Dieser größten Eistour der Hohen Tauern nä-
hert sich der extreme Eisgeher unserer Tage
auch heute noch mit Respekt. Immer wieder
fordert die Pallaciniririnne durch die ständig
drohenden objektiven Gefahren, wie Stein- und
Eisschlag, ihre Opfer. Markgraf Pallavicini, zu
seiner Zeit der stärkste Mann Wiens, blieb am
Glockner. Bei der Durchsteigung der Glocknerwand rechts des Hauptgipfels verunglückte am
26. Juni 1886 seine Dreierseilschaft durch den
Abbruch einer Schneewächte tödlich.
Aufnahmestandort des Titelbildes: Aus dem
Anstieg über den Gamsgrubengrat zum Fuscherkarkopf.*

Zum Bild Seite 2/3:

*Es zeigt den Hauptkammzug der Reißeck-
Gruppe. Der ausdauernde, erfahrene Bergwanderer durchquert auf dem Reißeck-Höhenweg
diese wenig bekannte Bergwelt. Die Einsamkeit
nistet in abseitigen Steinkaren, am Ufer kleiner
Bergseen und auch bei der Biwakschachtel
über dem Großen Pfaffenberger See, deren Tür
oft tagelang nicht geöffnet wird.*

Hohe Tauern

Der Name »Tauern« – ein starkes Wort! Seine uralte Wurzel ist unauffindbar verborgen im Schoße jener Völker, die in grauer Vorzeit die Gebirgstäler besiedelten. Der Begriff »Tauern« scheint in den Ostalpen als sehr frühe Namensgebung auf. Am Anfang war die Suche nach dem Gold – damit beginnt im Ungewissen die Geschichte der Hohen Tauern. »Sicher ist nur, daß die in vorrömischer Zeit im östlichen Alpenraum siedelnden Menschen mit dem Wort ›Tauern‹ alle wichtigen Übergänge über den Alpenhauptkamm bezeichneten, zu denen von beiden Seiten langgezogene Talfurchen hinführen. Später wurden sie als Krimmler, Felber, Kalser, Fuscher, Mallnitzer, Radstätter und Rottenmanner Tauern bekannt« (Michael Forcher, »Felbertauern«). Seit etwa 1850 gilt die Anrede »Tauern« für die gesamte Gebirgskette vom Krimmler Tauern im Westen bis zum Schoberpaß im Osten. Die alpine Geographie unterteilt diesen gewaltigen Raum in Hohe und Niedere Tauern; die alte Bezeichnung »Norische Alpen« – ein Rückgriff auf das römische Noricum – beschränkt sich, nur noch wenig bekannt, auf das südöstliche Bergland Kärntens und der Steiermark.

Das Gebirge Die Hohen Tauern, im wesentlichen aufgebaut von den Grundgesteinen Zentralgneis, Schieferhülle und Altkristallin, beginnen im Zuge des Ostalpenhauptkammes im Osten am Murtörl und laufen im Westen an der Nahtstelle zu den Zillertaler Alpen, an der Birnlücke nahe dem Krimmler Tauern aus. Dieser seit alters her bekannte Übergang ist der westlichste »Tauern« und sollte deshalb als der eigentliche, urkundlich belegte Grenzstein zwischen der Tauernkette und den Zillertaler Alpen gelten. Die Hohen Tauern sind jedoch auch ein Teil der Zentralalpen, die sich von den genannten Norischen Alpen im Osten bis zum Rätikon im Westen erstrecken. Demnach ist der Zentralalpenkamm im Bereich der Hohen Tauern mit dem Tauernhauptkamm identisch. Der Tauernhauptkamm soll unsere Leitlinie sein, um von Ost nach West die einzelnen Glieder der Tauernkette zu erläutern.

In der Ankogel-Gruppe ragen der Große Hafner und der Große (Malteiner) Sonnblick als die östlichsten Dreitausender der Ostalpen auf. Sie zeigen den Beginn der Vergletscherung, die aber erst im Zentrum um Ankogel und Hochalmspitze mit geschlossenen Eisdecken das Gebirge prächtig ausschmückt. Der Ankogel dominiert als Hauptgipfel, er gilt als der frühest erstiegene Gletscherberg der Alpen! Die Hochalmspitze jedoch haben die Bergsteiger – als höchsten Gipfel im östlichen Bergraum der Hohen Tauern – mit dem Prädikat »Tauernkönigin« ausgezeichnet. Die Goldberg-Gruppe schließt am Niederen oder Mallnitzer Tauern nach Westen zu an. Alte überlieferte Ortsbezeichnungen halten die Erinnerung an den mittelalterlichen Goldbergbau wach, der schon zur Römerzeit die Hohen Tauern in das Licht der Geschichte rückte. Für den Bergsteiger repräsentieren die Namen Schareck, Hoher (Rauriser) Sonnblick und Hocharn das Reich der Goldberge. Dieses Dreigestirn ziert den Tauernhauptkamm in seinem Schwung nach Westen hinüber zum Hochtor, früher Heiligbluter Tauern genannt.

Im Herrschaftsbereich der Glockner-Gruppe, vom Hochtor bis zum Kalser Tauern, lagern zentrale gewaltige Eisreservate; alte Landkarten bezeichnen sie mit »Glacies continua«. Hohe Gipfel, weite Firnbecken, vergletscherte Übergänge und der mächtige Eisstrom der Pasterze bilden die fast arktisch anmutende Welt zwischen dem Großglockner und dem Großen Wiesbachhorn. Aber diese beiden Gipfel wurzeln nicht im Tauernhauptkamm, der als hoher Gletschergiebel vom Fuscherkarkopf hinüber zum Johannisberg schwingt und den Großglockner nach Süden und das Wiesbachhorn nach Norden abdrängt. Der Alpinismus besitzt in der Glockner-Gruppe ein historisch belegtes erstes Datum: Am 29. Juli 1800 war der Großglockner, die höchste Spitze der Hohen Tauern, bezwungen.

Die Granatspitz-Gruppe, eingeklemmt zwischen dem Kalser Tauern und dem Felbertauern, ist das kleinste Glied der Tauernkette. Südlich der Rudolfs-Hütte am Weißsee zieht der Tauernhauptkamm durch, in ihm gelten der Stubacher Sonnblick und die Granatspitze als überaus beliebte Dreitausender. Den höchsten Gipfel der Gruppe, den Großen Muntanitz, trägt jedoch ein starker Seitenast etwas ins Abseits nach Süden.

In der Venediger-Gruppe – zwischen dem Felbertauern und der Birnlücke – hüten die Hohen Tauern ihren größten Schatz ewigen Eises. Die Gletscher – in den Hohen Tauern Keese genannt – formen das Gebirge zu hohen Firndächern und erheben den Großvenediger – Ersteigung am 2. September 1841 – zur »weltalten Majestät«. Vom Großvenediger verläuft der Hauptkamm als schmaler, felsiger Grat, immer wieder vom Eis überdeckt, nach Südwesten zur Dreiherrnspitze. Diese gewaltige Landmarke vereinigt wie schon seit Jahrhunderten die Grenzen dreier Länder: heute das italienische Südtirol mit den österreichischen Ländern Salzburg und Tirol. Von der Dreiherrnspitze über die Birnlücke zum Krimmler Tauern umschließt der Tauernhauptkamm das Südtiroler Ahrntal. Abseits von ihm regiert dort als weithin sichtbarer vergletscherter südwestlicher Eckpfeiler der Venediger-Gruppe die stolze Rötspitze.

Die einzelnen Glieder der Tauernkette geben jedoch noch kein Gesamtbild der Hohen Tauern; ausgedehnte, dem Hauptkamm südlich vorgelagerte Gebirge gehören mit dazu: Die Kreuzeck- und die Schober-Gruppe, die Deferegger Alpen und die Rieserferner-Gruppe – früher als »Tauernvorlagen« angesprochen – ordnen den Bergraum hinab zum Oberen Drautal und zum Pustertal. Die Namen Kreuzeck, Polinik, Hochschober, Petzeck, Deferegger Pfannhorn und Hochgall verkünden einen ungeahnten Tourenspielraum zwischen den Gliedern der Hauptkette und den südlichen Grenztälern.

Täler und Flüsse »Überall in den Tauern herrscht das urlebendigste Element, das Wasser. Hohe Wasserfälle tosen über Felsen, breite, helle Gletscherbäche rauschen, in hundert Tönen klingt der Ruf der Wasser an unser Ohr« (Sepp Dobiasch). Die Gletscher spenden die Wasser als immerwährenden Urquell ihren Kindern, den Bergbächen, die den Reichtum, gelenkt vom Tauernhauptkamm, nach Nord und Süd in die großen Grenztäler tragen. Die Lieser, die Möll und die Isel entwässern das Gebirge nach Süden, hinab zum Tal der Drau. Nach Norden stürzen die munteren Achen – benannt nach ihren Talfurchen – der Mutter Salzach zu, die vom Krimmler Achental bis zum Kleinarltal jedes nordseitige Tauernwasser auffängt.

Seit Jahrzehnten ist nun der Mensch dabei, sich diesen Wasserreichtum dienstbar zu machen. Kaprun war ein Anfang: Die gigantische Staustufe im Maltatal sehen die Kraftwerksbefürworter wohl auch nur als Meilenstein in einer Entwicklung, der bald ein endgültiges »Halt« entgegengesetzt werden muß, wenn Österreich die große Idee, einen »Nationalpark Hohe Tauern« zu errichten, verwirklichen will.

Inhaltsübersicht

Zum Thema

Zum Thema »Hohe Tauern« gibt es weit mehr zu sagen, als ich auf 160 Seiten unterbringen konnte. So bereitete mir in der Planung weniger das Thema als vielmehr der vorgegebene Rahmen große Sorgen: Wie kann ich den Hohen Tauern, dem größten geschlossenen Bergraum der Ostalpen, gerecht werden?

Meinem Tauernbuch wollte ich so viel wie nur möglich mitgeben. Ich sah meine Aufgabe primär in einer sorgfältigen Tourenauswahl, die – zum praktischen Nutzen aller Bergfreunde – in einem repräsentativen Querschnitt jede einzelne Gebirgsgruppe sachlich darstellt. Ich schöpfte aus der Kenntnis vieler vorangegangener Bergfahrten (siehe »Hohe Route Ostalpen«), habe mich aber nochmals volle zwei Jahre, zusammen mit meiner Frau Gretl, ausschließlich den Hohen Tauern gewidmet: Alle im Inhaltsverzeichnis aufgeführten Gipfel haben wir in dieser Zeit gemeinsam erstiegen. Damit, so glaube ich, kann ich eine touristische Gesamtinformation anbieten: Neben berühmten, glänzenden Gipfelnamen steht der unbekannte Berg, neben der vielbegangenen Route der einsame Weg zu Stille und Abgeschiedenheit.

Solch bunten Tourenkatalog auszubreiten – für den geübten Bergsteiger gleichermaßen wie für den passionierten Bergwanderer – schien mir jedoch nicht genug. Ich wollte für den Leser eine engere Beziehung zu diesem einmaligen Bergland knüpfen durch einen Rückblick auf die interessante und oft auch amüsante Erschließungsgeschichte und auf die Arbeit des Deutschen und Österreichischen Alpenvereins – Streiflichter auf Persönlichkeiten und Ereignisse!

An meine Fotografie stellte ich die große Anforderung, mit aktuellen Bildern aus der Tour heraus die Hohen Tauern so zu zeigen, wie sie der Bergsteiger und Bergwanderer sieht, wenn er selbst dort unterwegs ist. Fast alle Aufnahmen entstanden in den Jahren 1981/82 – sie begleiten den Text als wichtige Information, möchten aber auch begeistern und anregen, die herrliche Bergwelt der Hohen Tauern zu besuchen.

Alles zusammen soll dazu beitragen, dieses Tauernbuch über den Rahmen eines Touren-Vorschlagbandes hinauszuheben.

Sepp Schnürer

Ankogel-Gruppe

Die Ankogel-Gruppe besitzt die östlichsten Dreitausender der Ostalpen, in ihrem Gefüge halten sich noch zum Teil mächtige Gletscher. Die Gruppe selbst ist größer, als der flüchtige Betrachter glauben möchte: Vom vergletscherten Kern reichen ausgedehnte Gebirgskämme nach Norden bis hinab in das Salzachtal und nach Süden in das Möll- und Drautal.

Im Zuge des Tauernhauptkammes markieren das Murtörl (2260 m) die Ostgrenze und der Niedere Tauern (2446 m, auch Mallnitzer Tauern genannt) die Westgrenze. Zur Nordgrenze, dem Salzachtal, schließt im Osten das Großarltal und im Westen das Gasteiner Tal auf. Die Südspange bilden ab Niederem Tauern das Tauerntal und das Mallnitzer Tal, die Täler von Möll, Drau und Lieser bis zum Katschberg (1641 m) und das Murtal zum Murtörl. Gut erkennbar gliedert sich dieser große Raum in die Untergruppen: Ankogelstock, Hochalmspitz-Gruppe, Hafner-Gruppe, Reißeck-Gruppe. Der Ankogelstock und die Hochalmspitz-Gruppe umrahmen in einem großzügig ausgebreiteten, stark vergletscherten Gebirgsbogen das zentrale Großelendtal mit dem Kölnbrein-Stausee. Dort konzentriert sich – ermöglicht durch die Malta-Hochalmstraße hinauf zur Kölnbreinsperre – der große Tourismus von der Südseite, mit dem Eingangstor Gmünd im Liesertal. Der Ankogel selbst und die ihm nächsten Gipfel profitieren von der Ankogel-Hochgebirgsseilbahn, die nahe dem Südportal des Tauerntunnels bei Mallnitz den zweiten touristischen Schwerpunkt bildet.

Der Abschnitt »Ankogel-Gruppe« beschreibt Tourenmöglichkeiten im Ankogelstock und in der Hochalmspitz-Gruppe, stellt aber auch reizvolle Bergziele in den weniger beachteten Seitenkämmen nord- und südseits des Tauernhauptkammes vor.

Der Seebach entspringt in dem nach ihm benannten Tal, weit hinten unter der Hochalmspitze und trägt seine Wasser hinaus nach Mallnitz. Der Ankogel grüßt das Tal; ein Stützpunkt auf dem Weg zu ihm ist das Hannover-Haus links oben auf der Arnoldhöhe.

Ankogel-Gruppe

1 Gamskarkogel
2467 m
Badgasteiner Hütte
2465 m

*Die schönste Aussicht
des Gasteiner Tales*

*wenig schwierig
Wandertour*

Das Gasteiner Tal, beidseits von hohen Gebirgskämmen gesäumt, zieht aus dem Salzachtal über zwei Geländestufen hinweg zum Tauernhauptkamm. Der beliebte »Gasteiner Führer« beschreibt viele reizvolle Wandertouren in der weitläufigen

Bergwelt über Dorfgastein, Hofgastein und Badgastein bis zum Talschluß in Böckstein. Für ambitionierte Bergwanderer lohnt sich ein Gasteiner Sommeraufenthalt ganz besonders.

Im Großarl-Gasteiner Kamm, der als langgestreckter Gebirgsrücken das Gasteiner Tal vom östlichen Großarltal trennt, erhebt sich der 2467 Meter hohe Gamskarkogel. Im Aufblick – von Hofgastein 1600 und von Badgastein 1400 Meter Höhenunterschied zum Gipfel – zeigt er sich als beinahe himmelhoher, bis oben begrünter Grasberg mit den Vorzügen, eine bewirtschaftete Gipfelhütte zu bieten und eine hervorragende Aussichtswarte zu sein. 4 bis 5 Stunden Anstiegszeit prophezeit der »Gasteiner Führer«, und so wird jeder Bergwanderer, ob er nun von Nord oder Süd zum Gipfel kommt, dankbar die gedruckte, mit Holz beschindelte »Badgasteiner« Alpenvereinshütte, auch Gamskarkogel-Hütte genannt, begrüßen. Den Erstbau – im Jahre 1828 als Jagdhütte errichtet – verdanken wir Erzherzog Johann; die jetzige gute Unterkunft erbaute 1933 die Sektion Badgastein. Die Hütte hält ein Nachtquartier bereit, Sonnenuntergang und -aufgang, beobachtet vom Gamskarkogel, bedeuten ein unvergeßliches Erlebnis!

Tourensteckbrief

Ausgangsort
Bad Hofgastein 858 m, oder Badgastein 1083 m.

Die Tour in Stichworten
Bad Hofgastein 858 m – Rastötzen-Schutzhaus 1743 m – Gamskarkogel 2467 m (Badgasteiner Hütte 2465 m) – Toferer Scharte 2090 m – Poserhöhe 1642 m – Hoteldorf Grüner Baum 1064 m – Badgastein 1083 m.

Schwierigkeit/Anforderung
I = wenig schwierig, Wandertour; große Anforderung als Tagestour.
Ab Dorfplatz Hofgastein zum Friedhof, dort entweder nach Fußweg oder auf der Straße zum Annen Café (1074 m). Ab hier nach Weg 513 auf steilem Waldweg über den Gräfinsitz (1465 m) zur Grubalpe mit dem Rastötzen-Schutzhaus. (Die Markierung 513 zweigt wenig vorher nach rechts ab, aber das nahe Schutzhaus bietet sich als gute Raststätte an.) Am Schutzhaus weist eine Markierung wieder in den Anstieg 513 und damit den Steig zur Kammhöhe zwischen Rauchkogel und Gamskarkogel und weiter zur schon sichtbaren Gipfelhütte auf dem Gamskarkogel.
Nur für ausdauernde Bergwanderer.

Höchste Wegestelle/Gipfel
Gamskarkogel 2467 m.

Anstiegsleistung
Ab Hofgastein 1600, ab Hoteldorf Grüner Baum 1400 Höhenmeter.

Abstieg
Wie Anstieg; oder als Rundtour nach markiertem Steig Abstieg zur Toferer Scharte, weiter zur Jausenstation Poserhöhe und steil hinab zum Hoteldorf »Grüner Baum« im Kötschachtal. Hier Busverbindung nach Badgastein und zurück nach Hofgastein.

Gehzeiten
Bad Hofgastein 858 m – Rastötzen-Schutzhaus 1743 m: 2½ Stunden. Rastötzen-Schutzhaus – Gamskarkogel 2467 m: 2 Stunden. Abstieg: Gamskarkogel – Toferer Scharte 2090 m – Poserhöhe 1642 m – Hoteldorf Grüner Baum 1064 m: 3½ Stunden.
Gesamtgehzeit: 8 Stunden.

Hütten/Stützpunkte
Rastötzen-Schutzhaus 1743 m, privat, 20 Matratzenlager, bewirtschaftet von Anfang Juni bis Ende Oktober.
Badgasteiner Hütte 2465 m, ÖAV-Sektion Badgastein, 22 Betten und Matratzenlager, bewirtschaftet von Mitte Juni bis Ende September.

Karten/Führer/Literatur
Kompass-Wanderkarte 1:50000, Blatt 40 »Gasteiner Tal – Goldberggruppe«. Alpenvereinsführer »Ankogel- und Goldberggruppe«.

Die Poserhöhe, eine beliebte Gasteiner Jausenstation, darüber die Westflanke des Graukogels.

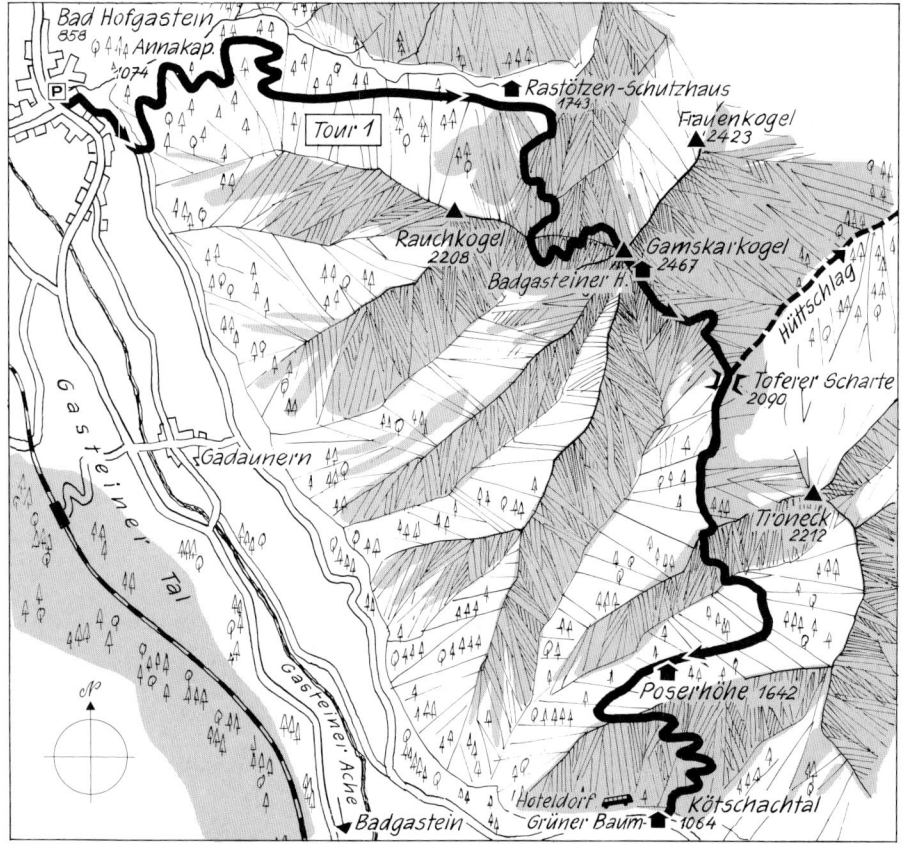

2 Hüttenkogel
2231 m

Graukogel
2492 m

Das Gasteiner Wahrzeichen

wenig schwierig
Wandertour

An der 3 000 Meter hohen Tischlerspitze im Tauernhauptkamm, etwas östlich des Ankogels, zweigt der Hölltorkamm zum Gasteiner Becken ab und trennt mit wildgezackten Felsbergen das Anlauftal vom Kötschachtal. In seinem Auslauf nach Badgastein postiert der Hölltorkamm ein Bergmassiv, das als Wahrzeichen der Gasteiner Talschaft gelten darf: den Graukogel. Dem Anreisenden aus dem Salzachtal rückt diese zweigipfelige, gestreckte hellgraue Felsgestalt kurz nach Hofgastein in das Blickfeld. Mit seinem Nordgipfel, dem Hüttenkogel, wächst das Massiv aus dichtem Bergwald und schwingt in einer Linie höher zum Südgipfel, dem Graukogel. Seine Spitze scheint nur auf einer schwierigen Route zugänglich zu sein, so exponiert herrscht sie über Badgastein. Im Licht des späten Nachmittags leuchtet dieses Bild als prächtige Werbung: Silbergrau schimmern die riesigen, abschüssigen

Schieferplatten der Westflanke und begründen die Namensgebung »Graukogel«. Deutlich sichtbar markieren darunter breite Waldschneisen berühmte Skipisten, denn nicht zuletzt dient auch das alljährliche Rennen um den Silberkrug dem Gasteiner Ansehen. Seit Badgastein aus dem mittelalterlichen Wildbad zu einem Weltbad aufstieg, führt es in seinem Wappen den Silberkrug, denn: »Als der Diamanten größer leuchtet inmitten der Schätze der Gastein der Gottessegen seiner heilenden Wasser.«

»Die Gasteiner Quellen heylen gar mancherley Krankheit und Gebrest, wenn sie richtig dosiert angewendet würden«, meinte schon vor Jahrhunderten der große Arzt Paracelsus, Theophrastus von Hohenheimb. Dieser »Jugendquell« entspringt – in nun schon Jahrtausende währender Schüttung – dem Schoße des Graukogels, womit wir wieder zu unserem Berg

zurückkehren. Gäbe es nicht die Graukogelbahn, die in zwei Sektionen mit modernen Sesselliften bis zur Bergstation (1982 m) 900 Höhenmeter überwindet, wäre auch die Tour zum Graukogel eine anstrengende Tagesunternehmung. Das besondere Angebot, die Graukogel-Überschreitung nach Süden: Palfner Scharte, Abstieg über den Reedsee in das Kötschachtal und Rückkehr vom »Grünen Baum« nach Badgastein, wäre für viele Bergfreunde im Rahmen eines Tages wohl kaum möglich. Wer jedoch nach der ersten morgendlichen Liftfahrt diese Tour an der Bergstation beginnt, darf sich – wenn das Wetter will – auf einen erlebnisreichen Wandertag freuen. Er hat Zeit; auch eine Prise alpiner Würze ist dem Routenverlauf beigegeben.

Über der Bergstation ragt in einer Höhe von 2231 Meter, nur eine gute halbe Stunde entfernt, das hohe Holzkreuz des Hüttenkogels. Den Gefallenen des Ersten Weltkrieges von Bad- und Hofgastein ist in seinem Schutz eine im Halbrund aufgerichtete Gedenkstätte gewidmet. Aussichtshungrige Wanderer werden bestens informiert, eine marmorne Panoramaplatte mit Zeiger verhilft zur sicheren Orientierung im hohen Zuge des Tauernhauptkammes von der Ankogel-Gruppe hinüber zur Goldberg-Gruppe und hinaus zu den Gebirgen der Nördlichen Kalkalpen. Im Weiterweg zum Graukogel quert der Andreas-Steig die geborstenen grauen

Plattenschüsse der Westflanke und führt zum Vorgipfel. Dort wird es spannend, denn südlich der Graukogelscharte erhebt sich der vom Tal aus so respekteinflößende spitze Hauptgipfel. Aber der kurze Abstieg zur Scharte ist seilgesichert; man sieht sogleich, den trittsicheren Bergwanderer kann auf den letzten Anstiegsmetern zum Gipfelkreuz nichts mehr aufhalten.

Die Aussicht, noch weiter als vom Hüttenkogel, gehört aber letztlich doch der Nähe: weitgefächerten Steinkaren, dem baumlosen Ufer des Palfner Sees und dem lärchengesäumten, idyllischen Reedsee 600 Meter tiefer. Die versprochene alpine Würze erlebt man in der Überschreitung des teils ausgesetzten blockigen Südgrates hinüber zur Palfner Scharte (2321 m). Dort vermelden Schilder einen bequemen Rückweg am Palfner See vorbei zur Bergstation und die Route über den Reedsee. Dieser lange Abstieg ins Kötschachtal lohnt die Mühen. Ungemein reizvoll zeigt sich die Landschaft im Bergab durch Latschengassen mit der Schau hinüber zu Tischlerspitze und Tischlerkarspitze mit dem leuchtenden Weiß ihrer Gletscher. Am dunklen, stillen Wasser des Reedsees inmitten hoher Lärchen hält man gerne noch eine Rast, ehe man auf dem steilen, steinigen Waldpfad hinuntersteigt zum Sträßchen im Kötschachtal. Bei einer Jausenstation mischt man sich unauffällig unters »Spaziergängervolk« – beim »Grünen Baum« wartet der Bus nach Gastein.

Tourensteckbrief

Ausgangsort
Badgastein 1083 m.

Die Tour in Stichworten
Badgastein 1083 m – Bergstation Graukogelbahn 1982 m – Hüttenkogel 2231 m – Graukogel 2492 m – Palfner Scharte 2321 m – Reedsee 1826 m – Hoteldorf Grüner Baum 1064 m – Badgastein.

Schwierigkeit/Anforderung
I = wenig schwierig, Wandertour; mäßige Anforderung, Tagestour.
Von Badgastein Auffahrt mit der Graukogelbahn (Sessellifte) in 2 Sektionen zur Bergstation. Nun zum nahen Bergrestaurant, dort nach Schild: »Hüttenkogel/Graukogel« und Weg 525 mäßig steil zum Hüttenkogel. Von dort mäßig steil auf dem Andreas-Steig weiter zum Vorgipfel und drahtseilgesichert über die Graukogelscharte zum Graukogel. Ab Gipfel nur nach Steigspuren auf dem gut gangbaren, aber teilweise schmalen und ausgesetzten, blockigen Südgrat über mehrere Graterhebungen hinab zur Palfner Scharte. Einmündung des Zuganges von der Bergstation über den Palfner See: ab hier mit Weg 526 vorbei am Windschurtsee hinab zum Reedsee. Ab Reedsee zuerst mäßig steil, dann steil auf markiertem Steig hinab in das Kötschachtal und auf dem gesperrten Talsträßchen zum Hoteldorf Grüner Baum. Dort Busverbindung nach Badgastein mit Haltestelle an der Graukogelbahn.
Nur für erfahrene, ausdauernde Bergwanderer.

Höchste Wegestelle/Gipfel
Hüttenkogel 2231 m, Graukogel 2492 m.

Anstiegsleistung
Ab Bergstation Graukogelbahn 500, ab Badgastein 1400 Höhenmeter.

Abstieg
Siehe Tourenverlauf; oder ab Graukogel wie Anstieg; oder ab Palfner Scharte auf Weg 526 über den Palfner See zurück zur Bergstation der Graukogelbahn.

Gehzeiten
Bergstation Graukogelbahn 1982 m – Hüttenkogel 2231 m: ¾ Stunde. Hüttenkogel – Graukogel 2492 m: ¾ Stunde. Graukogel – Palfner Scharte 2321 m: ½ Stunde. Palfner Scharte – Reedsee 1826 m – Hoteldorf Grüner Baum 1064 m: 3 Stunden.
Gesamtgehzeit: 5 Stunden.

Hütten/Stützpunkte
Keine: Reedsee-Hütte, ÖAV-Sektion Badgastein, geschlossen.

Karten/Führer/Literatur
Siehe Tour 1.

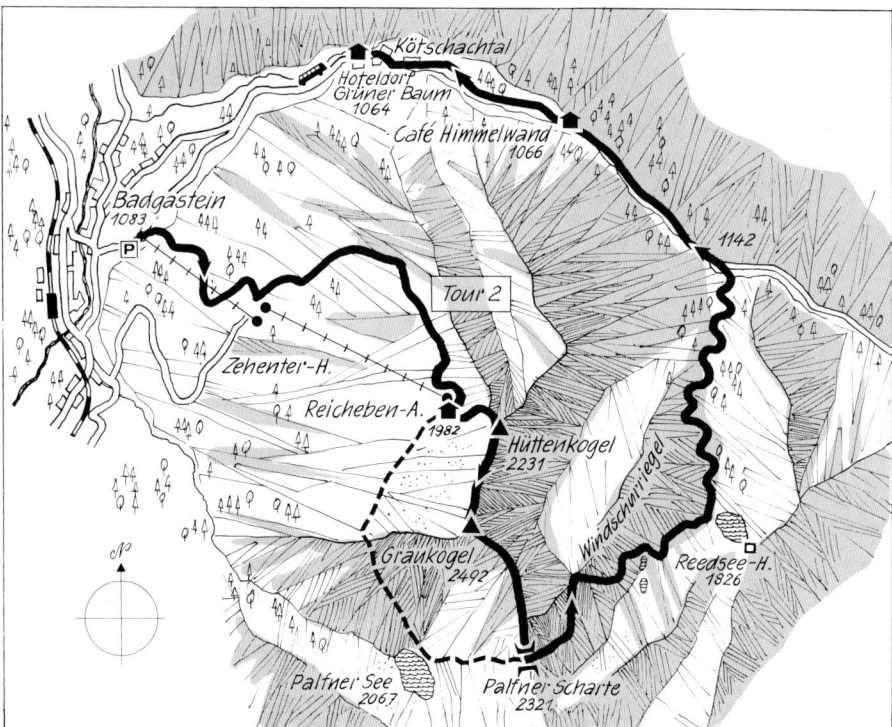

Die Gamskarlspitze im Anstieg von der Mindener Hütte über das Woisgenkees zur Gamskarlscharte (Bildmitte) und den Südwestgrat zum Gipfel. Rechts der Südostgrat.

3 Gamskarlspitze
2832 m
Mindener Hütte
2428 m

Am Tauern-Höhenweg

mäßig schwierig
Wander-/Felstour

Nach vielem Für und Wider im Streit um die günstigste Trasse der Tauernbahn genehmigte am 7. Juli 1901 Seine Majestät Kaiser Franz Joseph I. von Österreich die »Gasteiner Variante«: ein Tunnel durch den Tauernhauptkamm zwischen Böckstein und Mallnitz. In harter, gefahrvoller Arbeit wurden eine 8,5 Kilometer lange Röhre geschlagen, 1600000 Kubikmeter Fels aus dem Berg geräumt und am 21. Juni 1907 der Durchstich vollendet. An die feierliche Betriebsaufnahme am 5. Juli 1909 erinnert am Nord- und Südportal des Tauerntunnels die in Bronze gegossene Schrift: FRANCISCO JOSEPHO I. IMP. MCMIX.

Bis heute ist die Tauernbahn zwischen Semmering und Brenner die einzige Bahnverbindung für die Länder und Völker dies- und jenseits des Ostalpenhauptkammes. Vor ihr gab es zwischen Gastein und dem Mallnitzer Becken nur die uralten Wege über den Niederen Tauern und den Korntauern, begangen schon zu Zeiten, als der »Tauern« für den Menschen ein schreckliches, gefahrvolles Hindernis bedeutete. Unsere Zeit respektiert die gewaltige Barriere des Hauptkammes kaum weniger, aber sie sieht die Paßeinschnitte als unschwierige, wenn auch nicht gefahrlose Übergänge. Bergsteiger und Wanderer richten sich in ihren Unternehmungen zwischen dem Hannover-Haus (2719 m) und der Hagener Hütte (2446 m) am Niederen Tauern danach aus.

Der Hauptkamm erhebt in diesem Bereich mehrere Gipfel, die eine Besteigung wert sind, von der Höhe her und vor allem im Ansehen kommt jedoch kein Konkurrent an die Gamskarlspitze heran. Sie ist, um es mit Liselotte Buchenauer zu sagen, »die auffallendste Erscheinung: ein stumpfes Horn mit blankem Firnschild und dem langen Rücken eines Urwelttieres«. Diese Ansicht zeigt die Gamskarlspitze hinüber zum Hannover-Haus und lockt damit die Bergsteiger. Auch die Wanderer bewundern diese Spitze, der beliebte Tauern-Höhenweg mit seinem Abschnitt, dem Göttinger Weg, zieht ihr entgegen und schneidet vor der Mindener Hütte ihren langen Südostgrat.

In der Erschließung der Ankogel-Gruppe gebühren norddeutschen Alpenvereinssektionen große Verdienste, im Nahbereich der Gamskarlspitze den Sektionen Minden und Göttingen. Für Wanderer auf dem Tauern-Höhenweg, die vom Hannover-Haus oder von der Hagener Hütte kommen, bedeutet die Mindener Hütte eine willkommene Raststätte oder auch ein Nachtquartier. Im Jahre 1925 erbauten die Mindener diese Unterkunft als bescheidenes, im Sommer geöffnetes Selbstversorgerhüttchen. Auch die Erweiterun-

gen in den sechziger und siebziger Jahren, ein Aufenthaltsraum mit Kochherd und zwei Schlafräume, beließen der Hütte diesen sympathischen Charakter. Nach den Eintragungen im Hüttenbuch kommen von der Öffnung Mitte Juni bis zum Hüttenschluß im Oktober etwa eintausend Besucher, meist Tageswanderer, herauf von Mallnitz oder Weitwanderleute am Tauern-Höhenweg. Aus dem Mallnitzer Tauerntal ist der Mindener Jubiläumsweg der offizielle Talzugang zur Hütte (4½ Stunden); ab Stocker-Alm führt ein steiler Waldsteig über die Hindenburghöhe (2316 m) ebenfalls zu ihr. Wesentlich kürzer und auch interessanter läuft die Tour, wenn man sich von der Ankogelbahn zur Mittelstation (1940 m) hinauftra-

gen läßt, von dort zum Kleinen Tauernsee (2302 m) ansteigt und auf dem Göttinger Weg zur Hütte wandert. (Mindener Jubiläumsweg evtl. im Abstieg.) Diese Einteilung läßt genügend Zeit, auch noch die Gamskarlspitze zu besteigen.
Zwei Wege, beide nach der strengen alpinen Bewertung nicht schwierig, aber doch deutlich abgesetzt von einer einfachen Bergwanderung, führen von der Mindener Hütte zum nahen, sichtbaren Gipfelkreuz: die leichtere, fast eisfreie Route über den blockigen Südostgrat, der anspruchsvollere »Weg« über das Woisgenkees zur Gamskarlscharte und über den steilen, plattigen Südwestgrat. Für den erfahrenen Bergsteiger gewiß eine Aufforderung, die Gamskarlspitze zu überschreiten!

Tourensteckbrief

Ausgangsort
Mallnitz 1190 m.

Die Tour in Stichworten
Mallnitz 1190 m – Ankogelbahn-Mittelstation 1940 m – Kleiner Tauernsee 2302 m – Göttinger Weg (= Tauern-Höhenweg) – Mindener Hütte 2428 m – Gamskarlspitze 2832 m – Mindener Hütte – Mittelstation Ankogelbahn.

Schwierigkeit/Anforderung
II = mäßig schwierig, Wander-/Felstour; mittlere Anforderung, Tagestour.
Mit der Ankogelbahn Auffahrt zur Mittelstation. Auf markiertem Steig hinauf zur Einmündung in den Göttinger Weg (der vom Hannover-Haus herüberkommt) nahe dem Kleinen

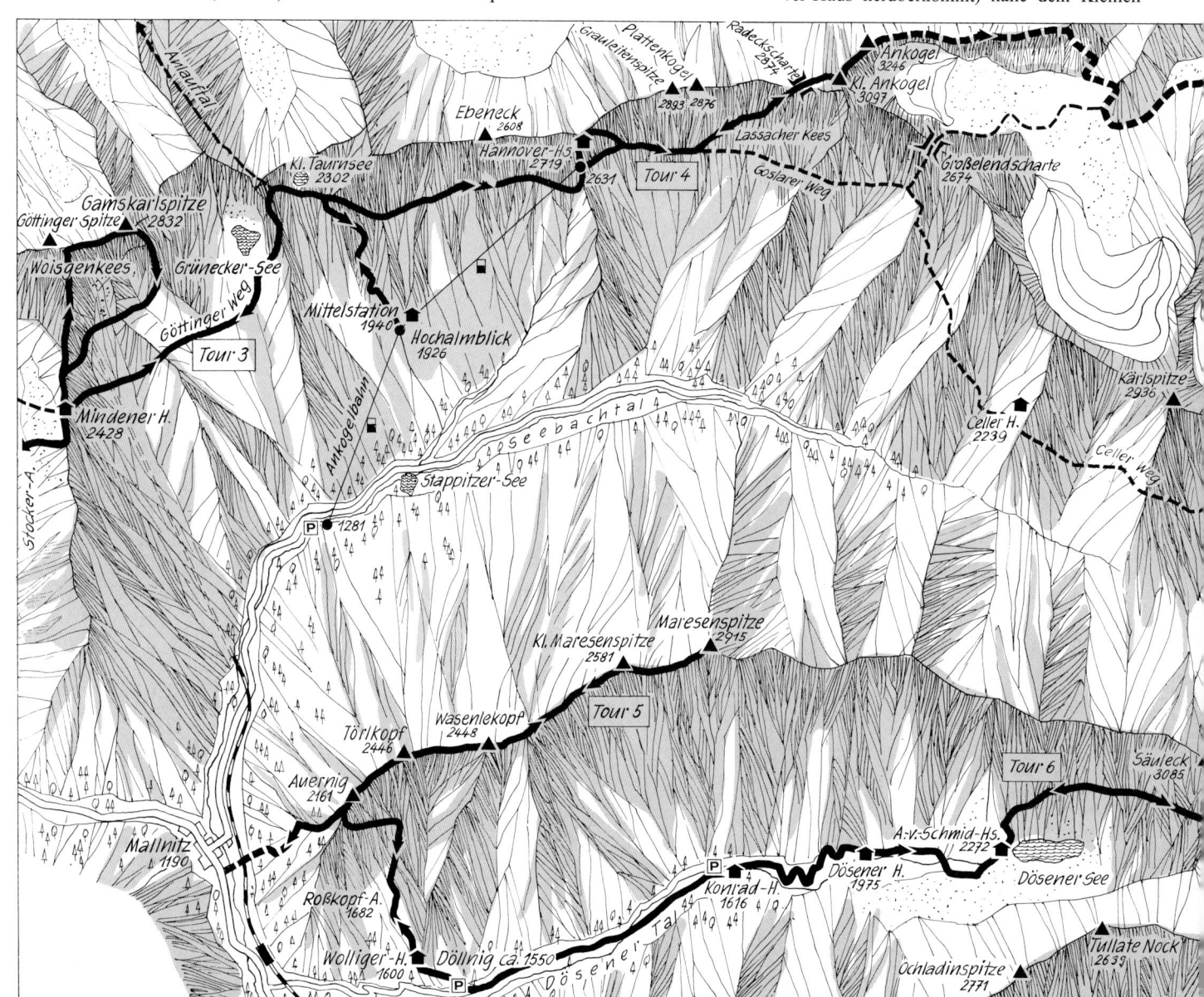

Tauernsee und dem Göttinger Weg folgend im Auf und Ab zur Mindener Hütte. Ab Hütte weglos, nur Steinmänner, über Moränenhügel nach Norden zum Woisgenkees und mäßig steil über den geschlossenen kleinen Gletscher gegen den Felskamm, der von der rechts sichtbaren Gamskarlspitze nach links zur Göttinger Spitze zieht. Eine Stange auf der Kammhöhe zeigt die Anstiegsrichtung über steilen, lockeren Fels zur Gamskarlscharte. Ab Scharte über den steilen, plattigen Fels des Südwestgrates zum Gipfel. Oder: Von der Mindener Hütte über den Saum des Woisgenkees nach rechts zum Südostgrat. Steiler, kurzer Durchstieg zur Grathöhe in etwa 2700 m Höhe und auf dem Südostgrat über festen Fels mäßig steil zum Gipfel. Empfehlung: Anstieg über den Südwestgrat, Abstieg auf dem Südostgrat.
Nur für im Fels erfahrene Berggeher.

Höchste Wegestelle/Gipfel
Mindener Hütte 2428 m, Gamskarlspitze 2832 m.

Anstiegsleistung
Ab Mittelstation Ankogelbahn 1100 Höhenmeter.

Abstieg
Wie Anstieg, oder ab Mindener Hütte auf dem Mindener Jubiläumsweg Abstieg zur Stocker Alm im Tauerntal und von dort nach Mallnitz (4½ Stunden).

Gehzeiten
Ankogelbahn-Mittelstation 1940 m – Mindener Hütte 2428 m: 2 Stunden. Mindener Hütte – Gamskarlspitze 2832 m: 1½ Stunden. Abstieg wie Anstieg: 2½ Stunden.
Gesamtgehzeit: 6 Stunden.

Hütten/Stützpunkte
Mindener Hütte 2428 m, DAV-Sektion Minden, ständig geöffnete Selbstversorger-Hütte, 12 Matratzenlager mit Decken.
Hannover-Haus 2719 m, siehe Tour 4.

Karten/Führer/Literatur
Kompass-Wanderkarte 1:50 000, Blatt 49 »Mallnitz – Obervellach«. Alpenvereinsführer »Ankogel- und Goldberggruppe«. Sepp Schnürer »Hohe Route Ostalpen«.

Die Bergsteiger befinden sich zwischen den Felsblöcken der nur wenig ausgeprägten Gamskarlscharte. Der Südwestgrat zeigt mit plattigem Fels eine direkte Route zum Gipfelkreuz, für den Abstieg zurück zur Mindener Hütte empfehlen wir den Südostgrat (rechts).

4 Ankogel
3246 m
Hannover-Haus
2719 m

*Frühest erstiegener
Gletscherberg der Alpen*

*mäßig schwierig
Wander-/Felstour*

Die Bahnfahrt durch den Tauerntunnel vom salzburgischen Böckstein zum kärntnerischen Mallnitz entläßt den Reisenden nach 8,5 Kilometer langer Dunkelheit schlagartig in die südliche Sonne. Die Fahrt kann ein Wechselbad von einem Wetter zum anderen sein: Wie oft schon verabschiedete uns auf der Gasteiner Seite ein Tief, das aber, vom Hauptkamm aufgehalten, das sonnige Südwetter kaum bedrohen konnte. Selbstverständlich kann umgekehrt das gleiche geschehen, damit wäre wieder einmal festgestellt, daß der Ostalpenhauptkamm eine europäische Wetterscheide ist. Ankogel-Anwärter sollten sich einen Platz auf der linken Seite aussuchen, denn gleich nach dem Südportal rückt ihr Gipfelziel demonstrativ in das Blickfeld: eine hohe Felsspitze, darunter als Schmuck das glänzende Weiß des Lassacher Keeses. Dieses flüchtige Bild erhöht die Vorfreude und die Erwartung.

»Der Ankogel 3263 m ist zwar nicht der höchste Gipfel der nach ihm benannten Gruppe, da er von der benachbarten Hochalmspitze in dieser Beziehung übertroffen wird, aber er bildet den Hauptknotenpunkt der Gruppe, was ihm in orographischer Beziehung den Vorrang sichert.« So stellt »Die Erschließung der Ostalpen« unseren Berg vor und berichtet weiter: »Der Ankogel ist auch wahrscheinlich derjenige unter den schwierigeren Hochgipfeln der Alpen, der zuallererst bestiegen worden ist. Als im Jahre 1822 Peter

Carl Thurwieser (1789–1865) nach Böckstein kam und sich nach der Ersteigbarkeit des Berges erkundigte, wurde ihm gesagt, daß schon vor etwa 60 Jahren der sogenannte alte Patschg aus Böckstein den Gipfel von seiner im hintersten Anlaufthale gelegenen Alm aus erstiegen und von der großen Mühe und Gefahr, die er dabei überstanden, erzählt habe.« Die Ersteigung des Ankogels erfolgte demnach etwa im Jahre 1762 und führte aus dem nordseitigen Anlauftal zur Radeckscharte und über den Kleinen Ankogel zum Hauptgipfel. Damals und bis zum Jahre 1932 war der Ankogel um 17 Meter höher: »ein unglaublich spitzes, überhängendes Horn« (nach L. Buchenauer). Erinnern wir uns: Der Montblanc wurde im Jahre 1786, der Großglockner 1800 und der Ortler 1804 erobert; der Ankogel darf – dies ist aus der alpinen Chronik glaubhaft herauszulesen – als der frühest bestiegene Gletschergipfel der Alpen gelten. Die Überlieferung gesteht dem Salzburger Professor Thurwieser mit seiner Unternehmung am 17. September 1822 den Ruhm der ersten touristischen Ersteigung zu. Thurwieser schilderte den Schlußanstieg: »Sein Anblick vermöchte auch den Muthigen zu erschrecken. Wir stärkten uns mit Wein und Brot und stiegen dann oder kletterten vielmehr den steilen Grat hinan, rechts und links in die ungeheure Tiefe hinabsehend.«

In den Jahrzehnten bis 1888 war die Route aus dem Anlauftal der bevorzugte An-

Vom Gipfel des Plattenkogels schauen wir zur Bergstation der Ankogelbahn (links), zum Hannover-Haus auf der Arnoldhöhe, zum Felshorn der Gamskarlspitze im Mittelgrund und zur Goldberg-Gruppe am Horizont (Schareck rechts).

stieg. In diesem Jahr eröffnete jedoch die Alpenvereinssektion Hannover ihre Hannoversche Hütte (2445 m) auf dem südseitigen Elschesattel und gab damit dem Ankogel einen ersten gipfelnahen Stützpunkt. Nachdem der Gründer dieser Sektion, der Geheime Rat Professor Dr. Carl Arnold, sich große Verdienste um die Erschließung der Touren im Nahbereich des Ankogels (Arnoldweg zur Hochalmspitze) erworben hatte, benannten die dankbaren Mitglieder in Übereinstimmung mit der Talschaft die aussichtsreiche Höhe im Hauptkamm darüber Arnoldhöhe. Die Hochtouristik stand zur Jahrhundertwende in voller Blüte, der Ankogel war gefragt und die Hannoversche Hütte auf dem Elschesattel bald viel zu klein. So war ein neues, größeres Haus, das

»Hannover-Haus auf der Arnoldhöhe, 2719 Meter ü.d. Meer, erbaut in den Jahren 1909/11«

der richtige Schritt in die Zukunft. Nach dem Ersten Weltkrieg zeichnete sich mit einigen tausend Besuchern jährlich bald wieder eine normale Entwicklung ab. Die Ankogeltour galt aber bis in die sechziger Jahre durch den großen Höhenunterschied von über 2000 Metern als stramme Zwei-Tage-Tour mit notwendiger Übernachtung im Hannover-Haus.

Seit 1966 erschließt die Ankogelbahn mit der Talstation (1281 m) im Seebachtal bei Mallnitz, einer Mittelstation in 1940 Meter Höhe und der Bergstation auf dem 2631 Meter hohen Elschesattel einem noch größeren Kreis von Bergfreunden den Ankogel in einer bequemen Tagestour. Die Seilbahnbauer rückten die Bergstation bis auf 80 Höhenmeter an das Hannover-Haus heran, und damit ist dieser hochalpine Stützpunkt und mit ihm die aussichtsreiche Arnoldhöhe fast für jedermann erreichbar. Mit dem Mausoleum neben dem Hannover-Haus bewahrt der Alpenverein das Andenken an Dr. Carl Arnold.

Seit dem Bau der Seilbahn ist der Ankogel einer der beliebtesten Ostalpen-Dreitausender. Im relativ schnellen Zugriff von der Bergstation oder vom Hannover-Haus aus verführt er aber auch immer wieder Leute, die, mangelhaft ausgerüstet und wenig erfahren, in der steilen, sehr abschüssigen Gipfelflanke überfordert sind. Bei Neuschnee und Vereisung werden die 150 Höhenmeter vom Kleinen Ankogel zum Gipfelkreuz – und im Abstieg! – sehr gefährlich. Die Anstiegsrouten zum Ankogel vereinigt der Goslarer Weg (= Teilstück des Tauern-Höhenweges vom Hannover-Haus zur Großelendscharte mit

Übergang zur Osnabrücker Hütte), ob vom Hannover-Haus oder von der Bergstation aus, bei dem markanten Geländesporn der Grauleitenwand. Die Abzweigung »Ankogel« lenkt hier vom Goslarer Weg ab, hinauf in das spaltenfreie Lassacher Kees und weiter zur Radeckscharte (2874 m). Dort kommt der nun schon über 200 Jahre alte Anstieg aus dem Anlauftal hinzu, ein Steiglein führt die Route zur ebenen Felsschulter des Kleinen Ankogels (3097 m) und von ihm in der Ostflanke, meist in Gratnähe, zum Gipfelkreuz.

Aber nicht nur von Westen, auch von Osten, von der Osnabrücker Hütte (2040 m) im Talschluß des Großelend, erhält der Ankogel viel Besuch. Im Gegen-

Vom Elschesattel schauen wir hinüber zum Ankogel. Der Anstieg zweigt nach dem auffallenden Felssporn der Grauleitenwand (Bildmitte) nach links hinauf zum kleinen Lassacher Kees, weiter über Blockwerk zum Kleinen Ankogel und über den dunklen Grat zum Gipfel.

satz zum harmlosen Lassacher Kees darf aber die Gletscherroute über das Kleinelendkees und entlang des Ankogel-Ostgrates nicht unterschätzt werden: Seil, Pikkel und Steigeisen gehören auf diesem »Weg« zur selbstverständlichen Ausrüstung.

Tourensteckbrief

Ausgangsort
Mallnitz 1190 m.

Die Tour in Stichworten
Mallnitz 1190 m – Ankogelbahn-Talstation 1281 m – Bergstation 2631 m – Radeckscharte 2874 m (oder Bergstation – Hannover-Haus 2719 m – Radeckscharte) – Kleiner Ankogel 3097 m – Ankogel 3246 m – Bergstation Ankogelbahn oder Hannover-Haus.

Schwierigkeit/Anforderung
II = mäßig schwierig, Wander-/Felstour; mäßige Anforderung, Tagestour.
Ab Bergstation nach Schild »Ankogel« auf markiertem Steig etwas bergab zur Einmündung des Goslarer Weges (502), der vom Hannover-Haus herabkommt. Nach dem markanten Felssporn der Grauleitenwand zweigt der Ankogel-Anstieg vom Goslarer Weg nach links hinauf zum Lassacher Kees und erreicht an einem großen Steinmann P. 2788 (AV-Karte) den Gletschersaum. Nach Steigspuren und Markierungen entweder über Moränenblockwerk am rechten Gletscherrand höher und nur zum Schluß über den Gletscher zur Radeckscharte, oder im kleinen, spaltenfreien Lassacher Kees mäßig steil, meist Trasse, zur Scharte. Ab Scharte auf Steig über den breiten Felsrücken des Westgrates mäßig steil zum Kleinen Ankogel, der gegen den Ankogel hin überschritten wird. Nach Steigspuren, teils ausgesetzt, im sehr abschüssigen Fels der Ostflanke entlang des Grates zum Gipfel.
Nur für im Fels erfahrene Berggeher. Bei Neuschnee und Vereisung sehr gefährlich!

Höchste Wegestelle/Gipfel
Ankogel 3246 m.

Anstiegsleistung
Ab Bergstation Ankogelbahn 700 Höhenmeter.

Abstieg
Wie Anstieg; oder Überschreitung nach Osten über das Kleinelendkees zu der Osnabrücker Hütte (2½ Stunden).

Auch von der Osnabrücker Hütte ist der Ankogel (rechts) im Anstieg über das Kleinelendkees ein begehrtes Gipfelziel. Im Vordergrund der Obere Schwarzhornsee.

Gehzeiten
Bergstation Ankogelbahn 2631 m – Radeckscharte 2874 m: 1½ Stunden (gleiche Zeit ab Hannover-Haus). Radeckscharte – Kleiner Ankogel 3097 m – Ankogel 3246 m: 1 Stunde. Abstieg wie Anstieg: 2½ Stunden.
Gesamtgehzeit: 5 Stunden.

Hütten/Stützpunkte
Hannover-Haus 2719 m, DAV-Sektion Hannover, 70 Betten und Matratzenlager, bewirtschaftet von Ende Juni bis Anfang Oktober (siehe Fahrbetrieb der Ankogelbahn).
Osnabrücker Hütte 2040 m, siehe Tour 9.

Karten/Führer/Literatur
Siehe Tour 3, außerdem AV-Karte 1:25000, Blatt »Hochalmspitze – Ankogel«.

Ankogel-Gruppe

5 Auernig
2161 m
Maresenspitze
2915 m

Dem Ankogel gegenüber

wenig schwierig
Wandertour

Im Säuleckkamm, der das Seebachtal nach Mallnitz umrahmt, erhebt sich ein hoher, von vier Felsgraten zugespitzter Gipfel, der den Bergsteigern und Wanderern drüben auf der Ankogelseite sogleich auffällt. Die 2915 Meter hohe Maresen-

spitze gilt als Beispiel eines Berges, der allgemein bemerkt, wegen seiner ebenmäßigen Form vielleicht auch bewundert, doch mit dem Schattendasein eines zweitrangigen Gipfels zufrieden sein muß. Dabei haben die hohen Zweitausender, ob sie nun süd- oder nordseits des Tauernhauptkammes aufragen, viel zu bieten: meist einsame Anstiege, hervorragende Aussichtspositionen und viel Information im Nahbereich.

Hinab nach Mallnitz grüßt aus der Höhe von 2161 Metern das Heimkehrerkreuz am Auernig – eine Aufforderung, die von Bergwanderern gerne angenommen wird. Den Weiterweg zur Maresenspitze unternehmen jedoch nur wenige, vielleicht auch deswegen, weil die vorgelagerten Törlköpfe (2446 m) diesen bedeutenden Gipfel verbergen. Wer aber diesem Tourenvorschlag auf dem markierten Steiglein vom Auernig kammeinwärts folgt, bis es nicht mehr höher geht – Ausdauer, Bergerfahrung und gutes Wetter sind dazu notwendig –, den belohnt ein Wandererlebnis, wie es im Umkreis von Mallnitz kaum schöner – und stiller – sein kann!

Tourensteckbrief

Ausgangsort
Mallnitz 1190 m.

Die Tour in Stichworten
Mallnitz 1190 m – Döllnig ca. 1550 m – Wolliger Hütte 1600 m – Auernig 2161 m – Törlköpfe 2446 m – Maresenspitze 2915 m – Auernig – Wolliger Hütte.

Schwierigkeit/Anforderung
I = wenig schwierig, Wandertour; große Anforderung, Tagestour.
Von Mallnitz mit PKW Auffahrt auf schmaler Straße zum Weiler Döllnig (4 km), dort Parkplatz. Vom Parkplatz auf der Straße zur nahen Wolliger-Hütte. (Bis hierher ab Mallnitz auch Taxibus.) Ab Wolliger-Hütte nach Schild »Auernig/Herzogsteig« auf Waldweg zur Roßkopf-Alm (1682 m). Von dort steiler, markierter Steig durch eine Almmulde zum sichtbaren Gipfel des Auernigs. Vom Auernig schmaler, markierter Steig kammeinwärts zu den Törlköpfen und durch ein Felsentor, vorbei am Wasenlekopf wieder zur Grathöhe. Steigspuren und Markierungen führen am breiten Gratrücken zu den Felsen der nur wenig ausgeprägten Kleinen Maresenspitze (2581 m), die man zur breiten Westflanke der Maresenspitze überschreitet oder in südseitigem Rasengelände quert. Steigspuren und Markierungen leiten steil, aber gut gangbar, höher (ein markanter, niedriger Felsturm bleibt links) zum sichtbaren Vorgipfel (2873 m, Vermessungszeichen). Im Schlußanstieg über schmalen, ausgesetzten, fast waagrechten Grat zum Hauptgipfel der Maresenspitze.
Nur für erfahrene, ausdauernde Bergwanderer.

Höchste Wegestelle/Gipfel
Auernig 2161 m, Maresenspitze 2915 m.

Anstiegsleistung
Ab Parkplatz Döllnig 1400 Höhenmeter.

Abstieg
Wie Anstieg; oder ab Auernig direkt nach Mallnitz.

Gehzeiten
Döllnig ca. 1550 m – Wolliger-Hütte 1600 m – Auernig 2161 m: 1½ Stunden. Auernig – Maresenspitze 2915 m: 3 Stunden. Abstieg wie Anstieg: 3½ Stunden.
Gesamtgehzeit: 8 Stunden.

Hütten/Stützpunkte
Wolliger-Hütte 1600 m, nur Jausenstation.

Karten/Führer/Literatur
Siehe Touren 3 und 4.

Die knapp 3000 Meter hohe Maresenspitze ragt südlich vom Ankogel im Säuleckkamm auf. Dort beherrscht dieser nach jeder Seite hin gut ausgeprägte Gipfel den Kammzug hinaus nach Mallnitz. Im Vordergrund der Elschesattel mit der Bergstation der Ankogelbahn.

Ankogel-Gruppe

6 Säuleck
3085 m
Arthur-von-Schmid-Haus
2272 m

Am Dösener See

*mäßig schwierig
Wander-/Felstour*

In einem Talkessel, dem vom Hauptkamm her das Tauerntal und das Seebachtal zulaufen, nistet auf der »Sonnseitn« der Hohen Tauern in der erholsamen Meereshöhe von 1190 Metern die Ortschaft Mallnitz. Nach Süden verbindet Mallnitz das gleichnamige Tal mit Obervellach (685 m) im Mölltal, nahe dem Bahnhof Mallnitz mündet das Dösener Tal ein. Bis zur Eröffnung der Bahnstrecke zwischen Schwarzach im Salzachtal (Pongau) und Spittal an der Drau mit dem Scheiteltunnel durch den Tauernhauptkamm am 5. Juli 1911 war Mallnitz eine abgelegene Talschaft, bekannt nur den Tauerngängern und den Bergknappen, die südseits des Hauptkammes nach Erzen schürften. Heute gilt das sonnige Mallnitz mit seiner reinen Bergluft als »Erster heilklimatischer Höhenluftkurort Kärntens«. Zudem profitiert Mallnitz seit 1966 von der Ankogelbahn, die den Ort auch im Winter und bis weit in das Frühjahr hinein für den Skisport interessant macht.

Das Dösener Tal bricht in zwei hohen Geländestufen herab vom gleichnamigen See, zuerst zur grünen Hochmulde der Eggeralm mit der Dösener Hütte und von dort zum Auenwald um die Konrad-Lake. An diesem flachen Wasser steht die Konrad-Hütte (1616 m), eine beliebte sommerliche Einkehr, erschlossen von einer schmalen Zufahrt, die vom Bahnhof Mallnitz am Wirtshaus Säuleck vorbei zu ihr heraufführt. In der Tour zum Säuleck ist diese Hütte die erste Station, ein gut angelegter Alpenvereinssteig überwindet die bewaldete Steilstufe zur privaten Dösener Hütte (1975 m) und den kahlen, felsigen Riegel hinauf zum Arthur-von-Schmid-Haus am Dösener See.

Der Grazer Handelsakademie-Direktor Arthur von Schmid hinterließ nach seinem Tod im Jahre 1902 der Alpenvereinssektion Graz das ansehliche Vermögen von 50.000 Kronen als Stiftung für den alpinen Hütten- und Wegebau. Die Grazer konnten daraufhin, nachdem sie 1905 das Dösener Tal als Arbeitsgebiet erhalten

Das Säuleck – wir sehen seine schroffe Südwestflanke rechts der weniger bedeutenden Großfeldspitze über dem waldreichen Dösener Tal.

hatten, an die Errichtung eines Stützpunktes am Dösener See denken – die Sektion gab der neuen Hütte zum Dank den Namen des Stifters. Obwohl das Schmid-Haus – wie es allgemein genannt wird – der Mittelpunkt in einem Landschaftskleinod ist, wie es die Hohen Tauern herrlicher kaum aufweisen können, und reizvolle Tourenmöglichkeiten rundum in reicher Auswahl anbietet, war die Bewirtschaftung durch den mäßigen Besuch lange Zeit schwierig. Der stark zunehmende Tourismus begünstigte auch das Schmid-Haus; die Urlaubsgäste sehen den Hüttenanstieg durch das ursprüngliche Dösener Tal als reizvolle Tageswanderung, die »Hochalpinen« auf der Suche nach lohnenden Dreitausendertouren entdeckten die Berge um den Ankogel – und so auch das 3085 Meter hohe Säuleck und seine Hütte. Diese erfreuliche Entwicklung war den Grazern Grund genug, das Schmid-Haus den neuen Erfordernissen großzügig anzupassen, ohne aber sein Ansehen als traditionelle Berghütte zu verändern. So verkündet an der Westfront des Hauses eine kupferne Erinnerungstafel:

»Arthur-von-Schmid-Haus, erbaut im Jahre 1910, eröffnet am 9. Juli 1911, renoviert und vergrößert in den Jahren 1978/79. In Dankbarkeit und Anerkennung Sektion Graz des Österreichischen Alpenvereins, 5. August 1979.«

Der Alpenvereinsführer »Ankogel- und Goldberggruppe« beschreibt das Säuleck als »Felsaufbau von wuchtiger Größe und kühnem Aufschwung. Vom Dösener See gesehen ein breites Trapez mit rinnendurchzogenen Felsmauern ... Vielerstiegener, vom A.-v.-Schmid-Haus leicht erreichbarer ›Damendreitausender‹«. Damendreitausender – ein längst »überständiger« Begriff. Es gibt heute Damen, die das Säuleck nur als erste Station einer Tagestour würdigen: Sie besteigen in 2 Stunden den Gipfel, wählen den anspruchsvollen »Detmolder Weg« hinüber zur Gussenbauerspitze 2978 m und zur Schneewinkelspitze 3016 m, steigen zur Gießener Hütte 2218 m ab und kehren in einer Rundtour über die Mallnitzer Scharte 2872 m zum Schmid-Haus zurück – ein Tip für konditionsstarke Leute, die Touren 6 und 7 zusammenfassen!

Das Arthur-v.-Schmid-Haus am Dösener See ist der Stützpunkt für das Säuleck, aber auch eine wichtige Station auf dem Alpenvereinsweg über die Mallnitzer Scharte (Bildmitte) zur Gießener Hütte. Von der Mallnitzer Scharte schließt nach rechts die Reißeck-Gruppe an, und so dient das Schmid-Haus auch dem Reißeck-Höhenweg im Übergang von der Reißeck-Hütte.

Tourensteckbrief

Ausgangsort
Mallnitz 1190 m.

Die Tour in Stichworten
Mallnitz 1190 m – Konrad-Hütte 1616 m – Dösener Hütte 1975 m – Arthur-v.-Schmid-Haus 2272 m – Säuleck 3085 m – A.-v.-Schmid-Haus – Mallnitz.

Schwierigkeit/Anforderung
I = wenig schwierig, Wander-/Felstour; große Anforderung als Tagestour.
Vom Bahnhof Mallnitz schmale, aber gut befahrbare Straße zum Wirtshaus Säuleck (1413 m); weiter hinein in das Dösener Tal ist die Zufahrt zur Konrad-Hütte (Parkmöglichkeit) nur auf einer schmalen, geschotterten Almstraße möglich. (Ab Mallnitz auch mit Taxibus zur Konrad-Hütte.) Ab Konrad-Hütte über die unbewirtschaftete Dösener Hütte auf markiertem AV-Steig (533) zum A.-v.-Schmid-Haus. Ab A.-V.-Schmid-Haus markierter Steig 534 teilweise steil, über die See-Alm zum Ansatz des blockigen Südostgrates. Markierungen weisen den steilen Anstieg über feste Blöcke zum Gipfel.
Nur für erfahrene, ausdauernde Bergwanderer.

Höchste Wegestelle/Gipfel
Säuleck 3085 m.

Anstiegsleistung
Ab Mallnitz 1900, ab Konrad-Hütte 1500, ab A.-v.-Schmid-Haus 800 Höhenmeter.

Abstieg
Wie Anstieg.

Gehzeiten
Mallnitz 1190 m – Konrad-Hütte 1616 m: 1½ Stunden. Konrad-Hütte – A.-v.-Schmid-Haus 2272 m: 2 Stunden. A.-v.-Schmid-Haus – Säuleck 3085 m: 2½ Stunden. Abstieg wie Anstieg zur Konrad-Hütte: 3½ Stunden. Gesamtgehzeit: 8 Stunden ab Konrad-Hütte.

Hütten/Stützpunkte
Arthur-von-Schmid-Haus 2272 m, ÖAV-Sektion Graz, 75 Betten und Matratzenlager, bewirtschaftet von Ende Juni bis Ende September.

Karten/Führer/Literatur
Kompass-Wanderkarte 1:50000, Blatt 49, »Mallnitz-Obervellach«, Alpenvereinskarte 1:25000, Blatt »Hochalmspitze-Ankogel«. Alpenvereinsführer »Ankogel- und Goldberggruppe«. Sepp Schnürer »Hohe Route Ostalpen«.

Ankogel-Gruppe

7 Schneewinkelspitze

3015 m

Gussenbauerspitze

2951 m

Gießener Hütte

2218 m

Der Detmolder Weg

mäßig schwierig
Wander-/Felstour

Schwere Lawinenabgänge geißelten im Frühjahr 1975 den gesamten Ostalpenraum, so auch das Gößkar unter dem Detmolder Grat. Dieser lange, schmale Felskamm verbindet das Säuleck mit der Gussenbauerspitze und der Schneewinkelspitze, zieht bis zur Lassacher Winkelscharte und schwingt sich über die Winkelspitze hinauf zur Hochalmspitze. Auf dem Gößbichl südostseits des Grates stand seit 1912 die alte Gießener Hütte (2218 m) als Stützpunkt für die großartige Route des Detmolder Weges über den gleichnamigen Grat, für den Anstieg zur Hochalmspitze, für den Schwarzenburger Weg und den Celler Weg über die Lassacher Winkelscharte zum Hannover-Haus. Zur Osterzeit muß es wohl geschehen sein, daß die Lawine mit furchtbarer Gewalt über den heimeligen Holzbau der ersten Gießener Hütte hinweg die Hänge zum Gößgraben hinunterfegte. Die Alpenvereinssektion Gießen mußte einen Totalschaden hinnehmen. Aber die Katastrophe mobilisierte eigene Kräfte und die Hilfsbereitschaft von Freunden und Gönnern: In nur zwei Sommern konnte eine

neue, nun lawinensichere Hütte, wenig vom früheren Standort entfernt, errichtet werden; am 28. August 1977 fand die Einweihung statt. Dieses allen modernen Erfordernissen angepaßte Haus setzte im hochalpinen Hüttenbau neue Maßstäbe, unaufdringlich fügt es sich in seine weitgegliederte Umgebung.

Der Pflüglhof (847 m) im unteren Maltatal galt Jahrzehnte hindurch bis zum Bau der Malta-Staustufe als Drehscheibe für die Touristen: Die einen wählten das Maltatal bis in das Großelend, die anderen durchwanderten den Gößgraben hinauf zum Gößkar. Die zahlreichen Wasserfälle der beiden Täler waren ein Naturdenkmal ohnegleichen – waren! In den siebziger Jahren sammelten die Österreichischen Draukraftwerke den Schatz in Stauseen und Stollen und nahmen damit den Tälern zum Großteil die Wunder der »stürzenden Wasser«. Der Gößgraben bekam aber durch die Bauvorhaben eine gute öffentliche Zufahrt hinauf zu einem geräumigen Parkplatz (1677 m) unter dem Speicher Gößkar. Für den Weiterweg zur Gießener Hütte (2218 m) sollte man auf Abschneider verzichten und die bequeme Trasse der Forststraße (für Fahrzeuge gesperrt) benützen, die bei der Hütte endet.

So hoch über dem Tal darf das Wasser noch die Wege fließen, die es sich seit Jahrtausenden selbst geschaffen hat. Die Gößbäche kommen vom Trippkees und von den Firnflecken unter dem Detmolder Grat; der flache Giebel der Schneewinkelspitze und die Felstürme der Gussenbauerspitze formieren gut erkennbar den Schwung des Grates nach Südwesten hinüber zum Säuleck. Nur wenige, für geübte Bergsteiger durch angebrachte Sicherungen allgemein begehbare ostalpine Gratführen können mit dem Detmolder Weg konkurrieren. Die Sektion Detmold hat mit der Erschließung dieser hochalpinen Route, die vom Säuleck bis zur Hochalmspitze läuft, Außerordentliches geleistet, aber auch ihre liebe Not damit, denn die

Der Detmolder Grat, erschlossen von der teilweise gesicherten, hochalpinen Steiganlage des Detmolder Weges, verbindet die Hochalmspitze mit dem Säuleck. Hier eine sehr reizvolle Passage zwischen der Schneewinkelspitze und der Gussenbauerspitze. Die Gießener Hütte ist für diese Tour und für die Hochalmspitze ein vorteilhafter Stützpunkt.

Sicherungen, Drahtseile und Stifte, und die Markierungen bedürfen einer dauernden Nachbesserung. Die Lassacher Winkelscharte (2862 m) unterbricht die Kammlinie und eignet sich ausgezeichnet als Ausgangspunkt, um entweder den Detmolder Weg in Richtung Hochalmspitze oder in der Überschreitung Schneewinkelspitze 3015 m – Gussenbauerspitze 2951 m – Säuleck 3085 m zu begehen. Nachfolgender Auszug aus »Hohe Route Ostalpen« schildert das Erlebnis dieser Überschreitung: »Gut sichtbare Markierungen und Steinmänner erleichtern die Wegsuche. Harmlos, noch wenig ausgesetzt, steigen wir über Blöcke und Schneefelder zur Schneewinkelspitze hinauf. Am Steinmann dieser Dreitausenderhöhe lohnt eine Rückschau zur Hochalmspitze – kein Winkel in der Ankogel-Gruppe kann einen stärkeren Eindruck vermitteln! Unbedingt dominierend im weiten Rund, so steht die Tauernkönigin uns gegenüber. Fels und Eis beherrschen gleicherweise die Szene, unterstreichen nachdrücklich die Bedeutung dieses Berges in den östlichen Hohen Tauern. Unser Weiterweg hinüber zur Gussenbauerspitze verspricht einen luftigen Gang auf schmaler Schneide. Aber intakte Sicherungen, Stifte, Klammern und Drahtseile, entschärfen diesen hohen Weg, so daß ein trittsicherer Geher sich ganz dem Genuß dieser Gratführe hingeben kann.«

Tourensteckbrief

Ausgangsort
Maltatal; Pflüglhof 847 m.

Die Tour in Stichworten
Maltatal – Gößgraben – Parkplatz Speicher Gößkar 1677 m – Gießener Hütte 2218 m – Schneewinkelspitze 3015 m – Gussenbauerspitze 2951 m – Schneewinkelspitze – Gießener Hütte.

Schwierigkeit/Anforderung
II = mäßig schwierig, Wander-/Felstour; große Anforderung als Tagestour.
Aus dem Maltatal, nahe dem Pflüglhof, durch den Gößgraben Auffahrt zum Parkplatz unter dem Speicher Gößkar. Von dort auf Forststraße (gesperrt) zur Gießener Hütte. Ab Hütte auf dem Schwarzenburger Weg (518) in Richtung Lassacher Winkelscharte. Bei P.2662 (AV-Karte) durch Tafel bezeichnete, weglose, aber markierte Abzweigung, über mäßig steile Schneefelder zur Schneewinkelspitze. Ab Schneewinkelspitze ausgesetzte, aber gut gangbare, teilweise gesicherte Gratführe = Detmolder Weg, meist südseitig zur Gussenbauerspitze.
Nur für im Fels erfahrene Berggeher. (Ab Gussenbauerspitze läuft der Detmolder Weg über den Verbindungsgrat teilweise gesichert bis zum Südostgrat des Säulecks. Die schwierigste Stelle, eine fast senkrechte, aber gut gesicherte 30-m-Wand, kommt nach der Gussenbauerspitze.

Auf der Route des Detmolder Weges knapp unter der Schneewinkelspitze, im Hintergrund die Hochalmspitze.

Höchste Wegestelle/Gipfel
Schneewinkelspitze 3015 m, Gussenbauerspitze 2951 m.

Anstiegsleistung
Ab Parkplatz Speicher Gößkar 1400, ab Gießener Hütte 800 Höhenmeter.

Abstieg
Wie Anstieg; oder Übergang zum Säuleck (siehe Tip).

Gehzeiten
Parkplatz Speicher Gößkar 1677 m – Gießener Hütte 2218 m: 1½ Stunden. Gießener Hütte – Schneewinkelspitze 3015 m: 2½ Stunden. Schneewinkelspitze – Gussenbauerspitze 2951 m: 1 Stunde. Abstieg wie Anstieg zur Gießener Hütte: 2½ Stunden.
Gesamtgehzeit: 6 Stunden ab Gießener Hütte.

Hütten/Stützpunkte
Gießener Hütte 2218 m, DAV-Sektion Gießen, 80 Betten und Matratzenlager, bewirtschaftet von Ende Juni bis Ende September.

Karten/Führer/Literatur
Siehe Touren 3 und 4.

Tip
Für erfahrene, ausdauernde Bergsteiger Ausdehnung der Tour bis zum Säuleck; Über Mallnitzer Scharte (2672 m) und Buderusweg zur Gießener Hütte zurück (5 Stunden).

23

8 Hochalmspitze
3360 m

Die »Tauernkönigin«

schwierig
Gletscher-/Felstour

Betrachten wir die Hochalmspitze, so sehen wir in ihrer Erscheinung das Muster eines Tauernberges – nicht von ungefähr haben ihr die Bergsteiger das schmückende Attribut »Tauernkönigin« gegeben.
Die »Hochalm« – so wird sie von den Einheimischen kurz angesprochen – erhebt sich außerhalb des Tauernhauptkammes. Am Ankogel zweigt der Kärlspitzkamm nach Südosten und kulminiert im Großelendkopf 3315 m, der anschließende Preimelspitzkamm vollendet über Preimelscharte 2952 m, Preimelspitze 3133 m und Oberlercherspitze 3051 m den Kammbogen dem Großelend zu. Nur wenig südlich des Großelendkopfes und mit ihm durch einen Firnrücken verbunden erhebt sich das Massiv der Hochalmspitze. Die starke Felsmauer von der Lassacher Winkelscharte 2862 m über die Winkelspitze 3112 m errichtet den Südwestgrat, der schmale und lange Arm des Südostgrates kommt von den Steinernen Mannln 3125 m herauf. Ein Blick auf die Karte zeigt, daß zwischen den genannten Kämmen und Graten im Umkreis des Gipfels vier Gletscher – das Großelendkees, das Hochalmkees, das Trippkees und das Winkelkees – eingebettet sind. Mit dieser in den östlichen Hohen Tauern einmaligen Ausstattung gilt die Hochalmspitze als beispielhafter Tauernberg. Sie bietet klassische, für den Normalbergsteiger gut durchführbare Anstiege in Eis und Fels, die aus allen Richtungen der Windrose zu ihr kommen.
»Die Ersteigungsgeschichte dieses höchsten Gipfels in der Osthälfte der Hohen Tauern reicht nur bis in die fünfziger Jahre zurück. Hier wird eben kein Bergbau betrieben, und damit fehlte ein wichtiges Moment, das die Leute aneifert und ihnen

Gelegenheit gibt, die unwirtlichen Höhen aufzusuchen. Auch ist die Hochalmspitze ringsum von größeren Gletschern umgeben – vor Gletscherklüften wie überhaupt vor Firn und Eis haben aber die Führer in dieser Gegend meist noch heute einen unglaublichen Respect. So wurde der Berg erst ziemlich spät der unverdienten Vergessenheit entrissen. Dazu kam noch ein ganz besonderer Umstand. Bei der Kataster-Triangulation im Jahre 1825 ist unser Gipfel nicht vermessen worden, vermuthlich, weil er als unersteigbar galt und man daher nicht glaubte, ihn mit einem Signal versehen zu können.« Nachzulesen in »Die Erschließung der Ostalpen«, 1894.
Wer nahm nun der Hochalmspitze den Nimbus der Unersteigbarkeit? Vier Honoratioren, alle aus Gmünd im Liesertal, wagten unter der Führung des sechzigjährigen »Jagermattel« aus dem Maltatal im August 1855 den ersten Versuch über das ostseitige Hochalmkees. Aber sein Rat: »Halts Enk nach den Gamsfährten, dö gehn über ka grosse Keeskluft« entschied die Tour. Sie kamen erst spät bei den Steinernen Mannln an und trauten sich den Weiterweg nicht mehr zu, obwohl es ein windstiller, wolkenloser Tag war. Nachfolger noch im gleichen Monat und auf der gleichen Route war der Pfarrer von Maltein, Martin Krall, mit einigen Begleitern. Diese Gesellschaft war insofern erfolgreich, als zwei Leute daraus sich im Nebel zum benachbarten Großelendkopf »verstiegen«, den sie irrtümlich als die Hochalmspitze ansahen. Der Bann war gebrochen. Anton von Ruthner erreichte am 12. August 1859 zweifelsfrei die dem Hauptgipfel vorgelagerte Schneeige Hochalmspitze, 3346 m, verschenkte aber diese Sternstunde, weil er und sein Führer den ausgesetzten Übergang zum nahen und höheren »Aperen« Gipfel nicht ausführten. So pflückte Paul Grohmann (1839–1908) nur wenige Tage später, am 15. August, den Lorbeer, und errichtete auf der 3360 Meter hohen Aperen Hochalmspitze den ersten Gipfelsteinmann. Diese Unternehmungen und auch die nachfolgende von Edmund von Mojsisovics im August 1862 erfolgten über das Hochalmkees. Der Arzt Carl Gussenbauer aus Obervellach wagte eine Besteigung aus dem Trippkees und 1871 aus dem Winkelkees den Durchstieg der steilen Eisrinne zur Scharte zwischen Schneeiger und Aperer Hochalmspitze. Für versierte Eisgeher ist sein Weg – die Gussenbauer-Rinne – heute noch ein Anreiz, auf die vornehmste Art bei der »Tauernkönigin« vorzusprechen (Erich Vanis »Im steilen Eis«).

Nachdem die Hochalmspitze nun nach allen Richtungen ihre Anstiegsangebote aussandte, stellte sich auch der alpine Hüttenbau darauf ein. Aus dem Maltatal zugänglich, entstand unter dem Hochalmkees im Jahre 1882 als erster Stützpunkt die Villacher Hütte (2194 m, Selbstversorger). Auch heute wird die Tour Villacher Hütte – Steinerne Mannln – Hochalmspitze (siehe »Hohe Route Ostalpen«) noch gerne unternommen.
Zur Jahrhundertwende bürgerte sich mit dem Bau der Osnabrücker Hütte (2040 m) im Großelend der Anstieg über das Großelendkees und die Preimelscharte ein und noch vor dem Ersten Weltkrieg die Route Gießener Hütte – Trippkees – Steinerne Mannln – Südostgrat – Hochalmspitze, heute der einfachste und beliebteste Aufstieg und daher im Tourensteckbrief beschrieben. Auch die Celler Hütte (2248 m, Selbstversorger) eignet sich vom Hannover-Haus herüber gut als Stützpunkt. Von ihr aus bietet sich der Celler Weg zur Lassacher Winkelscharte und der Detmolder Weg über den Südwestgrat als fast eisfreier, aber anspruchsvoller Zugang an. Diese Route läuft direkt zum Gipfelkreuz und berührt den »Schneeigen« Gipfel nicht. Die Schneeige Hochalmspitze – ein breiter, angewehter Firngupf – ist in der Tour über den Südostgrat das Sprungbrett zur Aperen Spitze, die von blockigen Felsen schmal und ausgesetzt aufgerichtet wird. Je nach den Verhältnissen überrascht der Übergang vielleicht mit einigen Tücken, die wenigen Meter können sogar eine kleine Mutprobe bedeuten.
An einem klaren Tag reicht die Aussicht von der Hochalmspitze über einen Radius von gewiß 200 Kilometern! Dies wußten schon der Gmünder Apotheker Frido Kordon und sein Freund Cuscoleca aus Klagenfurt: Im August 1895 verbrachten sie 30 Stunden (!) auf der Hochalmspitze, um eines der damals sehr gefragten Gebirgspanoramen zu zeichnen. Auch die Bergsteigergruppe, die an diesem herrlichen, warmen Septembertag mit uns von der Gießener Hütte heraufgestiegen ist, konnte sich lange nicht vom Gipfel der „Tauernkönigin" trennen.

Vom Gipfel der Hochalmspitze sehen wir im Westen das Firnschild des Hocharn und noch weiter draußen die Horizontlinie der Glocknerberge vom Großglockner (links) zum Großen Wiesbachhorn.

Auf dem Südostgrat der Hochalmspitze, links das Hochalmkees, darüber die schlanken Gestalten der Steinernen Mannln.

Tourensteckbrief

Ausgangsort
Maltatal, Pflüglhof 847 m.

Die Tour in Stichworten
Maltatal – Gößgraben – Parkplatz Speicher Gößkar 1677 m – Gießener Hütte 2218 m – Steinerne Mannln 3125 m – Hochalmspitze 3360 m – Steinerne Mannln – Gießener Hütte.

Schwierigkeit/Anforderung
III = schwierig, Gletscher-/Felstour; mittlere Anforderung, 1½-Tage-Tour.
Zur Gießener Hütte siehe Tour 7. Ab Hütte auf dem markierten Rudolstädter Weg (536) zum Trippkees und im geschlossenen Ostflügel des Gletschers, meist Trasse, zum Schluß sehr steil, zum Felsriegel unter den Steinernen Mannln. Im plattigen, gut gestuften, fast senkrechten Fels drahtseilgesichert zum Ausstieg in eine Scharte links der Steinernen Mannln. Ab Scharte auf dem felsigen Südostgrat in teils ausgesetzter Route zu einem Gratturm und sehr steil

mit Hilfe von Drahtseilen zum Gipfel der Schneeigen Hochalmspitze (3346 m). Von ihr über eine schmale, ausgesetzte Scharte (häufig Eis!) zum Hauptgipfel. (Bei guten Verhältnissen Überschreitung der Hochalmspitze auf dem teilweise gesicherten Detmolder Weg hinab zur Lassacher Winkelscharte, 2862 m, und Rückkehr auf dem Schwarzenburger Weg zur Gießener Hütte, 3 Stunden.)
Nur für in Fels und Eis erfahrene Bergsteiger mit Eisausrüstung.

Höchste Wegestelle/Gipfel
Steinerne Mannln 3125 m, Hochalmspitze 3360 m.

Anstiegsleistung
Ab Parkplatz Speicher Gößkar 1700, ab Gießener Hütte 1100 Höhenmeter.

Abstieg
Wie Anstieg; oder siehe oben.

Gehzeiten
Parkplatz Speicher Gößkar 1677 m – Gießener

Hütte 2218 m: 1½ Stunden. Gießener Hütte – Steinerne Mannln 3125 m: 2½ Stunden. Steinerne Mannln – Hochalmspitze 3360 m: 1½ Stunden. Abstieg wie Anstieg zur Gießener Hütte: 3 Stunden.
Gesamtgehzeit: 7 Stunden ab Gießener Hütte.

Hütten/Stützpunkte
Gießener Hütte 2218 m, siehe Tour 7.
Villacher Hütte 2194 m, ÖAV-Sektion Villach, 14 Matratzenlager, Selbstversorgerhütte, nur mit AV-Schlüssel zugänglich.

Karten/Führer/Literatur
Kompass-Wanderkarte 1:50000, Blatt 49 »Mallnitz – Obervellach« und Blatt 66 »Maltatal – Liesertal«; Alpenvereinskarte 1:25000, Blatt »Hochalmspitze – Ankogel«. Alpenvereinsführer »Ankogel- und Goldberggruppe«. Sepp Schnürer »Hohe Route Ostalpen«.

9 Südliches Schwarzhorn
2924 m
Osnabrücker Hütte
2040 m

*1000 Meter über
dem Malta-Stausee*

*mäßig schwierig
Wander-/Felstour*

Das mittelalterliche Städtchen Gmünd (749 m) im Tal der Lieser ist seit jeher das Tor in das Maltatal. Bergsteiger früherer Zeiten, die aus dem Maltatal zu den Gipfeln der Hochalmspitz-Gruppe, des Ankogelstocks, der Hafner- oder Reißeck-Gruppe wollten, nahmen fast immer zuerst Quartier in Gmünd. »Kohlmayer's Gasthof« am Stadtplatz war die beliebteste Herberge, und noch heute empfehlen Schilder an der Eingangspforte diesen Gasthof als Einkehr der DAV-Sektionen Kattowitz, Osnabrück und Gießen. Damit ist schon ein erster Hinweis verbunden, welche Alpenvereinshütten den Bergsteiger und Wanderer im Tourenbereich des Maltatales erwarten.

Die Malta, einst ein wasserreicher, von zahlreichen starken Nebenbächen gespeister, ungestümer Gebirgsfluß, ist ein echtes Tauernkind, unterliegt aber heute dem Zwang einer gigantischen Wassernutzung. Ab dem Pflüglhof schlängelt sich der Fluß durch den breiten, fast ebenen, mit Auenwald bestandenen Talboden nach Gmünd hinaus und schüttet die wenigen ihm noch belassenen Wasser in die Lieser.

Noch in der Zeit zwischen den beiden Kriegen war der Pflüglhof (847 m), im Unterlauf des Maltatales, die Endstation für das allgemeine Verkehrswesen. Weiter hinein zur Gmünder Hütte (1184 m) und hinauf zum Samerboden gab es nur einen Fahrweg für die Almbauern und einen Alpenvereinssteig, der die »Gebirgsreisenden« bis zur Osnabrücker Hütte (2040 m) im Großelend leitete. Vom Pflüglhof zur

Osnabrücker Hütte war eine Gehzeit von 7 bis 8 Stunden nötig, also ein ganzer Tag. Aber dieser lange Weg belohnte den Wanderer mit einer Fülle von Naturwundern im »Tal der stürzenden Wasser«. Dieser poetische Beiname umschrieb – bis in unsere siebziger Jahre gültig – den Sturz der Wildwasser über senkrechte Urgesteinsschwellen, ihren Schuß durch glatte Felskanäle und ihr Kreiseln in den rundgeschliffenen Steinwannen der »Tümpfe«. Wohl dem, der das Maltatal, die Stille des grünen, lärchen- und zirbenbestandenen Samerbodens und den stürmischen, urweltlichen Fluß des Großelendbaches in seiner ganzen Länge bis zur Entlegenheit der Osnabrücker Hütte damals noch erleben durfte!

Großelend! Welch ein Name – wo ist seine Wurzel zu suchen? »Bildhaft sind oft die Bezeichnungen: Groß- und Kleinelendkees; darin liegt alles, das Entfernte, das Drohende, das Ausmaß der Gletscher, die Furcht, das als trostlos Empfundene früherer Zeiten«, schreibt Erika Schwarz in ihrem Büchlein »Glück in den Tauern«. Sie läßt mit wenigen Worten die jahrhundertealte Abgeschiedenheit und Einsamkeit dieser Tauernwelt anklingen. So war es für die Osnabrücker Sektion im Jahre 1899 ein mutiger Entschluß, dem Großelend – so weit vom Talort Gmünd entfernt – einen Bergsteigerstützpunkt zu geben. Den hölzernen Erstbau zerstörte 1929 eine Lawine, aber schon am 16. April 1931

konnte eine neue, größere, aus massivem Stein errichtete Hütte eingeweiht werden. Die Jahre nach 1970 beendeten jedoch jäh die Beschaulichkeit romantisch-einsamer Naturbetrachtung auf der Wanderung durch das Malta- und Großelendtal zur Osnabrücker Hütte.

Der riesige Stausee des Speichers Kölnbrein mit einer Fassung von 200 Millionen Kubikmetern Wasser (!) reicht im Großelendtal bis 1,5 Kilometer vor die Osnabrücker Hütte. Die Malta-Hochalmstraße erschließt diese derzeit größte Talsperre Österreichs, die Kölnbreinsperre, bis hinauf zu ihrer Staukrone in 1903 Meter Meereshöhe. Von dort verkürzt sich der

*Seitdem der Malta-Stausee die Wasser des Großelendbaches aufnimmt, ist die früher dem Tal so weit entfernte Osnabrücker Hütte den Menschen um vieles näher gerückt. Das Großelendkees und der felsige Keil des Großelendkopfes bilden den nahen Horizont.
Etwa am linken Gletscherrand, von der dunklen Hangkante verdeckt, führt der Anstieg von der Osnabrücker Hütte zur Preimelscharte und weiter zur Hochalmspitze.*

vordem notwendige Tagesmarsch zur Osnabrücker Hütte auf eine bequeme 2stündige Gehzeit. Dieser einfache Hüttenzugang auf einem Ufersträßchen entlang des Stausees schenkt den vielen Urlaubsgästen im näheren Kärntner Raum einen idealen Tagesausflug. Zum Anbeginn der achtziger Jahre reagierte deshalb die Osnabrücker Alpenvereinssektion mit einer Modernisierung und Erweiterung ihrer Hütte. Auch die Nächtigungsfrequenz nimmt stetig zu. Es bleiben die Bergsteiger, die zum Ankogel und zur Hochalmspitze wollen und die Wanderer auf dem Tauern-Höhenweg, bevor sie über die Großelendscharte (2674 m) zum Hannover-Haus weiterziehen.

Ankogel und Hochalmspitze locken mit dem Reiz ihrer Gletscherrouten über das Kleinelend-, Großelend- und Hochalmkees und drängen andere, weniger bekannte Berge in den Hintergrund. Als großartige Aussichtskanzel zu den genannten Gletschern und ihrer Gipfelprominenz empfiehlt sich der bis in die Höhe von 2924 Metern aufgetürmte Blockgipfel des Südlichen Schwarzhorns. Das Urgesteinsmassiv der drei Schwarzhörner trennt das Kleinelend vom Großelend; es

ist nicht berühmt, bewahrt somit noch Einsamkeit und Stille und kann für einen Tag ein überaus lohnendes »Fluchtziel« sein.

Am Felsenufer der beiden idyllischen Schwarzhornseen (Unterer 2541 m, Oberer 2642 m) rastet kaum jemand. Die Anstiegsroute zum nahen Gipfel kann sich jeder selbst aussuchen – den großen, flechtenüberzogenen Gipfelblöcken auf dem Südlichen Schwarzhorn sieht man ihre Verlassenheit an. Der prächtige Rundblick von der Hochalmspitze über den Ankogel bis hin zum Großen Hafner und das Alleinsein – das sind die Freuden auf diesem wenig beachteten Gipfel.

Ein Blick auf die Karte zeigt über die nahe Zwischenelendscharte (2675 m) einen Rundweg durch das Kleinelendtal zur Uferstraße am Malta-Stausee. Einsamkeitssuchern geben wir den Rat, nach dem Abstieg zum Oberen Schwarzhornsee zur Zwischenelendscharte anzusteigen. Im Bergab bis zur Brücke des Kleinelendbaches am Stausee wird er vielleicht keiner Menschenseele begegnen. Im Tauernhauptkamm aber, der links von ihm mitläuft, wird er den Keeskogel bemerken und ihm die nächste Tour versprechen.

Tourensteckbrief

Ausgangsort
Maltatal, Kölnbreinsperre 1903 m.

Die Tour in Stichworten
Parkplatz Kölnbreinsperre 1903 m – Osnabrücker Hütte 2040 m – Unterer 2541 m – Oberer Schwarzhornsee 2642 m – Südliches Schwarzhorn 2924 m – Osnabrücker Hütte.

Schwierigkeit/Anforderung
II = mäßig schwierig, Wander-/Felstour; mittlere Anforderung, Tagestour.
Aus dem Maltatal auf der Malta-Hochalpenstraße (mautpflichtig) Auffahrt zur Kölnbreinsperre. Vom Parkplatz auf der Uferstraße des Stausees und Steig (502) zur Osnabrücker Hütte. Ab Hütte markierter Steig (502) zum Fallboden (2334 m). Dort Abzweigung des Ankogelanstieges (538) nach rechts, mit ihm höher, bis die Markierung 539 zu den Schwarzhornseen abzweigt. Am Oberen Schwarzhornsee, noch vor der Zwischenelendscharte (2675 m), weglos nach rechts mäßig steil zu dem hellen Blockfels vor dem Schwarzhorn-Südostgrat. Rechts eines Felssporns über Blöcke Zugang in eine breite, seichte Schotterrinne. In ihr nach links über begrünte Felsstufen steil höher zum Ausstieg am Südostgrat bei einer durch zwei Felszacken erkennbaren Scharte. Ab Scharte zuerst am Grat, dann östlich von ihm steil hinauf zu den blockigen Gipfelfelsen.
Nur für im Fels erfahrene Berggeher.

Höchste Wegestelle/Gipfel
Südliches Schwarzhorn 2924 m.

Anstiegsleistung
Ab Parkplatz Kölnbreinsperre 1000, ab Osnabrücker Hütte 900 Höhenmeter.

Abstieg
Wie Anstieg; oder als Rundtour über die Zwischenelendscharte nach markiertem Steig (539) in das Kleinelendtal zur Kleinelendbrücke (1917 m) und von dort auf der Uferstraße des Stausees zurück zum Parkplatz Kölnbreinsperre (3 Stunden).

Gehzeiten
Parkplatz Kölnbreinsperre 1903 m – Osnabrücker Hütte 2040 m: 2 Stunden. Osnabrücker Hütte – Oberer Schwarzhornsee 2642 m: 1½ Stunden. Oberer Schwarzhornsee – Südliches Schwarzhorn 2924 m: 1½ Stunden. Abstieg wie Anstieg: 2 Stunden.
Gesamtgehzeit: 5 Stunden ab Osnabrücker Hütte.

Hütten/Stützpunkte
Osnabrücker Hütte 2040 m, DAV-Sektion Osnabrück, 65 Betten und Matratzenlager, bewirtschaftet von Ende Juni bis Ende September.

Karten/Führer/Literatur
Siehe Tour 8.

Tip
Ab Oberem Schwarzhornsee Rundtour über die Zwischenelendscharte zum Malta-Stausee.

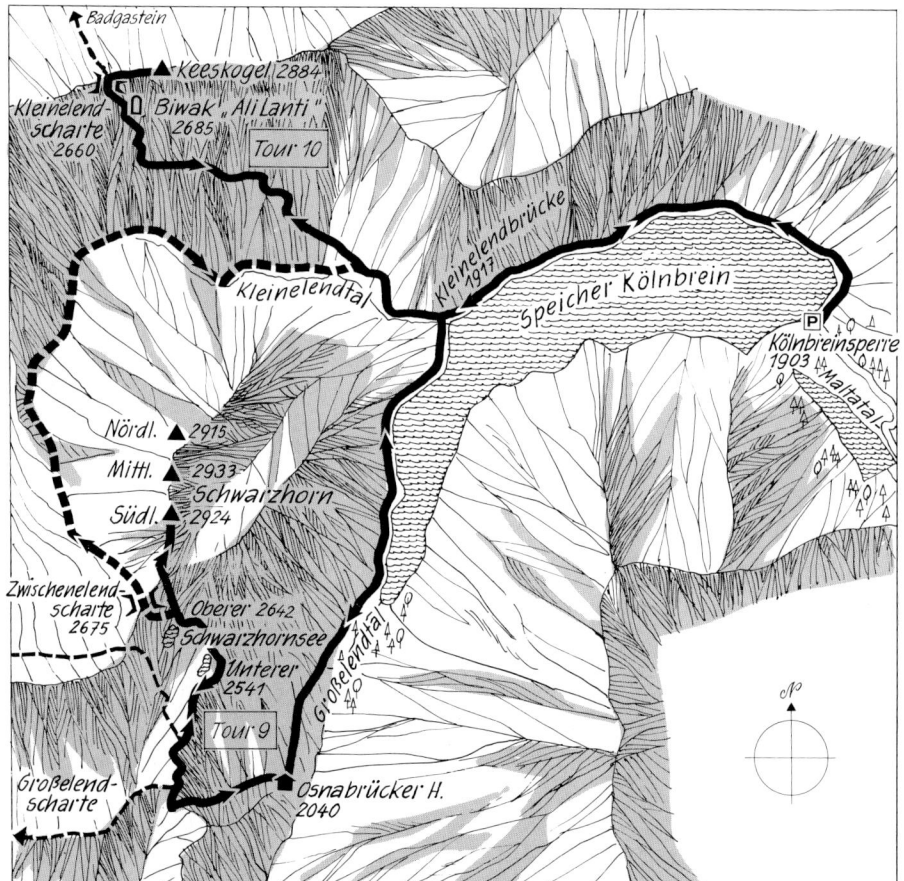

Ankogel-Gruppe

10 Keeskogel
2884 m

Der Gipfel über »Ali Lanti«

*mäßig schwierig
Wander-/Felstour*

»Ali Lanti«, diese Wortschöpfung ist keltischen Ursprungs und umschreibt nach Liselotte Buchenauer »in früheren Jahrhunderten weit abgelegene, unbekannte Gebiete, das Ödland«. Die Alpenvereinssektion Badgastein erstellte zum Anlaß ihres 90jährigen Jubiläums im Jahre 1973 an der Kleinelendscharte (2660 m) ein Biwak – zusammengeschraubt aus alten Kleingondeln der Stubnerkogel-Seilbahn – und benannte es nach dem Charakter der Örtlichkeit »Ali Lanti«. Mit dem Notwendigsten ausgestattet, dient die kleine Blechschachtel als Stützpunkt für die einsamen Touren im Hauptkammbereich östlich des Ankogels.

In früheren Zeiten mag es um die Kleinelendscharte weniger einsam gewesen sein, denn sie und die östlich des Keeskogels eingekerbte Arlscharte (2259 m) waren – als der Mensch von hüben nach drüben noch zu Fuß gehen mußte – wichtige Übergänge vom salzburgischen Pongau ins Kärntnerische.

Aus dem nördlichen Großarltal gesehen, ragt der Keeskogel im Talschluß als profilierte Berggestalt. Das kleine Gstößkees verleiht dem 2884 Meter hohen Felsgipfel einen Silberschmuck, und deshalb kam der schlichte Name Keeskogel wohl aus Großarl. Der Anstieg aus dieser Talschaft beginnt in Hüttschlag (1030 m); er führt über das Gstößkees und einen kurzen, unschwierigen Felsaufbau direkt zum Gipfelkreuz. Aus dem Gastein läuft die Route vorbei am Gasthaus Prossau (1271 m) zur Kleinelendscharte und trifft dort auf den kürzeren Südzugang vom Parkplatz Kölnbreinsperre herauf. Diesen Gang in die Einsamkeit von »Ali Lanti« und zu seinem Gipfel empfiehlt unser Tourensteckbrief.

Tourensteckbrief

Ausgangsort
Maltatal, Kölnbreinsperre 1903 m.

Die Tour in Stichworten
Parkplatz Kölnbreinsperre 1903 m – Kleinelendbrücke 1917 m – Kleinelendscharte 2660 m – Biwak »Ali Lanti« 2685 m – Keeskogel 2884 m – Kleinelendscharte – Parkplatz Kölnbreinsperre.

Schwierigkeit/Anforderung
II = mäßig schwierig, Wander-/Felstour; mittlere Anforderung, Tagestour.
Auffahrt zur Kölnbreinsperre siehe Tour 9. Ab Parkplatz auf der Uferstraße entlang des Stausees zur Einmündung des Kleinelendtales an der Kleinelendbrücke. Von dort markierter Steig (511) zur nahen Kleinelend-Almhütte und weiter über mehrere Steilstufen zur Kleinelendscharte. (Auch im Hochsommer häufig Schnee!). Bei der Scharte weisen blaue Markierungen nach rechts zum nahen Biwak »Ali Lanti«. Ab Biwak mäßig steil, nicht markiert, höher zum weiten Felssattel unter dem Nordwestgrat des Keeskogel. Ab Sattel (ca. 2770 m) entweder über den plattigen, gut gestuften felsigen Nordwestgrat mäßig schwierig zum Gipfel oder Übertritt in die Nordseite zum Gstößkees. Auf dem Gletscher entlang der Gipfelfelsen dem sichtbaren Gipfelkreuz entgegen, zuletzt über Fels wenig schwierig.
Einsame Route, nur für erfahrene, selbständige Berggeher.

Höchste Wegestelle/Gipfel
Kleinelendscharte 2660 m, Keeskogel 2884 m.

Anstiegsleistung
Ab Kölnbreinsperre 1000 Höhenmeter.

Abstieg
Wie Anstieg.

Gehzeiten
Parkplatz Kölnbreinsperre 1903 m – Kleinelendbrücke 1917 m: 1 Stunde. Kleinelendbrücke – Kleinelendscharte 2660 m – Biwak »Ali Lanti« 2685 m: 2½ Stunden. Biwak – Keeskogel 2884 m: ½ Stunde. Abstieg wie Anstieg: 3 Stunden.
Gesamtgehzeit: 7 Stunden.

Hütten/Stützpunkte
Biwak »Ali Lanti« 2685 m, ÖAV-Sektion Badgastein, ständig geöffnete Notunterkunft für 3 Personen, mit Decken und Matratzen.

Karten/Führer/Literatur
Siehe Tour 8.

Das Biwak »Ali Lanti« unter dem Keeskogel am Weg vom Maltatal hinüber in das Gasteiner Tal.

Hafner-/ Reißeck- Gruppe

Die Berge um Hafner und Reißeck gehören noch zur Ankogel-Gruppe. Vom vergletscherten Zentrum, dem Ankogelstock und der Hochalmspitz-Gruppe, lösen sich nach Südosten zum Liesertal der Hafner-Hauptkamm und nach Süden zum Möll- und Drautal der Reißeck-Hauptkamm. Für die Hafner-Gruppe erfolgt die Trennung im Tauernhauptkamm bei der Arlscharte und für die Reißeck-Gruppe bei der Mallnitzer Scharte nahe dem Säuleck. Die Gipfelhöhen beider Gruppen sind im Vergleich zum Zentrum wesentlich niedriger, nur der über 3 000 Meter hohe Große Hafner besitzt in seinem Nordabfall einen nennenswerten Gletscher; sein Rotgüldenkees speist die Rotgüldenseen. Den Reiz des Bergsteigens in Eis und Urgestein können die Hafner- und Reißeck-Gruppe nicht mehr bieten, die dennoch stark besuchten touristischen Schwerpunkte konzentrieren sich im Nahbereich ihrer Hauptgipfel. In weiten Teilen ist ihr Bergraum jedoch einsam geblieben.

In der Hafner-Gruppe, gegliedert vom Hafner-Hauptkamm und vom Faschauner Kamm, gilt dem Großen Hafner fast die alleinige Aufmerksamkeit, unterstützt von der Malta-Hochalmstraße, die als Zubringer dient. Die Reißeck-Gruppe hat mit der Reißeckbahn einen lauten touristischen Mittelpunkt am Seenplateau unter den Mühldorfer Stauseen, südlich des Großen Reißecks. Für Bergsteiger und Wanderer gibt es aber »Fluchtwege« genug zu den vielen und, außer dem Reißeck, wenig besuchten Gipfelzielen im Umkreis oder als ganz besondere Route den Reißeck-Höhenweg. Der große Reichtum der Reißeckberge ist das Wasser und deshalb auch die scheinbar fast allgegenwärtige Wassernutzung durch die Draukraftwerke. Trotzdem blieben viele abgelegene Karseen verschont – es lohnt sich, vom Seenplateau aus auf Entdeckungsreisen zu gehen!

Der Große Pfaffenberger See in der Reißeck-Gruppe; der Reißeck-Höhenweg führt an ihm vorbei.

11 Großer Hafner
3076 m

Kattowitzer Hütte
2319 m

Gmünder Hütte
1184 m

*Beliebte Tour
über dem Maltatal*

*mäßig schwierig
Wander-/Felstour*

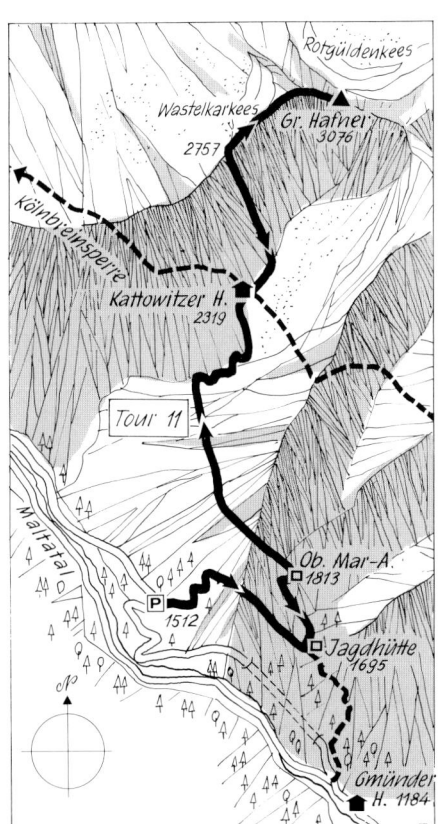

Der Hafner-Hauptkamm, der östlichste Kammzug der Hohen Tauern, stützt seine beiden Widerlager am Murtörl (2260 m) und von ihm nach Süden abgesetzt an der Katschberghöhe (1641 m) ab. Der Große Hafner mit einer Höhe von 3076 Metern und der vorgelagerte, unbedeutende Kleine Hafner, 3016 Meter, erheben sich darin als die einzigen Dreitausender. Der Hafner-Hauptkamm ändert am Kleinen Hafner seine Richtung nach Nordost zur Kesselspitze (2764 m), fällt von ihr mit immer niedrigeren Höhen bis hin zum Katschberg ab und rahmt somit das Pöllatal gegen Norden.

Die beiden Hafner müssen jedoch eine Konkurrenz im nahen Faschauner Kamm hinnehmen. Dieser zweite große Kammzug der Hafner-Gruppe löst sich an der Lanischscharte vom Hafnermassiv, begrenzt das Pöllatal gegen Süden und besitzt in der Reihenfolge Lanischeck 3023 m – Großer Malteiner Sonnblick 3030 m – Mittlerer Malteiner Sonnblick 3000 m gleichfalls Dreitausender-Nimbus, bevor er über einige noch markant ausgeprägte hohe Zweitausender zum Faschauner Eck (2612 m) und zum Maltatal absinkt. Diese fünf genannten Gipfel der Hafner-Gruppe sind die östlichsten Dreitausender der Ostalpen.

Welcher von ihnen hält nun genau den östlichsten Punkt? Vom Großen Hafner staffeln sich die Höhenkoten versetzt nach Südosten, und so kommt dem Mittleren Malteiner Sonnblick mit seiner Höhe von genau 3000 Metern diese einmalige Position zu. »Mittlerer« wird er deswegen genannt, weil nur wenig von ihm entfernt der Kleine Sonnblick (2990 m) der dritte im Bunde ist.

Bis auf den Hauptgipfel und den Bereich der Rotgüldenseen nördlich von ihm blieb die Hafner-Gruppe bis heute weithin einsam und wenig begangen. Auch die drei Sonnblickgipfel bleiben in Glanz und Ansehen hinter dem hohen, freiragenden Felshorn des Großen Hafner weit zurück. Auf ihn richtet sich seit jeher fast ausschließlich das bergsteigerische Interesse. Der Wunsch, diesen formschönen östlichen Berg der Hohen Tauern zu besteigen, wird wohl in jedem wach, der vom Ankogel oder von der Hochalmspitze aus Umschau hält. Als guter, gipfelnaher Stützpunkt steht die Kattowitzer Hütte im weitläufigen südwestseitigen Ochsenkar. Ihre günstige Position dient auch den Übergängen über die Wastlkarscharte (2720 m) zu den Rotgüldenseen mit Abstieg in das Murtal und über die Lanischscharte (2876 m) hinab zum Pöllatal.

Aus dem Maltatal ist die Kattowitzer Hüt-te gut zu erreichen. Über ihr, deutlich sichtbar und nur 2 Anstiegsstunden entfernt, übt der »Hafner« – so wird er kurz und einfach genannt – die Herrschaft über sein Bergland aus. Den nicht sichtbaren und wesentlich weiter entfernten Großen Malteiner Sonnblick zeigt keine Wegetafel an. Auch für ihn ist die Kattowitzer Hütte der gegebene Stützpunkt. Aber der Anstieg ist lang. Die Routensuche verlangt ein sicheres Gespür für das Gelände und eine gute Landkarte, denn weder Steig noch Markierungen helfen hinüber zu der steilen, mühsamen Geröllrinne, die schließlich den Anstieg vermittelt. Trotzdem – vielleicht ein Anreiz für Einsamkeitssucher, die »vereinigten Sonnblicke« zu besuchen, um von der absolut östlichsten Dreitausenderhöhe im gesamten Alpenbogen Umschau zu halten.

Der Name »Kattowitzer Hütte« regt zum Nachdenken an, wissen wir doch alle, daß Kattowitz in Oberschlesien liegt. Die Alpenvereinssektion Kattowitz wurde 1910 gegründet, und in den Jahren 1928/30 erbaute die damals alpenferne Sektion (heute mit Sitz in München) ihre Kattowitzer Hütte (2319 m). Die wenigen noch verbliebenen Mitglieder pflegen das Andenken: Hüttenfahne und Wappen zeigen die Kattowitzer Stadtfarben gelb und blau sowie die Symbole der Industriestadt, Zahnkranz, Hammer und Amboß; zudem schmückt den Gipfel des Großen Hafner das Kattowitzer Kreuz. Seit den Jahren nach 1970 nimmt der Hüttenbesuch stetig zu, und der Deutsche Alpenverein modernisierte deshalb das Haus 1977/78. Der ideal angefügte Erweiterungsbau wertet die Kattowitzer Hütte im äußeren Erscheinungsbild auf, nützt aber vor allem von der Funktion her dem Wohle der vielen Tageswanderer, der Bergsteiger und nicht zuletzt auch den jungen, tüchtigen Bewirtschaftern.

Der Weg aus dem Maltatal hinauf zur Kattowitzer Hütte und ihren Gipfeln ist weit, und so wird aus der Absicht, den Hafner zu besteigen, meist eine Eineinhalb-Tage-Tour. Früher begann, nur wenig taleinwärts von der Gmünder Hütte, die Tour mit dem Steilanstieg in der Waldlehne hinauf zu einer Jagdhütte (1695 m) unter der Oberen Maralm (auch heute ist dieser Steig noch vorhanden). Die neue Malta-Hochalmstraße läßt jedoch diesen »Schinder« vergessen: Man parkt bei der Einmündung einer für den Allgemeinverkehr gesperrten Forststraße in 1512 Meter Höhe, wandert auf dieser bequemen Trasse zu der erwähnten Jagdhütte und hinauf zur Oberen Maralm (1813 m). Der Weiterweg, jetzt ein fast horizontaler Steig durch lichten Zirben- und Lärchenbestand, ist noch bis in den Boden des Ochsenkares (ca. 2000 m) bequem zu nennen, verlangt aber in den steilen restlichen 300 Höhenmetern zur schon sichtbaren Hütte ein geduldiges, gleichmäßiges Gehen.

Auch die Gmünder Hütte (1184 m), im Jahre 1904 von der österreichischen Sektion Gmünd wohlüberlegt auf einer mittleren Höhenstufe im Maltatal errichtet, wurde ausgebaut und verbessert, hat aber ihre einstige Bedeutung als Stützpunkt eingebüßt. Die Malta-Hochalmstraße führt an der Hütte vorbei; von den vielen Tagesausflüglern wird sie als willkommene Jausenstation begrüßt, bietet aber auch für den Bergsteiger eine gute Bleibe.

Die glänzende Aussicht von der Kattowitzer Hütte hinüber zur Hochalmspitze wiegt Anstiegsmüh und -plag überreich auf. Der Hafner grüßt mit dem Kattowit-

zer Kreuz, erfahrene Leute können sich die Normalroute zu ihm sogleich vorstellen: von der Hütte im Ochsenkar höher, Querung nach links zu einer Scharte im Südwestgrat und über den anfangs schmalen Grat zum höchsten Punkt. Gut markiert und von Steinmännern eingewiesen, zieht der Schlußanstieg auf einem Steiglein etwas rechts des Grates höher, hält aber bald den breiten Gratrücken ein, bis er am Gipfelblock ausläuft.

»In früherer Zeit hieß der Berg, der Gewohnheit der Einheimischen folgend, die schneidige Berge mit ›Eck‹ bezeichnen, Hafnereck«, schreibt Liselotte Buchenauer in ihrem Ankogelführer. Ersteersteiger des Berges war wahrscheinlich das Militär, denn im Zuge der k. u. k. Triangulierungs-Vermessung kam schon 1825 der Lieutenant Gorizzuti zum »Hafnereck« und errichtete ein Gipfelzeichen.

Tourensteckbrief

Ausgangsort
Maltatal, Gmünder Hütte 1184 m.

Die Tour in Stichworten
Gmünder Hütte 1184 m – Malta-Hochalpenstraße – Obere Mar-Alm 1813 m – Kattowitzer Hütte 2319 m – Großer Hafner 3076 m – Kattowitzer Hütte – Gmünder Hütte.

Schwierigkeit/Anforderung
II = mäßig schwierig, Wander-/Felstour; mäßige Anforderung, 1½-Tage-Tour.
Auf der Malta-Hochalpenstraße (mautpflichtig), vorbei an der Gmünder Hütte bis zu dem Schild »Kattowitzer Hütte« an der Einmündung einer gesperrten Forststraße (1512 m), Parkmöglichkeit. Auf der Straße zu einer Jagdhütte (1695 m) und weiter zur Oberen Mar-Alm. (Kurz hinter der Gmünder Hütte führt ein sehr steiler Waldweg zur Jagdhütte.) Ab Mar-Alm markierter Steig (547) zur Kattowitzer Hütte. Ab Hütte auf markiertem Steig zu einer Scharte P. 2757 (Kompass-Karte, großer Steinmann) in der Marchschneid und damit zum Hafner-Südwestgrat. Zuerst auf einem Felsensteiglein, teilweise ausgesetzt, rechts des Grates höher, bis Markierungen und Steinmänner über einen mäßig steilen, schottrigen Rücken zum Gipfel leiten.
Nur für im Fels erfahrene Berggeher.

Höchste Wegestelle/Gipfel
Großer Hafner 3076 m.

Anstiegsleistung
Ab Gmünder Hütte 1900, ab Parkplatz Malta-Hochalpenstraße 1600, ab Kattowitzer Hütte 700 Höhenmeter.

Abstieg
Wie Anstieg; oder ab Kattowitzer Hütte markierter Übergang zur Kölnbreinsperre, 3 Stunden.

Gehzeiten
Ab Parkplatz Malta-Hochalpenstraße 1512 m – Kattowitzer Hütte 2319 m: 2½ Stunden. (Ab Gmünder Hütte 1184 m: 3 Stunden.) Kattowitzer Hütte – Großer Hafner 3076 m: 2 Stunden. Abstieg Kattowitzer Hütte: 1½ Stunden. Gesamtgehzeit: 6 Stunden.

Hütten/Stützpunkte
Gmünder Hütte 1184 m, ÖAV-Sektion Gmünd, 20 Betten und Matratzenlager, bewirtschaftet von Ende Mai bis Mitte Oktober.
Kattowitzer Hütte 2319 m, DAV-Sektion Kattowitz, 48 Betten und Matratzenlager, bewirtschaftet von Ende Juni bis Ende September.

Karten/Führer/Literatur
Siehe Tour 8.

Die Kattowitzer Hütte unterstützt die Tour zum Großen Hafner. Die Hütte steht auf einer Rampe im Ochsenkar mit einem weiten, freien Blick über das Maltatal hinweg zum Hochalmkees (links) und zur Hochalmspitze, von der wir nur den Schneegipfel sehen.

12 Reißeck-Höhenweg

Von der Reißeck-Hütte zum Arthur-von-Schmid-Haus

*mäßig schwierig
Wander-/Felstour*

Der Rundblick vom Großen Reißeck (2965 m) zeigt überaus viel von der Gliederung der östlichen Hohen Tauern in ihrem Vorfeld nach Osten und Süden, denn alle Berge dorthin sind niedriger. Wer vom höchsten Gipfel der Reißeck-Gruppe an einem klaren Tag die Bergwelt schaut, dem Zuge der Kämme zu ihren Knotenpunkten folgt und die Täler nennt, die das Gebirge aufschließen, wird mit neuen Erkenntnissen bereichert bergab gehen. Verweilen wir aber noch für kurze Zeit und betrachten mit neugierigen Augen auch die Nähe.

In einer etwa 15 Kilometer Luftlinie ausgedehnten Diagonalen zieht von der Mallnitzer Scharte (2676 m) der Reißeck-Hauptkamm hinab zu dem Winkel, den die Täler von Drau und Lieser in ihrem Zusammentreffen bei Spittal (560 m) bilden. In diesem Kammzug ragen, aufgezählt ab Mallnitzer Scharte, die höchsten und profiliertesten Reißeckberge: Ebeneck 2899 m, Kleine Gößspitze 2858 m, Tristenspitze 2929 m, Riekenkopf 2898 m, Riekener Sonnblick 2828 m, Zaubernock 2944 m, Großer Stapnik 2872 m, Großes Reißeck 2965 m, Radleck 2802 m, Hohe Leier 2774 m, Königsangerspitze 2639 m, Gmeineck 2592 m; das Große Reißeck erhebt sich fast genau in der Mitte. Wir sehen die Täler, die zum Hauptkamm aufschließen: von Osten, aus dem Maltatal, der Gößgraben, vom Liesertal der Radlgraben und aus dem südlichen Tal von Möll und Drau kurze, tiefe Einschnitte, die in hochgelegenen Karen auf der Sonnseite des Hauptkammes ihren Ursprung haben.

Der in Gmünd im Liesertal als Apotheker ansässige Magister Frido Kordon, einer der maßgebenden Erschließer der Reiß-eck-Gruppe, war mit dem berühmten Alpenmaler Edward Theodore Compton (1849–1921) befreundet und mit ihm oft auf Touren im kärntnerischen Abschnitt der Ankogel-Gruppe und somit auch in der Hafner- und Reißeck-Gruppe unterwegs. Im Sommer 1899 hatten sich beide zu einer gemeinsamen Fahrt, diesmal zur Reißeck-Gruppe, verabredet, und Frido Kordon schreibt in seinem Bericht »Streifzüge durch die Reisseckgruppe« (AV-Jahrbuch 1900) darüber: »Haben Sie sich genügend mit düsteren Farben versorgt, um die dunklen Töne massigen Urgesteins, schattenbrütender Abgründe, trauervoller Bergseen und geröllerfüllter Talkessel im Bild festzuhalten?«, fragte ich meinen lieben Freund E. T. Compton, als er sich am 17. August 1899 in Gmünd einfand, um die mit mir vereinbarte Wanderung durch die Reisseckgruppe anzutreten. Der geehrte Meister alpiner Kunst bejahte lächelnd. Ich hatte diese Frage nicht unberechtigt gestellt, denn das Gebirge, welches wir zu durchstreifen beabsichtigten, steht unter dem Zeichen hohen Ernstes. Selbst der Goldglanz eines klaren Sommertags vermag es nicht, die einsamen Gneislandschaften, in denen das Reisseck als Herrscher ragt, von dem Banne ihrer eigenartigen Schwermuth zu befreien. Nicht allein durch den geologischen Aufbau der Gruppe wird dieser Eindruck hervorgebracht, sondern auch ihre vollkommene Weltabgeschiedenheit trägt dazu bei. Der Widerhall, welcher dort in den plattigen Wänden schläft, wird allerdings oft von Büchsendonner, Peitschengeknall und Menschenrufen aufgerüttelt, es sind jedoch nur Jäger oder Wildschützen, Hirten und Holzknechte, welche die Stille der Wildniss stören. Sie machen verwunderte Gesichter, die wetterharten Älpler, wenn sie jemanden erblicken, der mit Bergstock oder Pickel zur Höhe strebt, und betrachten ihn staunend, halb wohlwollend, halb mitleidig, wie es sich für eine solche Seltenheit, die oft jahrelang nicht zu sehen ist, ziemt.«

Liselotte Buchenauer nennt die Reißeck-Gruppe »Die Zauberberge« und schreibt in ihrem Tauernbuch: »Lassen wir uns verzaubern von den Reißeckbergen – sie haben etwas, was äußerst selten geworden ist in unserer Zeit in den Ostalpen: den Zauber des Unbekannten.« Wie könnte nun diese Verzauberung am besten geschehen? Auch darauf gibt der Gipfelaufenthalt am Großen Reißeck die Antwort: auf dem Reißeck-Höhenweg!

Diese hochalpine, durchgehend markierte Steiganlage zieht von der Reißeck-Hütte in »hoher Route« an der Diagonale des Hauptkammes entlang, wechselt bis zum Ebeneck mehrmals die Kammseite und kann das große Erlebnis der Reißeck-Gruppe sein – wenn alle Voraussetzungen stimmen! Der erste notwendige Entschluß fällt mit der Wahl des Ausgangsortes. Der Höhenweg verbindet die Reißeck-Hütte mit dem Arthur-von-Schmid-Haus (2272 m) am Dösener See und stellt deshalb auch das Schmid-Haus zur Überlegung. Zu bedenken ist, daß dorthin von Mallnitz aus aufgestiegen werden muß, mit dem steilen Bergauf zum Seeschartl (2639 m) ein kraftraubender Anfang wartet und man mehr oder weniger im Gegenlicht dann nach Südost wandert. Vorteilhafter bietet sich die Reißeck-Hütte an und die Entscheidung, Auffahrt zum Seenplateau am Vortag und frühzeitiger Start am nächsten Morgen, stellt die Weichen günstig. Die wichtigste Voraussetzung ist das Wetter, denn der schönste Höhenweg ist eben bei Nebel und Regen nur noch lang – und auch gefahrvoll. Nur bei sicherer Hochdrucklage und am besten erst ab August, wenn man sicher sein darf, daß die Schneeflecken vom letzten Winter weitestgehend abgetaut sind, sollte man das Unternehmen wagen. Die gut angelegte und dann fast apere Wegetrasse mit ihrem vielen Auf und Ab wandert sich bei sommerlichen Verhältnissen schneller und leichter. Bergerfahrung und gute Kondition, ausreichend für eine Gehzeit von etwa 10 Stunden, müssen jedoch selbstverständlich sein. Normale, zweckentsprechende, leichte Bergausrüstung genügt; ein Pickel ist auch im Sommer oft angenehm. Zwei überlegt verteilte Stützpunkte, die gut ausgestattete, nur mit Alpenvereinsschlüssel zugängliche Obere Moos-Hütte (2302 m) und das solide, aber spartanische Notbiwak (2576 m) über dem Großen Pfaffenberger See, ein gutes Wegstück nach dem Kaponigtörl (2690 m), sind die einzigen Helfer am Weg. Sind die Voraussetzungen optimal, wird es auch bei zügiger Gehweise schon hoch am Nachmittag sein, wenn man am Seeschartl nochmals eine kleine Rast einlegt und sich am Anblick des Schmid-Hauses freut, das eine gute Bleibe verspricht.

Vom Großen Reißeck überblicken wir die Route des Reißeck-Höhenweges, die tiefe Einsenkung rechts ist das Zwenberger Törl. Die dunklen Felsberge dahinter begleiten den Reißeck-Höhenweg. Am Horizont die Glockner Gruppe mit dem Großglockner.

Tourensteckbrief

Ausgangsort
Oberkolbnitz im Mölltal, Talstation der Reißeckbahn 719 m.

Die Tour in Stichworten
Talstation Reißeckbahn 719 m – Bergstation 2236 m – Bahnhof Reißeck-Seenplateau 2250 m – Reißeck-Hütte 2281 m – Riekentörl 2525 m – Obere Moos-Hütte 2302 m – Zwenberger Törl 2646 m – Zwenberger Scharte 2760 m – Kaponigtörl 2690 m – Kleiner Pfaffenberger See 2537 m – Notbiwak 2576 m – Seeschartl 2639 m – Arthur-v.-Schmid-Haus 2272 m – Mallnitz 1190 m.

Schwierigkeit/Anforderung
II = mäßig schwierig, Wander-/Felstour; große Anforderung, 1½-Tage-Tour.
Der Reißeck-Höhenweg ist eine durchgehend markierte (575), hochalpine Steiganlage, die das Reißeck-Seenplateau mit dem A.-v.-Schmid-Haus am Dösener See verbindet. Vorteilhaft startet die Tour mit Tagesbeginn an der Reißeck-Hütte (Zur Reißeck-Hütte siehe Tour 13). Der erste Abschnitt über das Riekentörl zur Oberen Moos-Hütte ist übersichtlich, ab Moos-Hütte jedoch höhere Anforderungen im An-

stieg zum Zwenberger Törl und weiter zur gleichnamigen Scharte (die Kompass-Karte verwechselt die Benennung). Der schwierigste Abschnitt des Höhenweges beginnt an der Zwenberger Scharte mit einer steilen, steinschlaggefährdeten Abwärtsquerung in der Ostflanke der Tristenspitze hinüber zum Kaponigtörl, nur Steigspuren, im Frühsommer Eis! Am Kaponigtörl gibt eine Tafel mit 2 Stunden Gehzeit die Abzweigung zur sichtbaren Gießener Hütte an. Wichtig: Bei Schlechtwettereinbruch diesem Schild folgen! Vom Törl wechselt die Route zur Westseite und führt über grobes Blockwerk und Altschnee nur nach Markierungen abwärts zum Kleinen Pfaffenberger See (2537 m) und von dort wieder als Steig hinauf zur Biwakschachtel (2576 m) über dem Großen Pfaffenberger See. Ab Biwak meist guter Steig, Steinmänner markieren zudem die Trasse hinauf zu einem Schartl (2586 m) und von dort in einem Bogen über das weite Blockfeld des Ebeneck zum Seeschartl (2639 m). Nun sehr steiler, aber guter Steig hinab zum sichtbaren A.-v.-Schmid-Haus am Dösener See.
Einsame, hochalpine Route, gut markiert, Steinmänner und Schilder, aber nur für sehr ausdauernde, erfahrene Bergwanderer.

Höchste Wegestelle/Gipfel
Zwenberger Scharte 2760 m.

Anstiegsleistung
Ab Reißeck-Hütte ca. 900 Höhenmeter.

Abstieg
Vom A.-v.-Schmid-Haus nach Mallnitz 1190 m, siehe Tour 6.

Gehzeiten
Reißeck-Hütte 2281 m – Moos-Hütte 2302 m: 2½ Stunden. Moos-Hütte – Kaponigtörl 2690 m: 3 Stunden. Kaponigtörl – Biwak 2576 m: 1 Stunde. Biwak – A.-v.-Schmid-Haus 2272 m: 2½ Stunden.
Gesamtgehzeit: 9 Stunden.

Hütten/Stützpunkte
Reißeck-Hütte 2281 m, ÖAV-Sektion Österreichischer Gebirgsverein, 20 Matratzenlager, bewirtschaftet von Mitte Juni bis Ende September.
Obere Moos-Hütte 2302 m, ÖAV-Sektion Spittal/Drau, nur mit AV-Schlüssel zugänglich.
Biwakschachtel 2576 m, ÖAV-Sektion Graz, ständig geöffnete Notunterkunft.
A.-v.-Schmid-Haus 2272 m, siehe Tour 6.

Karten/Führer/Literatur
Siehe Tour 13.

13 Großes Reißeck
2965 m
Hochkedl
2558 m
Reißeck-Hütte
2281 m

Das Reißeck-Seenplateau – von der Technik erschlossen

wenig schwierig Wandertour

Diese Aufnahme von der Reißeck-Hütte verbirgt, daß nur wenige Meter rechts von ihr die Staumauer des Großen Mühldorfer Sees emporwuchtet. Über der Hütte markiert der Einschnitt des Riekentörls die Route des Reißeck-Höhenweges und auch den Anstieg zum Großen Reißeck.

Das Große Reißeck, 2965 Meter hoch, ragt als namengebender Gipfel inmitten einer Gebirgsgruppe auf, die ihren Zulauf fast ausschließlich der Technik verdankt. Die österreichischen Draukraftwerke haben in den Jahren bis 1961 die Kreuzeck- und Reißeck-Gruppe aus dem Mölltal für die Wassernutzung erschlossen und dazu ein gewaltiges Stollen- und Rohrleitungssystem gebaut. Dem Auslauf des Mölltales von Kolbnitz abwärts nach Mühldorf bis zur Einmündung in das Drautal bei Möllbrücke ist damit ein unübersehbarer Stempel aufgedrückt worden. Vom Reißeck im Norden und von der Kreuzeck-Gruppe im Süden fallen riesige Rohrleitungen dem Tal zu und zwingen das Bergwasser zur Arbeit, bevor es die Möll der nahen Drau übergibt. Der Höhenunterschied der Druckleitungen ist auf der Reißeckseite am gewaltigsten: Fallhöhe 1772,5 m = größte Fallhöhe der Welt! Dazu wird das Wasser in rund 2300 bis 2400 Meter Höhe in natürlichen Karseen gespeichert. Staumauern erhöhen das ursprüngliche Fassungsvermögen der Seen von 5,37 Millionen auf 17,15 Millionen Kubikmeter Wasser. Zur Installation dieser Anlagen wurde die Reißeckbahn gebaut, die nun vornehmlich dem Personenverkehr dient.

Ein Schrägaufzug überwindet von der Talstation Oberkolbnitz (719 m) mit Kabinenwagen in drei Stationen bei einer Gesamtlänge von 3500 Metern einen Höhenunterschied von 1517 Metern zur Bergstation Schoberboden (2236 m). Die anschließende dieselbetriebene Schmalspurbahn rollt durch einen 2200 Meter langen Stollen zum Bahnhof Seenplateau (2250 m). Der Tourismus nimmt dieses günstige und reizvolle Angebot gerne an. Die Bahn befördert Sommer und Winter Tausende von Gästen, die das Reißeck-Gebirge sonst wohl kaum kennenlernen würden. Bergwanderer und Bergsteiger haben dadurch eine gute Chance erhalten, das »Reißeck« in Tagestouren zu durchstreifen und mit weniger Zeitaufwand viel zu sehen. Freilich, die Einsamkeit im Bergraum der beiden Mühldorfer Seen, die im Jahre 1908 den Österreichischen Gebirgsverein bewog, dort die Reißeck-Hütte (2281 m, 5 Stunden Anstieg vom Talort Mühldorf im Mölltal) zu erstellen, kann es nicht mehr geben. Die hohe Betonstaumauer des Großen Mühldorfer Sees erdrückt schier die bescheidene, noch ganz ursprüngliche hölzerne Hütte. Für die vielen am Bahnhof Seenplateau angelangten Spaziergänger gehört im Rundgang zu den Staumauern der Mühldorfer Seen eine Einkehr bei der Reißeck-Hütte selbstverständlich dazu. An einem Sonnentag läßt es sich gut auf der alten Holzterrasse sitzen, zu den Bergen aufschauen und sich vielleicht noch eine kleine Tour überlegen. Nahe im Südosten locken die Kleine Leier (2662 m) und rechts von ihr, durch die Seescharte (2400 m) getrennt, die massige, 2558 Meter hohe Felspyramide des Hochkedl.

Für rasch entschlossene, mit Bergschuhen ausgerüstete und etwas berggeübte Reißeckbesucher ist das Hochkedl ein guter Tip, eine lohnende Kurztour mit umfassender Sicht zum Seenplateau und seinem Gipfelrahmen zu unternehmen. Bergsteiger und passionierte Bergwanderer wird jedoch erst der Hauptgipfel, das Große Reißeck, zufriedenstellen. Durch die Reißeckbahn ist das Vorhaben eine normale Tagestour. Vom Seenplateau wandert man noch mit vielen Leuten hinauf zum Kleinen Mühldorfer See (2379 m), aber schon der steile Zugang zum sichtbaren Riekentörl (2525 m) eignet sich nicht mehr für Spaziergänger. Zum Reißeck zweigt nun nach Norden ein Steig bis in die Kalte Herbergscharte (2712 m) ab, der Schlußanstieg läuft auf steilen Steigspuren über den gutmütigen Südwestrücken zu zwei großen Steinmännern, den Posten für das besonders ansprechende Gipfelkreuz. Die Umschau zeigt die Schätze der Reißeck-Gruppe: hohe, kantige Felsgipfel, entlegene Hochkare, einsame Bergseen und die Wege zu ihnen.

Tourensteckbrief

Ausgangsort
Oberkolbnitz im Mölltal, Talstation der Reißeckbahn 719 m.

Die Tour in Stichworten
Talstation Reißeckbahn 719 m – Bergstation 2236 m – Reißeck-Seenplateau 2250 m – Riekentörl 2525 m – Kalte Herbergscharte 2712 m – Großes Reißeck 2965 m – Seenplateau.

Schwierigkeit/Anforderung
I = wenig schwierig, Wandertour; mäßige Anforderung, Tagestour.
Reißeck: Auffahrt mit der Reißeckbahn zum Reißeck-Seenplateau (1 Stunde; Sporthotel). Ab Bahnhof markierte Wege zur nahen Reißeck-Hütte und zu den Mühldorfer Stauseen.

Vom Kleinen Mühldorfer See markierter Steig (575) hinauf zum sichtbaren Riekentörl. Ab Törl markierter Steig (562) zur Kalten Herbergscharte am Fuße des Reißeck-Südwestgrates. Nach Markierungen, teils Steig, über den Grat steil zum Gipfel.
Hochkedl: Ab Reißeck-Hütte markierter, teilweise gesicherter Steig zur Hochkedlscharte, wenig vorher markierte Abzweigung zum Gipfel. Ab Hütte 1½ Stunden hin und zurück.
Vielbegangene Routen für erfahrene Bergwanderer.

Höchste Wegestelle/Gipfel
Großes Reißeck 2965 m, Hochkedl 2558 m.

Anstiegsleistung
Ab Reißeck-Seenplateau zum Reißeck 700, zum Hochkedl 300 Höhenmeter.

Abstieg
Wie Anstieg.

Gehzeiten
Reißeck-Seenplateau 2250 m – Riekentörl 2525 m: 1 Stunde. Riekentörl – Großes Reißeck 2965 m: 2 Stunden. Abstieg wie Anstieg: 2 Stunden.
Gesamtgehzeit: 5 Stunden.

Hütten/Stützpunkte
Sporthotel Reißeck am Seenplateau 2250 m, ganzjährig geöffnet.
Reißeck-Hütte 2281 m, ÖAV-Sektion Österreichischer Gebirgsverein, 20 Matratzenlager, bewirtschaftet von Mitte Juni bis Ende September.

Karten/Führer/Literatur
Siehe Tour 14.

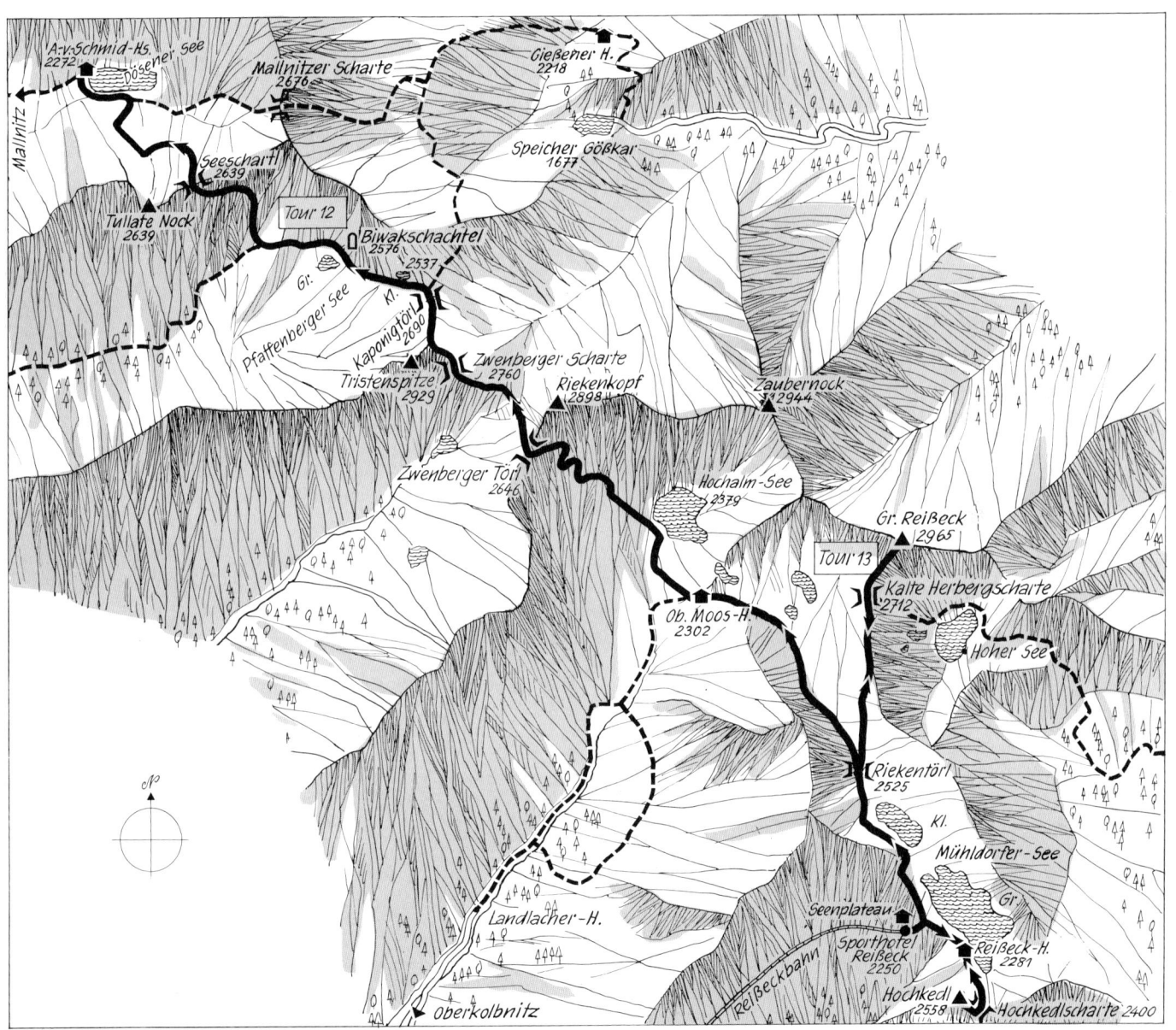

Kreuzeck-Gruppe

Keine der südlichen Tauernvorlagen – darunter versteht man noch den Hohen Tauern angehörende, aber selbständige Gebirge – hat so klare Grenzen wie die Kreuzeck-Gruppe. Zwei im Ostalpengefüge bedeutende Täler, das Mölltal im Norden und das Drautal im Süden, umschließen in einem Ring die Gruppe, nur am Sattel des Iselsberges (1204 m) nordöstlich von Lienz hängt die Kreuzeck-Gruppe mit dem nächsten südlichen Tauerngebirge, der Schober-Gruppe, zusammen.

Der Kreuzeck-Hauptkamm hält vom Iselsberg eine Ostrichtung bis hinab zur Mündung der Möll in die Drau bei Möllbrücke ein (Luftlinie 40 km). Er bildet nur in seinem Zentrum am Kreuzeck einen Knotenpunkt, von dem der mächtige Polinikkamm nach Norden und der Tristenkamm nach Süden abzweigt. Zum Drautal ziehen auch fast alle anderen, meist kurzen Nebenkämme mit ihren dazugehörigen Stichtälern. Der bedeutendste Taleinschnitt aber, das Teuchltal, fällt vom Kreuzeck nach Osten, mündet bei Napplach in das Mölltal und schiebt den Polinikstock in seine bevorzugte Position nach Norden gegen Obervellach.

»Die Gruppe ist gänzlich unvergletschert. Das dunkle Urgestein, aus dem ihre wenig schroffen Gipfel sich aufbauen, und der Mangel an Firnfeldern verleihen der Kreuzeck-Gruppe einen etwas eintönigen Zug, der jedoch durch zahlreiche kleine Seeaugen, durch grüne Weiden und Wälder gemildert wird. Infolge ihrer Lage zwischen den eisbedeckten Tauern und den schroffen Südalpen gewähren aber die Gipfel eine unvergleichlich schöne Aussicht und lohnen daher die unschwierige, nunmehr infolge vieler Weganlagen auch mühelose Besteigung reichlich.« Dies schrieb Josef Moriggl im Jahre 1929 in seinem Führer »Von Hütte zu Hütte«. Seine Worte haben auch in unserer Zeit noch Gültigkeit, die großen Entfernungen innerhalb der Gruppe dürfen jedoch nicht übersehen werden. Dem Tourismus dienen auch heute noch die damals schon vorhandenen Alpenvereins-Stützpunkte: Salzkofel-Hütte 1987 m, Feldner-Hütte 2182 m, Polinik-Hütte 1873 m und Hugo-Gerbers-Hütte 2355 m.

Keine dieser Hütten ist überlaufen, die Hugo-Gerbers-Hütte weit im Westen der Gruppe dient nur als Selbstversorger-Unterkunft. Zu ihr kommen die Wanderer auf dem Kreuzeck-Höhenweg, der in drei bis vier Tagesetappen das Gebirge durchquert.

Die Kreuzeck-Gruppe hat mehr lohnende Touren und Gipfel, als dieses Tourenbuch aufzeigen kann. Die Auswahl soll jedoch einen guten Überblick vermitteln, die Lücken wird der selbständige, erfahrene Bergwanderer gerne selber erforschen und schließen.

Dieses Motiv: Berge nicht zu schroff, begrünte Hochkessel und kleine, bescheidene, aus Holz errichtete Schutzhäuser – hier die Salzkofel-Hütte – ist typisch für die Kreuzeck-Gruppe.

Kreuzeck-Gruppe

14 Salzkofel
2498 m
Salzkofel-Hütte
1987 m

2000 Meter über Möll und Drau

wenig schwierig
Wandertour

Als weithin sichtbarer Gipfel im östlichen Bergraum der Kreuzeck-Gruppe beherrscht der 2498 Meter hohe Salzkofel das Mölltal von Kolbnitz abwärts bis Möllbrücke. Der Salzkofel hat deshalb bei der Talbevölkerung seit jeher treue Anhänger. Aber auch die Urlaubsgäste dieser Region beachten ihn, für ausdauernde Bergwanderer ist sein Anblick eine ständige Aufforderung, von seinem Gipfel aus das Kärntner Ferienland zu bewundern. An der Südflanke des Berges unterstützt die Salzkofel-Hütte (1987 m) das Tourenvorhaben. Obwohl der Salzkofel nur als »mittlerer« Zweitausender gilt, paßt die Anstiegsleistung aus den Tälern kaum in einen Tagesausflug hinein. Die Wege, ob von Möllbrücke auf dem Sachsenweg oder von Sachsenburg-Feistritz durch das Nigglaital, erfordern jeweils 4 bis 5 Stunden Gehzeit allein für den Hüttenanstieg. Für den Besuch des Gipfels genügen ab Hütte 2 Stunden, aber den Talabstieg dazugerechnet, kommt eine Gesamtgehzeit von etwa 10 Stunden zusammen. In der Kreuzeck-Gruppe wird das Wasser vom Speicher Roßwiese in einem Gefälle von 587,5 Metern »abgearbeitet«, und diese Höhe sparen sich die Salzkofelfreunde, wenn sie mit der Kreuzeckbahn (Schrägaufzug) von der Talstation Unterkolbnitz (607 m) zur Bergstation (1211 m) auffahren. Mit der ersten Fahrt am Morgen und dem Zugang über Roßeben zur Salzkofel-Hütte und ihrem Gipfel fügen sich Zeit und Anforderung in ein normales Maß für eine wertvolle Tagestour.

Tourensteckbrief

Ausgangsort
Unterkolbnitz 614 m; oder Möllbrücke 558 m im Mölltal; oder Sachsenburg 552 m im Drautal.

Die Tour in Stichworten
Unterkolbnitz 614 m – Talstation Kreuzeckbahn 607 m – Bergstation 1211 m – Mernik-Alm 1474 m – Roßeben 1977 m – Salzkofel-Hütte 1987 m – Salzkofel 2498 m – Salzkofel-Hütte – Bergstation Kreuzeckbahn.

Schwierigkeit/Anforderung
I = wenig schwierig, Wandertour; mittlere Anforderung, Tagestour.
Von Unterkolbnitz mit dem Schrägaufzug der Kreuzeckbahn zur Bergstation und auf markiertem Weg zur Mernik-Alm. Ab Mernik-Alm entweder nach markiertem Steig über die Messern-Hütte (1777 m, verfallen), oder über die Mühldorfer Alm (1522 m, bewirtschaftet) hinauf zum weiten Sattel von Roßeben. (Schon vorher treffen sich beide Anstiege.) Zugang nach Roßeben in teils abschüssiger Hangquerung auf schlechtem Steig. Ab Roßeben fast horizontal auf guter, markierter Trasse zur Salzkofel-Hütte. Ab Hütte markierter, steiler Steig zum Salzkofel. (Von Möllbrücke über den Sachsenweg, 344, in 4 bis 5 Stunden oder ab Sachsenburg mit Zufahrt zum Gasthaus Ambros, 970 m, Parkplatz, durch das Nigglaital in 3½ Stunden zur Salzkofel-Hütte = Talzugang.)

Vielbegangene Route für ausdauernde Bergwanderer.

Höchste Wegestelle/Gipfel
Roßeben 1977 m, Salzkofel 2498 m.

Anstiegsleistung
Ab Bergstation Kreuzeckbahn 1300, ab Möllbrücke 1900, ab Gasthof Ambros 1500 Höhenmeter.

Abstieg
Je nach Routenwahl.

Gehzeiten
Bergstation Kreuzeckbahn 1211 m – Roßeben 1977 m: 2 Stunden. Roßeben – Salzkofel-Hütte 1987 m: 1 Stunde. Salzkofel-Hütte – Salzkofel 2498 m: 1½ Stunden. Abstieg wie Anstieg Bergstation Kreuzeckbahn: 3½ Stunden. Gesamtgehzeit: 8 Stunden.

Hütten/Stützpunkte
Salzkofel-Hütte 1987 m, ÖAV-Sektion Steinnelke, 25 Matratzenlager, bewirtschaftet von Mitte Juni bis Ende September.

Karten/Führer/Literatur
Kompass-Wanderkarte 1:50000, Blatt 49 »Mallnitz-Obervellach« und Blatt 60 »Gailtaler Alpen – Südliche Kreuzeckgruppe«. R. Gritsch »Führer durch die Kreuzeck-, Reißeck- und Sadniggruppe«.

Tip
Möglichst frühe Auffahrt mit der Kreuzeckbahn wichtig, um bequem die letzte Abfahrt um 16.30 Uhr zu erreichen.

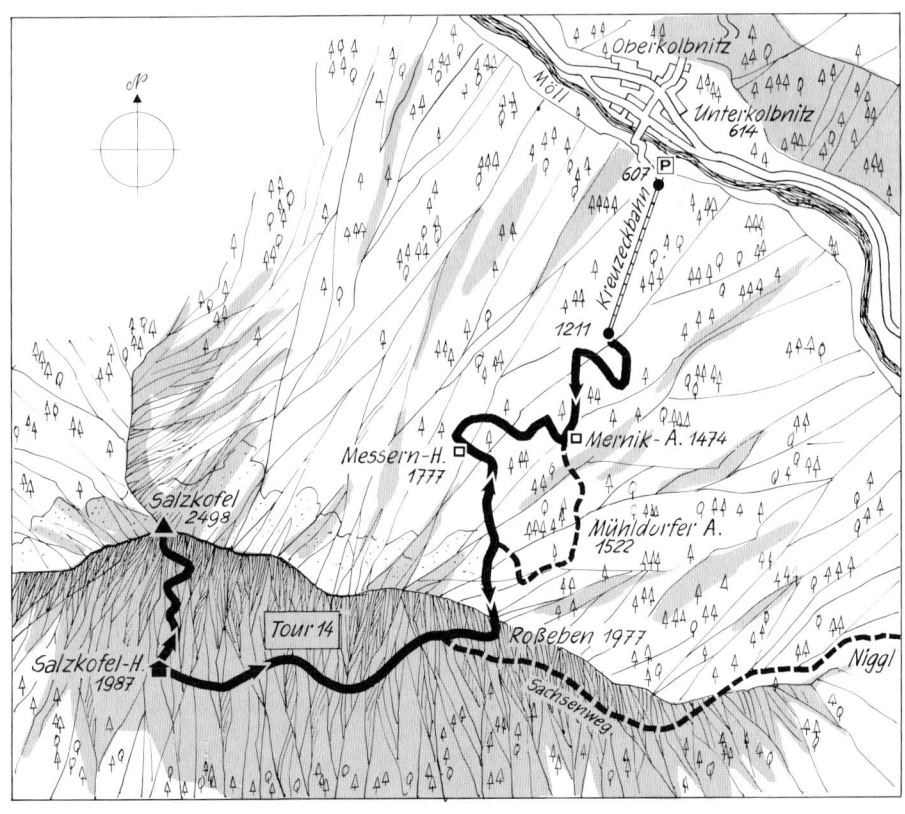

Kreuzeck-Gruppe

15 Polinik
2784 m
Polinik-Hütte
1873 m

Der »Mölltaler« Polinik

wenig schwierig
Wander-/Felstour

Das Mallnitzer Tal reicht in einer Gefällstufe von 500 Metern hinab in das Mölltal. Die Tauernbahn – angeblich mit größter Zugfolgedichte der Welt – braucht vom Bahnhof Mallnitz etwa 30 Kilometer Schienenlänge entlang den Südhängen der Reißeck-Gruppe, hoch über dem Mölltal, bis ihr Gleis sich im Drautal mit der Bahnlinie Spittal – Lienz vereinigen kann. Die Fahrt an einem schönen, klaren Tag unternommen, ist ein Aussichtserlebnis hinab zu den Mölltaler Ortschaften und hinüber zum Nordabfall der Kreuzeck-Gruppe. Die Straße benötigt ab Autoverladung Mallnitz in mehreren Kehren 8 Kilometer nach Obervellach (685 m) in der Sohle des Mölltales, am Fuße des Polinik. Der Markt Obervellach ist wegen seiner zentralen Lage im Mölltal und der günstigen Plazierung an der Abzweigung nach Mallnitz der Hauptort des Mölltales. Nur 30 Straßenkilometer sind nach Spittal zu fahren, nach Lienz 46 und nach Heiligenblut 52 Kilometer.

Das »Kärntner Wanderbuch« (Buchenauer/Gallin) zählt unter dem Stichwort »Polinik« drei Gipfel mit diesem Namen auf. Der Gailtaler und der Würmlacher Polinik erreichen aber bei weitem nicht die Höhe und Bedeutung des Mölltaler Polinik, der Obervellach in der Höhendifferenz von 2000 Metern überragt.

Ein Gipfel mit solcher Ausstrahlung war natürlich auch schon im vergangenen Jahrhundert für die Bergsteiger ein begehrtes Ziel, und so erhielt der Polinik – weil der Weg zu ihm für einen Tag zu weit war – sehr bald eine Hütte.

»Polinik-Haus 1870 m, erbaut im Jahre 1887 von der Sektion Mölltal des Deutschen und Österreichischen Alpenvereins.«

Dieses Schild aus Gründerzeiten hängt an dem dunkelgebeizten Holzhaus auf der Stampfer Alm. Die Hütte ist äußerlich renoviert, innen blieb seit der Erweiterung im Jahre 1926 alles unverändert: holzgetäfelt, heimelig und einfach. Die freundliche Wirtin gibt uns ihren besten Raum, das »Gussenbauer Zimmer« – benannt nach Professor Dr. Gussenbauer, dem Miterschließer der Ankogel-Gruppe – für die Übernachtung. Der Hüttenplatz an der Waldgrenze in der Nordabdachung des Polinik ist äußerst günstig. Schaut man sich an klaren Tagen von diesem Wiesenfleck aus um, so möchte man denken, warum denn noch auf den Polinik steigen, wenn von hier der Lauf des Mölltales, der Millstätter See, der Tauernhauptkamm und die Reißeck-Gruppe dem Auge so viel Interessantes zeigen. Die an schönen Tagen zahlreichen Ausflügler von Obervellach herauf sind damit zufrieden, sie stärken sich an den alten Holztischen vor der Hütte und kehren vielleicht über die Jausenstation Wunzen-Alm (1399 m) in einer Rundtour in das Mölltal zurück.

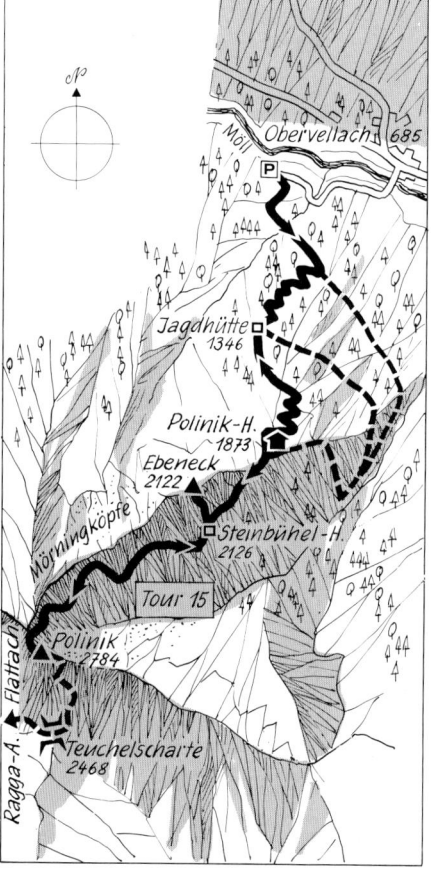

Aber der Bergsteiger wünscht sich ein Gipfelerlebnis: Nach einer Anstiegszeit von etwa 3 Stunden hält es der Polinik bereit.

Der gute alte »Hochtourist«, ein Vorläufer unserer modernen Alpenvereinsführer, begründet von Ludwig Purtscheller und Heinrich Hess, schreibt in seinem Band V: »Polinik (2780 m), die bekannteste Aussichtswarte des Mölltales, eine mit mächtigen Kämmen ansteigende Pyramide; sehr lohnend.« Er rät: »Von Obervellach (5 Std.), wenn der Polinik schneefrei, ist der beste Aufstieg.« Aber der »Hochtourist« verbindet damit auch den wichtigen Hinweis, daß, durch die nordseitige Route bedingt, eine Poliniktour – je nach den Verhältnissen – erst im Hochsommer unternommen werden sollte. An dieser Empfehlung hat sich bis heute nichts geändert. Die Steilmulde unter der ostseitigen Gipfelflanke wird dann schneefrei sein, der steile Schlußanstieg auf einem Steiglein ist bei aperem, trockenem Fels leichter und ungefährlicher zu begehen. Auch bei guten Verhältnissen sollten sich aber nur erfahrene, trittsichere Bergwanderer den Polinik zutrauen!

Der Polinik hebt sein wuchtiges, schweres Felshaupt bis in die Höhe von 2784 Metern. Aus dieser einsamen Höhe überschaut er unangefochten das ganze Bergland der Kreuzeck-Gruppe. Kein naher, etwa gleich hoher Nachbar bedrängt ihn, das Kreuzeck (2702 m), der namengebende Gipfel, ragt 7 Kilometer entfernt im Südwesten, im Inneren seiner Gruppe, dort, wo sich im Hauptkamm die Kämme »kreuzen«.

Auf dem Mölltaler Polinik, diesem exponierten Gipfel südseits des Hauptkammes, erkennt man die wahren Prioritäten: Für den einen ist es drüben im Norden in der gleißenden Kette der Gletscherwelt der Hohen Tauern die glanzvolle Dreitausender-Prominenz, für andere zählt der Wunsch nach Einsamkeit und Stille im ungerühmten Gebirge der Kreuzeck-Gruppe. Liselotte Buchenauer schreibt in ihrem liebenswerten Buch »Hohe Tauern, Band 2«: »Als wir den Polinik bestiegen, kreisten nicht weniger als vier Adler um uns.« Nach unseren Beobachtungen (1981) sind auch heute noch – oder wieder – die vielen namenlosen Gipfel über ungezählten, weltentlegenen Karseen, eingebettet in grüne Alpenmatten, eine Heimstatt der Adler.

Vom Gipfel zeigt ein Schild den Abstieg in das Raggatal. Wer diesem Wink folgt, kommt zur Ragga-Alm (1621 m) und durch die romantische Raggaschlucht in einer Rundtour zurück in das Mölltal.

Tourensteckbrief

Ausgangsort
Obervellach 685 m im Mölltal.

Die Tour in Stichworten
Obervellach 685 m – Polinik-Hütte 1873 m – Polinik 2784 m – Polinik-Hütte – Obervellach.

Schwierigkeit/Anforderung
I = wenig schwierig, Wander-/Felstour; mäßige Anforderung, 1½-Tage-Tour.
Von Obervellach über die Möllbrücke und nach Schild »Polinikhaus« nach rechts auf Fahrstraße in den Bergwald bis zum Wegweiser »Fußweg zum Polinikhaus«; Parkmöglichkeit. (Die schmale, geschotterte Forststraße kann bis zu einer Jagdhütte, 1346 m, befahren werden.) Bei der Jagdhütte Einmündung des Fußweges und auf markiertem Waldsteig zur Polinik-Hütte. Ab Hütte markierter Almweg zur verfallenen Steinbühel-Hütte (2126 m) und nach Schild »Polinik/Flattach« auf markiertem Steig in den Hochkessel unter der felsigen Polinik-Ostflanke. Sehr steiler Durchstieg über plattigen, abschüssigen Fels zur Grathöhe (im Frühsommer Schnee und Eis!). Am Grat leichter, kurzer Zugang zum Gipfel. (Wenig vorher Wegabzweigung nach Flattach, siehe Abstieg.) Nur für erfahrene Bergwanderer.

Höchste Wegestelle/Gipfel
Polinik 2784 m.

Anstiegsleistung
Ab Obervellach 2100, ab Polinik-Hütte 900 Höhenmeter.

Abstieg
Wie Anstieg; oder vom Gipfel nach Schild und Markierungen auf Steig über die Teuchelscharte (2468 m) zur Ragga-Alm (1621 m) und durch das Raggatal nach Flattach (4 Stunden). Busverbindung nach Obervellach.

Gehzeiten
Obervellach 685 m – Polinik-Hütte 1873 m: 3 Stunden. (Ab Jagdhütte 1346 m: 1½ Stunden.) Polinik-Hütte – Polinik 2784 m: 3 Stunden. Abstieg wie Anstieg zur Polinik-Hütte: 2 Stunden. Gesamtgehzeit: 5 Stunden ab Polinik-Hütte.

Hütten/Stützpunkte
Polinik-Hütte 1873 m, ÖAV-Sektion Mölltal, 28 Betten und Matratzenlager, bewirtschaftet von Ende Juni bis Mitte September.

Karten/Führer/Literatur
Kompass-Wanderkarte 1:50000, Blatt 49 »Mallnitz – Obervellach«. R. Gritsch »Führer durch die Kreuzeck-, Reißeck- und Sadniggruppe«.

Der Mölltaler Polinik erhebt sein Felsenhaupt – der Beiname verkündet dies – über dem Mölltal. Die Kreuzeck-Gruppe schiebt seinen Bergstock in eine isolierte Stellung nach Norden gegen Obervellach vor, und diese Position stattet den Polinik mit einer hervorragenden Schau hinüber zum Tauernhauptkamm aus. In der Bildmitte erkennen wir die Straßenschleife von Obervellach hinauf nach Mallnitz und den Hauptkammzug vom Ankogel (rechts) zum Felshorn der Gamskarlspitze (in der linken Bildhälfte). Rechts vor dem Ankogel die dunkle Pyramide der Maresenspitze.

Tip
Für Hüttenbesucher, die nicht zum Polinik wollen, bietet sich das nahe, aussichtsreiche Ebeneck, 2122 m, als sehr lohnendes Gipfelziel an (markierter Anstieg).

16 Kreuzeck
2702 m
Hochkreuz
2708 m
Feldner Hütte
2182 m

Einsame Wege – einsame Gipfel

wenig schwierig
Wandertour

Das Kreuzeck ragt im Inneren seiner Gruppe, dort, wo der Hauptkamm vom Hochkreuz herüber einen Knotenpunkt bildet und einen starken Nordausläufer zum Polinik entsendet. Die Wege zu ihm sind weit, und gäbe es nicht die Feldner-Hütte (2182 m), wer würde wohl zu diesem 2702 Meter hohen, versteckten Gipfel pilgern? Trotzdem wird aber auch auf dem anspruchsvollsten und längsten Zugang vom Polinik (2784 m) herüber, auf der Höhenroute 326, das Kreuzeck besucht und vom Gipfel zur nahen Feldner-Hütte abgestiegen – 8 bis 10 Stunden ab Polinik-Hütte.

Lange Gehzeiten bestimmen in der Kreuzeck-Gruppe die Tagesordnung. Wer zur Feldner-Hütte kommt, hat sich aber darauf eingestellt, denn die Talzugänge, ob vom Teuchltal, von Greifenburg (645 m) oder von Dellach (613 m) im Drautal erfordern einen 5-Stunden-Marsch. Damit erschöpfen sich jedoch noch nicht alle Möglichkeiten. Der Übergang Salzkofel-Hütte (1987 m) – Heinrich-Hecht-Weg – Feldner-Hütte (6 bis 7 Stunden), bekannt als Kreuzeck-Höhenweg, erlaubt die Fort-

setzung nach Westen zur Hugo-Gerbers-Hütte (2355 m, Selbstversorger), also die gesamte Durchquerung. Diese Aufzählung genügt, um klarzustellen, daß die Kreuzeck-Gruppe kein Gebirge für Gelegenheitswanderer ist! Nur erfahrene, ausdauernde Berggeher, eingestimmt auf die Einsamkeit in langen Wegetappen, werden hier glücklich sein.

Der nachfolgende Tourensteckbrief empfiehlt jedoch keine der angeführten Routen; er schlägt eine Zwei-Tage-Tour aus dem Mölltal vor, vielleicht der interessanteste Hinweis, um das Zentrum der Kreuzeck-Gruppe kennenzulernen. Der landschaftlich besonders reizvolle Zugang von Pusratten im Mölltal durch das Wölltal hinauf zur Oberen Staller-Alm (2021 m) wird touristisch etwas vernachlässigt. Bei dem im Sommer bewirtschafteten kleinen

In der Kreuzeck-Gruppe glänzen viele namenlose Seeaugen. Wir sind am See unter dem Kirschentörl, auf dem Weg vom Hochkreuz hinab in das Wölltal.

Almdorf weist ein Schild zur Feldner-Hütte auf einem Steig über das Glenktörl (2457 m). Das Glenktörl, nördlich des Kreuzecks im Hauptkamm eingeschnitten, ist ein vorteilhaftes Sprungbrett zum nahen Gipfelkreuz. Der Abstieg zur Feldner-Hütte am erhöhten Ostufer des Glanzsees beendet den ersten Tourentag.

Seit dem Jahre 1885, damals von der Alpenvereinssektion Villach erbaut, heute im Besitz der Sektion Steinnelke, Wien, ist die kleine Feldner-Hütte für müde Wanderer ein freudig begrüßter und nach Renovierung gut ausgestatteter Stützpunkt im Herzen der Gruppe. Die Kreuzeckfreunde sind unter sich, diskutieren über Wege und Gipfel, und man erfährt manch Neues, denn fast jeder Hüttenbesucher kommt aus einer anderen Richtung.

Unser zweiter Tourentag hält ab Feldner-Hütte die Trasse des Kreuzeck-Höhenweges bis hinüber zum 2708 Meter hohen Gipfel des Hochkreuzes ein und führt somit auf »hoher Route« durch das dem Möll- und Drautal scheinbar so weit entrückte Zentrum der Gruppe. Zur ersten Rast kann man sich nach einer Gehzeit von etwa 2 Stunden den Steinmann auf dem Kleinen Hochkreuz (2620 m, nur 5 Minuten vom Weg entfernt) aussuchen. Die Spiegel der Glenkseen glänzen herauf, im Süden flimmern die »vierzehn Seen« – lauter kleine Wasseraugen; das Hochkreuz, unser zweites Tagesziel, grüßt im Südwesten. Wir erkennen auch schon den Rückweg ins Tal: vom Hochkreuz über weite Almwiesen hinunter zur Oberen Staller-Alm, wo sich der Kreis schließt.

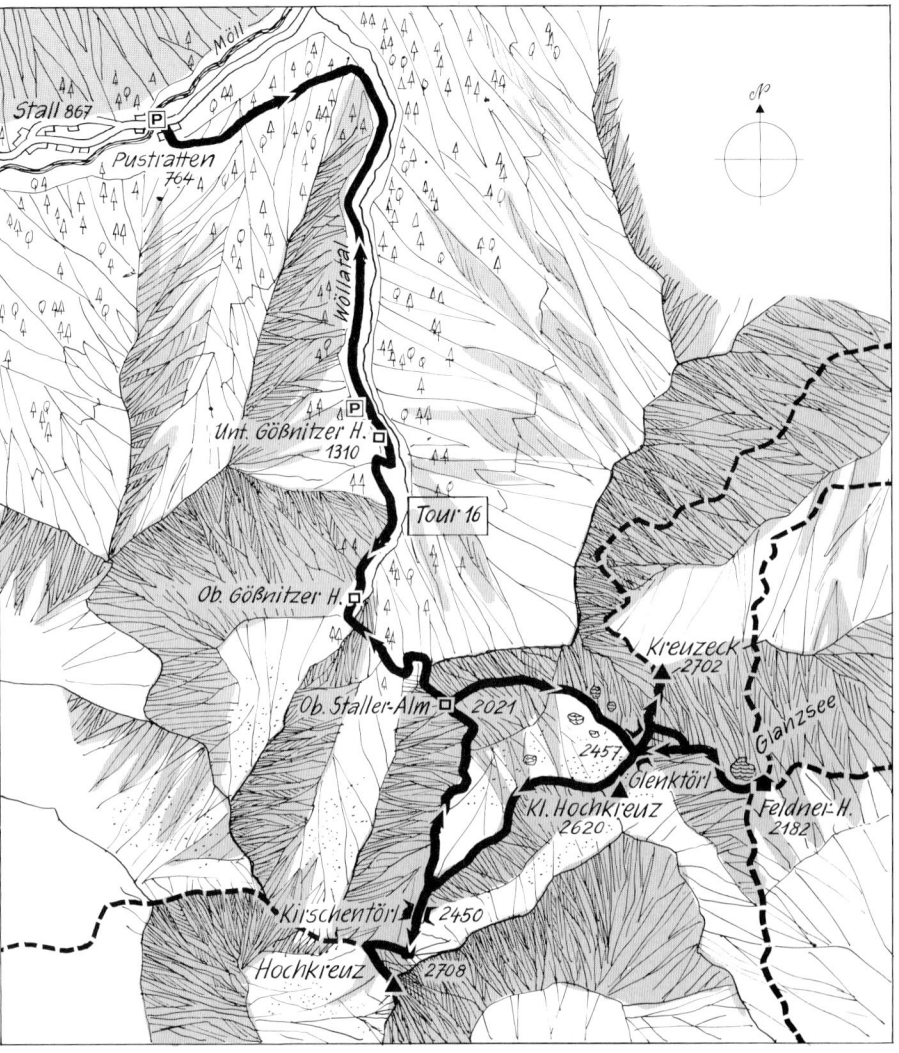

Tourensteckbrief

Ausgangsort
Stall 867 m (Pustratten 764 m) im Mölltal.

Die Tour in Stichworten
Pustratten 764 m – Wöllatal – Untere Gößnitzer Hütten 1310 m – Parkplatz ca. 1350 m – Obere Staller-Alm (Wölla-Alm) 2021 m – Glenktörl 2457 m – Kreuzeck 2702 m – Feldner-Hütte 2182 m – Glenktörl – Kleines Hochkreuz 2620 m – Kirschentörl 2450 m – Hochkreuz 2708 m – Obere Staller-Alm – Pustratten.

Schwierigkeit/Anforderung
I = wenig schwierig, Wandertour; mittlere Anforderung, 2-Tage-Tour.

1. Tag Kreuzeck: Von Pustratten im Mölltal nahe dem Gemeindeort Stall auf schmaler Waldstraße Auffahrt ins Wöllatal bis zu einem kleinen Parkplatz in etwa 1350 m Höhe (7 km). Ab Parkplatz auf markiertem Almsteig zur Oberen Staller-Alm. Dort Hinweisschild »Feldner-Hütte«. Nach Steigspuren und Mar-

kierungen mäßig steil zum sichtbaren Glenktörl rechts des Kreuzecks. Vom Glenktörl nach Steigspuren am Südkamm des Kreuzecks höher, bis die Route den markierten Steig herauf von der Feldner-Hütte trifft und mit ihm, teilweise steil, zum Gipfel. Abstieg zur Feldner Hütte am Glanzsee.

2. Tag Hochkreuz: Ab Feldner-Hütte auf dem Kreuzeck-Höhenweg (308) Anstieg zum Glenktörl, über das Kleine Hochkreuz zum weiten Sattel des Kirschentörls und mäßig steil zum Hochkreuz. Abstieg zurück zum Kirschentörl und vom Törl weglos, aber markiert nach Norden hinab zur Oberen Staller-Alm und weiter zum Parkplatz im Wöllatal.

Einsame Routen, nur für erfahrene, ausdauernde, selbständige Bergwanderer.

Höchste Wegestelle/Gipfel
Glenktörl 2457 m, Kreuzeck 2702 m, Hochkreuz 2708 m.

Anstiegsleistung
Ab Parkplatz im Wöllatal ca. 2000, ab Pustratten 2600 Höhenmeter.

Abstieg
Siehe Tourenverlauf.

Gehzeiten
Parkplatz Wöllatal ca. 1350 m – Obere Staller-Alm 2021 m – Glenktörl 2457 m: 3½ Stunden (ab Pustratten 5 Stunden). Glenktörl – Kreuzeck 2702 m – Feldner Hütte 2182 m: 1½ Stunden. Feldner-Hütte – Glenktörl – Kleines Hochkreuz 2620 m – Kirschentörl 2450 m: 2½ Stunden. Kirschentörl – Hochkreuz 2708 m: 1 Stunde. Abstieg Obere Staller-Alm – Parkplatz: 2½ Stunden (nach Pustratten 4 Stunden). Gesamtgehzeit: 1. Tag 5 Stunden (bzw. 6½ Stunden); 2. Tag 6 Stunden (bzw. 7½ Stunden).

Hütten/Stützpunkte
Feldner-Hütte 2182 m, ÖAV-Sektion Steinnelke, 22 Matratzenlager, bewirtschaftet von Anfang Juli bis Mitte September.
Obere Staller-Alm 2021 m, nur Almbetrieb.

Karten/Führer/Literatur
Siehe Tour 14.

Goldberg-/Sadnig-Gruppe

Im Zuge der Hohen Tauern nach Westen schließt die Goldberg-Gruppe am Niederen oder Mallnitzer Tauern an die Ankogel-Gruppe an. Der Tauernhauptkamm bildet ihr Rückgrat hinüber zum Hochtor mit Anschluß an die Glockner-Gruppe. Die Linie Gasteiner Tal – Naßfelder Tal – Mallnitz – Obervellach legt die Ostgrenze fest; das Rauriser Tal bis Wörth und weiter das Seidlwinkltal hinauf zum Hochtor bilden die Westgrenze. Der nördliche Raum, geformt vom Türchlkamm und Rauriser Mitterkamm, reicht hinab zur Salzach, im Süden gliedern die Sadnig-Gruppe und der Feldseekamm das Gebirge gut überschaubar dem Mölltal zu.

Ihren Namen erhielt die Goldberg-Gruppe vom Goldbergbau, der im Mittelalter in höchster Blüte stand. Die gold- und silberhaltigen Gänge konzentrierten sich vor allem am Schareck, am Hohen Sonnblick und Hocharn bis in die Regionen der Gletscher. Damals wie heute ist das Rauriser Tal ein schneller Zugang von Norden in das Zentrum der Goldberge, zum historischen Bergbauort Kolm Saigurn im Talschluß des Rauris.

Von Kolm Saigurn aus gilt das Hauptinteresse dem berühmten Rauriser Dreigestirn. Das Zittel-Haus auf dem Hohen (Rauriser) Sonnblick ist das Ziel Nummer eins. Wohl jeder Bergsteiger, der sich die Höhe zutrauen darf, möchte es erreichen. Das Schareck profiliert sich im Pröllweg, herauf vom Niedersachsen-Haus, der Hocharn regiert als König; er ist der Gipfel der anspruchsvollen Bergsteiger, die alle drei Rauriser Trümpfe in der Hand halten wollen. Im Süden des Hauptkammes bieten sich Mallnitz, das Fraganter Tal und das Astental als günstige Ausgangsorte für Wanderungen im Feldseekamm und in der Sadnig-Gruppe an. Dort, fernab vom großen Tourenkreisel um Kolm Saigurn, findet der ausdauernde Bergwanderer viele stille Wege in der Einsamkeit nur wenig bekannter Berge.

Die Bergsteiger befinden sich im Abstieg vom Schareck zur Duisburger Hütte und betrachten über das Wurtenkees hinweg den Hocharn (Bildmitte) und den Hohen Sonnblick. Links außen die dunkle Goldbergspitze.

17 Hoher Sadnig
2745 m
Makernispitze
2644 m
Sadnig-Haus
1950 m
Fraganter Hütte
1810 m

Wenig bekannte Tauernberge

wenig schwierig
Wandertour

Die Möll legt in ihrem Lauf Döllach 1013 m – Mörtschach 970 m – Winklern 965 m – Außerfragant 721 m einen großen Bogen aus. In dieses »Möllknie«, bei der Ortschaft Winklern, schmiegt sich als südlicher Ausläufer der Goldberg-Gruppe der Bergraum des Hohen Sadnig. Aus dem Mölltal gibt es zu ihm zwei große Eingänge: im Osten von Außerfragant und im Westen von Mörtschach durch das Astental. Die »Fragant« – wie allgemein das Fraganter Tal und seine Berge genannt werden – erschließen gute Straßen, bedingt durch Kraftwerksbauten. Über das Kirchdorf Innerfragant (1112 m) hinaus führen Werkstraßen zum aufgestauten Großen Oscheniksee unter dem Feldseekamm (2393 m, mit 132 m Tiefe der tiefste Hochalpensee Kärntens) und hinauf zum Weißsee unter dem Tauernhauptkamm. Nach 14 Kilometern ab Innerfragant läuft diese Straße am Gasthaus Weißseehaus (2360 m), nur noch eine knappe Gehstunde von der Duisburger Hütte (2572 m) entfernt, aus. Die Fraganter Alpenvereinshäuser, die Fraganter Hütte (1810 m) und die AV-Jugendherberge (1777 m) haben ihre Talzugänge von Innerfragant (2 Stunden). In der Fraganter Hütte (erbaut 1968/69), einem großzügigen, modernen Haus, kann man sich gut auch für mehrere Tage einquartieren. Von Mörtschach zieht das schmale, steile Astental hinauf zu den Astner Böden hinter dem Sadnig-Haus und schließt mit ei-

nem grünen, fast baumlosen Hochalmkessel zum Sadnigkamm auf. Die Höfe von Asten – Meereshöhe 1500 bis 1700 Meter – gelten als die höchstgelegenen Bergbauernsiedlungen von ganz Kärnten. Liselotte Buchenauer schreibt in ihrem Tauernbuch: »Die Asten galt noch vor wenigen Jahrzehnten als größte Einschicht Kärntens. Das Bergbauernland war im Winter oft monatelang vom Tal abgeschnitten, die Astner konnten ihre Toten erst begraben, wenn die Wege wieder frei waren.« Helmut Prasch fügt hinzu: »In der Asten ist die Erde rar und heilig: Viele Geschlechter mußten sie schürfen, im Buckelkorb zusammentragen und vor dem Abrutschen schützen.«

Für die jetzigen Generationen ist das Leben in der Asten leichter geworden. Den alten schmalen Güterweg aus dem Mölltal hat in neuerer Zeit eine gute asphaltierte Straße von 12 Kilometern bis hinauf zum Sadnig-Haus abgelöst. Im Jahre 1927 erbaute die Sektion »Wiener Lehrer« für den langsam zunehmenden Sommer- und Wintertourismus an der Schwelle zu den Astner Böden eine Schutzhütte. 1951 fiel diese erste Sadnig-Hütte einem verheerenden Lawinenwinter zum Opfer, wurde jedoch zwischen 1953 und 1959 von den »Wiener Lehrern« durch das neue Sadnig-Haus (1950 m) ersetzt. Als gut geführtes Berggasthaus genügt es auch heute noch den Anforderungen im Sommer und Winter.

Möglichkeiten zum Bergsteigen und Wandern ab dem Sadnig-Haus gibt es genug. Die längste und weiteste Route führt auf dem Sadnig-Höhenweg in 7 Stunden zur Duisburger Hütte. Nah, aber vom Sadnig-Haus nicht zu sehen, steht der Hohe Sadnig, noch näher die markante Makerni-

spitze, die mit steilem Kalkfels als Besonderheit auffällt. Im Sadnigkamm sind der Hohe Sadnig 2745 Meter und die Makernispitze 2644 Meter die bei weitem höchsten Punkte und hervorragende, mit einem Gipfelkreuz geschmückte Aussichtswarten. Die Tour läßt sich als lohnende Zwei-Tage-Unternehmung natürlich auch mit Ausgangsort Innerfragant planen.

Die Straße zum Sadnig-Haus ermöglicht einen frühen morgendlichen Start, der Anstieg zur Sadnigscharte und weiter zum Hohen Sadnig liegt sehr günstig und gestaltet sich zudem auch viel reizvoller als von der Fraganter Hütte aus. Vom meist stillen, einsamen Gipfel des Hohen Sadnig ist das Bergab auf dem teils gesicherten Rudi-Maier-Weg nach Südosten zum Kleinen Sadnig (2626 m) und in einem Bogen tiefer zur Fraganter Hütte eine interessante Routenwahl. Der erste und längere Tourenabschnitt ist damit geschafft. Über die Makernispitze wandern wir am nächsten Tag nach einem angenehmen Aufenthalt in der Fraganter Hütte wieder nach Asten zurück.

Zum Auftakt bietet sich dazu der gute Alpwiesensteig zum Schobertörl an. Hier kann der Rucksack bleiben. Kurz, aber steil ist der Abstecher vom Gipfelkreuz am »Makernig«, bei dem man dann zufrieden hinab nach Asten und in die Fragant schaut. Die Freude über diese gelungene Tour klingt im Fraganter Almlied:

»Hoch am Sadnig droben, wo der Gamsbock steht,
am Makernig droben, wo der Adler kreist,
und am Horizont auf der Roten Wand
und am Sandfeldkopf,
ja da hätt' ma halt
einen wunderschönen Aufenthalt.«

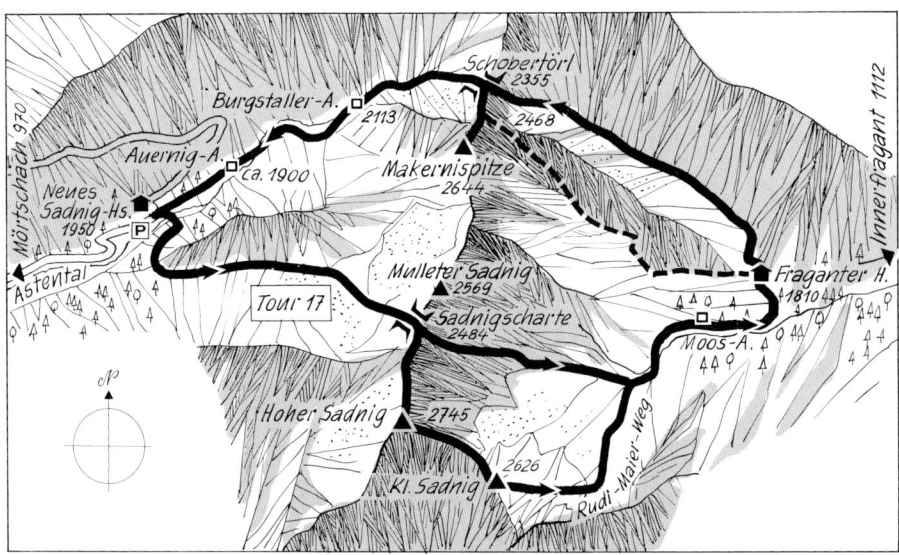

Tourensteckbrief

Ausgangsort
Mörtschach 970 m im Mölltal; oder Innerfragant 1112 m im Fraganttal.

Die Tour in Stichworten
Mörtschach 970 m – Neues Sadnig-Haus 1950 m – Sadnigscharte 2484 m – Hoher Sadnig 2745 m – Kleiner Sadnig 2626 m – Fraganter Hütte 1810 m – Makernispitze 2644 m – Schobertörl 2355 m – Neues Sadnig-Haus.

Schwierigkeit/Anforderung
I = wenig schwierig, Wandertour; mäßige Anforderung, 2-Tage-Tour.
1. Tag Hoher Sadnig: Von Mörtschach auf guter Bergstraße Auffahrt durch das Astental zum Sadnig-Haus (10 km). Vom Sadnig-Haus hinab zum Astenbach, über einen Steg auf die andere Seite und nach Schild »Sadnig« und markiertem Steig (150) durch Bergwald steil höher auf ein Schrofenplateau über der Waldgrenze und weniger steil weiter zur Sadnigscharte. Ab Scharte nach Schild und Markierungen mäßig steil auf Steigspuren nach Süden zum Hohen Sadnig. Abstieg: Entweder auf der teilweise gesicherten Steiganlage des Rudi-Maier-Weges (164) zum Kleinen Sadnig und Abstieg zur Fraganter Hütte, oder, leichter, zurück zur Sadnigscharte und von dort auf Steig (146) zur Fraganter Hütte.
2. Tag Makernispitze: Ab Fraganter Hütte markierter Steig (147 = Hauptroute) zum Schobertörl. Dort nach Schild »Makernispitze« auf gutem Steig zu einem grasigen Sattel unter der Ostflanke (2468 m) und nach Steigspuren steil zum Gipfel. Abstieg: Zurück zum Schobertörl und mit Steig 151 über die Burgstaller-Alm (2113 m) hinab zur Auernig-Alm (ca. 1900 m) in den Astner Böden und auf Fahrweg zum Sadnig-Haus.
Durchgehend markierte Wanderroute, aber nur für erfahrene Bergwanderer.

Höchste Wegestelle/Gipfel
Sadnigscharte 2484 m, Hoher Sadnig 2745 m, Kleiner Sadnig 2626 m, Schobertörl 2355 m, Makernispitze 2644 m.

Anstiegsleistung
Ab Sadnig-Haus 1300 Höhenmeter.

Abstieg
Siehe Tourenverlauf.

Gehzeiten
Sadnig-Haus 1950 m – Sadnigscharte 2484 m: 2½ Stunden. Sadnigscharte – Hoher Sadnig 2745 m: ½ Stunde. Abstieg: Hoher Sadnig – Rudi-Maier-Weg – Kleiner Sadnig 2626 m – Fraganter Hütte 1810 m: 2½ Stunden, über die Sadnigscharte zur Fraganter Hütte 2 Stunden. Fraganter Hütte – Schobertörl 2355 m: 1½ Stunden. Schobertörl – Makernispitze 2644 m: 1 Stunde. Abstieg: Schobertörl – Sadnig-Haus 1950 m: 2 Stunden. Gesamtgehzeit: 1. Tag 5–5½ Stunden, 2. Tag 4½ Stunden.

Hütten/Stützpunkte
Neues Sadnig-Haus 1950 m, ÖAV-Sektion Wiener Lehrer, 61 Betten und Matratzenlager, ganzjährig bewirtschaftet.
Fraganter Hütte 1810 m, ÖAV-Sektion Klagenfurt, 86 Betten und Matratzenlager, bewirtschaftet von Anfang Juni bis Ende Oktober.

Karten/Führer/Literatur
Kompass-Wanderkarte 1:50000, Blatt 49 »Mallnitz – Obervellach«; Blatt 50 »Heiligenblut – Döllach«; Alpenvereinskarte 1:25000, Blatt »Sonnblick«. R. Gritsch »Führer durch die Kreuzeck-, Reißeck- und Sadniggruppe«.

Das karge und als schmale Furche in das Bergland geschnittene Astental weitet sich hinter dem Sadnig-Haus in den Astner Böden zu einem grünen Kessel. Seit Jahrhunderten hat dort zur Sommerzeit die Auernig-Alm ihr Auskommen, eine Stufe höher am Fuße der Makernispitze lohnt sich sogar noch die Bewirtschaftung der Burgstaller Alm. Entlang des Bachlaufes führt ein Steig zu ihr hinauf. Im Abstieg von der Makernispitze kommen wir auf diesem Weg herab in das satte Wiesengrün der Auernig-Alm, am nahen Sadnig-Haus läuft die Zwei-Tage-Tour aus.

18 Lonzaköpfl
2318 m
Törlkopf
2517 m
Böseck
2834 m

Hohe Wanderung im Feldseekamm

wenig schwierig
Wander-/Felstour

Der Feldseekamm verläßt an der Feldseescharte (2712 m) den Tauernhauptkamm und stößt mit den grünen Ausläuferkuppen der Lonzahöhe (2771 m) und der Lassacher Höhe (2162 m) nach Südosten gegen Obervellach. Die Aufmerksamkeit kommt dem Feldseekamm aus der Mallnitzer Seite entgegen, denn hier haben die Sommergäste seine attraktive Gipfelreihe ständig vor Augen. Der Sessellift zur Häusler-Alm (1872 m) ermöglicht es ohne Zeitdruck, das aussichtsreiche Lonzaköpfl zu besuchen. Am Gipfelkreuz fällt eine markierte Höhenroute kammeinwärts auf: die großartige, einsame Kammüberschreitung zum Feldseekopf (siehe Tour 19).

Doch der Feldseekamm hat für den guten Geher auch eine Tagestour bereit: Lonzaköpfl 2318 m– Törlkopf 2517 m – Krippenhöch 2478 m – Böseck-Hütte 2594 m – Böseck 2834 m und zurück zum Lift. Die Anforderung für diesen »Ausflug« ist groß, die letzte Talfahrt des Häusler-Alm-Liftes sollte der Maßstab für die Zeiteinteilung sein. Der mächtige Doppelgipfel des Bösecks ist der alpinste Punkt im Feldseekamm.

Tourensteckbrief

Ausgangsort
Mallnitz 1190 m.

Die Tour in Stichworten
Mallnitz 1190 m – Lift Häusler-Alm – Bergstation 1900 m – Lonzaköpfl 2318 m – Törlkopf 2517 m – Krippenhöch 2478 m – Mauternitzscharte 2332 m – Böseck-Hütte 2594 m – Böseck 2834 m – Böseck-Hütte – Bergstation Häusler-Alm.

Schwierigkeit/Anforderung
I = wenig schwierig, Wandertour; große Anforderung, Tagestour.
Nahe dem Bahnhof Mallnitz Talstation des Sesselliftes zur Häusler-Alm, erste Auffahrt nützen! Von der Bergstation markierter, mäßig steiler Steig zum Lonzaköpfl. Weiter auf teilweise gesichertem Steig zum Törlkopf und über Krippenhöch mit erheblichem Höhenverlust zur Mauternitzscharte und Wiederanstieg zur Böseck-Hütte. Ab Hütte auf dem Westerfrölke-Weg, teils nur Steigspuren, abschüssige Hangquerung nordseits der Strahköpfe (Achtung: Schneefelder!) in Richtung Östliche Oschenigscharte, bis Markierungen die Abzweigung nach links zum Böseck anzeigen. Dort sehr steil in lockerem Geröll höher zu einem Sattel zwischen den Strahlköpfen und dem Böseck. Nach Steigspuren in festem, blockigem Fels steil zum nördlichen Böseckgipfel.
Nur für erfahrene, ausdauernde Bergwanderer.

Höchste Wegestelle/Gipfel
Lonzaköpfl 2318 m, Törlkopf 2517 m, Böseck-Hütte 2594 m, Böseck 2834 m.

Anstiegsleistung
Ab Bergstation Häusler-Alm ca. 1500 Höhenmeter.

Abstieg
Wie Anstieg.

Gehzeiten
Bergstation Häusler-Alm 1900 m – Lonzaköpfl 2318 m: 1 Stunde. Lonzaköpfl – Törlkopf 2517 m – Böseck-Hütte 2594 m: 2 Stunden. Böseck-Hütte – Böseck 2834 m: 1 Stunde. Abstieg wie Anstieg: 3 Stunden.
Gesamtgehzeit: 7 Stunden.

Hütten/Stützpunkte
Häusler-Alm 1872 m, Berggasthaus, keine Übernachtung!
Böseck-Hütte 2594 m, DAV-Sektion Hagen, in den Sommermonaten geöffnete Selbstversorgerhütte, 10 Matratzenlager, Decken.

Karten/Führer/Literatur
Siehe Tour 20.

Tip
Überschreitung des Feldseekammes zur Feldseescharte und Hagener Hütte.

Abenteuerlicher, von Wind und Wetter geschliffener Fels, die sogenannten Bratschen, am Weg vom Lonzaköpfl zum Böseck.

19 Vorderer Gesselkopf
2974 m

Feldseekopf
2864 m

Hagener Hütte
2446 m

Zwischen Gastein und Mallnitz

wenig schwierig
Wander-/Felstour

Die Ausläufer der Goldberg-Gruppe vom Tauernhauptkamm nach Süden zur Möll sind in weiten Bereichen auch heute noch, von einigen Schwerpunkten – siehe Fragant – abgesehen, einsames Bergland geblieben. Im Feldseekamm bevorzugt der Tourismus den Nahbereich der Häusler-Alm und kommt kaum über das von Wind und Wetter rundgeschliffene Bratschengestein des Törlkopfes (2517 m) hinaus. Der kurze »Weg« über das Lonzaköpfl (2318 m) zu dieser exponierten Gipfelhöhe erfüllt für viele Sommergäste die Vorstellung einer idealen Bergtour, bei der man viel sieht und nicht zu lange unterwegs sein muß (ab Häusler-Alm 2 Stunden).

Ab dem Törlkopf hebt der Feldseekamm seine Formation zum mächtigen Doppelgipfel des Bösecks gewaltig an, doch der Weg zum Böseck ist noch weit, der Höhenverlust zur vorgelagerten Mauternitzscharte (2332 m) beträgt fast 200 Meter, und die unbewirtschaftete Böseck-Hütte (2594 m) ist für die meisten Tagestouristen ein zu schwacher Lockruf. Für dieses kleine hölzerne Hüttchen, erbaut 1932 von der

Sektion Mallnitz, übernahm die DAV-Sektion Hagen in Erinnerung an den Sektionsvorsitzenden Professor Westerfrölke, der am 3. September 1931 den nach ihm benannten Westerfrölke-Weg eröffnete, die Patenschaft. Diese Höhenroute läuft ab Lonzaköpfl über die Böseck-Hütte zur Östlichen und weiter zur Westlichen Oschenikscharte (2564 m, AV-Karte; in der Kompass-Karte »Kammscharte«). Dort verbindet sich der Westerfrölke-Weg mit dem Hagener Weg über den Feldseekopf zur Feldseescharte und erschließt somit den Feldseekamm. Nach der Böseck-Hütte kann jedoch nur noch das Rudolf-Weißgerber-Biwak (2712 m) an der Feldseescharte ein Nothelfer bei der Gesamtüberschreitung bis zur Hagener Hütte (9 Stunden) sein.

Der Feldseekopf erhebt sich südlich der Feldseescharte (2712 m), seine Position und die Höhe von 2864 Metern geben ihm den Rang des Hauptgipfels. Von der gut 1 Stunde entfernten Hagener Hütte herüber ist auf dem Hagener Weg aber nur die Distanz von 400 Höhenmetern zu überwinden.

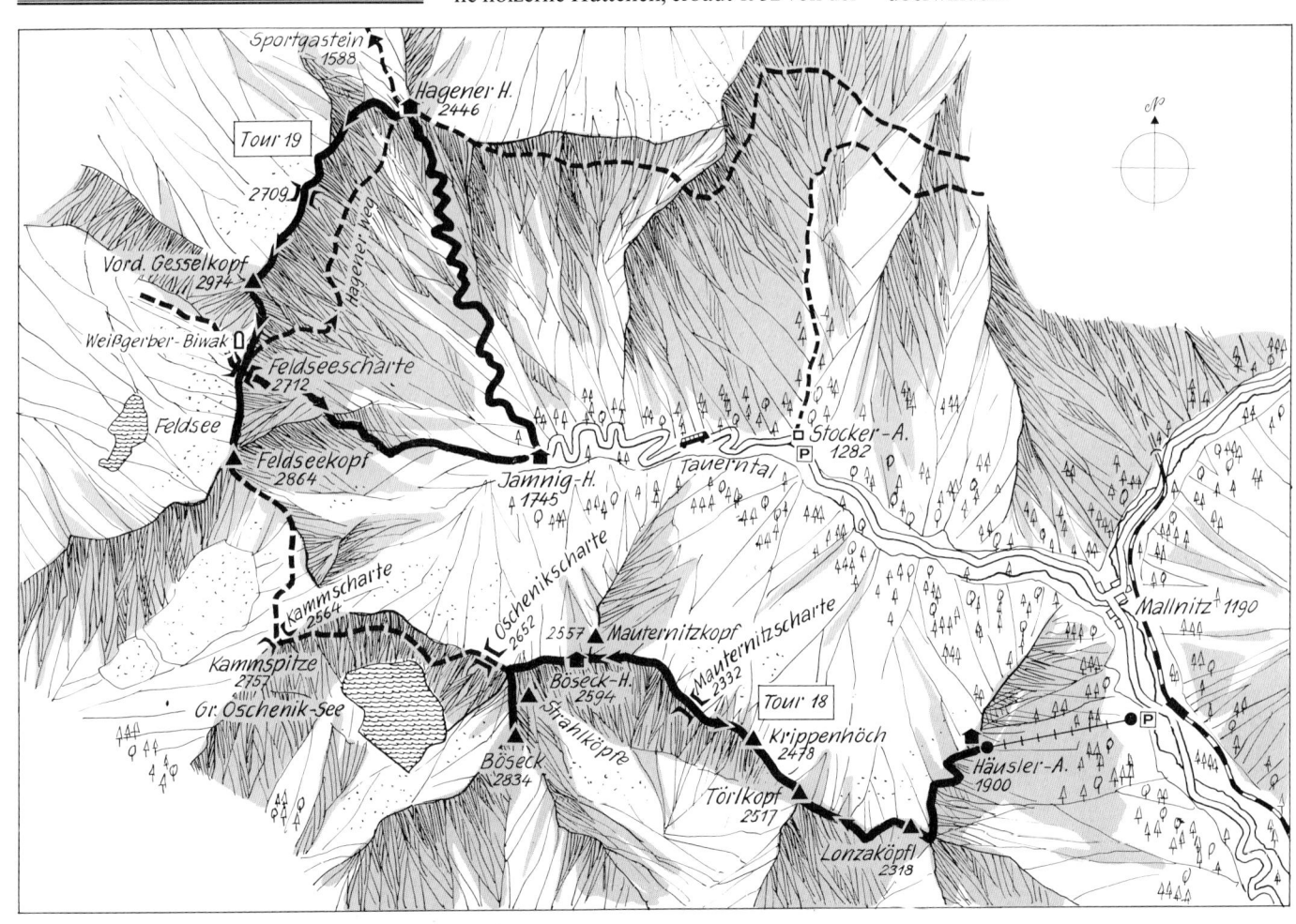

Von der Feldseescharte zieht der Tauernhauptkamm nach Nordwesten zum Schareck, postiert aber in einem Knick zur Scharte noch den mächtigen, 2974 Meter hohen Vorderen Gesselkopf und teilt ihn der Hagener Hütte als Hausberg zu. Der Feldseekopf – in einem normalen Sommer sehr früh schnee- und eisfrei – ist leicht zu besteigen, der Weg zum Vorderen Gesselkopf muß eine Stufe höher bewertet werden; Schnee und Eis oft bis weit in den Sommer hinein und ein nordseitiger kleiner Gletscherfleck können die Tour erschweren. Bei guten Verhältnissen ergibt sich jedoch ab Hagener Hütte eine reizvolle Zwei-Gipfel-Tour: zuerst hinauf zum Vorderen Gesselkopf, dort Steilabstieg zur Feldseescharte, leichter, kurzer Abstecher zum Feldseekopf und auf dem Hagener Weg Rückkehr zur Hütte (siehe Tourensteckbrief).

Ein Haus auf der Schneide des Tauernhauptkammes zu besitzen, war früher für manche Alpenvereinssektionen ein erstrebenswertes Ziel. Zugänge waren meist von Nord und Süd möglich, und so profitiert die 1912 auf dem Niederen Tauern erbaute Hagener Hütte (2446 m) von zwei günstigen Ausgangsorten: im Norden das heutige Sportgastein (1588 m) und im Süden die Ortschaft Mallnitz (1190 m). Von Mallnitz führt bis zur Jamnig-Hütte (1745 m) eine neue Straße (nur Busverkehr) und verkürzt den Weg zum Niederen Tauern, auch Mallnitzer Tauern genannt, erheblich.

An die Glanzzeiten dieses historischen Tauernüberganges erinnert die Ruine des Mallnitzer Tauernhauses wenig unterhalb der Hagener Hütte und das hohe hölzerne Gerüst einer Nebelglocke auf der Paßhöhe (1982 erneuert). Im Tauern-Höhenweg ist die Hagener Hütte an der Nahtstelle von Ankogel- und Goldberg-Gruppe ein wichtiger Stützpunkt zwischen dem Hannover-Haus und der Duisburger Hütte, südseitig vom Schareck.

Das Dr.-Weißgerber-Biwak an der Feldseescharte. Der spitze Felsgipfel des Vorderen Gesselkopfes erhebt sich nördlich (Anstieg durch die schräge Rinne unter dem Gipfel).

Tourensteckbrief

Ausgangsort
Mallnitz 1190 m; oder Sportgastein 1588 m.

Die Tour in Stichworten
Mallnitz 1190 m – Jamnig-Hütte 1745 m – Hagener Hütte 2446 m; oder Sportgastein 1588 m – Hagener Hütte – Vorderer Gesselkopf 2974 m – Feldseescharte 2712 m – Feldseekopf 2864 m – Mallnitz oder Hagener Hütte.

Schwierigkeit/Anforderung
I = wenig schwierig, Wander-/Felstour; große Anforderung als Tagestour.
Von Mallnitz zur Stocker-Alm (1282 m, öffentliche Fahrstraße). Ab hier Busverkehr zur Jamnig-Hütte. Nun auf Güterweg (113) zur Hagener Hütte; oder von Sportgastein auf gesperrter Fahrstraße das Naßfeld talein zum markierten Hüttenanstieg (113). Ab Hagener Hütte markierter Anstieg, mäßig steil, auf sandigen Südhängen zu einer Scharte (2709 m), dort in der Nordwestseite zur Kammhöhe und über einige Felsköpfe (Drahtseile) zum Vorderen Gesselkopf. Abstieg: Vom Gipfel in den Sattel zwischen den beiden Gesselköpfen, dort nach links in eine steile Schuttrinne (Achtung bei Schnee!) und über den brüchigen Fels der Südgratausläufer zur Feldseescharte (Weißgerber-Biwak). Kurzer, markierter Anstieg zum Feldseekopf. Ab Scharte auf dem Hagener Weg 102 (= Tauernhöhenweg/Hagener Weg) zurück zur Hagener Hütte oder vorher markierter Abstieg zur Jamnig-Hütte. Nur für erfahrene Berggeher.

Höchste Wegestelle/Gipfel
Vorderer Gesselkopf 2974 m, Feldseekopf 2864 m.

Anstiegsleistung
Ab Jamnig-Hütte 1400, ab Sportgastein 1600, ab Hagener Hütte 700 Höhenmeter.

Abstieg
Siehe Tourenverlauf.

Gehzeiten
Zur Hagener Hütte 2446 m: ab Stocker-Alm 1282 m: 3 Stunden; ab Jamnig-Hütte 1745 m: 2 Stunden; ab Sportgastein 1588 m: 3 Stunden. Hagener Hütte – Vorderer Gesselkopf 2974 m: 2 Stunden. Abstieg Feldseescharte 2712 m: 1 Stunde. Feldseekopf 2864 m hin und zurück: ½ Stunde. Feldseescharte – Hagener Hütte: 1½ Stunden; Jamnig-Hütte: 1½ Stunden. Gesamtgehzeit: 7–9 Stunden.

Hütten/Stützpunkte
Hagener Hütte 2446 m, DAV-Sektion Hagen, 40 Betten und Matratzenlager, bewirtschaftet von Anfang Juli bis Ende September.
Weißgerber-Biwak 2712 m, Notunterkunft.

Karten/Führer/Literatur
Kompass-Wanderkarte 1:50000, Blatt »Gasteiner Tal – Goldberggruppe«; Blatt 49 »Mallnitz – Obervellach«; Alpenvereinskarte 1:25000, »Sonnblick«. Alpenvereinsführer »Ankogel- und Goldberggruppe«.

20 Stubnerkogel
2246 m
Zitterauer Tisch
2461 m
Silberpfennig
2600 m

Von Badgastein über die Berge nach Sportgastein

*wenig schwierig
Wandertour*

Dieser Tourenvorschlag führt uns zurück in das Gasteiner Tal. Wir wenden uns dem Bergkamm der westlichen Talseite, dem Türchlkamm, zu, der schon zur Goldberg-Gruppe gehört. In einem ausgedehnten Nordzug – mit Trennung an der Riffelscharte (2471 m) vom Tauernhauptkamm – streicht dieser Ausläufer hinab zum Salzachtal und erhebt einige bemerkenswerte Gipfel. Namenspate ist die Türchlwand (2577 m) westlich von Bad Hofgastein, hart bedrängt von den Schloßalm-Bergbahnen, die ihre Bergstation bis in die Kleine Scharte (2050 m) an sie heranrückte. Die Stubnerkogel-Bergbahn setzte auf der gleichen Talseite die Bergstation (2228 m) ihrem Gipfel fast aufs Haupt. Der bis oben grüne, 2246 Meter hohe Stubnerkogel ist eine große Gasteiner Aussichtsplattform, im Winter für die Skifahrer ein Startplatz für zügige Abfahrten in das Angertal, im Sommer freut sich der Bergwanderer an diesem günstigen, hochgelegenen Ausgangsort. Kurze und anspruchsvolle Touren bieten sich an, denen

Die Bergbahn zum Stubnerkogel erschließt für Gasteiner Feriengäste ein weites, reizvolles Wanderparadies. Der Zitterauer Tisch ist nur wenig entfernt, die Überschreitung zur Ortbergscharte (im Bild) und zur Miesbühelscharte rückt den Tauernhauptkamm und somit auch den Firngiebel des Scharecks näher heran.

der einzelne je nach Übung und Erfahrung nachgehen kann.

In der Fahrt aus dem Salzachtal hinauf zum Gasteiner Tal winken nach Überwindung der Talschwelle der Stubnerkogel und der Zitterauer Tisch den ersten, recht auffälligen Berggruß. Nach Bad Hofgastein verliert der sanfte Stubnerkogel an Bedeutung, während die hohe, felsige »Tischkante« des Zitterauer Tisches mit dem nun sichtbaren mächtigen Graukogel (2492 m) und dem Radhausberg (2613 m) im Talschluß konkurrieren kann. Von der Bergstation am Stubnerkogel ist der 2461 Meter hohe Zitterauer Tisch – mit dem zur Station vorgelagerten Tischkogel (2409 m) bildet er ein gestrecktes Felsmassiv – ein verführerisches Ziel, das wegen seiner Nähe und des leichten Anstieges auch dem Gelegenheitswanderer ein schönes Gipfelerlebnis gönnt. Demzufolge herrscht am fast waagrechten und breiten First zwischen dem Gipfelkreuz am Tischkogel und dem Steinmann am höchsten Punkt des Zitterauer Tisches ein reges Hin und Her, dem man aber schnell entkommt, wenn man den Gipfel zur

Miesbühelscharte (2238 m) hin überschreitet. Damit ist das Stichwort zu der sehr lohnenden Bergtour Stubnerkogel – Silberpfennig mit Abstieg nach Sportgastein gegeben.

Der 2600 Meter hohe Silberpfennig glänzt im Türchlkamm als höchster Berg. Mit einem langgezogenen Grat zum Kleinen Silberpfennig (2512 m) bietet er sich in der Umschau vom Stubnerkogel und vom Zitterauer Tisch verlockend an, aber der Weg zu ihm ist weit, und so sollten nur ausdauernde, erfahrene Bergwanderer diese Tour angehen.

Das gilt auch für die Anstiege von Kolm Saigurn (1598 m) im Rauris und von Sportgastein (1588 m) herauf, die an der Bockhartscharte (2226 m, auch Pochkarscharte genannt) mit unserem Weg, dem Zimburg-Weg von der Miesbühelscharte herüber, zusammentreffen.

Die nun gemeinsame Route läuft über den Südwestrücken zur Baukarlscharte (2475 m), aber es bedarf des geländegeübten Wanderers, um den weglosen Schlußanstieg zum Kreuz des heiligen Florian am Gipfel des Silberpfennig zu meistern.

Tourensteckbrief

Ausgangsort

Badgastein 1083 m; oder Sportgastein 1588 m; oder Kolm Saigurn 1598 m im Rauris.

Die Tour in Stichworten

Badgastein 1083 m – Stubnerkogel-Bergbahn – Bergstation 2228 m – Tischkogel 2409 m – Zitterauer Tisch 2461 m – Ortbergscharte 2264 m – Miesbühelscharte 2238 m – Zimburgweg – Bockhartscharte 2226 m – Baukarlscharte 2475 m – Silberpfennig 2600 m – Bockhartscharte – Oberer Bockhartsee 2070 m – Bockhartsee-Hütte 1917 m – Sportgastein 1588 m.

Schwierigkeit/Anforderung

I = wenig schwierig, Wandertour; mittlere Anforderung, Tagestour.
Von Badgastein mit der Stubnerkogelbahn (Kabinenbahn) Auffahrt zum Stubnerkogel. Ab Bergstation nach Markierung 111 zur Zitterauer Scharte, dort Anstieg auf Steig über den Tischkogel zum Zitterauer Tisch. Weiter nach Markierung 111 hinab zur Ortbergscharte und zur Miesbühelscharte. (Abstieg zum Unteren Bockhartsee und Sportgastein möglich.) Ab Miesbühelscharte auf dem Zimburgweg (111) zum Oberen Bockhartsee (2070 m, Einmündung der

Anstiegsroute 121 von Sportgastein) und weiter zur Bockhartscharte. (Einmündung des Zuganges von Kolm Saigurn.) Ab hier ohne Markierung, nur spärliche Steigspuren, über die schrofendurchsetzten Grashänge des Südwestgrates möglichst in Gratnähe, zur Baukarlscharte (2475 m) und über leichten Bratschenfels zum Silberpfennig.
Nur für ausdauernde, erfahrene Bergwanderer.

Höchste Wegestelle/Gipfel

Zitterauer Tisch 2461 m, Bockhartscharte 2226 m, Silberpfennig 2600 m.

Anstiegsleistung

Ab Stubnerkogel 800, ab Sportgastein 1000, ab Kolm Saigurn 1000 Höhenmeter.

Abstieg

Ab Silberpfennig zurück zur Bockhartscharte. Dort entweder nach Kolm Saigurn oder über den Oberen Bockhartsee und den Herrensteig (121) zur Bockhartsee-Hütte und Sportgastein.

Gehzeiten

Bergstation Stubnerkogel 2228 m – Zitterauer Tisch 2461 m: 1 Stunde. Übergang: Ortbergscharte 2264 m – Miesbühelscharte 2238 m – Oberer Bockhartsee 2070 m – Bockhartscharte 2226 m: 3 Stunden. Bockhartscharte – Silberpfennig 2600 m: 1½ Stunden. Abstieg: Bock-

hartscharte – Bockhartsee-Hütte 1917 m – Sportgastein 1588 m: 2½ Stunden.
Gesamtgehzeit: 8 Stunden.

Hütten/Stützpunkte

Bockhartsee-Hütte 1917 m, privat, bewirtschaftet von Anfang Juni bis Anfang Oktober, Touristenlager.

Karten/Führer/Literatur

Kompass-Wanderkarte 1:50000, Blatt 40 »Gasteiner Tal – Goldberggruppe«; Blatt 49 »Mallnitz – Obervellach«; Alpenvereinskarte 1:25000, Blatt »Sonnblick«. Alpenvereinsführer »Ankogel- und Goldberggruppe«.

Das Schareck ist ein Repräsentant der Goldberg-Gruppe und vom Niedersachsen-Haus sowie von der Duisburger Hütte aus eine beliebte Bergtour. Dieser Tourenvorschlag empfiehlt jedoch den interessanten Anstieg von Sportgastein auf dem mit guten Sicherungen versehenen Neuwirt-Steig. Wir sind kurz vor dem Ausstieg am Aperen Schareck, im Tiefblick der Talkessel von Sportgastein. ▷

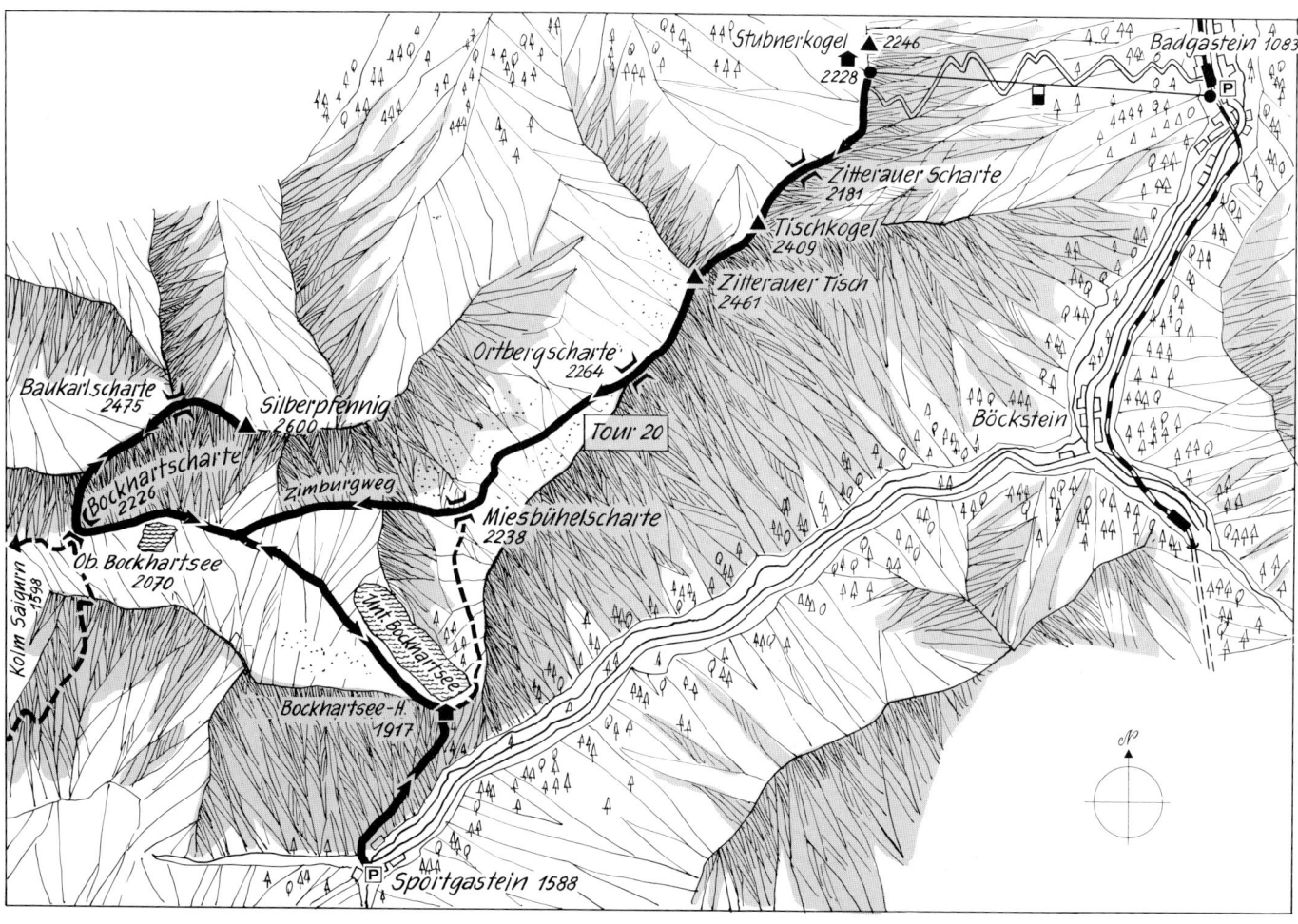

21 Schareck
3122 m

Herzog Ernst
2933 m

Niedersachsen-Haus
2471 m

Neuwirt-Steig und Pröllweg

mäßig schwierig
Wander-/Felstour

Im Zuge des Tauernhauptkammes nach Nordwesten bildet das vergletscherte Rauriser Dreigestirn Schareck 3122 m, Hoher Sonnblick 3105 m, Hocharn 3254 m den Kern der Goldberg-Gruppe. Schon Jahrhunderte vor den Bergsteigern waren die »Goldberge« von Menschen belebt, die auf der Suche nach dem Tauerngold das Gebirge mit Stollengängen anbohrten, sogenannte »Baue« anlegten, die am Grieswies-Schwarzkogel (3115 m) nahe dem Hocharn an die 3000 Meter Höhe heranreichten – damals der höchste Bergbau Europas. Der bergmännische Abbau des Tauerngoldes läßt sich bis zur ersten Hälfte des 14. Jahrhunderts zurückverfolgen. Neben den Ortsnamen wie Silberpfennig, Pochkar, Baukarl, Neubau, Alter Pocher, Radhaus, die an diese Vergangenheit erinnern, zeigen sich dem kundigen Bergsteiger und Wanderer noch immer viele Spuren dieses Bergbaues, der in der ersten Hälfte des 16. Jahrhunderts am ergiebigsten war, zum Ausklang des 19. Jahrhunderts aber eingestellt wurde.
Die alpine Erschließung der Goldberg-Gruppe lief zwangsläufig neben dem Bergbau einher. Auf der Suche nach den gold- und silberhaltigen Gängen stiegen die Bergknappen immer höher, und so kam wohl der eine oder andere zu den Gipfeln der Goldberge, als der Begriff »Bergsteigen« noch völlig unbekannt war.

Vom Bergverwalter Russegger erzählt die Chronik, daß er die erste touristische Ersteigung des Scharecks ausführte. Er kam am 5. September 1832 aus dem Naßfeld, also von der Gasteiner Seite, zum Gipfel, denn dorthin ist das Schareck gut präsent. Im Ausklang dieses Jahrhunderts wurde für die Sektion Gastein mit dem zunehmenden Interesse für das Bergsteigen ein besserer Weg aus dem Naßfeld sehr wichtig.

Die finanzielle Hilfe einer Gönnerin, einer Frau Neuwirt aus Wien, erlaubte es den Gasteinern, über den Nordostgrat zum Aperen Schareck (2962 m) mit Anschluß zum Schareckkees eine neue Route einzurichten, die am 19. September 1885 als Neuwirt-Steig eröffnet werden konnte. Diese Steiganlage wird heute noch von den Gasteinern gepflegt, ist gut markiert und mit einigen wenigen Sicherungen versehen. Der schmale Pfad fügt sich ideal in die steile Bergflanke, nützt geschickt Mulden, Kanzeln und Grasinseln. Der Neuwirt-Steig paßt ausgezeichnet in das Konzept eines geübten Bergsteigers, der aus dem Naßfeld das Schareck besteigen möchte. Das Naßfelder Tal, das Bett der Gasteiner Ache hinaus nach Böckstein (1131 m), ist in der inneren Gastein der bedeutendste Talzweig. In seiner Weitung bei der Einmündung des Siglitztales entstand mit dem am 23. Juni 1899 eröffneten Marie-Valerie-Haus (1588 m) das bescheidene Berg- und Skidörfl Naßfeld, ein im Sommer und Winter beliebter touristischer Mittelpunkt. Mit der Naßfeld-Alpenstraße (5,2 km Länge, erbaut 1970/72, mautpflichtig) tauschte Badgastein das Skidörfl Naßfeld gegen das moderne, hauptsächlich vom Skisport genützte alpine Zentrum Sportgastein. Aber auch Bergsteiger und Wanderer haben dadurch Vorteile. Das Niedersachsen-Haus (2471 m) und die Hagener Hütte (2446 m) am Nie-

deren Tauern sind vom Großparkplatz Sportgastein nur noch 2½ bis 3 Stunden entfernt. Das Niedersachsen-Haus ist der wichtige nordseitige Ausgangspunkt zum Schareck; es wird aus Rauris, vom alten Bergwerksort Kolm Saigurn (1598 m) herauf am meisten besucht. Die Alpenvereinssektion Hannover erstellte das Haus in den Jahren 1925/26 an der Riffelscharte, bei ihm beginnt der nach 1900 angelegte, interessante Pröllweg (benannt nach Arthur Pröll, damals Vorstand der Sektion Gastein).

Schließlich sei noch die südseitige Duisburger Hütte (2572 m) erwähnt, die aus Innerfragant mit Zugang aus Innerfragant erwähnt, die den nahen und leichten Gletscheranstieg (2 Stunden) über das Wurtenkees unterstützt.

Das Schareck lockt mit seiner nordseitigen Ansicht, einem breit ausladenden, von Eisrinnen gefurchten Felsmassiv, bedeckt von dem gleißenden Scharecckkees. Zwei Firngiebel formen eine Gipfelkalotte, die hinaus in das Rauriser Hüttenwinkeltal ein verheißungsvolles Bergbild zeigt. Auf der Höhe von Bucheben hält der Bergfreund an und bewundert dieses unerwartete hochalpine Bild. Der niedrige vorgelagerte Grat, über dem das Schareckkees glänzt, trägt den Pröllweg: Riffelhöhe 2696 m – Neunerkogel 2823 m – Herzog Ernst 2933 m in einem Linksbogen hinauf zum Gipfel. Als Gang auf schmalem, aber nie schwierigem Felsgrat ist diese Scharecckroute mit den noch teils erhaltenen, einst in mühsamer Arbeit gelegten Steintreppen für jeden geübten Bergsteiger ein Genuß, am schönsten aber vielleicht im Bergab mit dem Blick in die Täler und weit hinaus zu den hellen Felsmauern von Hochkönig und Dachstein.

Deshalb auch unser Tip: Überschreitung des Scharecks von Sportgastein über den Neuwirt-Steig im Anstieg und den Pröllweg hinab zum Niedersachsen-Haus.

Tourensteckbrief

Ausgangsort
Sportgastein 1588 m; oder Kolm Saigurn 1598.

Die Tour in Stichworten
Sportgastein 1588 m – Neuwirt-Steig – Aperes Schareck 2962 m – Schareck 3122 m – Herzog Ernst 2933 m – Pröllweg – Niedersachsen-Haus 2471 m – Sportgastein oder Kolm Saigurn 1598 m.

Schwierigkeit/Anforderung
II = mäßig schwierig, Wander-/Felstour; große Anforderung als Tagestour.
Ab Sportgastein das Naßfeld wenig talein, bis bei einem Viehrost ein Sträßchen nach rechts zur neuen Hütte der Au-Alm abzweigt, nach Markierungen links höher zum Schild »Neuwirt-Steig«. Auf dem Steig 112 weiter durch den Buschgürtel in Wiesenhänge und zu P. 2457 (AV-Karte) im Nordostgratausläufer des Aperen Schareck. Die gut angelegte Steiganlage zieht auf ihm bergauf, erschließt mit Drahtseilsicherungen ostseitigen Steilfels und läuft an der Felsnase des Aperen Scharecks (2962 m) aus. Über das geschlossene Scharecckkees zum felsigen Gipfelfirst des Scharecks. Abstieg: Auf dem Pröllweg (120) über den felsigen Nordwestgrat (Drahtseilsicherungen) zum Herzog Ernst (2933 m) und über Neunerkogel und Riffelhöhe zum Niedersachsen-Haus. Entweder auf dem Hermann-Bahlsen-Weg nach Sportgastein oder nach Kolm Saigurn im Talschluß des Rauris.
Durchgehend markierte Route, nur für im Fels erfahrene Berggeher.

Höchste Wegestelle/Gipfel
Aperes Schareck 2962 m, Schareck 3122 m.

Anstiegsleistung
Ab Sportgastein 1600 Höhenmeter.

Abstieg
Siehe Tourenverlauf; oder vom Schareck über das Wurtenkees zur Duisburger Hütte, 2572 m.

Gehzeiten
Sportgastein 1588 m – Neuwirt-Steig – Schareck 3122 m: 4½ Stunden. Abstieg: Schareck – Herzog Ernst 2933 m – Pröllweg – Niedersachsen-Haus 2471 m: 2½ Stunden. Abstieg Sportgastein: 2 Stunden.
Gesamtgehzeit: 9 Stunden.

Hütten/Stützpunkte
Niedersachsen-Haus 2471 m, DAV-Sektion Hannover, 65 Betten und Matratzenlager, bewirtschaftet von Mitte Juni bis Mitte September.
Duisburger Hütte 2572 m, DAV-Sektion Duisburg, 50 Betten und Matratzenlager, bewirtschaftet von Anfang Juli bis Ende September.

Karten/Führer/Literatur
Siehe Tour 22.

Tip
Über das harmlose Wurtenkees schneller Abstieg zur Duisburger Hütte (1 Stunde).

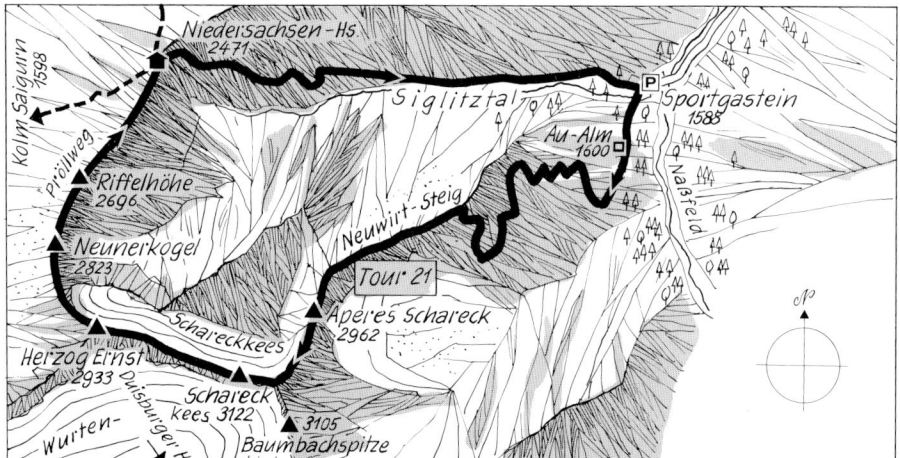

22 Hoher (Rauriser) Sonnblick
3105 m

Zittel-Haus
3105 m

*Von Kolm Saigurn
zum Zittel-Haus*

*mäßig schwierig
Wander-/Felstour*

Das Rauriser Tal von Taxenbach im Salzachtal nach Wörth und in Fortsetzung das Hüttwinkeltal stoßen von Norden in einer gemeinsamen, ausgedehnten Talfurche in das Herz der Goldberg-Gruppe vor, nach Kolm Saigurn (1598 m) am Fuße von Sonnblick und Hocharn. Der Markt Rauris (948 m), Hauptort der Rauriser Talschaft, ist eine der ältesten Siedlungen der Ostalpen. In der Hochblüte des Goldbergbaues gab ihm der reiche Bergsegen des Mittelalters das romantisch anklingende Prädikat »Das güldene Städtchen«. Von dem Gewinn profitierten die Gewerken (Unternehmer, die den Bergbau auf eigene Rechnung betrieben), Handwerker und Kaufleute und angemessen gewiß auch die Bergknappen, die in den »Bauen« nordseits des Hauptkammes das kostbare Erz schürften. In unserer Zeit hat sich Rauris zu einem bekannten Urlaubszentrum im Land Salzburg entwickelt, zu dem vor allem im Sommer wegen des gesunden Reizklimas viele Erholungssuchende anreisen. Ein Kapital besonderer Art liegt für Rauris heute noch in seinem Talschluß Kolm Saigurn. Werbeträchtig nennt es sich deshalb nicht mehr »gülden«, sondern »Rauris am Hohen Sonnblick«.

Der Hohe Sonnblick – zur Unterscheidung von anderen gleichnamigen Gipfeln (siehe Touren 11 und 40) sollte der auf die Örtlichkeit bezogene Beiname »Rauriser« nicht vergessen sein – ist noch vor Schar-

eck und Hocharn der populärste Gipfel der Goldberg-Gruppe. Schon im vergangenen Jahrhundert kam er durch sein Gipfelhaus mit einer ständig besetzten meteorologischen Station zu Ruhm und Ansehen, denn in den gesamten Ostalpen besitzt kein Dreitausender diesen Vorzug.

Von Ignaz Rojacher (1844–1891), dem letzten Gewerken am Rauriser Goldberg, stammt der kühne Gedanke, auf dem 3105 Meter hohen Sonnblick ein Gipfel-Observatorium mit ständig besetzter Wetterwarte zu errichten. Für die damalige Zeit – man schrieb das Jahr 1885 – und in unserem Breitenklima war diese weit vorauseilende Idee eine Sensation, ein Vorstoß ins Unbekannte. Der außerordentlich tatkräftige Rojacher war aber zur Realisierung des Planes auf ausführende Institutionen angewiesen; noch im gleichen Jahr meldete das Alpenvereins-Jahrbuch: »Dieses grosse Werk, welchem durch das Zusammenwirken der Oesterreichischen Meteorologischen Gesellschaft in Wien des Deutschen und Österreichischen Alpenvereins, des Herrn Ignaz Rojacher und des k.k. Forstärars eine gedeihliche Lösung gesichert ist und dem sich die Sympathien der weitesten Kreise zuwenden, wird ohne Zweifel einen belebenden Einfluss auf das prächtige Rauriser Thal ausüben.« Ein Jahr später, am 2. September 1886, konnte die »Meteorologische Station I. Ordnung« – eine Telefonleitung be-

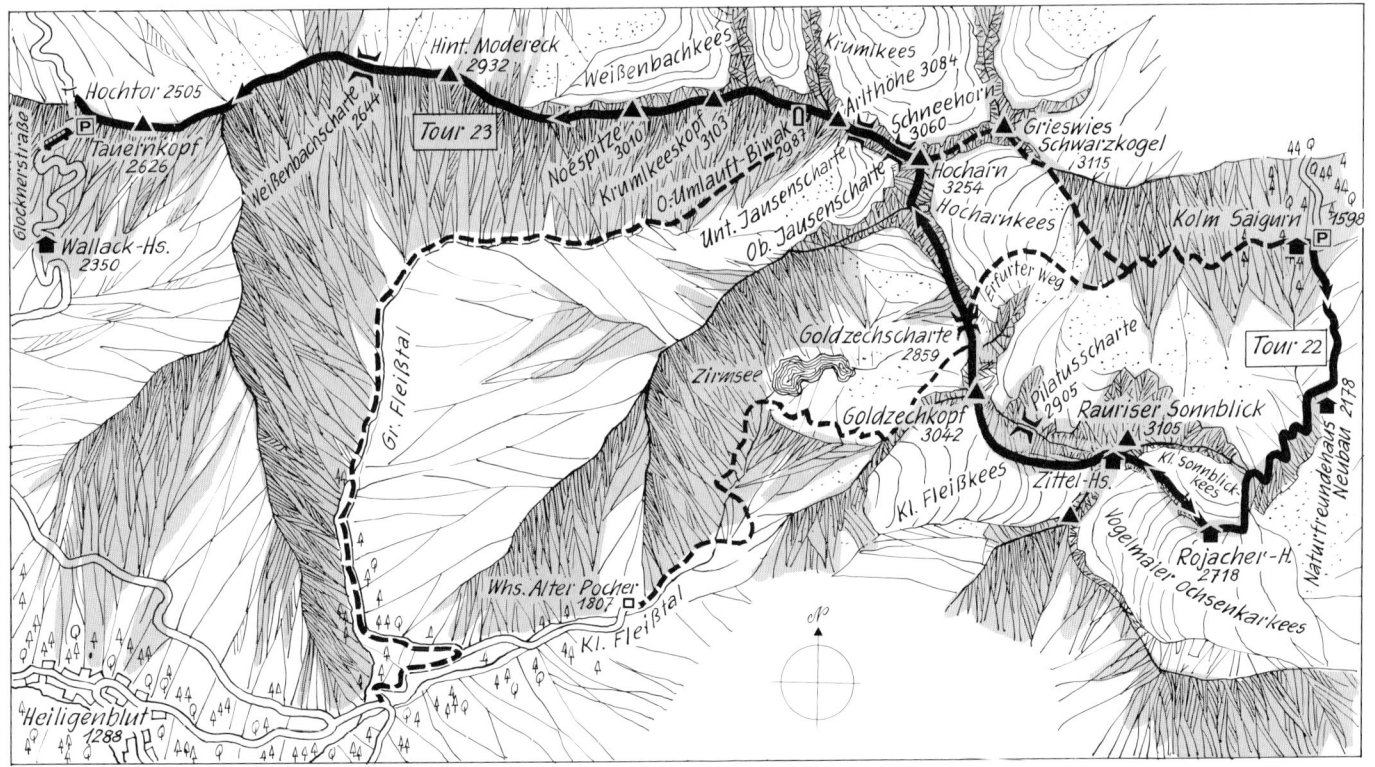

sorgte die Übermittlung der Wetterdaten nach Rauris – als höchste, ständig bewartete Wetterstation Europas eröffnet werden. Mit dem vom Alpenverein gleichzeitig errichteten Zittel-Haus bildete die Wetterstation eine bauliche Einheit. Wir alle, die wir uns den Rauriser Sonnblick ohne sein Zittel-Haus nicht vorstellen können, verdanken diesen überaus wertvollen Stützpunkt dem »Central-Ausschuss« des damaligen Gesamtvereins. Eine Bronzetafel im Hauseingang erinnert:
»Dieses dem Dienste der Wissenschaft und zum Frommen der Bergfreunde gewidmete Haus ist Zittel-Haus genannt, zum ehrenden Andenken an die Verdienste, welche sich der Vorort München um den Deutschen und Oesterr. Alpenverein erwarb, zur Zeit, als den Centralausschuss bildeten die Mitglieder: Dr. Carl Alfred von Zittel, 1. Praesident ... beschlossen in der Generalversammlung des D. u. Oe. Alpenvereins zu Bozen 1889.«
Nach vorangegangener Erweiterung übernahm das Haus 1891 die Sektion Salzburg und sorgte dafür bis zum Verkauf an die DAV-Sektion Halle im Jahre 1925. Nach einer nochmaligen Vergrößerung 1929 blieben die Besitzverhältnisse und der Status des Zittel-Hauses unverändert. Eine baldige Generalsanierung wäre angebracht und scheint sich auch anzubahnen, denn die Wetterstation hat bereits 1982 ein neues, wetterfestes Kleid erhalten.
Zum Schluß der Sommersaison Ende September wird das Zittel-Haus geschlossen, die Wetterwarte aber bleiben auf ihrem Posten. Dank der neuen baulichen Verbesserungen und einer leistungsfähigen Materialseilbahn hat der Aufenthalt im Winter seine anfänglichen Schrecken verloren. Zur Zeit der Eröffnung und noch für die Jahrzehnte danach war ein »hohes Lied« auf den braven Wetterwart vom Sonnblick durchaus berechtigt. Am 11. Mai 1886, vor der Eröffnung der Station, befürchtete die »Wiener Allgemeine Zeitung«: »... daß in der großen Einsamkeit und Eintönigkeit da oben der Beobachter alle Mitteilsamkeit und Zungenfertigkeit verlieren wird und schließlich sogar zum Wahnsinn gebracht werden kann, wenn ihm nicht durch die Ermöglichung der Gründung einer Familie Abhilfe gebracht würde«. Dazu bemerkte das Alpenvereins-Jahrbuch von 1940: »Wir wollen hoffen, daß der erste wackere Beobachter, für den die Übernahme dieser Station in einsamer Höhe gerade vor Winterbeginn wirklich einen heroischen Entschluß bedeutet, diesen Aufsatz vor seinem Rückzug in diese Einsamkeit nicht zu lesen bekommen hat.«

Kolm Saigurn, Endpunkt der Buslinie von Rauris, ist der große Sammelpunkt der Bergsteiger, Wanderer und auch der »Strahler«, die von hier aus die Hänge von Sonnblick und Hocharn auf der Suche nach dem Bergkristall abklopfen. Das alte Gasthaus in Kolm hat der Touristenverein Naturfreunde in ein modernes Haus umgewandelt, mit dem der nahe »Ammererhof« – auch er hat seine Tradition im Goldbergbau – konkurriert. Der auffällige Name Kolm Saigurn wurzelt in der Vergangenheit des Ortes. Der Kolm war das Kolbenhammerwerk und mit Saigern wurde die Schlemmbehandlung des Erzes bezeichnet. Die Einheimischen sprechen seit jeher nur von Kolm, und Ignaz Rojacher, dem Rauris sehr viel verdankt, war für sie der »Kolm-Naz«.
Die Tour zum Rauriser Sonnblick ist kein Spaziergang – 1500 Höhenmeter bedeuten für den durchschnittlichen Bergsteiger eine erhebliche Tagesleistung. Zwei Tourentage sollte der Sonnblick wert sein, bei Wetterglück ist das Erlebnis von Sonnenuntergang und -aufgang, beobachtet vom Zittel-Haus, unvergeßlich. Als Stationen im Anstieg bieten sich die Naturfreunde-Schutzhütte Neubau (2178 m, benannt nach einem späteren Bergwerksbau, dem Neubau) und die Rojacher-Hütte (2718 m) am Beginn des Südostgrates. Der böhmische Freiherr Wilhelm Ritter von Arlt erschloß 1880 diesen Grat, der mit seiner schmalen »Steintreppe« für den trittsicheren Berggeher ein Paradesteig zum Gipfel ist. Zur Unterstützung dieser Felsroute stiftete im Jahre 1898 Freiherr von Arlt als Freund und Förderer von Rojacher und der Rauriser Talschaft die Rojacher-Hütte. Bei dieser kleinen, holzgeschindelten und im Sommer bewarteten Hütte wird, je nach den Verhältnissen am Grat, eine Entscheidung fällig. Ist der Fels nicht schnee- und eisfrei, kann es vorteilhafter sein, über das Vogelmaier-Ochsenkar-Kees auf dem Gletscherweg zum Zittel-Haus aufzusteigen.
Nachdem auf dem Hohen Sonnblick seit anno 1886 täglich Buch über das Bergwetter geführt wird, gibt es eine Statistik für alle Wetterdaten. Nur soviel: Nach über 50 Jahren ständiger Beobachtung betrug die niedrigste Temperatur am Gipfel minus 37,2 und die höchste plus 13,8 Grad, an durchschnittlich 251 Tagen im Jahr gab es Niederschlag, davon an 232 Tagen als Schnee (AV-Jahrbuch 1940). Aber Niederschlagstage sind nicht gleich Schlechtwettertage. Die Statistik tröstet uns, wenn sie angibt, daß im Juli nur ein Viertel der Niederschlagstage ohne jeglichen Sonnenschein sind.

Tourensteckbrief

Ausgangsort
Kolm Saigurn 1598 m im Rauris.

Die Tour in Stichworten
Kolm Saigurn 1598 m – Naturfreundehaus Neubau 2178 m – Rojacher-Hütte 2718 m – Zittel-Haus am Rauriser Sonnblick 3105 m.

Schwierigkeit/Anforderung
II = mäßig schwierig, Wander-/Felstour; große Anforderung als Tagestour.
Ab Kolm Saigurn nach Wegweisern auf Steig steil hinauf zum »Radhaus« nahe dem Naturfreundehaus Neubau. Dort über den Gletscherbach, auf dem Leidenfrost-Steig zum Kleinen Sonnblickkees und in seiner kurzen, harmlosen Überschreitung auf Felssteig weiter zur Rojacher-Hütte. Ab Hütte über den Sonnblick-Südostgrat steile, ausgesetzte, ungesicherte (!) Felsroute zum obersten Rand des Vogelmaier Ochsenkarkeeses. Dort kurzer, fast ebener Zugang zum Zittel-Haus auf dem Rauriser Sonnblick.
Durchgehend markierte, vielbegangene Route, nur für im Fels erfahrene Berggeher.

Höchste Wegestelle/Gipfel
Zittel-Haus am Rauriser Sonnblick 3105 m.

Anstiegsleistung
Ab Kolm Saigurn 1500 Höhenmeter.

Abstieg
Wie Anstieg.

Gehzeiten
Kolm Saigurn 1598 m – Naturfreundehaus Neubau 2178 m: 1½ Stunden. Neubau – Rojacher-Hütte 2718 m: 1½ Stunden. Rojacher-Hütte – Zittel-Haus 3105 m: 1½ Stunden. Abstieg Kolm Saigurn: 3½ Stunden. Gesamtgehzeit: 8 Stunden.

Hütten/Stützpunkte
Naturfreundehaus Kolm Saigurn 1598 m, 97 Betten und Matratzenlager, ganzjährig bewirtschaftet.
Naturfreundehaus Neubau 2178 m, 34 Betten und Matratzenlager, bewirtschaftet von Mitte März bis Anfang Oktober.
Rojacher-Hütte 2718 m, DAV-Sektion Halle/ Saale, 10 Matratzenlager, nur im Sommer bewartet.
Zittel-Haus 3105 m, DAV-Sektion Halle/Saale, 80 Betten und Matratzenlager, bewirtschaftet von Ende Juni bis Ende September.

Karten/Führer/Literatur
Kompass-Wanderkarte 1:50000, Blatt 40 »Gasteiner Tal – Goldberggruppe«; Alpenvereinskarte 1:25000, Blatt »Sonnblick«. Alpenvereinsführer »Ankogel- und Goldberggruppe«. Sepp Schnürer »Hohe Route Ostalpen«.

Am Weg zum Zittel-Haus bewahrt der Frontgiebel des ehemaligen Radhauses die Erinnerung an den Goldbergbau. Darüber der Hocharn, links die Goldzechscharte.

23 Goldzechkopf
3042 m
Hocharn
3254 m
Klagenfurter Jubiläumsweg

*Vom Zittel-Haus
zur Glocknerstraße*

schwierig
Felstour

Im Rauriser Dreigestirn dominiert der Hocharn, mit seiner Höhe von 3254 Metern ist er der absolute Kulminationspunkt der Goldberg-Gruppe. Wie alle anderen Höhen im »Rauriser Goldberg« bekam der Hocharn seinen ersten Besuch durch Menschen gewiß viel früher als die alpine Geschichte zu berichten weiß. Der Goldbergbau reichte an seinen Hängen über die Höhe von 2800 Metern hinaus, und die Goldzechscharte zwischen Hocharn und Goldzechkopf wurde von den Bergknappen im Wechsel zwischen Rauris und Heiligenblut viel begangen. Den ersten sicheren Anhaltspunkt einer Besteigung liefert die vom Militär durchgeführte Katastralvermessung. Danach hat im Jahr 1827 der Lieutenant Dits den Berg von Kolm Saigurn aus über den Grieswies-Schwarzkogel (3115 m) und den Ostgrat bestiegen, eine Pyramide am Gipfel errichtet, worauf seine Höhe mit »3258,5 m« gemessen wurde. Erster touristischer Nachfolger war am 3. Oktober 1832 der Bergverwalter Russegger, dem wir schon am Schareck begegnet sind. Zu dieser Zeit und bis in das 20. Jahrhundert hinein war der Name Hocharn noch nicht allgemein festgeschrieben. Die Namen »Hochhorn, Hoher Aar« kamen vom 18. Jahrhundert herüber, und mißverstandener Dialekt – »Hoch'n Arn« in »Hoch-Narrn« – formte daraus im späteren 19. Jahrhundert die unglückliche Bezeichnung »Hochnarr«.

So stellt »Die Erschließung der Ostalpen« im Jahre 1894 bedauernd fest: »Die Bezeichnung ›der Hohe Narr‹ ist in der alpinen Literatur popularisiert worden. Die daraus entstandene Zusammenziehung ›Hochnarr‹ hat sich sehr rasch verbreitet und ist gegenwärtig so eingebürgert, dass der schöne alte Name (damit ist ›Hoher Aar‹ gemeint) wohl nicht mehr zu retten ist.« Wider Erwarten setzte sich nach 1900 die gute Anrede Hocharn doch noch durch.

In der Gunst der Bergsteiger bleibt der Hocharn hinter dem Schareck und dem Hohen Sonnblick etwas zurück. Schon 1885 ließ jedoch die Sektion Erfurt durch Ignaz Rojacher von Kolm Saigurn aus einen Steig über die Grieswies-Alpe anlegen. Diese Route – noch heute als Erfurter Weg bekannt – sieht aber mehr Bergsteiger im Abstieg als im Aufstieg. Zu ihrer Einrichtung gab wohl Ludwig Purtscheller den Fingerzeig, denn er kam am 2. August 1879 aus Kolm Saigurn zum Hocharn und führte in Begleitung eines Freundes und eines Bergknappen den ersten Übergang Hocharn 3254 m – Goldzechscharte 2859 m – Goldzechkopf 3042 m – Hoher Sonnblick 3105 m aus. Nach der Eröffnung des Zittel-Hauses auf dem Sonnblick im Jahre 1886 bürgerte sich dieser »Weg« aus gutem Grund mehr in der umgekehrten Reihenfolge ein: Nach einem Frühstart am Zittel-Haus steht ein guter Geher 3 Stunden später auf dem Hocharn und kann mit dem Abstieg auf dem Erfurter Weg zu Mittag bereits in Kolm Saigurn sein. Diese empfehlenswerte Rundtour bringt an einem kurzen Wochenende vier Dreitausender ein, wenn wir den Grieswies-Schwarzkogel (3115 m, selbständiger Gipfel nordöstlich des Hocharn) noch mitrechnen.

Aber auch die Skitouristen messen dem Hocharn einen hohen Stellenwert zu. Das mäßig geneigte, südostseitige Hocharnkees, das als leuchtendes Firnschild dem Berg weithin sichtbar seinen Charakter verleiht, ermöglicht von Kolm Saigurn aus eine begehrte hochalpine Skitour. Erster Skibergsteiger am Hocharn (1897) wie auch am Hohen Sonnblick und dem Schareck war Wilhelm von Arlt.

Die zweite Möglichkeit, eine Fahrt zum Hocharn zu einer Supertour auszudehnen, ist die Begehung des Klagenfurter Jubiläumsweges. »Die rührige AV-Sektion Klagenfurt feierte 1972 ihren hundertsten Geburtstag. Otto Umlauft, langjähriger Sektionsobmann, meinte, es entspräche dem Grundgedanken der Alpenvereinsarbeit, aus solchen Anlässen keine Geschenke zu empfangen, sondern welche zu ma-

chen. So ›schenkte‹ der AV Klagenfurt den Hochalpinisten den ›Klagenfurter Jubiläumsweg‹«. (L. Buchenauer »Hohe Tauern, Band 1«.) Mit dieser hochalpinen, markierten und teilweise gesicherten Steiganlage schloß die Sektion Klagenfurt die Lücke im Tauern-Höhenweg, im Hauptkammverlauf zwischen Hocharn, Hochtor und Glocknerhaus.

Nach unseren Erfahrungen beginnt die Tour hierzu am günstigsten am Zittel-Haus. Wie schon erwähnt, steht ein trainierter Bergsteiger einschließlich Überschreitung des Goldzechkopfes nach 3 Stunden auf dem Hocharn. Die Route des Jubiläumsweges von hier zum Umlauft-Biwak ist voll einzusehen und das Wetter für die nächsten Stunden gut abzu-

schätzen. Dieser Überblick ist wichtig, denn zwischen Hocharn und Umlauft-Biwak liegt der anspruchsvollste Abschnitt, sei es im Aufstieg oder im Abstieg. Bei ungünstigem Wettergang verhilft der Erfurter Weg zu einem schnellen Abstieg nach Kolm Saigurn, denn nur bei aperem, trockenem Fels und sicherem Wetter für mindestens 7 bis 8 Stunden, sollte man den Klagenfurter Jubiläumsweg angehen. Sind diese Voraussetzungen gegeben, vermittelt die Gratführe über Schneehorn 3060 m und Arlthöhe 3084 m zur Scharte mit dem Otto-Umlauft-Biwak 2987 m große Freude im Gehen über den wohl ausgesetzten, aber nie schwierigen bratschigen Fels, in der interessanten Schau zu Schober- und Glockner-Gruppe. Drüben im

Rauris fallen der nahe Ritterkopf (3006 m) und der etwas nördlichere Edlenkopf (2924 m) besonders auf.

Nach dem Umlauft-Biwak ragt der 3103 Meter hohe Krumlkeeskopf als beherrschender Kammgipfel auf. Bei ihm reicht das nordseitige Eis des Krumlkeeses fast bis zur Grathöhe, und auch im Weiterweg zur Noéspitze 3010 m ist ein Gletscher, nun das Weißenbachkees, der reizvolle Gegensatz zur grünen, aber weitläufigen Einöde des Großen Fleißtales. Die Noéspitze, die letzte Höhenkote über 3000 Meter, erinnert an Heinrich Noè (1835–1896). »Noè ergab sich den Bergen als unentrinnbarem Schicksal, das sein Leben bestimmte«, schreibt der Rosenheimer Verlag, der Noè's Gesamtwerk »Das

deutsche Alpenbuch« wieder aufleben läßt. Das Hintere Modereck 2932 m ist nochmals ein schöner Aussichtsgipfel des Jubiläumsweges. Diese großartige Bergfahrt überschreitet nach der Weißenbachscharte die sanften Schieferhügel in der Sand- und Steinwüste des Plattenkares und klingt am Tauernkopf 2626 m beim Hochtor-Tunnel an der Glocknerstraße aus.

Dieses prächtige Bild, aufgenommen am Hohen Sonnblick, zeigt den Hocharn bei Sonnenaufgang. Der Anstieg führt uns über die Gratlinie vom Goldzechkopf (links) zur Senke der Goldzechscharte und von dort zum Gipfel. Der dunkle Kammzug in Bildmitte trägt den Klagenfurter Jubiläumsweg vom Hocharn hinaus zum Hochtor an der Glocknerstraße.

Tourensteckbrief

Ausgangsort
Zittel-Haus 3105 m am Rauriser Sonnblick (siehe Tour 22); oder Hochtor 2505 m an der Glocknerstraße.

Die Tour in Stichworten
Zittel-Haus 3105 m – Goldzechkopf 3042 m – Hocharn 3254 m – Klagenfurter Jubiläumsweg – Schneehorn 3060 m – Arlthöhe 3084 m – Otto-Umlauft-Biwak 2987 m – Krumlkeeskopf 3103 m – Noèspitze 3010 m – Hinteres Modereck 2932 m – Tauernkopf 2626 m – Parkplätze Hochtortunnel an der Glocknerstraße.

Schwierigkeit/Anforderung
III = schwierig, Gletscher-/Felstour; große Anforderung, 2-Tage-Tour.
Zum Zittel-Haus siehe Tour 22. Ab Zittel-Haus das Kleine Fleißkees wenig abwärts, Querung zur Pilatusscharte (2905 m) und möglichst hoher Anstieg in den Firnwinkel unter dem Südostgrat des Goldzechkopfes (Randkluft, Pickel und Steigeisen vorteilhaft). Thenius-Sicherungshaken und Markierungen leiten zum Goldzechkopf (3042 m). Am blockigen Gratfels steil hinab zur Südlichen Goldzechscharte (2859 m) und in westseitiger Querung des Schartenkopfes zur etwas höheren Nördlichen Goldzechscharte (markierte Abzweigung nach Kolm Saigurn). Aus der Scharte auf dem Hocharn-Südgrat zu einem großen Steinmann P. 2932 (AV-Karte) und zum Hocharn (3254 m, über den Grieswies Schwarzkogel Abstieg nach Kolm Saigurn möglich). Ab Hocharn nach Schild »Klagenfurter Jubiläumsweg« auf dem Nordwestgrat (kurze Gletscherberührung) abwärts und über kleine Grattürme ausgesetzt zur Oberen Jausenscharte. Steilanstieg zum Schneehorn, Abstieg zur Unteren Jausenscharte, Wiederanstieg zur Arlthöhe und südseitig hinab zum O.-Umlauft-Biwak (2987 m) an der Krumlkeesscharte. (Bis hierher gut die Wegehälfte und anspruchsvollster Abschnitt, markierter Abstieg in das Große Fleißtal zur Glocknerstraße möglich.) Ab Biwak Steilanstieg zum Krumlkeeskopf (3103 m). Von ihm hoch am Grat ausgesetzt zur Noèspitze und weiter zum Hinteren Modereck (2932 m), das nordseitig erstiegen wird. Über einen Geröllrücken Abstieg zur Weißenbachscharte (2644 m). Der restliche Wegeverlauf zum Tauernkopf am Hochtor mit zahlreichen Steinmännern ist gut zu übersehen. Ab Hochtor Busverbindung nach Heiligenblut und Ferleiten.
Durchgehend markierte, an den schwierigsten Stellen mit Theniushaken (keine Drahtseile) gesicherte Route. Nur für sehr ausdauernde, im Fels erfahrene Bergsteiger bei aperen Verhältnissen!

Höchste Wegestelle/Gipfel
Rauriser Sonnblick (Zittel-Haus) 3105 m, Hocharn 3254 m, Otto-Umlauft-Biwak 2987 m, Krumlkeeskopf 3103 m.

Anstiegsleistung
Ab Zittel-Haus 1000 Höhenmeter.

Abstieg
Siehe Routenverlauf.

Gehzeiten
Zittel-Haus 3105 m – Goldzechkopf 3042 m – Nördliche Goldzechscharte ca. 2870 m: 2½ Stunden. Goldzechscharte – Hocharn 3254 m: 1 Stunde. Hocharn – O.-Umlauft-Biwak 2987 m: 2 Stunden. Biwak – Hochtor an der Glocknerstraße 2505 m: 4½ Stunden. Gesamtgehzeit: 10 Stunden.

Hütten/Stützpunkte
Zittel-Haus 3105 m, siehe Tour 22.
Otto-Umlauft-Biwak 2987 m, ÖAV-Sektion Klagenfurt, 6 Matratzenlager mit Decken, ständig geöffnete Notunterkunft.
Wallack-Haus 2350 m, privates Berggasthaus an der Glocknerstraße, nahe dem Hochtor.

Karten/Führer/Literatur
Siehe Tour 22.

Im Verlaufe des Klagenfurter Jubiläumsweges vom Hocharn zur Krumlkeesscharte (= Aufnahmestandort) präsentiert sich der Ritterkopf als eindrucksvolle, formschöne Bergpyramide. Der Anstieg aus dem Rauriser Tal zu ihm erfolgt in den rechtsseitigen, glatten Grashängen und erreicht über den Ostgrat die Spitze.

Tip
Der Klagenfurter Jubiläumsweg ist am interessantesten und günstigsten vom Zittel-Haus aus zu begehen! Der schwierigste Abschnitt liegt in der ersten Wegehälfte, der Routenverlauf wird einfacher, die Höhenkoten werden niedriger. Abstieg vom Hochtor durch das Seidlwinkeltal nach Wörth im Rauris, markiert, mit Bus zurück nach Kolm Saigurn.

24 Ritterkopf
3006 m

Hüter der »Rauriser Goldschätze«

wenig schwierig
Wandertour

Wohl jeder Bergsteiger, der vom Hocharn nach Norden schaut, bewundert die nahe, fast gleichmäßige Felspyramide des Ritterkopfes. Auch aus dem inneren Rauris fällt dieser Berg auf und reizt mit seinem Anblick vielleicht so lange, bis man sich entschließt, zu ihm hinaufzusteigen. Der AV-Führer »Ankogel- und Goldberggruppe« schreibt über den Ritterkopf: »Er ist der berühmteste Kristallberg der Goldberggruppe und wird fast nur von Mineraliensammlern, wenig von Bergsteigern besucht. Zu seiner Einsamkeit mögen mangelnde Stützpunkte und die Unwegsamkeit des Gebietes beigetragen haben.« Er empfiehlt ab Bodenhaus (1226 m) die Route über das Fröstllehen, sagt aber wenig über den weiteren Tourenverlauf aus. Wer als erfahrener Bergwanderer jedoch gewöhnt ist, auch einmal nur spärlichen Steigspuren ohne Wegemarkierung nachzugehen und sich zudem in einer AV-Karte im Vergleich mit dem Gelände zurechtfindet, wird an dem etwa 5stündigen Anstieg seine Freude haben.

Im Zugang über den langen Ostgrat wechselt mürber hellbrauner Bratschenfels mit festerem Grünschiefer, nach den letzten Metern des oft mühsamen Weges gehört uns die Stille am Gipfelkreuz wohl allein. Vielleicht gesellt sich das Glück einer seltenen Naturbeobachtung dazu: Über den Kamm gleiten Weißkopfgeier, der Aufwind trägt diese größten Vögel unserer Alpen höher, sie fliegen hinaus zum Edlenkopf (2924 m) im Rauriser Mitterkamm, wo es noch einsamer ist.

Die jährlich etwa 100 Besucher des Ritterkopfes lesen im Gipfelbuch:

»Zum Geleit: Der Ritterkopf, eine wuchtige Pyramide, ist gleichsam der Hüter der Goldschätze, die hinter ihm in dem Atem der Berge verborgen sind und scheint den Weg zu ihnen versperren zu wollen.«

Tourensteckbrief

Ausgangsort
Wörth 947 m im Rauriser Tal.

Die Tour in Stichworten
Wörth 947 m – Gasthaus Bodenhaus 1226 m – Fröstllehen 1278 m – Ritterkar-Alm 1703 m – Altes Knappenhaus 2004 m – Ritterkopf 3006 m – Gasthaus Bodenhaus.

Schwierigkeit/Anforderung
I = wenig schwierig, Wandertour; große Anforderung, Tagestour.
Ab Wörth auf Fahrstraße in das Hüttwinkeltal bis zum Gasthaus Bodenhaus (Busverkehr von Rauris, Parkplatz). Auf der Straße noch wenig talein in den Auenwald und bei einem Wegemarterl nach rechts zu einem Almsträßchen, mit ihm zu den Almwiesen am Fröstllehen. Dort bei einem Überstieg über den Weidezaun zum Beginn eines Almweges, der nach rechts höher (die Wildfütterungsstelle bleibt rechts unten) durch einen schmalen Waldstreifen in steile Wiesenhänge ausläuft. Durch dieses Weidegebiet nach Steigspuren im Zickzack immer geradeaus höher – nicht nach links oder rechts in den Wald abweichen –, vorbei an einer Viehtränke, zur verfallenen Ritterkar-Alm. Von ihr leiten Steigspuren in die Lärchengruppe darüber und führen zu einer mit großen Blöcken besetzten, eingezäunten Hochweide mit Viehtränke. Vom Holztrog nach rechts höher, wenig später ergibt sich ein Steig nach links, der die Alpweide durchläuft und in grasige Südhänge, unter einer Felswand vorbei, gegen den Ritterkarbach zieht. Die Route bleibt rechts des Baches und erreicht über eine Steilstufe die Grundfeste des ehemaligen Knappenhauses (2004 m). Von dort höher, bis Steigspuren und einzelne Steinmänner nach rechts über grasige Südhänge hinauf zum Ostkamm des Ritterkopfes weisen, den man bei einigen markanten, kleinen Felszacken erreicht. Ab hier nach Steigspuren meist südseitig höher. Ab P.2786 (AV-Karte) auf Steigspuren über die Felsen des nun schmalen, aber gut gangbaren Ostgrates zum Gipfel.
Einsame Route, nicht markiert, oft weglos, nur für selbständige, erfahrene und ausdauernde Bergwanderer.

Höchste Wegestelle/Gipfel
Ritterkopf 3006 m.

Anstiegsleistung
Ab Gasthaus Bodenhaus 1800 Höhenmeter.

Abstieg
Wie Anstieg.

Gehzeiten
Gasthaus Bodenhaus 1226 m – Fröstllehen 1278 m – Ritterkar-Alm 1703 m: 2 Stunden. Ritterkar-Alm – Knappenhaus 2004 m: 1½ Stunden. Knappenhaus – Ritterkopf 3006 m: 2 Stunden. Abstieg wie Anstieg: 3½ Stunden.
Gesamtgehzeit: 9 Stunden.

Hütten/Stützpunkte
Gasthaus Bodenhaus 1226 m, im Hüttwinkeltal, privat, 6 Betten, ganzjährig bewirtschaftet.

Karten/Führer/Literatur
Kompass-Wanderkarte 1:50000, Blatt 40 »Gasteiner Tal – Goldberggruppe«; Alpenvereinskarte 1:25000, Blatt »Sonnblick«. Alpenvereinsführer »Ankogel- und Goldberggruppe«.

Tip
Aus dem Rauristal, beim Parkplatz Gasthaus Lechnerhäusl, beliebte Wanderung durch das Krumltal zur Rohrmoser Alm nördlich des Ritterkopfes.

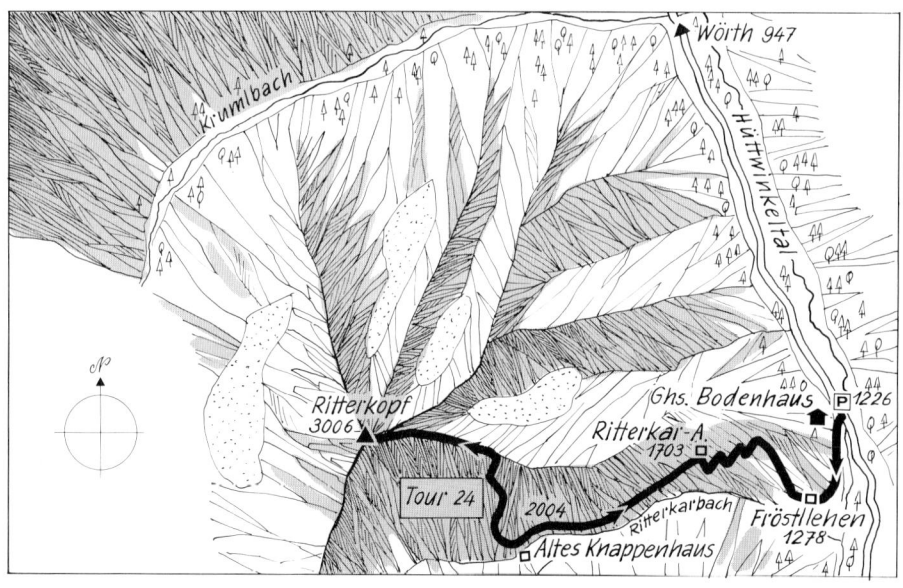

Schober-Gruppe

Die Schober-Gruppe ist ein Teil der »Südlichen Tauernvorlagen«, die sich zwischen der Tauern-Hauptkette und dem Drautal einschieben. Die Grenztäler – im Westen das Iseltal, im Osten das Mölltal und im Süden das Drautal – weisen ihr den Raum südlich der Glockner-Gruppe bis hinab zum Talbecken von Lienz zu. Am Peischlach Törl östlich von Kals berühren sich beide Gruppen, das Leitertal vollzieht die Trennung hinab nach Heiligenblut im Mölltal. Zum Isel- und Mölltal fallen vom Schoberhauptkamm und vom Hochschoberkamm mehr oder weniger lange Seitentäler ab. Diese Kämme umschließen die langgestreckte, tiefe Furche des Debanttales, das aus dem Lienzer Becken vom Iselberg her als einziges großes Tal bis in das Zentrum der Schober-Gruppe vorstößt. Das Debanttal bildet deshalb die touristische Hauptschlagader. Aus ihm führen markierte Wanderwege hinauf zu hohen »Törln«, zu den Hütten, zu namhaften Gipfeln und hinüber in die westlichen und östlichen Nebentäler. Der Schoberhauptkamm, das Rückgrat der Gruppe, teilt in einer etwa 27 Kilometer langen Ausdehnung vom Peischlach Törl nach Süden zum Iselsberg das östliche Bergland dem Land Kärnten, die westlichen Berge und Täler dem Bezirk Osttirol zu.

»Eine seltene Kühnheit und Vielgestaltigkeit der Gipfelformen verleiht der Schober-Gruppe einen besonderen Reiz. Zahlreiche, zumeist hochgelegene Seen schmücken und beleben die ernsten und einsamen Landschaften«, schreibt der »Hochtourist«. Den Namen gab ihr der berühmte deutsche Alpenreisende Adolf Schaubach (1800–1850), und für die Erschließung machte sich der legendäre Salzburger Turnlehrer Ludwig Purtscheller (1849–1900) verdient. In einem »großen Aufräumen« durchstreifte Purtscheller vom 24. Juli bis 3. August 1890 die gesamte Gruppe, bestieg etwa 35 Gipfel und machte mit einer Monographie (AV-Jahrbuch 1891) die Schober-Gruppe erstmals weiteren Kreisen bekannt.

Aus dem Kalser Talbecken zieht das Lesachtal einen langen Graben bis zum Glödis (links). Rechts das Schoberkees mit dem Hochschober, in Bildmitte der Bergstock des Ganot.

63

Schober-Gruppe

25 Schleinitz
2905 m

Der Hausberg von Lienz

*wenig schwierig
Wandertour*

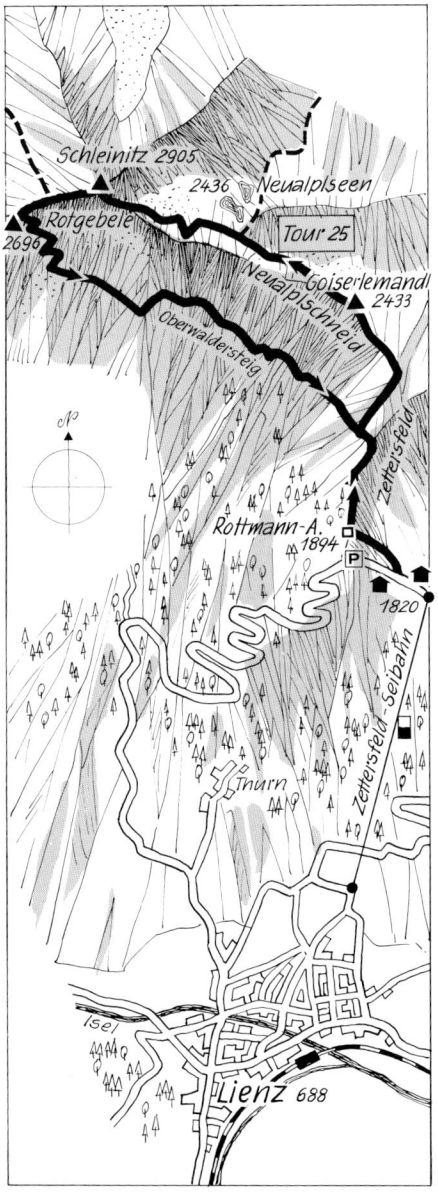

Lienz (688 m), die sympathische Osttiroler Bezirkshauptstadt, liegt in einem weiten, sonnigen Talbecken, dort, wo sich die Isel mit der Drau vereinigt. Die Stadt blickt auf eine mehr als 2000jährige geschichtliche Entwicklung zurück, und die schroffen grauen Kalkberge, die im Süden den Talkessel rahmen, haben dabei zugesehen. Die Lienzer Dolomiten sind – wie es der Name verkündet – das »Hausgebirge« von Lienz, aber der Hausberg der Stadt, zu dem gleichfalls jeder Besucher aufsieht, hält seine Position im Norden: die Schleinitz.

Der Hochschoberkamm schiebt die Schleinitz als Südausläufer in das Lienzer Talbecken vor und gibt ihr mit der Höhe von 2905 Metern ein Gesichtsfeld, mit dem die niedrigeren Lienzer Dolomiten nicht konkurrieren können, aber dafür nur ein schlichtes Aussehen. Früher, als nur die schmalen Fahrwege der Almbauern aus dem Talbecken durch den Bergwald hinauf zu den sonnigen Wiesenterrassen des Zettersfeldes unter der Schleinitz führten, war ein Ausflug zu ihr ein anstrengendes Vorhaben. Heute ist die »Alm«, wie die Lienzer ihren Sonnenbalkon, das Zettersfeld, gerne nennen, von einer Autostraße und einer Seilbahn fast übererschlossen und dementsprechend stark besucht. Aber mit dem Parkplatz an der Rottmann-Alm (ca. 1850 m) und mit der Bergstation der Zettersfeld-Seilbahn (1820 m) sind günstige Ausgangspunkte gegeben, von denen der »Sagen- und Wetterberg der Stadt Lienz« in die Reichweite einer normalen Tagestour rückt.

Wegeschilder, die am Zettersfeld zur Schleinitz weisen, nennen als Stationen das markante Goiserlemandl (2433 m) im Kamm der Neualplschneid und die Neualplseen (2436 m), die in einem Plateau am Auslauf der Schneid hinüber zum Aufbau unseres Gipfels blinken. Das Grasspitzl des Goiserlemandls markiert die Wegehalbzeit und freut auch die Bergwanderer, denen die Schleinitz zu weit ist. Nach dem Seenplateau läuft der Steig ausgedehnten Blockhalden zu, die ein Felskopf abriegelt; er schlängelt sich durch ein oberes Blockkar hinauf zum Südgrat, über den er das hohe hölzerne Gipfelkreuz erreicht.

Den höchsten Punkt der Schleinitz bildet, wenig nach Norden versetzt, ein Felsenriff. Hier ist der beste Platz zum Bewundern der umfassenden Aussicht hinüber zu den Lienzer Dolomiten, für uns jedoch vor allem hinein in die Bergwelt der Schober-Gruppe, in der wir so manchen Gipfel erkennen, den wir in den folgenden Touren besteigen wollen.

Tourensteckbrief

Ausgangsort
Lienz 688 m.

Die Tour in Stichworten
Lienz 688 m – Zettersfeld-Seilbahn – Bergstation 1820 m – Rottmann-Alm 1894 m; oder Lienz – Zettersfeld-Bergstraße – Parkplatz Rottmann-Alm ca. 1850 m – Goiserlemandl 2433 m – Neualplseen 2436 m – Schleinitz 2905 m – Parkplatz Rottmann-Alm.

Schwierigkeit/Anforderung
I = wenig schwierig, Wandertour; mittlere Anforderung, Tagestour.
Auffahrt mit der Seilbahn oder auf der Bergstraße (Maut) zum Zettersfeld. Parkplatz vor der Rottmann-Alm nahe der Bergstation. Ab Rottmann-Alm nach Markierung 9 A und Schild nach rechts auf Almsteig zu Alpweiden. Dort Wegeteilung: Der Oberwaldersteig führt nach links zur Alkuser Scharte, den Anstieg zum Goiserlemandl und zur Schleinitz weist eine Tafel nach Norden zum Kamm der Neualplschneid. Dort kurzer Anstieg zum Grasgipfel des Goiserlemandls und Überschreitung hinab zur Anstiegsroute Schleinitz. Mit dem Steig zu den Neualplseen und zu den weiten Blockhalden vor dem Gipfelaufbau. Bei etwa 2500 m Beginn des Steilanstieges. Über eine Felsstufe und über das obere Blockkar steil und mühsam zum Südgrat. Auf dem breiten Grat zum Gipfelkreuz, noch vor dem höchsten Punkt der Schleinitz.
Durchgehend markierte Route für ausdauernde Bergwanderer.

Höchste Wegestelle/Gipfel
Goiserlemandl 2433 m, Schleinitz 2905 m.

Anstiegsleistung
Ab Parkplatz Rottmann-Alm 1100 Höhenmeter.

Abstieg
Wie Anstieg oder Überschreitung nach Markierung und Steigspuren zur Alkuser Scharte (ca. 2600 m) und auf dem Oberwaldersteig zurück zur Rottmann-Alm.

Gehzeiten
Parkplatz Rottmann-Alm ca. 1850 m – Goiserlemandl 2433 m: 1½ Stunden. Goiserlemandl – Schleinitz 2905 m: 2 Stunden. Abstieg wie Anstieg: 2½ Stunden, über Alkuser Scharte: 2½ Stunden.
Gesamtgehzeit: 6 Stunden.

Hütten/Stützpunkte
Häuser am Zettersfeld.

Karten/Führer/Literatur
Kompass-Wanderkarte 1 : 25 000, Blatt 047 »Lienzer Talboden«; Alpenvereinskarte 1 : 25 000, Blatt »Schobergruppe«, Alpenvereinsführer »Schobergruppe«; Auswahlführer »Hohe Tauern – Südseite« von Walter Mair.

Am Gipfelplateau des Petzecks. Kruckelkopf und Perschitzkopf sind die imposanten und nahen westlichen Nachbarn.

26 Petzeck
3283 m
Wangenitzsee-Hütte
2508 m

*Höchster Gipfel
der Schober-Gruppe*

*mäßig schwierig
Wander-/Felstour*

Die Schober-Gruppe war lange Zeit ein Stiefkind des Alpinismus. Erst in den letzten Jahrzehnten empfing sie die längst fällige allgemeine Würdigung auch in weiteren Bergsteigerkreisen. 1968 wurde die alte Alpenvereinskarte neu aufgelegt, 1972 folgte der zur Ergänzung notwendige erste Alpenvereinsführer. Damit wurden die vielfältigen bergsteigerischen Möglichkeiten allgemein bekannt, denn in diesem Gebiet von knapp 100 Quadratkilometern erheben sich 53 Gipfel über 3000 Meter.

Für den touristischen Aufschwung darf sich die neue Wangenitzsee-Hütte (2508 m) – erbaut in den Jahren 1964/65 von der damaligen Sektion Holland des ÖAV (jetzt »Nederlandse Bergsport-Vereniging«) – viel gutschreiben. Vordem war der Hüttenplatz fast zwei Jahrzehnte lang verwaist; der Erstbau aus dem Jahre 1927, errichtet von der Sektion Moravia/Brünn, brannte 1947 völlig aus. Die »Hütte« ist ein modernes und für diese Höhe komfortables Haus. Die einmalig schöne Seenplatte im Ursprungsbecken des Wangenitztales, das Petzeck und auch der Wiener Höhenweg erhielten auf groß-

zügige Art wieder ihren angestammten Stützpunkt.

Die Talverbindungen der Wangenitzsee-Hütte reichen durch das Wangenitztal hinab nach Mörtschach (970 m) im Mölltal und in das Debanttal. Viele Besucher kommen auf dem Wiener Höhenweg, der vom Iselsberg her die Schober-Gruppe bis zur Glockner-Gruppe durchquert. Das waldreiche Debanttal zieht vom gleichnamigen Ort östlich von Lienz eine tiefe Furche in das Herz der Schober-Gruppe, zum Glödis. Das Tal ist bis zur Lienzer Hütte (1977 m) befahrbar, einige Kilometer vorher, in Seichenbrunn (1685 m), sperrt aber eine Schranke den öffentlichen Verkehr aus. Die Wangenitzsee-Hütte hat in Seichenbrunn ihre Versorgungsstation, die Wanderer und Bergsteiger nützen den kleinen Parkplatz als günstigen Ausgangspunkt für den Hüttenanstieg.

Das Petzeck dominiert mit seiner Höhe von 3283 Metern als höchster Berg der Schober-Gruppe, ist aber nicht der Hauptgipfel: Dieses Prädikat gebührt dem Hochschober. Von ihm in Luftlinie knapp 8 Kilometer entfernt, beherrscht das Petz-

eck den östlichen Bergraum dem kärntnerischen Mölltal zu; dort ragt es in einem Seitenkamm zwischen dem Graden- und dem Wangenitztal. Ein mächtiger, weithin sichtbarer Aufbau von weitgespannten Felsgraten, der Gipfelfirn und das Eis des Graden- und Pritschkeeses gestalten den Berg zu einem überaus lockenden Tourenziel, am einfachsten im Anstieg vom Wangenitzsee. Von dieser Seite ist das Petzeck auf dem Normalweg ein gutmütiger und dankbarer Dreitausender: Von der Wangenitzsee-Hütte führt ein Steig zum seilgesicherten Felseneck am Südostgrat des Kruckelkopfes, weiter hinein in das Krukkelkar, steil höher in Richtung Petzeckscharte, ein flacher Firnfleck leitet zum felsigen höchsten Punkt.

Die Chronik nimmt an, daß Gemsjäger schon frühzeitig am Petzeck waren, sie vermerkt eine erste touristische Ersteigung im Jahre 1844 und für 1854 den Besuch von Mappierungs-Offizieren mit der Aufgabe, die Höhe festzustellen. 1880 bekam das Petzeck durch den Österreichischen Touristenklub eine Steiganlage und 1971, aufgestellt von der ÖAV-Sektion Holland, ein Gipfelkreuz.

Vom Petzeck zeigt uns die Schober-Gruppe ihre 400 Quadratkilometer Berge, ein Gebirge mit 53 Dreitausendern aus Steilfels, in dem das Eis nur eine untergeordnete Rolle spielt, aber trotzdem dazu beiträgt, den Reiz des Bergsteigens in diesem Raum zwischen Isel, Möll und Drau zu erhöhen.

Tourensteckbrief

Ausgangsort
Lienz 688 m (Nussdorf); oder Mörtschach 970 m im Mölltal.

Die Tour in Stichworten
Nussdorf 688 m – Debanttal – Parkplatz Seichenbrunn 1685 m – Wangenitztal 2508 m oder Mörtschach 970 m – Wangenitztal – Wangenitz-Alm 1371 m – Wangenitzsee-Hütte – Petzeck 3283 m – Wangenitzsee-Hütte.

Schwierigkeit/Anforderung
II = mäßig schwierig, Wandertour; mittlere Anforderung, 1½-Tage-Tour.
Von Nussdorf bei Lienz auf öffentlicher Fahrstraße in das Debanttal zum Parkplatz Seichenbrunn (ca. 14 km). Ab Seichenbrunn steiler, markierter Steig zur Unteren Seescharte (2533 m) und kurzer Zugang zur Wangenitzsee-Hütte. Oder von Mörtschach auf Fahrstraße in das Wangenitztal zur gleichnamigen Alm und nach markiertem Steig, teilweise steil, zur Hütte. Ab Wangenitzsee-Hütte nach Schild »Zum Petzeck« auf Steig zu einem Felseck im Südostgrat des Kruckelkopfes (Drahtseilsicherung) und Übertritt in das Untere Kruckelkar. Über Rasenstufen steil höher zum Oberen Kruckelkar. Von dort auf dem ausgeprägten Steig über eine steile Felsrampe rechts des Kruckelkares höher zu einem markanten Steinmann und über einen Blockrücken zum Steinmann P. 3176 (AV-Karte). Über flachen Firn, meist Trasse, zum Gipfel.
Durchgehend markierte Route, für erfahrene Berggeher.

Höchste Wegestelle/Gipfel
Petzeck 3283 m.

Anstiegsleistung
Ab Seichenbrunn 1600, ab Wangenitz-Alm 1900, ab Wangenitzsee-Hütte 800 Höhenmeter.

Abstieg
Wie Anstieg Wangenitzsee-Hütte.

Gehzeiten
Parkplatz Seichenbrunn 1685 m – Wangenitzsee-Hütte 2508 m: 3 Stunden. Ab Wangenitz-Alm 1371 m: 4 Stunden. Wangenitzsee-Hütte – Petzeck 3283 m: 2½ Stunden. Abstieg Wangenitzsee-Hütte: 1½ Stunden.
Gesamtgehzeit: 7–8 Stunden.

Hütten/Stützpunkte
Wangenitzsee-Hütte 2508 m, ÖAV-Sektion Holland, 80 Betten und Matratzenlager, bewirtschaftet von Ende Juni bis Ende September.

Karten/Führer/Literatur
Kompass-Wanderkarte 1:50000, Blatt 48 »Kals am Großglockner«; sonstige Karten und Führer siehe Tour 25.

Tip
Zugang zur Wangenitzsee-Hütte auf dem Wiener Höhenweg: Vom Iselsberg 1150 m aussichtsreiche Wanderung über die Raneralm-Hütte 1903 m sehr lohnend, 5½ Stunden.

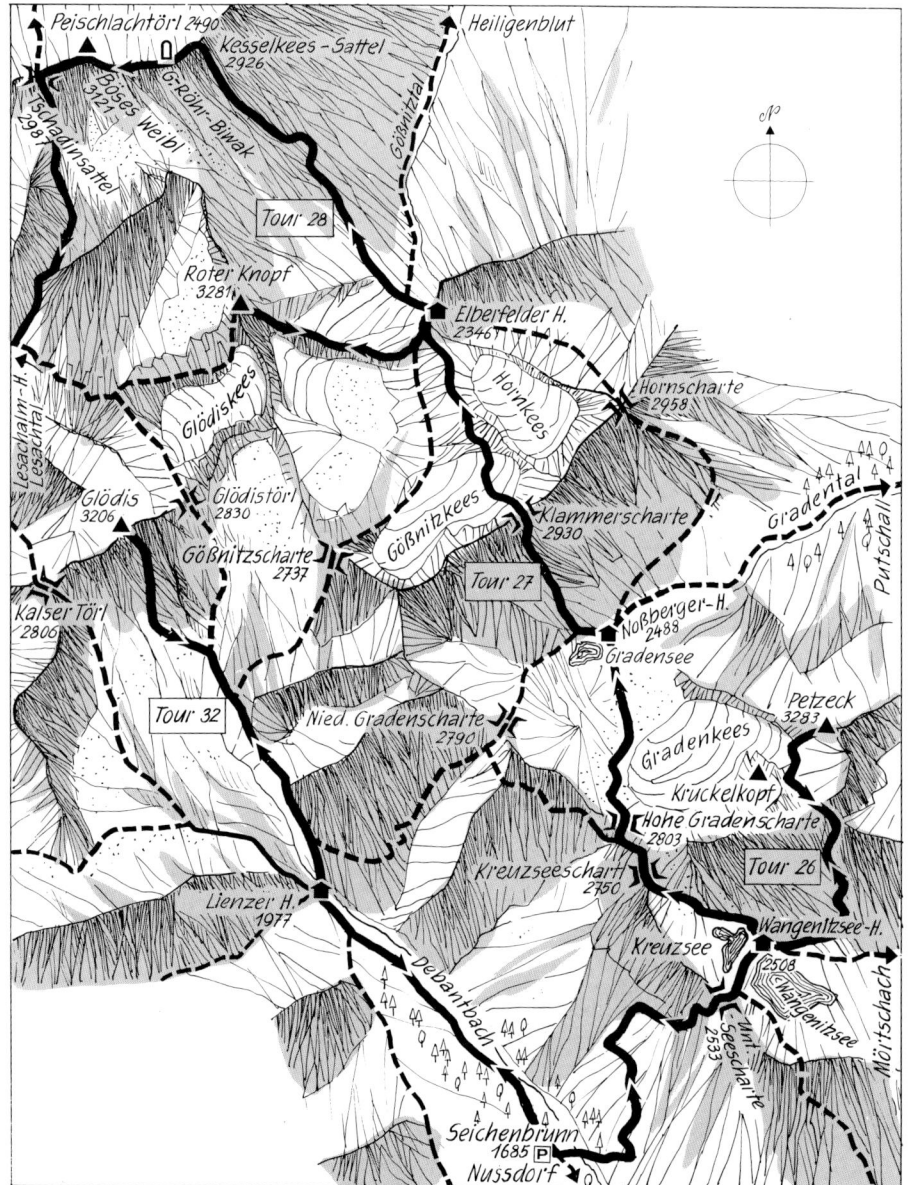

27 Adolf-Noßberger-Hütte
2488 m
Elberfelder Hütte
2346 m

Die Hütten am Wiener Höhenweg

mäßig schwierig
Wander-/Felstour

Neben namhaften Einzelpersonen zählt auch die Alpenvereinssektion »Wiener Lehrer« zu den verdienstvollen Erschließern der Schober-Gruppe. Adolf Noßberger (1881–1946) war die treibende Kraft dieser Sektion und Initiator für die Errichtung der Hochschober-Hütte (2322 m), der Gradensee-Hütte, jetzt umbenannt in Adolf-Noßberger-Hütte (2488 m), und des Wiener Höhenweges. Vom Ausgangsort Iselsberg verbindet der Wiener Höhenweg entlang des Schober-Hauptkammes die Wangenitzsee-Hütte mit der Noßberger- und der Elberfelder Hütte bis hinüber zur Glorer Hütte in der Glockner-Gruppe und läuft über die Salm-Hütte am Glocknerhaus aus. Im ersten Abschnitt zur Wangenitzsee-Hütte ist er eine angenehme Wanderroute (etwa 5 Stunden). Im zentralen Verlauf jedoch kann sich im Auf und Ab der hohen Übergänge, über Firnflecken und Gletscher keine feste Steiganlage halten, dort wird der geübte Hochtourist mit guter Ausrüstung gefordert.
Das freundliche Plateau der Wangenitzseen öffnet den Eintritt in die ernste und anspruchsvolle Dreitausenderregion der

Schober-Gruppe. Zur Noßberger-Hütte drüben im Gradental zeigen die Wegetafeln bei der Wangenitzsee-Hütte einmal die Route über die Niedere Gradenscharte (2790 m) mit 4 Stunden, zum anderen über die Hohe Gradenscharte (2803 m) mit 3 Stunden Gehzeit an. Beide Routen verfolgen gemeinsam den Steig zum großen Steinmann am aussichtsreichen Kreuzseeschartl (2750 m) und etwas bergab in das Perschitzkar zu einer Wegeteilung. Dort muß die Entscheidung getroffen werden: länger, aber leichter, auf dem Ferd.-Koza-Weg über die Niedere Gradenscharte oder kürzer, jedoch schwieriger, auf dem Holländerweg über die unweit sichtbare Hohe Gradenscharte.
Maßgebend für den Holländerweg sind die Verhältnisse jenseits der Scharte, die man aber erst beurteilen kann, wenn man von ihrer Kerbe die steile Felsrinne betrachtet, die im Abstieg gemeistert werden muß, um die nahe Noßberger-Hütte zu erreichen.
Großartig wirkt die enge Hochgebirgswelt dieser in den Jahren 1930/31 erbauten und 1980/81 erweiterten Hütte. Die Schmelzwasser des Klammer- und Gra-

denkeeses spenden dem Hochkessel den Großen Gradensee, von seinem erhöhten Ufer grüßt die Noßberger-Hütte als weltenfern anmutende Zuflucht. Die Reihe der sieben Klammerköpfe und die beiden Hornköpfe scheiden mit einer über 3000 Meter hohen Felsbarriere die Noßberger-Hütte von der nordseitigen Elberfelder Hütte. Wieder gibt es zwei mögliche Übergänge: Die Klammerscharte (2930 m) und die Hornscharte (2958 m). Der nähere Weg über die Klammerscharte zum Gößnitzkees ist diesmal auch der bessere. Der notwendige Abstieg auf dem Gößnitzkees zum Steig zur Elberfelder Hütte kann aber je nach den Verhältnissen ohne Steigeisen und Pickel problematisch sein. Im Gegensatz zum engen Bergrahmen der Noßberger-Hütte ist das Umfeld der Elberfelder Hütte im Hochbecken des Gößnitztales weit und groß. Der Gößnitzbach durchtost die Talsohle hinaus nach Heiligenblut (1288 m), von dort kommt der lange Talzugang mit einer Gehzeit von etwa 5 Stunden zur Hütte. Besonders häufig aber wandern die Hüttengäste von der Lienzer Hütte (1977 m) im Debanttal über die Gößnitzscharte (2737 m – westlich,

Die Adolf-Noßberger-Hütte am Gradensee ist am Wiener Höhenweg eine wichtige Station zwischen der Wangenitzsee-Hütte und der Elberfelder Hütte.

etwa 10 Minuten höher, steht eine ständig geöffnete Biwakschachtel) auf dem Elberfelder Weg zu ihr herüber (3½ Stunden).

Im Jahre 1928 war es ein mutiger Entschluß der Sektion Elberfeld, so weit vom Talort entfernt eine Hütte zu bauen. Das Haus wirkt wie verloren inmitten der begrünten Stufen der Gletscherschliffe unter den Trümmerwällen der Moränen und dem steilen, dunklen Fels der Berge, den Hornköpfen, den Klammerköpfen, dem Gößnitzkopf, den Talleitenspitzen, dem Roten Knopf und dem Bösen Weibl, die alle die Dreitausenderlinie überragen.

Im Hüttenbereich locken 20 Dreitausender, es lohnt sich zu bleiben und aus diesem Angebot einige Gipfeltouren, dem eigenen Können angepaßt, auszuwählen.

Tourensteckbrief

Ausgangsort
Siehe Tour 26; oder Putschall 1053 m im Mölltal = Talzugang zur Noßberger-Hütte.

Die Tour in Stichworten
Wangenitzsee-Hütte 2508 m – Kreuzseeschartl 2750 m – Hohe Gradenscharte 2803 m – Noßberger-Hütte 2488 m – Klammerscharte 2930 m – Elberfelder Hütte 2346 m.

Schwierigkeit/Anforderung
II = mäßig schwierig, Wander-/Fels-/Gletschertour; mäßige Anforderung, Tagestour. Zur Wangenitzsee-Hütte siehe Tour 26. Ab Wangenitzsee-Hütte nach Schild und Markierung 918, vorbei am Kreuzsee, auf Steig mäßig steil zum Kreuzseeschartl = Wiener Höhenweg. Ab Kreuzseeschartl schwacher Abstieg in das Perschitzkar. Dort beschilderte Wegabzweigung: links der Wiener Höhenweg (Ferd.-Koza-Weg) zur Niederen Gradenscharte (2790 m = leichterer, aber längerer Übergang zur Noßberger-Hütte), nach rechts auf dem Holländer-Weg über Felstrümmer und Altschnee zur sichtbaren Hohen Gradenscharte. Aus der Gratkerbe steiler, durch brüchigen Fels, Firn oder Eis erschwerter, aber durch ein Drahtseil gesicherter Abstieg zu einem Gletscherrest des Gradenkeeses und über Moränenschutt zur sichtbaren Noßberger-Hütte am Großen Gradensee. Ab Noßberger-Hütte nach Schild »Klammerscharte« auf Steig und Steigspuren steil und mühsam, zuletzt Drahtseilsicherung, zur überfirnten Klammerscharte. Ab Klammerscharte mäßig steiler, aber spaltengefährdeter Gletscherabstieg auf dem Gößnitzkees zu dem Moränenkessel darunter. Dort nach Schild »Elberfelder Hütte« zur Höhe der Moräne und auf Steig zur Elberfelder Hütte. Schwierigster Abschnitt des Wiener Höhenweges, aber durchgehend markierte Route. Nur für fels- und gletschererfahrene Berggeher.

Höchste Wegestelle/Gipfel
Kreuzseeschartl 2750 m, Hohe Gradenscharte 2803 m, Klammerscharte 2930 m.

Anstiegsleistung
Zur Hohen Gradenscharte 300, zur Klammerscharte 500 Höhenmeter.

Abstieg
Siehe Tourenverlauf; oder von den Hütten die jeweiligen Talabstiege.

Gehzeiten
Wangenitzsee-Hütte 2508 m – Kreuzseeschartl 2750 m: 1 Stunde. Kreuzseeschartl – Hohe Gradenscharte 2803 m: ½ Stunde. Hohe Gradenscharte – Noßberger-Hütte 2488 m: 1 Stunde. Noßberger-Hütte – Klammerscharte 2930 m: 1½ Stunden. Klammerscharte – Elberfelder Hütte 2346 m: 1 Stunde.
Gesamtgehzeit: 5 Stunden.

Hütten/Stützpunkte
Wangenitzsee-Hütte 2508 m, siehe Tour 26.
Adolf-Noßberger-Hütte 2488 m, ÖAV-Sektion Wiener Lehrer, 30 Betten und Matratzenlager, bewirtschaftet von Anfang Juli bis Mitte September.
Elberfelder Hütte 2346 m, DAV-Sektion Elberfeld, 42 Betten und Matratzenlager, bewirtschaftet von Anfang Juli bis Mitte September.

Karten/Führer/Literatur
Siehe Touren 25 und 26.

Am Wiener Höhenweg ab Noßberger-Hütte ist die Klammerscharte (links oben) die Übergangsstelle zum Gößnitzkees. Auf eine kurze, wenn auch nur mäßig steile Strecke kann dieser Gletscher für Bergsteiger ohne Pickel und Steigeisen eine Schwierigkeit bedeuten, ehe der Gletscherboden sanft und gefahrlos zur Randmoräne hin ausläuft.

28 Roter Knopf
3281 m
Böses Weibl
3121 m

*Lohnende Gipfel
am Wiener Höhenweg*

*mäßig schwierig
Fels-/Wandertour*

Im Nahbereich der Elberfelder Hütte ist der Rote Knopf ein lohnendes Bergziel. Der »Hochtourist« von 1928 gibt ihm eine Höhe von 3296 Meter und schreibt: »Höchster Gipfel der Schobergruppe, ein mächtiges, firngeschmücktes Felshorn mit herrlicher Fernsicht. Besteigung lang und anstrengend, aber sehr lohnend, bei günstigen Verhältnissen leicht.« Neuere Messungen haben dem Roten Knopf nur noch eine Höhe von 3281 Meter zuerkannt und ihn damit zugunsten des Petzecks zurückgestuft. Der Alpenvereinsführer gibt zu den Normalanstiegen folgende Information: »Auf den Roten Knopf führen sowohl aus dem Lesach- wie auch aus dem Gößnitztal Normalwege, die wohl stark von der Schneelage abhängig sind, sonst aber keine Schwierigkeiten aufweisen.« Er fügt hinzu, daß der Anstieg von der Lesach-Hütte über den Südwestgrat 4 bis 4½ Stunden, von der Elberfelder Hütte

über den Südostgrat etwa 3 Stunden Zeit beansprucht. Der kürzere und leichtere Anstieg liegt demnach im Bereich der Elberfelder Hütte.

Die Tour beginnt auf dem Verbindungsweg hinüber zur Lienzer Hütte, oben an der Stirnmoräne des Gößnitzkeeses weist das Schild »Roter Knopf« nach rechts zum Berg. Wir gehen Markierungen, Steinmännern und Steigspuren nach, die im abwechslungsreichen grasigen Schrofengelände mäßig steil höher führen, ein Schuttkar und steile Firnflecken durchlaufen und den Südostgrat erst oberhalb einer markanten Felsspitze (etwa 3070 m) erreichen. Über steilen plattigen Fels und einen Ewig-Schnee-Fleck kommen wir zum Gipfel, den ein hölzernes Kreuz und we-

gen der topographisch wichtigen Position auch ein Trigonometer auszeichnen.

Neuschnee – auch im Sommer keine Seltenheit – bleibt am Südwestgrat länger liegen; uns hat er den geplanten Abstieg in das Lesachtal verwehrt. Obwohl der Alpenvereinsführer den Roten Knopf für Geübte nicht schwierig einstuft, ist er doch kein Wanderberg.

Im Gegensatz zu ihm empfiehlt der Wiener Höhenweg zwischen der Elberfelder und der Glorer Hütte den Bergwanderern das Böse Weibl, 3121 Meter, als leicht erreichbares Gipfelziel. Eine Wegevariante führt vom Kesselkees-Sattel (2926 m) zu dieser markanten doppelgipfeligen Berggestalt und schenkt auch den Höhenweg-Gehern ein Dreitausender-Erlebnis.

Obwohl der Rote Knopf in dieser Passage im Anstieg von der Elberfelder Hütte steilen Fels zeigt, ist die Route bei normalen sommerlichen Verhältnissen nicht schwierig. Bei Neuschnee jedoch sollte man in der Hütte besser einen Tag warten, bis der Fels wieder schneefrei und trocken ist.

Tourensteckbrief

Ausgangsort
Siehe Tour 26; oder Heiligenblut 1288 m im Mölltal = Talzugang aus dem Mölltal zur Elberfelder Hütte.

Die Tour in Stichworten
Elberfelder Hütte 2346 m – Roter Knopf 3281 m – Elberfelder Hütte – Kesselkees-Sattel 2926 m – (Gernot-Röhr-Biwak) – Böses Weibl 3121 m – Lesachalm-Hütte 1828 m – Unterlesach 1300 m.

Schwierigkeit/Anforderung
II = mäßig schwierig, Fels-/Wandertour; große Anforderung als Tagestour.
Zur Elberfelder Hütte auf dem Wiener Höhenweg (siehe Tour 26 und 27) oder von der Lienzer Hütte (1977 m) im Debanttal über die Gößnitzscharte (2737 m).
Roter Knopf: Ab Elberfelder Hütte auf Steig Richtung Gößnitzscharte etwa 100 Höhenmeter Anstieg und nach Schild »Roter Knopf« und Markierungen nach rechts über Grasschrofen und Steigspuren hinauf in den Kessel südöstlich unter dem Gipfel. Nach Steigspuren mäßig steil nach rechts zu einer markanten Gratspitze hinaus, von dort über ein Firnfeld nach links zu quergeschichtetem, steilem, plattigem Fels. Nach Markierungen steil und abschüssig durch diese Formation höher zum Gipfelfirnfeld und über den Firn zum felsigen Gipfel. Abstieg auf Anstiegsweg oder über den Südwestgrat = Anstieg aus dem Lesachtal zur Lesachalm-Hütte, 3 Stunden.

Nur für erfahrene Berggeher, Pickel empfehlenswert.
Böses Weibl: Ab Elberfelder Hütte nach Schild »Kesselkees-Sattel« hinab zum Gößnitzbach und auf der anderen Seite nach Steig (918) nordwestwärts mäßig steil zum Kesselkees-Sattel mit dem Gernot-Röhr-Biwak. Hier Wegeteilung: Der Wiener Höhenweg läuft über das Peischlachtörl (2490 m) weiter zur Glorer Hütte (2642 m), der Anstieg zum Bösen Weibl führt am oberen Saum des Peischlachkessel-Keeses (meist Trasse) nach links mäßig steil zum felsigen Ostgrat des Bösen Weibl, über den gut gangbaren Grat nach Steigspuren zum Firnsattel zwischen Süd- und Hauptgipfel und von dort auf fast waagrechtem Blockgrat zum Hauptgipfel. Abstieg: Vom Firnsattel zwischen den Gipfeln über Firn oder Fels hinab zum Geröllplateau (häufig Firn und Eis) des Tschadinsattels (2987 m) und auf dem Friedrich-Senders-Weg (911) in das Lesachtal zur Lesachalm-Hütte.
Durchgehend markierte Route, das Böse Weibl ist bei guten Verhältnissen auch für Bergwanderer ein leicht erreichbarer Dreitausender.

Anstiegsleistung
Ab Elberfelder Hütte zum Roten Knopf 900, zum Bösen Weibl 800 Höhenmeter.

Höchste Wegestelle/Gipfel
Roter Knopf 3281 m, Kesselkees-Sattel 2926 m, Böses Weibl 3121 m, Tschadinsattel 2987 m.

Abstieg
Siehe Tourenverlauf; oder ab Tschadinsattel über das Peischlachtörl (2490 m) zur Glorer Hütte (2642 m), 2 Stunden.

Diesen Felsaufbau zeigt der Rote Knopf (rechts oben) nach Südosten zur Elberfelder Hütte. Die Anstiegsroute läuft über den rechten unteren Schneefleck in das große Schneefeld unter dem Gipfel, quert nach rechts hinaus zu der aperen, markanten Gratspitze, von dort in den Felsriegel (siehe Bild Seite 69) und über ihn zum höchsten Punkt.

Gehzeiten
Elberfelder Hütte 2346 m – Roter Knopf 3281 m: 3 Stunden. Abstieg Elberfelder Hütte: 2 Stunden. Elberfelder Hütte – Kesselkees-Sattel 2926 m: 2 Stunden. Sattel – Böses Weibl 3121 m: ½ Stunde. Abstieg: Tschadinsattel 2987 m – Lesachalm-Hütte 1828 m: 2½ Stunden.
Gesamtgehzeit: 10 Stunden.

Hütten/Stützpunkte
Elberfelder Hütte 2346 m, siehe Tour 27.
Lesachalm-Hütte 1828 m, privat, 18 Matratzenlager, bewirtschaftet von Anfang Juni bis Anfang Oktober.
Bubenreuther-Hütte 1828 m, auf der Lesach Alm, DAV-Sektion Eger und Egerland, private Sektionshütte.
Glorer-Hütte 2642 m, DAV-Sektion Eichstätt, 40 Betten und Matratzenlager, bewirtschaftet von Mitte Juni bis Ende September.
Gernot-Röhr-Biwak 2926 m, 6 Matratzen mit Decken, ständig geöffnete Notunterkunft.

Karten/Führer/Literatur
Kompass-Wanderkarte 1:50000, Blatt 48 »Kals am Großglockner«; Alpenvereinskarte 1:25000, Blatt »Schobergruppe«. Alpenvereinsführer »Schobergruppe«.

Schober-Gruppe

29 Schönleitenspitze 2810 m

Die »Schöne Aussicht«

*wenig schwierig
Wandertour*

Von Unterlesach (1300 m) kurz vor Kals führt eine Waldstraße in den südseitigen Hängen des Lesachtales hinauf zu einem kleinen Hüttendorf, das über Jahrhunderte hindurch nur der Almwirtschaft diente. Die neuzeitliche Almviehhaltung verzichtet auch hier – wie vielfach im Alpenraum – auf die alten, überkommenen Stein- oder Holzhütten und läßt sie verfallen, wenn sich anders keine vorteilhafte Verwendung findet. Die Lesachalm (1828 m) aber stellte sich ihrer günstigen Lage wegen auf Bergsteiger und Wande-

rer ein und bietet heute die Lesachalm-Hütte, ein hübsches kleines Almgasthaus mit 18 Übernachtungsplätzen, und die Bubenreuther Hütte, eine Privathütte der DAV-Sektion Eger und Egerland, als Stützpunkte an.

Über den grünen Wiesen der Lesachalm erhebt sich der Lesacher Riegel; er hat eine eigene, nach ihm benannte Hütte, und diese beliebte Einkehr auf einer Höhe von 2131 Metern ist der Start für unsere Bergwanderung. Die Hüttenumgebung gewährt eine glänzende Aussicht zum Großglockner und zur nahen Nordfront der Schober-Gruppe, vom Hochschober 3240 m über Ralfkopf 3106 m, Ganot 3104 m, Glödis 3206 m zum Roten Knopf 3281 m. Diese hochalpine Kulisse im Schmuck von Eis und Firn erfährt eine nochmalige Steigerung, wenn man von der Lesachriegel-Hütte den 2stündigen Anstieg zur Schönleitenspitze nicht scheut.

Aus dem baumlosen Alpgelände des Lesacher Riegels steigt im Zuge nach Osten eine gestreckte, bis oben begrünte Schneide. Diese Schönleiten läuft in einer Höhe von 2810 Metern als breite Rasenkuppe aus. Auch der Anstieg auf einem markierten Steig zuerst über Alpwiesen, später über gut gangbare Felsschrofen zum großräumigen Gipfelplateau, wird einem passionierten Bergwanderer viel Freude bereiten.

Am Gipfelsteinmann zeigen Schilder einen markierten Abstieg steil hinunter zur Lesachalm. Kammeinwärts über das Tschadinhorn (3017 m) hinweg winkt das Böse Weibl (3121 m, siehe Tour 28) und verführt den ausdauernden, erfahrenen und selbständigen Bergsteiger vielleicht zu einer Superrundtour mit Rückkehr über die Lesachalm, nach Lesach oder Kals.

Tourensteckbrief

Ausgangsort
Unterlesach 1300 m; oder Kals am Großglockner 1325 m.

Die Tour in Stichworten
Unterlesach 1300 m – Lesachriegel-Hütte 2131 m; oder Kals 1325 m – Lesachriegel-Hütte – Schönleitenspitze 2810 m – Lesachriegel-Hütte.

Schwierigkeit/Anforderung
I = wenig schwierig, Wandertour; mittlere Anforderung, Tagestour.
Ab Unterlesach über Oberlesach (Parkplatz) auf Fahrsträßchen in Richtung Lesachalm bis zur Tafel »Lesachriegel-Hütte«, kurz hinter der Straßenschranke. Nach links steiler, jedoch kurzer Waldsteig hinauf zur Waldgrenze. Dort Einmündung in den Fahrweg und auf ihm zur Hütte. Oder von Kals auf markiertem Steig zur Hütte. (Tägliche Fahrmöglichkeit mit Jeep von Kals über Lesach zur Lesachriegel-Hütte!) Ab Hütte über den Rücken des Lesachriegels auf markiertem Steig mäßig steil zu einem Vermessungszeichen (2614 m, Stempelstelle). Von hier steiler Schrofensteig zum Gipfelplateau.
Durchgehend markierte Route, leichter, gut erreichbarer Wandergipfel.

Höchste Wegestelle/Gipfel
Schönleitenspitze 2810 m.

Anstiegsleistung
Ab Unterlesach oder Kals 1500, ab Lesachriegel-Hütte 700 Höhenmeter.

Abstieg
Wie Anstieg; oder auf markiertem Steig hinab zur Lesachalm-Hütte (1828 m) und in einer Rundtour auf dem Fahrweg zurück nach Lesach, 4 Stunden.

Gehzeiten
Parkplatz Oberlesach ca. 1350 m – Lesachriegel-Hütte 2131 m: 2½ Stunden. Lesachriegel-Hütte – Schönleitenspitze 2810 m: 2 Stunden. Abstieg wie Anstieg zur Hütte: 1½ Stunden. Gesamtgehzeit: 6 Stunden.

Hütten/Stützpunkte
Lesachriegel-Hütte 2131 m, privates Berggasthaus, keine Übernachtung, bewirtschaftet von Anfang Juni bis Ende September.
Lesachalm-Hütte 1828 m, privat, 18 Matratzenlager, bewirtschaftet von Anfang Juni bis Anfang Oktober.

Karten/Führer/Literatur
Kompass-Wanderkarte 1:50000, Blatt 48, »Kals am Großglockner«; Alpenvereinskarte 1:25000, »Schobergruppe«. Alpenvereinsführer »Schobergruppe«.

Tip
Die Lesachalm-Hütte eignet sich gut als Stützpunkt für die nordseitigen Anstiege zu Hochschober, Glödis, Roter Knopf, Böses Weibl. Von der Lesachriegel-Hütte markierter Übergang zur Glorer-Hütte (ca. 3 Stunden).

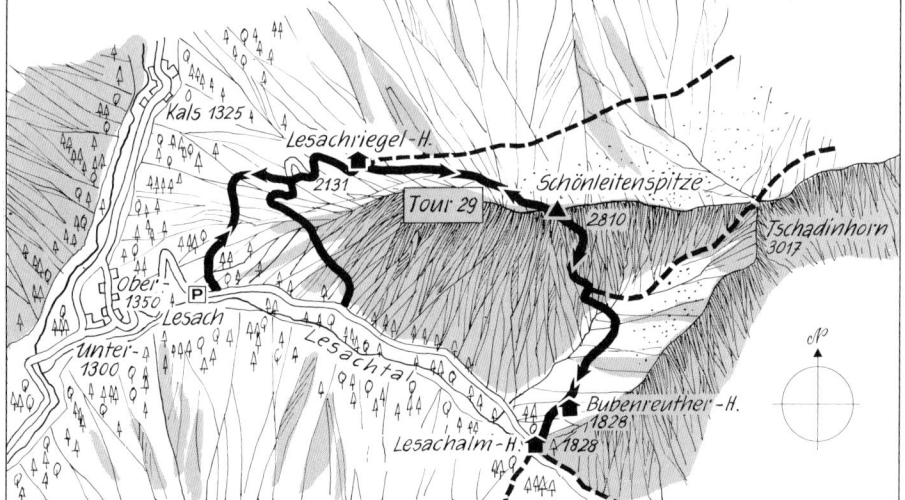

30 Hoher Prijakt
3064 m
Niederer Prijakt
3056 m

*Die südwestlichen Eckpfeiler
der Schober-Gruppe*

*mäßig schwierig
Wander-/Felstour*

Im Zuge des Hochschoberkammes vom Hochschober nach Südosten, hinaus zur Schleinitz, ragen hohe, zum Teil wenig besuchte Gipfel. In diesem Kammverlauf ist die Große Alkuser Rotspitze (3 053 m) der Kulminationspunkt und in der südseitigen Route vom Alkuser See (2 432 m) ein wertvolles, für einen geübten Geher gut erreichbares Tourenziel. Nur wenig entfernt rückt ein Seitenkamm die mit ihr an Höhe und Bedeutung konkurrierenden Prijakte in eine isolierte Stellung dem Iseltal zu. Mit dieser Position und einem weithin sichtbaren, auffallenden dunklen Felsenmassiv erhalten aber diese über 3 000 Meter hohen Doppelgipfel den Rang des südwestlichen Eckpfeilers der Schober-Gruppe. In der Wanderung aus dem Iseltal durch das Leibnitztal kommt man den Prijakten näher und steht ihnen an der Hochschober-Hütte (2 322 m) gegenüber.

Der düstere Steilfels der Prijakte wirkt abschreckend, aber den Hohen Prijakt erschließt eine markierte, wenn auch meist einsame Route, die ein erfahrener, geübter Bergwanderer gehen kann, ohne klettern zu müssen. Die Tour beginnt mit dem interessanten, gegenüber der Hauptroute über die beiden Leibnitztörl etwas vernachlässigten Übergang Hochschober-Hütte – Mirnitzscharte 2 747 m – Lienzer Hütte 1 977 m (3 Stunden). Der Steig durchläuft das wirre Blockkar des Großen Barren unter der Nordwestwand der Prijakte zu dem Seelein im Felstrog des Klei-

Barren. Dort leiten die Wegweisung »Hoher Prijakt« und ein markierter Steig nach rechts über eine felsige Steilstufe zum Barrenle See (2 727 m). Nach Steigspuren westlich des Sees (Achtung: Ewigschneefeld!) steil zur Westlichen Barreneckscharte. Ab Scharte mäßig steil (Steinmänner) auf dem blockigen Ostrücken zum Gipfel des Hohen Prijakt. Von dort auf der Grathöhe abwärts zur Prijaktscharte (2 999 m) zwischen den beiden Prijakten. Sehr steiler, drahtseilgesicherter Abstieg (etwa 30 m) in die schmale Scharte und mit Drahtseilsicherung Ausstieg zum Niederen Prijakt.

Einsame, jedoch durchgehend markierte Route, nur für erfahrene Berggeher.

Höchste Wegestelle/Gipfel
Westliche Barreneckscharte 2 899 m, Hoher Prijakt 3 064 m, Niederer Prijakt 3 056 m.

Anstiegsleistung
Ab Parkplatz 1 500, ab Hochschober-Hütte 800 Höhenmeter.

Abstieg
Wie Anstieg.

Gehzeiten
Parkplatz Leibnitztal 1 640 m – Hochschober-

nen Barren. Am großen Steinmann zweigt der Prijakt-Anstieg nach rechts und folgt Steigspuren, die eine steile Schrofenstufe hinauf zum Barrenle See (2 727 m) überwinden. Am Rande der Felsenwiege dieses von den Mirnitzspitzen und dem Barreneck umgebenen einsamen Bergwassers möchte man eine Rast schier endlos ausdehnen und die Eisschollen zählen, die oft auch noch im Hochsommer darauf schwimmen. Vorbei am Westufer steigt die Route steil zur westlichen Barreneckscharte (2 899 m) an und kommt bei ihr in den Gipfelbereich. Steinmänner leiten über die mäßig geneigte Ostabdachung zum höchsten nordöstlichen Punkt.

Als Ludwig Purtscheller am 29. Juni 1890 zum Hohen Prijakt kam, fand er am Gipfel einen Steinmann vor. Um sich aber genau über die Höhenverhältnisse zu informieren, beschloß er, die Prijaktscharte zu überschreiten und auch die südwestliche Spitze zu besteigen. Mit diesem Wagnis gelang Purtscheller die Erstersteigung des Niederen Prijakt, 3 056 Meter. Der kurze, aber ausgesetzte Übergang, heute durch ein dünnes Drahtseil nur wenig gesichert, darf nicht unterschätzt werden.

Der Niedere Prijakt ist der zum Iseltal am weitesten vorgerückte Dreitausender der Schober-Gruppe mit einem herrlichen Ausblick zur gepflegten Alkuser Bergbauernlandschaft und ins Iseltal hinab, nach Ainet. Deshalb wohl haben im September 1969 die Jungbauern von Ainet seine Höhe mit einem Gipfelkreuz geschmückt.

Hütte 2 322 m: 2 Stunden. Oberleibnig – Hochschober-Hütte: 3 Stunden. Hochschober-Hütte – Westliche Barreneckscharte 2 899 m: 2 Stunden. Scharte – Hoher Prijakt 3 064 m: ½ Stunde. Hoher Prijakt – Niederer Prijakt 3 056 m und zurück: 1 Stunde. Abstieg wie Anstieg zur Hochschober-Hütte: 1½ Stunden.
Gesamtgehzeit: 7–8 Stunden, ab Hochschober-Hütte: 5 Stunden.

Hütten/Stützpunkte
Hochschober-Hütte 2 322 m, ÖAV-Sektion Wiener Lehrer, 60 Betten und Matratzenlager, bewirtschaftet von Anfang Juli bis Ende September.

Karten/Führer/Literatur
Siehe Tour 28.

Im Gegensatz zum Hochschober, der von der Hochschober-Hütte das hauptsächliche Gipfelziel ist, werden die Prijakte etwas vernachlässigt. Dabei ist der Anstieg zu ihnen interessant und abwechslungsreich. Wir stehen oben an der Westlichen Barreneckscharte, schauen hinunter zum Barrenle See, hinüber zur spitzen Pyramide des Glödis und zum breiten Felsaufbau des Roten Knopf.

Tourensteckbrief

Ausgangsort
Ainet 755 m; oder St. Johann im Walde 749 m im Iseltal.

Die Tour in Stichworten
Ainet 755 m – Hochschober-Hütte 2 322 m; oder St. Johann i. W. 749 m – Seilbahn Oberleibnig 1 240 m – Hochschober-Hütte – Westliche Barreneckscharte 2 899 m – Hoher Prijakt 3 064 m – Niederer Prijakt 3 056 m – Westliche Barreneckscharte – Hochschober-Hütte.

Schwierigkeit/Anforderung
II = mäßig schwierig, Wander-/Felstour; große Anforderung als Tagestour.
Aus dem Iseltal von Ainet auf Bergstraße (ca. 10 km) Zufahrt in das Leibnitztal zum Parkplatz (1 640 m) am Leibnitzbach. Mäßig steil auf dem Eduard-Jordan-Weg zur Hochschober-Hütte. Oder von St. Johann i. W. mit der Seilbahn nach Oberleibnig, von dort in das Leibnitztal und wie oben zur Hütte. Ab Hochschober-Hütte nach Schild »Mirnitzscharte/Barrenle See« auf markiertem Steig südöstlich gegen die Steilwände der Prijakte in das Kar des Großen Barren und höher zu einem Seelein im Felstrog des Kleinen

31 Hochschober
3240 m
Kleinschober
3125 m
Hochschober-Hütte
2322 m

Hochschober-Überschreitung

schwierig
Fels-/Gletschertour

Der Normalanstieg zum Hochschober beginnt an der Hochschober-Hütte (2 322 m), 1 000 Meter unter dem Gipfel, im begrünten Hochbecken des Naßfeldbodens. Vom letzten einsamen Bauernhof, dem Oberfercher (1 454 m), zieht das Leibnitztal einen engen Graben zur Leibnitz-Alpe (1 908 m), bildet den lichten, baumlosen, sanft ansteigenden Zilinboden, hebt aus seinen Alpweiden eine Felsstufe hinauf zum Naßfeldboden und läuft am Westlichen Leibnitztörl (2 573 m) aus; dahinter versteckt sich der Gartlsee. Vorbei an seinem Ufer verbindet die beliebte und leichte Wanderroute des Franz-Keil-Weges (benannt nach dem Geoplasten Franz Keil) über das Östliche Leibnitztörl (2 591 m) die Hochschober-Hütte mit der Lienzer Hütte (1 977 m) im Debanttal. Die Wasser kommen vom Hochschober und vom Leibnitztörl, verbreiten sich am Naßfeldboden, fegen über eine Felsenschwelle nahe der Hochschober-Hütte und begegnen als Leibnitzbach dem Wanderer im Hüttenanstieg.

Das Leibnitztal, ein Zweig des Iseltales, ist seit jeher der ideale Eintritt in den südwestlichen Bergraum der Schober-Gruppe, aber dem aufblühenden Alpinismus fehlte lange Zeit ein Stützpunkt. Diese Lücke schloß in den Jahren 1921/22 die Alpenvereinssektion »Wiener Lehrer« mit dem Bau der Hochschober-Hütte auf der erhöhten, felsigen Westkante des Naßfeldbodens. In dieser Position grüßt die Hütte hinab in das Leibnitztal; Bergsteiger und Tageswanderer freuen sich, wenn sie aus dem »Märchenwald« auf die anmutige Wiesenmatte der Leibnitz Alpe zugehen und ihr Ziel, scheinbar noch weit, aber doch nur etwa eine Wegestunde entfernt, sehen. Am Zilinboden bei einem liebevoll geschnitzten Holzkreuz (2 180 m) mit Tisch und Bank aus uriger Lärche sollte man eine kurze Pause einlegen und vielleicht dankbar des Menschen und Naturfreundes gedenken, der uns diesen hübschen Rastplatz und den Zirbentrog des Sophienbrunnens, kurz vor der Hütte, geschenkt hat. »Bin 350 Jahre alt«, so verkündet die Schrift in der Stirnseite des Baumstammes, der kaum stärker als ein halber Meter im Durchmesser ist.

Berge sind für eine Hütte vor allem dann ein willkommener und guter Namenspate, wenn durch sie der Hüttenstandort sofort erkennbar wird. So wachte der Hochschober über seinem anfangs kleinen Schützling, sah zu, als er 1935 größer wurde, aber ein heimeliger, rundum geschindelter Holzbau blieb, in dem seine Freunde gerne einkehren, bevor sie ihm selbst aufwarten.

Die Schober-Gruppe schiebt ihren Hauptgipfel in die stark gegliederte, noch teilweise vergletscherte Nordfront gegen das Lesachtal vor. In dem nach ihm benannten großen Kammzug ragt dort der Hochschober mit 3 240 Meter als höchster Gipfel unter seinen Nachbarn Leibnitzer Rotspitze 3 101 m, Kleinschober 3 125 m, Ralfkopf 3 106 m, Ganot 3 104 m und Glödis 3 206 m. Zu seiner Hütte zeigt er einen breiten, behäbigen Felsaufbau, an dem im fortgeschrittenen Sommer Schnee und Firn schnell zerrinnen, so sehr ist diese Südwestflanke der Sonne ausgesetzt. Nur in der Karmulde unter der Staniskascharte hält sich fast das ganze Jahr über ein Altschneefleck.

Die Staniskascharte (2 936 m) ist der Schlüssel zum Einstieg in den heute allgemein üblichen Normalweg über den Westgrat. Von der Hochschober-Hütte steigt man vom Naßfeldboden vorbei an der Schoberlake (2 515 m) hinauf zu dem Altschneefeld und steil zur Schartensenke; der Wegeverlauf ist übersichtlich und auch für Wanderer ein Erlebnis, denen die Staniskascharte als bedeutender Aussichtsort empfohlen sei. Ab Staniskascharte trägt der Westgrat den Schoberanstieg über massive Blöcke steil und auch manchmal ausgesetzt unter der Höhenkote 3 185 südseitig vorbei zu den großen Steinmännern am ebenen Fels- und Firnsattel (etwa 3 150 m) vor dem Gipfel. Der steile, kurze Schlußanstieg benützt entweder den Eissaum der Schober-Nordflanke oder eine Rinne mit drahtseilgesicherten Randfelsen bis hinauf zur waagrechten Gipfelschneide.

Ludwig Purtscheller war im Sommer 1890 der Erstbegeher dieser Route aus dem Naßfeldboden über die Staniskascharte und den Westgrat. Franz Keil, der zu seiner Zeit berühmte Geoplast, betrat mit seinen Begleitern schon am 18. August 1855 den Gipfel des Hochschober.

Den Kreis der Zünftigen besticht der Hochschober freilich in erster Linie mit seiner vergletscherten Nordflanke. Das Schoberkees, das aus dem Ralftal in drei querlaufenden Wülsten sein Eis wie einen Panzer bis zum Scheitel des Berges an-

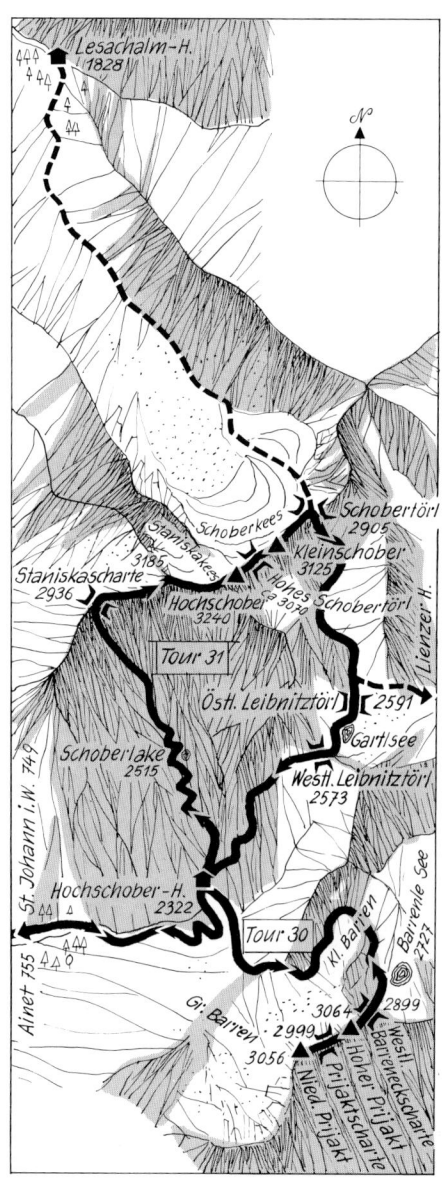

hebt, ist eine Trumpfkarte, die er hinüber zum Großglockner zeigt. Diese mächtige Flanke lockt auch Eisgeher, denn im Gegensatz zum überlauten »Glocknerzirkus« verspricht Erich Vanis »Im steilen Eis« eine »Firnwand in einem Paradies der Stille« – auch für den Alois und den Sepp im Sommer 1965 ein Anreiz, die Wand zu versuchen. Am Gipfel erwartete die beiden die versprochene paradiesische Stille und ein verfallenes Lattengerüst, früher vielleicht ein Vermessungszeichen. »Sepp, hier müßte ein schönes großes Kreuz stehen, mit deiner Jungmannschaft könntest du es aufstellen«, meinte der Alois und gab damit das Stichwort für das Unternehmen Hochschober-Gipfelkreuz. Die Vorarbeiten hierzu litten unter den verheerenden Hochwasserkatastrophen, die Anfang

September 1965 und Mitte August 1966 das Iseltal weithin verwüsteten. Der Leibnitzbach vermurte 1966 den Eduard-Jordan-Weg zur Hochschober-Hütte und »parkte« das Auto von Peppi, dem Sohn der damaligen, unvergessenen Hüttenwirtin Wilhelmine, 100 Meter tiefer! Zur feierlichen Kreuzeinweihung im September 1966 stiftete der Himmel jedoch ein Prachtwetter, das auf dem Hochschober sogar eine Gipfelmesse zuließ.

Seitdem – die Gipfelbücher beweisen es von Jahr zu Jahr – hat der Hochschober in Bergsteigerkreisen an Rang und Ansehen viel dazugewonnen. Als weithin bekannter Aussichtsberg ist er heute das Ziel zahlreicher Besteigungen. Seine Freunde kommen aber nicht nur über den Westgrat oder durch die Nordflanke, sondern auch

vom Schobertörl (2905 m) – aus dem Lesach- oder dem Debanttal – über den Kleinschober (3125 m) und vollenden die Visite in der Überschreitung von Ost nach West. Die Lienzer Hütte (1977 m) im Debanttal und die Hütten auf der Lesachalm (1828 m) empfehlen diese Route. Aber ob nun von Ost oder West, die Über-

Die Hochschober-Überschreitung ist eine der schönsten Touren der Schober-Gruppe. Vor uns der Gipfel des Kleinschober, am Horizont nach links Glödis, Roter Knopf und Böses Weibl.

schreitung der beiden Schobergipfel gehört zum Schönsten, was die Schober-Gruppe bieten kann! Der Tourensteckbrief erläutert diese hochalpine, großzügige Unternehmung in einer Rundtour ab Hochschober-Hütte.

Ludwig Purtscheller, der Salzburger Turnlehrer, schreibt in seiner Monographie vom Jahre 1891: »Was der anspruchslose Wanderer, der erholungsbedürftige Städter und der wetterharte, an Strapazen gewöhnte Hochtourist zunächst wünschen: ein Stück einsamer, ursprünglicher, weltentrückter Hochalpennatur, das wird ihm in diesem Berggebiete in reichstem Masse zutheil.« Eine Aussage, der wir nun fast am Ende unseres großartigen Tourenreigens durch die Schober-Gruppe gerne zustimmen!

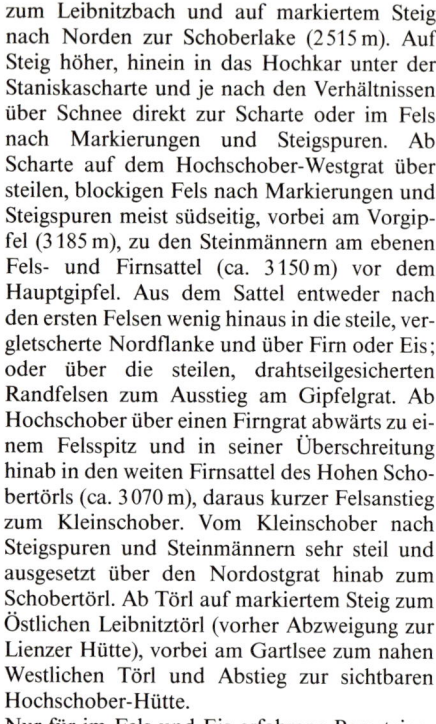

Tourensteckbrief

Ausgangsort
Siehe Tour 30.

Die Tour in Stichworten
Ainet 755 m – Hochschober-Hütte 2322 m; oder St. Johann i.W. 749 m – Seilbahn Oberleibnig 1240 m – Hochschober-Hütte – Staniskascharte 2936 m – Hochschober 3240 m – Kleinschober 3125 m – Schobertörl 2905 m – Östliches Leibnitztörl 2591 m – Gartlsee – Westliches Leibnitztörl 2573 m – Hochschober-Hütte.

Schwierigkeit/Anforderung
III = schwierig, Fels-/Gletschertour; große Anforderung als Tagestour.
Zur Hochschober-Hütte siehe Tour 30. Ab Hütte nach Schild »Zum Hochschober« abwärts zum Leibnitzbach und auf markiertem Steig nach Norden zur Schoberlake (2515 m). Auf Steig höher, hinein in das Hochkar unter der Staniskascharte und je nach den Verhältnissen über Schnee direkt zur Scharte oder im Fels nach Markierungen und Steigspuren. Ab Scharte auf dem Hochschober-Westgrat über steilen, blockigen Fels nach Markierungen und Steigspuren meist südseitig, vorbei am Vorgipfel (3185 m), zu den Steinmännern am ebenen Fels- und Firnsattel (ca. 3150 m) vor dem Hauptgipfel. Aus dem Sattel entweder nach den ersten Felsen wenig hinaus in die steile, vergletscherte Nordflanke und über Firn oder Eis; oder über die steilen, drahtseilgesicherten Randfelsen zum Ausstieg am Gipfelgrat. Ab Hochschober über einen Firngrat abwärts zu einem Felsspitz und in seiner Überschreitung hinab in den weiten Firnsattel des Hohen Schobertörls (ca. 3070 m), daraus kurzer Felsanstieg zum Kleinschober. Vom Kleinschober nach Steigspuren und Steinmännern sehr steil und ausgesetzt über den Nordostgrat hinab zum Schobertörl. Ab Törl auf markiertem Steig zum Östlichen Leibnitztörl (vorher Abzweigung zur Lienzer Hütte), vorbei am Gartlsee zum nahen Westlichen Törl und Abstieg zur sichtbaren Hochschober-Hütte.
Nur für im Fels und Eis erfahrene Bergsteiger mit Eisausrüstung.

Höchste Wegestelle/Gipfel
Staniskascharte 2936 m, Hochschober 3240 m, Kleinschober 3125 m, Schobertörl 2905 m.

Anstiegsleistung
Ab Parkplatz 1600, ab Hochschober-Hütte 900 Höhenmeter.

Abstieg
Siehe Tourenverlauf.

Gehzeiten
Zur Hochschober-Hütte siehe Tour 30. Hochschober-Hütte 2322 m – Staniskascharte 2936 m: 2 Stunden. Staniskascharte – Hochschober 3240 m: 1½ Stunden. Hochschober – Kleinschober 3125 m: ½ Stunde. Kleinschober – Schobertörl 2905 m: 1 Stunde. Schobertörl – Westliches Leibnitztörl 2573 m – Hochschober-Hütte 2322 m: 2 Stunden.
Gesamtgehzeit: 7 Stunden ab Hochschober-Hütte.

Hütten/Stützpunkte
Hochschober-Hütte 2322 m, siehe Tour 30.

Karten/Führer/Literatur
Siehe Tour 28.

Tip
Für den Eisgeher: Ab Staniskascharte Querung in das Schoberkees und über die Hochschober-Nordwand zum Gipfel.

Im Gegensatz zum Eis der Nordflanke zeigt der Hochschober auf seiner Südseite, herab zur Hochschober-Hütte, nur steilen Fels und Schuttkare. Die Staniskascharte (links im Bild) ist die Einstiegsstelle in den Normalweg über den Westgrat zum Gipfel.

Schober-Gruppe

32 Glödis
3206 m

Lienzer Hütte
1977 m

Der »stolze Glödis«

schwierig
Wander-/Felstour

Zur Lienzer Hütte (1977 m) im Ursprung des Debanttales kommen Bergsteiger, die zum Glödis wollen, aber auch fast alle Wanderer, die den markierten Steigen folgen. Der für den Tourismus äußerst vorteilhafte Verlauf des Debanttales in das Herz der Schober-Gruppe wurde frühzeitig erkannt. Die Alpenvereinssektion Lienz richtete deshalb schon 1892 einen ersten, bescheidenen Stützpunkt ein, aus dem die heutige stattliche Lienzer Hütte hervorging.

Der 3206 Meter hohe Glödis ist ein begehrter Gipfel der Schober-Gruppe. Seine auffallende Gestalt gibt ihm im Hochschoberkamm ein beherrschendes, eindrucksvolles Ansehen hoch über dem Lesach- und dem Debanttal! Ludwig Purtscheller schreibt: »Der Glödis gehört zu jenen seltenen, genau symmetrisch aufgebauten pyramidalen Gipfelzinnen, die, wo immer man dieselben erblicken mag, durch ihre schöne, regelmässige, scharf zugespitzte Form auffallen.«

Der Normalanstieg zum Glödis, der Rudl-Eller-Weg, benützt den Südostgrat. Der Ansatz des Grates auf der Höhe von etwa 3000 Metern ist von der Lienzer Hütte gut zu erkennen; dort weist aber nach dem ersten zahmen Grataufschwung ein Steinmann in die sehr steile, brüchige Ostflanke. Die Steigspuren legen einige luftige Kehren, ehe sie den Südostgrat zur Südflanke schneiden, entlang des Grates erreichen sie den höchsten Punkt. Der »stolze Glödis«, der Mittelpunkt seiner Gruppe, trägt das schöne Kreuz, das der Kalser Bergführer-Verein zu seinem 100jährigen Bestandsjubiläum im Jahre 1969 stiftete.

Tourensteckbrief

Ausgangsort
Lienz 688 m (Nussdorf).

Die Tour in Stichworten
Nussdorf 688 m – Debanttal – Parkplatz Seichenbrunn 1685 m – Lienzer Hütte 1977 m – Glödis 3206 m – Lienzer Hütte.

Schwierigkeit/Anforderung
III = schwierig, Wander-/Felstour; große Anforderung als Tagestour.
Zum Parkplatz Seichenbrunn siehe Tour 26. Ab Seichenbrunn auf Almstraße zur Lienzer Hütte. Ab Hütte auf dem Franz-Keil-Weg in Richtung Leibnitztörl und zur markierten Abzweigung »Kalser Törl/Glödis«. Nach rechts mit Markierung und Steigspuren mäßig steil gegen das Kalser Törl (2806 m) bis zur bezeichneten Abzweigung »Glödis« (ca. 2500 m). Dort rechts und nach Steigspuren (Steinmänner) steil in das Felsbecken unter der Glödis-Südflanke. Über ein Altschneefeld zum Steinmann (ca. 3000 m) am Ansatz des Südostgrates. Am Grat höher, bis ein Steinmann nach rechts in die Ostflanke weist. Nach Steigspuren in der Ostflanke sehr steil und ausgesetzt höher, bis die Route den Südostgrat schneidet und nun in der Südflanke den Gipfel erreicht. Besondere Vorsicht beim Abstieg!

Das mächtige Kreuz am Glödis grüßt hinunter in das Lesachtal und zur Lienzer Hütte im Debanttal. Aus dem Debanttal kommt auch der meiste Besuch auf dem Rudl-Eller-Weg über den Südostgrat zum Gipfel.

Durchgehend markierte Route, aber nur für geübte, im Fels erfahrene Bergsteiger.

Höchste Wegestelle/Gipfel
Glödis 3206 m.

Anstiegsleistung
Ab Parkplatz Seichenbrunn 1500, ab Lienzer Hütte 1200 Höhenmeter.

Abstieg
Wie Anstieg.

Gehzeiten
Seichenbrunn 1685 m – Lienzer Hütte 1977 m: 1 Stunde. Lienzer Hütte – Steinmann am Glödis-Südostgrat ca. 3000 m: 3 Stunden. Glödis 3206 m: 1 Stunde. Abstieg Glödis – Steinmann: 1 Stunde. Lienzer Hütte – Parkplatz Seichenbrunn: 3 Stunden.
Gesamtgehzeit: 9 Stunden.

Hütten/Stützpunkte
Lienzer Hütte 1977 m, ÖAV-Sektion Lienz, 100 Betten und Matratzenlager, bewirtschaftet von Mitte Juni bis Ende September.

Karten/Führer/Literatur
Siehe Tour 28.

77

Glockner-Gruppe

Im Zuge des Tauernhauptkammes ist das Heiligbluter Hochtor, kurz Hochtor genannt, der östliche Grenzstein der Glockner-Gruppe. Der Hauptkamm läßt dort die Goldberg-Gruppe zurück und schwingt in seinem Verlauf Hochtor – Brennkogel – Fuscherkarkopf und die Gipfel im hohen Zentralen Gletscherdach hinüber zum Johannisberg, weiter zur Westgrenze am Kalser Tauern und teilt damit die Glocknerwelt in Nord und Süd. Die großräumige Nordausdehnung reicht mit ihren Grenztälern, dem Seidlwinkltal und dem Rauristal im Osten sowie dem Stubachtal im Westen bis in die Querfurche des Salzachtales. Den kleineren südlichen Raum rahmen vom Kalser Tauern abwärts das Dorfer und das Kalser Tal, die Südlinie schließt über das Peischlach Törl zum Leitertal und nach Heiligenblut auf. Der Tauernhauptkamm gilt als das Rückgrat der Glockner-Gruppe. Von ihm gliedern im wesentlichen der Fusch-Kapruner Kamm und der Kaprun-Stubacher Kamm das Gebirge nach Norden, im Süden dominiert der Glocknerkamm als einzige primäre Erhebung.

Das Gebiet der Glockner-Gruppe teilen drei österreichische Bundesländer unter sich auf. Der Tauernhauptkamm bildet mit seinen Gipfeln den Grenzzaun zwischen dem nördlichen Salzburg, dem südlichen Bundesland Kärnten und dem südöstlichen Zipfel von Tirol, dem Bezirk Osttirol. Mit dem Tal der Möll reicht das Land Kärnten in einem Keil über Heiligenblut bis hinauf zum Obersten Pasterzenboden und stößt beim Eiskögele an Osttirol und Salzburg. Der Glocknerkamm trennt sich hier als starker Seitenast vom Tauernhauptkamm und trägt die Landesgrenze Tirol–Kärnten über den Großglockner nach Südosten in das Leitertal, wo sie vom Schober-Hauptkamm zum Lienzer Talbecken weitergegeben

wird. Am Hauptgipfel der Gruppe, dem Großglockner, haben somit die Länder Tirol und Kärnten gleichermaßen Anteil. Frühzeitig und durch die Erschließung gelenkt, entstand im kärntnerischen Heiligenblut ein erster touristischer Schwerpunkt, den in unserem Jahrhundert die Glockner-Hochalpenstraße noch besonders begünstigt. Osttirol auf der anderen Glocknerseite konnte dieser Entwicklung nur das Glocknerdorf Kals entgegensetzen und profitiert heute von der wintersicheren Felbertauernstraße. Nordseitig des Tauernhauptkammes, drüben im Salzburger Land, kam das Dorf Fusch im Fuscher Tal, nicht zuletzt durch die Glocknerstraße, zu einiger Bedeutung. Mittelpunkt der nordseitigen Touristik ist das Kapruner Tal. Der hohe Ursprung dieses Tales mit dem damals noch natürlichen Mooserboden wurde schon früh als vorzüglicher Ausgangsort zu den vergletscherten Hochgipfeln im Tauernhauptkamm, zum Fusch-Kapruner Kamm und zum Kaprun-Stubacher Kamm, erkannt. Die Tauernkraftwerke Glockner–Kaprun und die Gletscherbahnen Kaprun erschließen heute mit Stauseen, Straßen und Bergbahnen den Mooserboden und das Kitzsteinhorn total.

Etwa 40 Gletscher bedecken in der Glockner-Gruppe noch 10 000 Hektar Bodenfläche. Die Pasterze besteht aus 24 Quadratkilometern Gletschereis, ihr Strom ist noch 9,5 Kilometer lang und bis zu 300 Meter dick! Dieser größte Gletscher der Ostalpen und sein Bergrahmen sind im Besitz des Alpenvereins. Eine in Kupfer getriebene Tafel am Gamsgrubenweg nahe der Hofmanns-Hütte verkündet:

»Albert Wirth, Mitglied der Sektion Villach des D. u. Oe. AV, hat im Jahre 1918 dieses herrliche Großglocknergebiet im Ausmaße von 4072 Hektar dem Alpenverein geschenkt, verbunden mit dem Wunsche, daß es als Naturschutzpark der Zukunft erhalten bleibe. Zu Dank und Ehr und bleibendem Gedächtnis errichtet von seiner Sektion Villach, in derem 100. Bestandsjahr 1970.«

Die früheste Erwähnung des Namens »Glocknerer« findet sich in der ältesten bisher bekannten Karte von Tirol aus dem 16. Jahrhundert von Wolfgang Laz (Lazius). Die erste literarische Kunde verdanken wir dem vielseitigen Franzosen Belsazar Haquet (1739–1815), Professor der Medizin in Laibach. In seinem Buch »Mineralogisch-botanische Lustreise von dem Berge Terglou (= Triglav) bis zum Berg Glockner in Tyrol« schreibt er: »Ich habe noch niemals einen so hohen Berg so gespiesst (gespitzt) gesehen.«

Das Glocknerbild vom Gamsgrubenweg: Unter der Hofmanns-Hütte fließt die Pasterze, dieser mächtigste Gletscherstrom der Ostalpen. 1500 Meter darüber, getrennt durch die Glocknerscharte, stehen die Felsspitzen des Kleinglockner und des Großglockner.

33 Kitzsteinhorn
3203 m

Krefelder Hütte
2302 m

*Wahrzeichen über
dem Zeller See*

*mäßig schwierig
Fels-/Gletschertour*

Der Kaprun-Stubacher Kamm löst sich an der Hohen Riffl (3338 m) vom Tauernhauptkamm nach Norden und scheidet das Kapruner Tal vom Stubachtal. Um die Vorherrschaft im Kaprun-Stubacher Kamm streiten zwei namhafte und fast gleich hohe Gipfel: Der Hocheiser konkurriert mit seiner Höhe von 3206 Metern gegen das 3203 Meter hohe Kitzsteinhorn. Eine Luftlinie von knapp 4 Kilometern trennt die beiden Berge, der Hocheiser ragt im Kamminneren, das Kitzsteinhorn glänzt mit seiner bevorzugten Nordposition als Wahrzeichen der Pinzgauer Talschaften zum Zeller See hinab. Bis weit in das Frühjahr zeigt sich das Horn als spitze Firnpyramide; aber die Sommersonne nimmt ihm den Schneemantel und legt den steilen Gipfelfels bloß.
Der Skizirkus auf dem Schmiedingerkees zwischen Kitzsteinhorn und Großem Schmiedinger rotiert ganzjährig ohne Pau-

se. Die Gletscherbahnen Kaprun, eine Gondelseilbahn mit Mittelstation »Alpincenter« (2452 m) und der Bergstation (3027 m) an der nordseitigen Gipfelflanke des Kitzsteinhorns, und eine unterirdische Schienen-Standseilbahn zum »Alpincenter« schleusen im Minutentakt Menschen in eine Höhe, die vordem nur durch einen vielstündigen Anmarsch zu erreichen war. Beim Gasthaus Wüstlau (871 m) auf der unteren Schwelle des Kapruner Tales beginnt auch heute noch der lange, teils steile Weg über die Salzburger Hütte (1867 m) zur Krefelder Hütte (2302 m). Sie war auf der Tour zum Kitzsteinhorn in der Zeit vor den Gletscherbahnen ein wichtiger, beliebter Stützpunkt, den auch die Skibergsteiger gerne besuchten. Schon zu ihrer Eröffnung am 10. August 1909 durch die Alpenvereinssektion Krefeld war dieses Bergsteigerheim ein stattliches Haus, dem die Krefelder in den Jahren

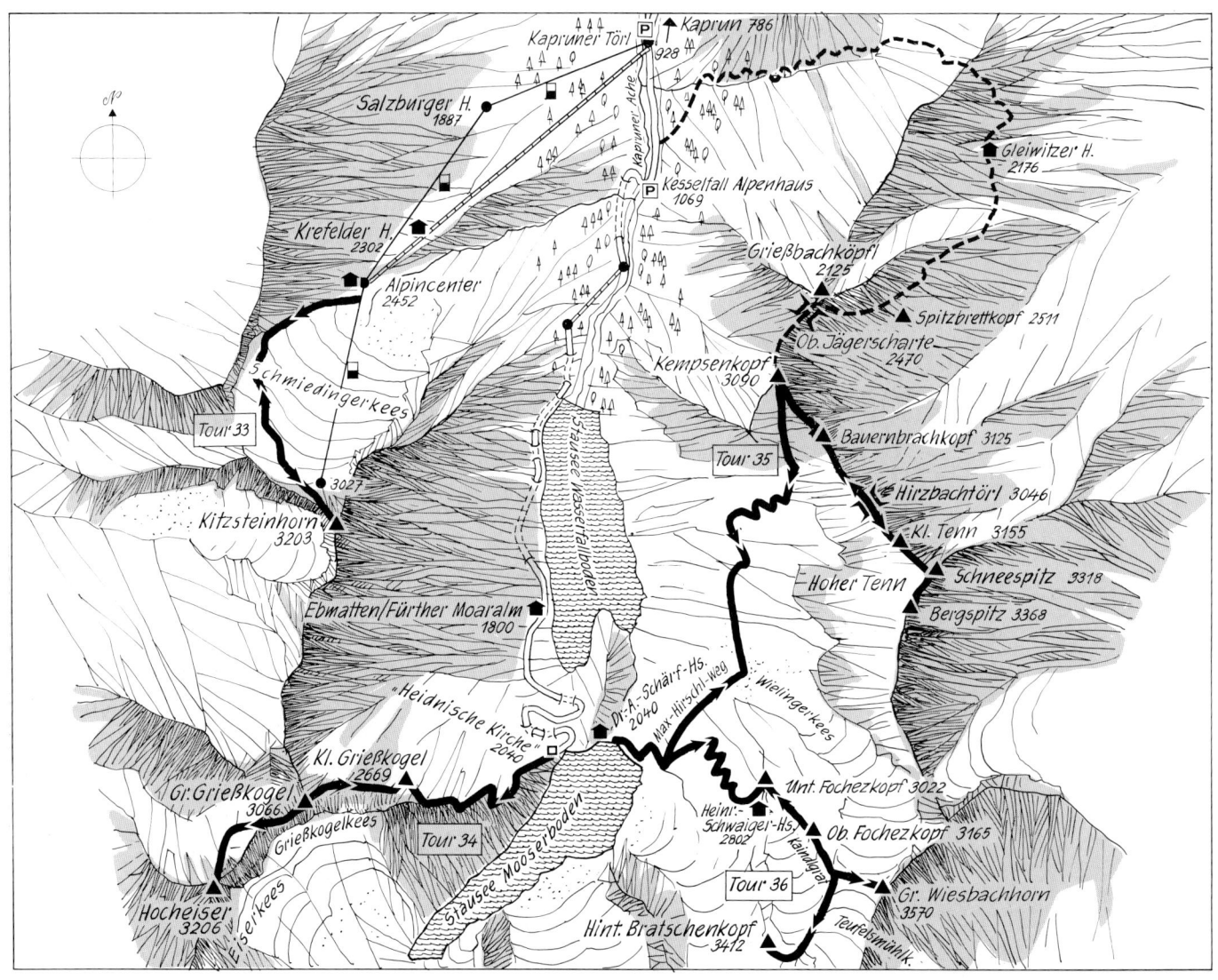

Tourensteckbrief

Ausgangsort
Kaprun 786 m im Kapruner Tal.

Die Tour in Stichworten
Kaprun 786 m – Talstation der Kapruner Gletscherbahnen 928 m – Bergstationen Alpincenter 2452 m und Kitzsteinhorn 3027 m – Kitzsteinhorn 3203 m – Bergstationen.

Schwierigkeit/Anforderung
II = mäßig schwierig, Gletscher-/Felstour; geringe Anforderung, ½-Tages-Tour.
Auffahrt mit den Gletscherbahnen (Stand- oder Luftseilbahn) zum Alpincenter und mit Gondelbahn weiter zur Bergstation unter der nördlichen Gipfelflanke des Kitzsteinhorns. Oder ab Alpincenter über das Schmiedingerkees entlang den Lifttrassen zur Bergstation (nur mit Gletschererfahrung und -ausrüstung!). Ab Bergstation von der obersten Aussichtsplattform über Geröll zu den Lawinenverbauungen und zur mit doppeltem Seilgeländer gesicherten, alten Steiganlage, die steil und ausgesetzt zum Gipfel führt.
Für geübte, trittsichere Bergwanderer, bei Neuschnee und Vereisung gefährlich!

Höchste Wegestelle/Gipfel
Bergstation Kitzsteinhorn 3027 m, Kitzsteinhorn 3203 m.

Anstiegsleistung
Ab Alpincenter 800, ab Bergstation 200 Höhenmeter.

Abstieg
Wie Anstieg.

Gehzeiten
Alpincenter 2452 m – Kitzsteinhorn 3203 m: 2½ Stunden. Ab Bergstation 3027 m: ½ Stunde. Abstieg zur Bergstation: ½ Stunde, zum Alpincenter: 1½ Stunden.
Gesamtgehzeit: 1–4 Stunden.

Hütten/Stützpunkte
Krefelder Hütte 2302 m, DAV-Sektion Krefeld, 105 Betten und Matratzenlager, ganzjährig bewirtschaftet.

Karten/Führer/Literatur
Kompass-Wanderkarte 1:50000, Blatt 39 »Glocknergruppe – Zell am See«; Alpenvereinskarte 1:25000, Blatt »Großglocknergruppe«. Alpenvereinsführer »Glockner- und Granatspitzgruppe«; Kleiner Führer »Glockner-Granatspitz- und Venedigergruppe«.

Die Besteigung des Kitzsteinhorns ist durch die Kapruner Gletscherbahnen heute ein schnelles und kurzes Unternehmen. Dies hat den Vorteil, daß man sich nach dem Wetter richten kann, denn die Aussicht vom Gipfel ist nicht nur hinüber zum Großvenediger (im Bild), sondern auch hinein zur zentralen Glockner-Gruppe und hinaus zu den Nördlichen Kalkalpen grandios.

1968/69 noch eine wesentliche Erweiterung anfügten – die neuen Verhältnisse bringen einen verstärkten Zulauf.
Mit 4 Wegestunden zur Krefelder Hütte und mit einem 3stündigen Aufstieg ab Hütte mußte ein Bergsteiger rechnen, der »zu Fuß« zum Kitzsteinhorn kam. Für Bergwanderer von Hütte zu Hütte ist das Haus heute ein Stützpunkt im Übergang auf dem »Krefelder Weg« zum Tauernmoossee und weiter zur Rudolfs-Hütte am Weißsee (2315 m, 6–7 Stunden) und auf der Route 726 über die Südliche Kammerscharte (2683 m) zum Stausee Mooserboden mit dem Adolf-Schärf-Haus (2040 m, 4 Stunden). Zum Kitzsteinhorn läuft die Fußtour über das spaltenarme Schmiedingerkees, vorbei an einigen Liftanlagen, zum vorgelagerten markanten Magnetköpfl und an ihm vorbei zur Bergstation. Dort kommen die Seilbahngäste hinzu, die restlichen sehr steilen, knapp 200 Höhenmeter zum Gipfelkreuz erleichtert eine alte Steiganlage.
Die kleine und mit einem Seilgeländer gesicherte Plattform des Gipfels ist eine hervorragende Aussichtskanzel der Glockner-Gruppe. »Die Erschließung der Ostalpen« überliefert uns: »Die beherrschende Lage unter weit niedrigeren Bergen musste das Kitzsteinhorn zum willkommenen Standpunkt für die Geodäten machen. So wurde es auch thatsächlich zum ersten Male von Ingenieuren der Katastralaufnahme angeblich 1828 erstiegen. Ein Teilnehmer der damaligen Expedition berichtet, dass das Horn für unersteiglich gegolten hätte, man habe deshalb nur schwer die nöthigen Führer und Träger zusammenbekommen.«

34 Großer Grießkogel
3066 m
Hocheiser
3206 m

Ein Tip für Tauernfreunde

schwierig
Wander-/Fels-/Gletschertour

Vom lauten touristischen Zentrum am Mooserboden führt ein markierter Alpenvereinsweg, den jeder Bergwanderer begehen kann, hinauf zum Kleinen Grießkogel, vorbei an dieser idyllischen Aussichtsstelle.

»Das 7 St. lange Kapruner Tal birgt im Mooserboden eins der schönsten Schaustücke der Alpen.« Nachzulesen in einem Ostalpen-Reisebuch vom Jahre 1923, 12. Auflage. Die Länge des Tales mißt dieser Führer noch in Gehstunden, aber seit dem Straßenbau von 1895 fuhren zweimal täglich Pferdewagen von Zell am See (757 m) über Kaprun (786 m) hinein zum 40 Meter tiefen Kesselfall der Kapruner Ache. Der Besuch von Kaiser Franz Joseph I. im Jahre 1893 steigerte die Popularität des Kapruner Tales so nachhaltig, daß der Kesselfall im Jahre 1896 das Kesselfall-Alpenhaus (1068 m) und auch der Mooserboden zwei Jahre später ein Hotel erhielten.

In den zwanziger Jahren unseres Jahrhunderts erkannte man jedoch, daß das gigantische Wasserreservoir des Karlingerkeeses in Verbindung mit dem starken Gefälle des Tales und zwei natürlichen Trogstufen die Anlage von Pumpspeicherwerken ungemein begünstigten. Die Vorarbeiten hierzu begannen noch 1939, aber erst im Jahre 1949 war es Österreich möglich, die Arbeiten voll aufzunehmen und 1955 im wesentlichen abzuschließen. Die Stauanlagen der Werksgruppe Glockner-Kaprun umfassen auf der Kapruner Seite die Hauptstufe mit dem Speicher Wasserfallboden und der Limbergsperre (Inhalt 86 Millionen Kubikmeter, Staumauerhöhe 120 Meter) und die Oberstufe mit dem Speicher Mooserboden und der Mooser- und Drossensperre (Inhalt 88 Millionen Kubikmeter, Mauerhöhen 107 und 112 Meter).

Der Höhenunterschied von den Parkplätzen am Kesselfall-Alpenhaus zum Mooserboden beträgt etwa 1000 Meter: Pendelbusse fahren zum Lärchwand-Schrägaufzug, ab der Bergstation befördern wiederum Busse auf einer 6 Kilometer langen Straße die Besucher zum Bergrestaurant Heidnische Kirche am Mooserboden. An schönen Tagen unternehmen Tausende von Menschen diesen Ausflug in die Kapruner Gletscherwelt. In das dichte Schaupublikum auf den Mauerkronen der Mooser- und Drossensperre (494,4 und 357,7 Meter Länge) mischen sich Bergsteiger und Bergwanderer, denen die Meereshöhe von 2040 Metern einen vorteilhaften Startplatz für ihre Touren gibt. Sehr erfahrenen Bergwanderern stehen die Übergänge über das Kapruner Törl (2639 m) zur Rudolfs-Hütte (2315 m, 5 Stunden) oder über den Kempsenkopf auf dem Gleiwitzer Höhenweg zur Gleiwitzer Hütte (2176 m, 6 Stunden) offen. Gletscherkundige Bergsteiger nützen im Anstieg über das spaltenreiche Karlingerkees das Riffltor (3116 m) im Tauernhauptkamm für den Übergang zur Oberwalder-Hütte (2973 m), oder sie bleiben auf der Kapruner Seite und steigen hinauf zu Hocheiser, Hohem Tenn oder Großem Wiesbachhorn.

Der Hocheiser, 3206 Meter, ist im Scheiderücken des Kaprun-Stubacher Kammes ein begehrtes Bergziel aus dem Kapruner wie aus dem Stubacher Tal. Vorteilhaft wird dieser Gletschergipfel vom Mooserboden aus bestiegen, denn der nach Norden vorgelagerte felsige Große Grießkogel, 3066 Meter, bietet in seiner Überschreitung einen reizvollen Zugang auf das Obere Hocheiserkees.

Aber auch Bergwanderer, die dem Trubel am Mooserboden gerne entfliehen möchten, sollten den Alpenvereinsweg 716 – mit dem auch die Hocheiser-Tour beginnt – beachten. Gut angelegt und markiert, führt der Steig zum Gipfelsteinmann am Kleinen Grießkogel (2669 m), der einen eindrucksvollen Ausblick zu den Stauseen und den hohen Bergen darüber, zum Großen Wiesbachhorn und zum Hohen Tenn, bereithält.

Tourensteckbrief

Ausgangsort
Kaprun 786 m im Kapruner Tal, Station »Heidnische Kirche« am Stausee Mooserboden 2040 m.

Die Tour in Stichworten
Station »Heidnische Kirche« 2040 m – Kleiner Grießkogel 2669 m – Großer Grießkogel 3066 m – Hocheiser 3206 m – Großer Grießkogel – Mooserboden.

Schwierigkeit/Anforderung
III = schwierig, Wander-/Fels-/Gletschertour; mittlere Anforderung, Tagestour.
Ab Parkplätze Kesselfall Alpenhaus mit Bus und Lärchwand-Schrägaufzug und wieder mit Bus zur Endstation »Heidnische Kirche« am Stausee Mooserboden. Ab hier südwestlich nach markiertem AV-Steig (716/734) mäßig steil zum Steinmann am Kleinen Grießkogel. Von ihm kurze Querung über mäßig geneigten Firn zum Ostgrat (Sedlgrat) des Großen Grießkogel. Auf Steigspuren über den gut gangbaren Gratfels höher, meist südseitig, zu einem Firngupf unter dem Gipfelaufbau. Von ihm zum blockigen Gipfelfels und in steilem Anstieg zum Großen Grießkogel (3066 m). Vom Gipfel über blockigen Fels nach Südwesten abwärts, bis bei P. 3016 (AV-Karte) ein leichter Übergang zum Oberen Hocheiserkees möglich ist. Über den Gletscher, meist Trasse – Achtung: Spalten! –, mäßig steil zum Gipfel des Hocheiser.
Übersichtliche Route (nur bis zum Kleinen Grießkogel markiert!), fast nur Fels, ab Großem Grießkogel Gletschertour. Nur für erfahrene Bergsteiger mit Eisausrüstung.

Höchste Wegestelle/Gipfel
Kleiner Grießkogel 2669 m, Großer Grießkogel 3066 m, Hocheiser 3206 m.

Anstiegsleistung
Ab Mooserboden 1200 Höhenmeter.

Abstieg
Wie Anstieg; oder über das Obere und Untere Hocheiserkees nach Westen zur Mittelstation der Stubacher Weißseebahn am Tauernmoossee (2050 m, 3 Stunden).

Gehzeiten
Station »Heidnische Kirche« 2040 m – Kleiner Grießkogel 2669 m: 2 Stunden. Kleiner Grießkogel – Großer Grießkogel 3066 m: 1 Stunde. Großer Grießkogel – Hocheiser 3206 m: 1 Stunde. Abstieg wie Anstieg: 3 Stunden. Gesamtgehzeit: 7 Stunden.

Hütten/Stützpunkte
Dr.-Adolf-Schärf-Haus 2040 m, am Stausee Mooserboden, Touristenverein Naturfreunde, 59 Betten, bewirtschaftet von Ende Mai bis Ende September.
Ebmatten/Fürther Moaralm 1800 m, am Stausee Wasserfallboden, Sommerwirtschaft, 45 Betten und Matratzenlager.

Karten/Führer/Literatur
Siehe Tour 33.

Tip
Für Bergwanderer ist der Kleine Grießkogel (2669 m) ein leicht erreichbarer, lohnender Aussichtsberg.

Im zunehmenden Sommer erleiden die Gletscher eine starke Wärmeeinwirkung, die Firndecke reißt, die Spaltengefahr wächst und bedroht die Bergsteiger auf ihrem Weg zum Gipfel. Auf der Route zum Hocheiser konnten wir diese Firnbrücke umgehen – ob sie wohl das Gewicht eines einzelnen noch getragen hätte?

35 Hoher Tenn Schneespitz
3318 m
Bergspitz
3368 m
Gleiwitzer Hütte
2176 m

*Nordostpfeiler der
Glockner-Gruppe*

*schwierig
Wander-/Felstour*

Tourensteckbrief

Ausgangsort
Stausee Mooserboden, siehe Tour 34. Kaprun 786 m im Kapruner Tal, Station »Heidnische Kirche« am Stausee Mooserboden, 2040 m.

Die Tour in Stichworten
Mooserboden 2040 m – Dr.-Adolf-Schärf-Haus 2040 m – Drossensperre – Max-Hirschl-Weg – Kempsenkopf 3090 m – Bauernbrach-kopf 3125 m – Hirzbachtörl 3046 m – Kleiner Tenn 3155 m – Hoher Tenn Schneespitz 3318 m – Bergspitz 3368 m – Kleiner Tenn – Kempsenkopf – Stausee Mooserboden.

Schwierigkeit/Anforderung
III = schwierig, Wander-/Felstour; große Anforderung, Tagestour.
Zum Stausee Mooserboden siehe Tour 34. Die Tour beginnt an der Drossensperre im Hüttenanstieg zum Heinrich-Schwaiger-Haus. Nach nur kurzer Gehzeit bei Schild »Gleiwitzer Hütte« bezeichnete Abzweigung und auf AV-Weg (723, Max-Hirschl-Weg) horizontal zum Abflußwinkel des Wielingerkeeses. An der Wasserfassung etwas abwärts, mit deutlicher Markierung beginnt ein schmaler Steig durch Wiesenhänge zum begrünten Hausebenrücken. Mit Steigkehren in zunehmender Steilheit hinauf zu den schrofigen Bratschenhängen unter dem Bauernbrachkopf, bis der Steig in einer langgezogenen, steilen und ausgesetzten Diagonale den Ausstieg beim Kempsenkopf (3090 m, Einmündung des Gleiwitzer Höhenweges von der Gleiwitzer Hütte) vermittelt. Ab hier nach Steigspuren und Markierungen über den Bau-

ernbrachkopf (3125 m) und mit Seilsicherungen hinab zum weiten Sattel des Hirzbachtörls (3046 m). Stifte und Drahtseile helfen in dem fast senkrechten, felsigen Durchstieg hinauf zum Kleinen Tenn (Umgehung nicht ratsam!). Eine ostseitige, abschüssige Flankenquerung führt zum breiten Nordwestkamm des Hohen Tenn und über ihn zum Gipfelkreuz auf dem Nordgipfel (Schneespitz 3318 m). Zum nahen Bergspitz (3368 m) über einen Sattel und mehrere Grattürme.
Nur für im Fels erfahrene, ausdauernde Bergsteiger.

Höchste Wegestelle/Gipfel
Kempsenkopf 3090 m, Bauernbrachkopf 3125 m, Kleiner Tenn 3155 m, Hoher Tenn Schneespitz 3318 m, Bergspitz 3368 m.

Anstiegsleistung
Ab Stausee Mooserboden 1300 Höhenmeter.

Abstieg
Wie Anstieg; oder zur Gleiwitzer Hütte 2176 m. Besonderer Hinweis: Ab Kempsenkopf ist auf dem Gleiwitzer Höhenweg ein markierter, teilweise gesicherter Abstieg zur Gleiwitzer Hütte möglich, 3 Stunden. Diese Route ist auf weiten Strecken sehr ausgesetzt, besonders in der Steilhangquerung zwischen Oberer- (2752 m) und Unterer Jägerscharte (2470 m), und kann nur sehr geübten, trittsicheren Gehern bei besten trockenen Verhältnissen und sicherem Wetter empfohlen werden.

Gehzeiten
Stausee Mooserboden 2040 m – Kempsenkopf 3090 m: 3 Stunden. Kempsenkopf – Bauernbrachkopf 3125 m – Hirzbachtörl 3046 m – Kleiner Tenn 3155 m – Hoher Tenn Schneespitz 3318 m: 2 Stunden. Übergang zum Bergspitz 3368 m: ½ Stunde. Abstieg: Hoher Tenn – Kempsenkopf: 1½ Stunden. Kempsenkopf – Stausee Mooserboden: 2 Stunden.
Gesamtgehzeit: 9 Stunden.

Hütten/Stützpunkte
Dr.-Adolf-Schärf-Haus 2040 m, siehe Tour 34.
Gleiwitzer Hütte 2176 m, DAV-Sektion Tittmoning, 80 Betten und Matratzenlager, bewirtschaftet von Mitte Juni bis Ende September.

Karten/Führer/Literatur
Kompass-Wanderkarte 1:50000, Blatt 39, »Glocknergruppe – Zell am See«; Alpenvereinskarte 1:25000, »Großglocknergruppe«. Alpenvereinsführer »Glockner- und Granatspitzgruppe«; Kleiner Führer »Glockner-Granatspitz- und Venedigergruppe«.

Tip
Für gute, ausdauernde Bergsteiger gibt es eine interessante Rundtour: Ausgangsort Parkplätze bei den Kapruner Gletscherbahnen 928 m, ab oberstem Parkplatz markierter Steig Brandlscharte (2371 m) – Gleiwitzer Hütte (2176 m, Übernachtung) – Gleiwitzer Höhenweg – Kempsenkopf – Hoher Tenn. Abstieg: Kempsenkopf – Mooserboden – Kesselfall – Parkplatz.

Das Fuscher Tal ist das östlichste und auch längste Tal der Glockner-Gruppe. Im hintersten Winkel, dem Ferleitental, entspringt die Fuscher Ache. Sie fließt durch Ferleiten (1151 m) hinaus zum Kirchdorf Fusch (811 m), dem Hauptort des Fuscher Tales, und mündet nach 7 Kilometern in Bruck in die Salzach. Die Glocknerstraße nützt von Bruck bis Ferleiten die Talsohle und legt ab der Mautstelle ihre Kehren in die Westflanken des Fusch-Rauriser Kammes bis zum Fuscher Törl (2428 m). Dieser Kammzug von der Edelweißspitze (2571 m) bis hinaus zum Roßkopf (2039 m) über Rauris gehört noch zur Glockner-Gruppe.
Die Fahrt auf der Glocknerstraße vom Fuscher Törl nach Ferleiten gibt einen hervorragenden Überblick über den Fusch-Kapruner Kamm, der – wie es der Name sagt – beide Täler voneinander trennt. Sein Hauptzug erhebt sich zwischen der Gruberscharte (3092 m) und der Oberen Jägerscharte (2752 m), ab seinem ersten Gipfel, der Klockerin (3419 m), steigert er sich am Großen Wiesbachhorn auf 3570 Meter und bleibt auch am Hohen Tenn – Bergspitz 3368 Meter – noch über den Höhenkoten des benachbarten Kaprun-Stubacher Kammes.
Im Gegensatz zu den steilen Felsrippen, dem Gipfelfirn und einem Hängegletscher am Großen Wiesbachhorn zeigt der Hohe Tenn zur Glocknerstraße eine scheinbar glatte und noch mit einem Anflug von Grün geschmückte weitgeschwungene Südostfront (= Tenngrat) aus hellbraunem Bratschengestein. Der weiche Kalkglimmerschiefer, ein »Baumaterial« der Glockner-Gruppe, verwittert zu sogenannten Bratschen. Solche Bratschenflanken kennzeichnen den Hohen Tenn auch nach Westen, hinab zu den Stauseen im Kapruner Tal und nach Norden gegen Zell am See. Sein Gipfelfirn ist nur von Norden sichtbar, dort hängt zwischen dem Schneespitz und dem Bergspitz ein kleines Gletscherdreieck. Die steile Nordflanke des Schneespitz ist ausgeapert und hat fast keine Verbindung mehr mit dem Hirzbachkees, dem nördlichsten Eiswinkel im Fusch-Kapruner Kamm.
»Der Hohe Tenn ist ein Hochgipfel ersten Ranges und einer der dankbarsten Ostalpenberge«, lesen wir im Alpenvereinsführer, und »Die Erschließung der Ostalpen« vermerkt, daß »die Besteigung wegen der großen Höhe mühsam und langandauernd« sei. Damals (1894) gab es noch nicht die Gleiwitzer Hütte, und auch die früheste Alpenvereinshütte, die 1868 vom Österreichischen Alpenverein erbaute Rainer-Hütte am Wasserfallboden

(1621 m, benannt nach Erzherzog Rainer) war weit entfernt. Die erste Besteigung des Hohen Tenn blieb der Jahreszahl nach ungewiß. Die Chronik nimmt an, daß es etwa um 1840 gewesen sein muß, als es dem damaligen Erzbischof von Salzburg, Kardinal Friedrich Fürst Schwarzenberg, mit Begleitern gelang, über den Tenngrat den Gipfel zu erreichen. Diese historische Route aus der Schmalzgrubenalm wird auch heute noch von Einheimischen begangen. Die Alpenvereinssektion Gleiwitz erbaute 1900 die Gleiwitzer Hütte (2176 m) und richtete in den Jahren 1901 bis 1903 über die Untere und Obere Jägerscharte zum Kempsenkopf (3090 m) den sehr ausgesetzten Gleiwitzer Höhenweg ein. Der Max-Hirschel-Weg vom Kemp-

senkopf über die steile, abschüssige westliche Bratschenflanke hinab zum Mooserboden ist die logische Fortsetzung – die beiden Steiganlagen bilden auch heute noch den Schlüssel zur Normalroute auf den Hohen Tenn.

Seit der Erstbesteigung hat der Hohe Tenn einen hohen Stellenwert im Glockner-Tourenprogramm. Den Bergsteigern gegenüber zeigt er sich großzügig. Aber noch vor dem Tenngrat (Nordostgrat) gilt dem Nordwestgrat durch die Steige zum Kempsenkopf die meiste Aufmerksamkeit. Der gut gangbare Grat setzt am Kempsenkopf an und zieht ohne scharfe Kammerhebungen über den Bauernbrachkopf 3125 m zum weiten Sattel des Hirzbach Törls 3046 m. Der klotzige Fels-

Auf der Tour zum Hohen Tenn stehen wir über der weiten Senke des Hirzbachtörls, vor uns ragt der Felsgendarm des Kleinen Tenn auf, darüber befinden sich die beiden Hauptgipfel, links Schneespitz, rechts Bergspitz.

turm des Kleinen Tenn 3155 m möchte den Weg versperren, aber seine Schwachstelle, ein Spalt im Gipfelblock und Seilsicherungen, helfen über die Hürde. Der breite Rücken hinauf zu den beiden Hauptgipfeln – Schneespitz 3318 Meter links und Bergspitz 3368 Meter rechts – ist frei. Die katholische Jugend von Zell am See errichtete 1949 auf dem Schneespitz ein hohes Gipfelkreuz – es grüßt den Ort, seinen See und den unteren Pinzgau.

85

36 Großes Wiesbachhorn
3570 m
Hinterer Bratschenkopf
3412 m
Heinrich-Schwaiger-Haus
2802 m

Alpingeschichte am Wiesbachhorn

schwierig
Fels-/Gletschertour

Das Große Wiesbachhorn, 3570 Meter, ist der Hauptgipfel im Fusch-Kapruner Kamm. Es ragt in freier Position weithin sichtbar vom Hohen Tenn kammeinwärts, umgeben vom Eis des Wielingerkeeses, das zu den näheren Trabanten, den Bratschenköpfen (3412 m und 3397 m) und dem Kleinen Wiesbachhorn (3283 m), einen gebührenden Abstand herstellt. Die Ausstrahlung des Großen Wiesbachhorns auf die Menschen in seinem Alpenraum war von jeher groß, denn ohne Zweifel überragt seine Erscheinung alle anderen Hochgipfel der nördlichen Glockner-Gruppe. »Das Große Wiesbachhorn ist einer der schönsten Gipfel der Ostalpen, der Rivale des Glockners. Lange Zeit glaubte man, daß er ihn an Höhe übertreffe, und es war eine der wichtigsten Fragen für die ersten Glocknerbesteiger, welcher von beiden Gipfeln höher sei«, schreibt die Chronik. Noch bevor jedoch Menschen zum Glockner kamen, war das Wiesbachhorn schon bestiegen. Einheimische, drei Brüder aus dem Fuscher Tal, wagten schon im 18. Jahrhundert – das Datum ist nicht bekannt, der Erfolg jedoch zweifelsfrei bestätigt – das große Unternehmen. Die erste feste Jahreszahl wird uns mit 1841 überliefert, als Kardinal Fürst Schwarzenberg mit dem Geistlichen Empacher, seinem Kammerdiener Moser und vier Führern das »stolze Horn« bezwang. Die

nächste erfolgreiche Expedition ließ dreizehn Jahre auf sich warten. Aber Anton von Ruthner und dem Grafen Andrassy verdanken wir das erste Datum mit Tag und Uhrzeit: Sie verließen Fusch am 14. August 1854, übernachteten in der Juden-Alpe (1490 m), brachen um 2 Uhr früh auf, stiegen über das Teufelsmühlkees zur Wielingerscharte und erreichten über den Nordwestgrat nach insgesamt 7½ Stunden den Gipfel.

Diese und die nachfolgenden Unternehmungen kamen aus dem Fuscher Tal, aber es war naheliegend, auch aus dem Kapruner Tal einen Anstieg zu eröffnen. Den Fingerzeig hierzu gab 1867 Paul Grohmann. Davon angespornt, fanden noch im gleichen Jahr, am 9. September, die Kapruner Bergführer Anton und Peter Hetz die Route über die Fochezköpfe und einen Firngrat (später Kaindlgrat genannt) zur Wielingerscharte und gelangten damit zu dem schon gegebenen Anschluß zum Gipfel. Nachdem 1868 im Kapruner Tal auf der Höhe von 1621 Meter die Rainer-Hütte entstand, war auch ein Stützpunkt vorhanden, von dem das Große Wiesbachhorn in einer Tagestour zu besteigen war. Die Namensgebung »Kaindlgrat« sollte aber noch geklärt werden.

Ein Herr namens A. Kaindl aus Linz bestieg im Oktober 1870 mit den Führern Kederbacher und Hetz das Wiesbachhorn. In der Erkenntnis, daß der Weg von der Rainer-Hütte immer noch sehr weit war, stiftete Kaindl 1871 den Urbau des späteren Heinrich-Schwaiger-Hauses. Auf Vorschlag von Eduard Richter (»Die Erschließung der Ostalpen«) im Jahre 1875 wurde der überfirnte Nordwestgrat vom Oberen Fochezkopf zum Gipfel »Kaindlgrat« genannt. Diese Ehrung ist untrennbar mit dem Wiesbachhorn verbunden und wird wohl immer lebendig bleiben. Die Route über den Kaindlgrat ist überaus beliebt, es gibt für den Normalbergsteiger keine Alternative!

Seit seiner Eröffnung am 16. August 1902 unterstützt das Heinrich-Schwaiger-Haus die Tour zum Wiesbachhorn. Das Haus ist aber auch für den hochalpinen Übergang Wielingerscharte 3265 m – Gruberscharte 3092 m – Keilscharte 3220 m – Bockkarscharte 3038 m – Oberwalder Hütte 2973 m wichtig. Die Alpenvereinssektion München erbaute das Schwaiger-Haus auf einer gegen den Mooserboden vorgeschobenen aussichtsreichen Plattform unter dem Unteren Fochezkopf auf der Meereshöhe von 2802 Metern und hält mit dem Hausnamen die Erinnerung an den Münchner Karwendel-Erschließer Heinrich Schwaiger wach.

Von der Drossensperre am Mooserboden müssen 800 Höhenmeter in der steilen Bratschenflanke des Unteren Fochezkopfes überwunden werden, ehe man mit Geduld und Glück in der oftmals überfüllten Hütte einen Sitz- und Schlafplatz findet. Die Tour zum Wiesbachhorn kann aber von einem trainierten Bergsteiger vom Mooserboden aus gut in einem Tag unternommen werden. Das Berghaus Mooserboden der Naturfreunde (2040 m), seit 1966 nach dem einstigen österreichischen Bundespräsidenten auch Adolf-Schärf-Haus genannt, ist eine gute Unterkunft und eignet sich auch ausgezeichnet als mehrtägiger Stützpunkt für Unternehmungen im Bereich des Mooserbodens (siehe Hocheiser und Hoher Tenn).

Nachdem das Große Wiesbachhorn der Renommier-Berg des Schwaiger-Hauses ist, wird sich auf der Route vom Haus zum Gipfel kaum jemand verlaufen. Unweit der Hütte prüft ein fast senkrechter, aber seilgesicherter Schlupf, das Klamml, das Können aller Anwärter im Fels. Ab dem Unteren Fochezkopf (3022 m) erfolgt die Eignungsprüfung im Gehen mit Pickel und Steigeisen zum Oberen Fochezkopf (3165 m) und über den steilen Firn und Fels des Kaindlgrates zum ersehnten Gipfelkreuz.

Auf diesem Weg ist der Einblick in die Wiesbachhorn-Nordwestwand faszinierend, ganz besonders, wenn Seilschaften dort »bei der Arbeit« sind! Kenner der alpinen Geschichte werden im Anblick der 400 Meter hohen und etwa 55 Grad steilen Eisflanke an Willo Welzenbach und Fritz Riegele erinnert. Darüber berichtet uns Erich Vanis in seinem Buch »Im steilen Eis«: »Bei der Nordwestwand handelt es sich um ausgesprochen alpinhistorischen Boden. Hier wurden am 15. Juli 1924 anläßlich der ersten Durchsteigung erstmals in der Geschichte des Bergsteigens regelrechte Eishaken verwendet. Fritz Riegele und Willo Welzenbach führten diese 25 bis 30 Zentimeter langen, gezahnten Eisenstifte ein, die erst ein Sichern im blanken Eis erlaubten. Welzenbachs Erfindung lag eine konkrete wissenschaftliche Erkenntnis zugrunde: die Feststellung nämlich, daß ein Metallstift, ins Eis getrieben, dort sofort festfriert.«

Wieder zurück an der Wielingerscharte, bleibt an einem Schönwettertag noch Zeit genug, auch den Hinteren Bratschenkopf zu besuchen. Eine Trasse durchquert fast immer das Wielingerkees, deutlich sichtbar zieht die Spur den kurzen, steilen Firnhang hinauf zum Sattel und nach rechts zum hohen Gipfelkreuz – eine Empfehlung für den anspruchsvollen Bergsteiger!

Tourensteckbrief

Ausgangsort
Stausee Mooserboden 2040 m siehe Tour 34.

Die Tour in Stichworten
Mooserboden 2040 m – Dr.-Adolf-Schärf-Haus 2040 m – Drossensperre – Heinrich-Schwaiger-Haus 2802 m – Unterer Fochezkopf 3022 m – Oberer Fochezkopf 3165 m – Kaindl-grat – Großes Wiesbachhorn 3570 m – Hinterer Bratschenkopf 3412 m – Oberer Fochezkopf – Heinrich-Schwaiger-Haus.

Schwierigkeit/Anforderung
III = schwierig, Fels-/Gletschertour; mittlere Anforderung, 1½-Tage-Tour.
Zum Stausee Mooserboden siehe Tour 34.
Wiesbachhorn: Der Hüttenanstieg zum Schwaiger-Haus beginnt an der Drossensperre nahe dem Schärf-Haus. AV-Steig durch steile, abschüssige, felsige Hänge. Ab Schwaiger-Haus durch das mit Seilen gesicherte Klamml sehr steil hinauf in das gut begehbare, aber abschüssige Felsgelände des Unteren Fochezkopfes und mit Markierungen und Steigspuren zu seinem Gipfel. Nun entweder über den Firngrat oder rechts von ihm, je nach Ausaperung, hinauf zum Steinmann am Oberen Fochezkopf (3165 m). Von dort zieht die Firnschneide des Kaindlgrates mäßig steil zur Wielingerscharte und zum Ansatz des felsigen Nordwestgrates, der steil und ausgesetzt (Fels und Eis) den Schlußanstieg vermittelt.
Hinterer Bratschenkopf: Abstieg zur Wielingerscharte und über den flachen Gletscherboden nach Südwesten zur vergletscherten Nordostflanke des Hinteren Bratschenkopfes. Über steilen Firn, meist Trasse, zur Bratschenkopfscharte (3383 m) und nach rechts zum Gipfelkreuz, 3412 m.
Vielbegangene Routen, aber nur für in Fels und Eis erfahrene Bergsteiger mit Eisausrüstung.

Höchste Wegestelle/Gipfel
Großes Wiesbachhorn 3570 m, Hinterer Bratschenkopf 3412 m.

Anstiegsleistung
Ab Stausee Mooserboden 1500, ab Schwaiger-Haus 800 Höhenmeter (mit Hinterem Bratschenkopf + 150 m).

Abstieg
Wie Anstieg.

Gehzeiten
Stausee Mooserboden 2040 m – Heinrich-Schwaiger-Haus 2802 m: 2½ Stunden. Schwaiger-Haus – Oberer Fochezkopf 3165 m: 1 Stunde. Fochezkopf – Großes Wiesbachhorn 3570 m: 2 Stunden. Abstieg Wielingerscharte 3265 m: 1 Stunde. Hinterer Bratschenkopf 3412 m hin und zurück: 2 Stunden. Wielingerscharte – Schwaiger-Haus: 2 Stunden.
Gesamtgehzeit: 6 Stunden ab Schwaiger-Haus, mit Hinterem Bratschenkopf: 8 Stunden.

Hütten/Stützpunkte
Dr.-Adolf-Schärf-Haus 2040 m, siehe Tour 34.

Heinrich-Schwaiger-Haus 2802 m, DAV-Sektion München, 80 Betten und Matratzenlager, bewirtschaftet von Ende Juni bis Ende September.

Karten/Führer/Literatur
Siehe Tour 33.

Tip
Vom Hinteren Bratschenkopf große Gletscher-Überschreitung: Gruberscharte 3092 m (Biwakschachtel) – Keilscharte 3220 m – Bockkarscharte 3038 m – Oberwalder-Hütte 2973 m auf dem Großen Burgstall.

Nach dem Großglockner nimmt das Große Wiesbachhorn in der Rangordnung der Glockner-Gruppe den nächsten Platz ein. Dies trifft auch für die extremen Eisanstiege zu, denn die Wiesbachhorn-Nordwestwand rangiert hinter der Pallavicinirinne auf Platz zwei.
Der Normalbergsteiger (darunter verstehen wir einen Bergsteiger, dessen obere Leistungsgrenze die Schwierigkeitsstufen II–III der offiziellen Skala in den Alpenvereinsführern bedeuten) freut sich beim Großen Wiesbachhorn auf den Kaindlgrat (im Bild). Diese schwungvolle Firn- und Felslinie bereitet den Normalweg zum Gipfel.

Großglockner-Hochalpen-straßen

Die Großglockner-Hochalpenstraßen wurden am 3. August 1935 mit einer Eröffnungsfeier am Hochtor dem Verkehr übergeben – der Ostalpenhauptkamm erhielt damit einen neuen Übergang. Diese Nord-Süd-Route quert die 156 Kilometer breite Lücke zwischen dem Brenner und dem Radstätter Tauernpaß und verbindet auf kürzeste Entfernung die österreichischen Bundesländer Salzburg und Kärnten dies- und jenseits des Tauernhauptkammes. Die Vorgänger der neuen Verkehrsader waren eine Straße von Bruck über Fusch nach Ferleiten und eine von der Alpenvereinssektion Klagenfurt erbaute Verbindung von Heiligenblut hinauf zu ihrem Glocknerhaus. Bergsteiger, die zur frühen Blüte des Alpinismus, in der Zeit vor dem ersten Weltkrieg, von Norden her zum Großglockner wollten, benützten entweder die Straße nach Ferleiten und wanderten von dort auf einem Steig über die Untere Pfandlscharte zum Glocknerhaus, oder sie begingen den Saumpfad aus dem Rauris über den Heiligbluter Tauern – so nannte man früher das Hochtor. Fast zwei Jahrtausende war dieser »Tauern« die einzige Brücke zwischen dem Salzach- und dem Mölltal. Auf ihm zogen die Römer in das nördliche Noricum und im Mittelalter die Kärntner zur Arbeitssuche ins Salzburgische; aus dem Pongau kam in jedem Jahr am 29. Juni, dem Tag von Peter und Paul, eine fromme Schar von Pilgern zur Wallfahrt nach Heiligenblut. Ein sichtbarer Beweis für diese nun schon jahrhundertealte und bis heute ausgeübte Pilgerfahrt zum »Heiligen Blute Jesu« ist die Gedenkstätte an einem Parkplatz der Glocknerstraße, am Elendsboden zwischen dem Mittertörl und dem Hochtor. Eine Kupfertafel überliefert uns die Tragödie eines Pilgerzuges:

»Wir gedenken im Gebet an die 37 Wallfahrer, die hier am Elendsboden 1683 im Schneesturm erfroren sind und aller verstorbenen Pilger, insbesondere derer, die sich im Lauf der Jahrhunderte um ein gutes Gelingen dieser Gebietswanderung bemüht haben.«

Die Idee, eine Glocknerstraße zu bauen, stammt von Dipl. Ing. Franz Wallack. Er erhielt im Jahre 1924 den Auftrag, eine »Straße durch das Glocknergebiet« zu planen. Doch die nötigen Geldmittel fehlten.

»Am 30. August 1930 konnte jedoch der erste Sprengschuß gelöst werden. Damit begann ein Arbeitskampf, wie ihn das Hochgebirge bis dahin nur selten erlebt hatte. Im Norden von Dorf Fusch bis Hochmais, im Süden von Heiligenblut bis auf die Franz-Josephs-Höhe kam pulsierendes Leben in die früher so stille Bergwelt, schufteten Tausende Arbeiter mit ihren Ingenieuren vorerst am Bau der beiden Straßenrampen.« Im September 1932 war die Nordrampe bis Hochmais befahrbar, und noch im gleichen Jahr, am 2. Oktober, erfolgte die Öffnung der Südrampe zur Franz-Josefs-Höhe. Für die Verbindung der beiden Straßenteile über den Tauernhauptkamm standen zwei Trassen zur Wahl: Entweder von Hochmais über das Fuscher Törl und das Hochtor zum Anschluß an die Südrampe in Guttal (heutiger Straßenverlauf) oder von Hochmais mit einem Basistunnel unter dem Tauernhauptkamm hindurch zum Endpunkt der Südrampe auf der Franz-Josefs-Höhe. Aber Geldmangel verzögerte immer wieder die zügige Fortführung des Bauvorhabens. Erst Ende August 1933 erhielt die Hochtor-Variante den Zuschlag, der Bund stellte die Geldmittel bereit, die Arbeiten an diesem höchstgelegenen Bauabschnitt konnten beginnen.

»Unter ungeheurer Anspannung aller Kräfte wurde am 23. September 1934 das Teilstück von Hochmais auf das Fuscher Törl mit einer Abzweigung auf den Gipfel der 2577 m hohen Edelweißspitze, deren Höhe sich inzwischen durch Abtragung bei den Bauarbeiten auf 2571 m erniederte (Plattformhöhe des Aussichtsturmes 2577 m), fertiggestellt und schließlich am 3. August 1935 das noch fehlende Verbindungsstück über das Hochtor zur Südrampe dem durchgehenden Verkehr übergeben.«

◁ *Das Glocknerhaus der ÖAV-Sektion Klagenfurt an der Auffahrt zur Franz-Josefs-Höhe.*

Am Fuscher Törl beschreibt die Glocknerstraße ▷ unter dem Brennkogel fast einen Kreis (Bildmitte), die Edelweißstraße zweigt hier zur Edelweißspitze ab.

Die Großglockner-Hochalpenstraßen gliedern sich in drei Streckenabschnitte: die 48,3 Kilometer lange Großglocknerstraße von Bruck an der Glocknerstraße nach Heiligenblut, die 1,8 Kilometer lange Aussichtsstraße auf die Edelweißspitze (Edelweißstraße) und die 8,7 Kilometer lange Gletscherstraße auf die Franz-Josefs-Höhe. Die normale Fahrbahnbreite beträgt 7,5 Meter, die 27 Kehren der Großglocknerstraße und die fünf Kehren der Gletscherstraße haben Fahrbahnbreiten bis zu 10 Metern. Die Durchschnittssteigung liegt bei 10 Prozent. In Ferleiten (1 151 m) beginnt nach Kilometer 14,4 an der Mautstelle die eigentliche Bergstrecke, die in 14 Kehren nach Kilometer 27,4 am Parkplatz Fuscher Törl (2 428 m) den ersten Höhepunkt erreicht. Dort zweigt die Edelweißstraße (14 Prozent Steigung) zur Edelweißspitze, dem höchsten Punkt im Straßenverlauf, ab. Vom Fuscher Törl zieht die Glocknerstraße in langer Querung hinüber zum Hochtortunnel (2 506 m), wechselt bei Kilometer 33 zur Südseite des Tauernhauptkammes und damit von Salzburg nach Kärnten. In der Südrampe führt ab Guttalbrücke, Kilometer 40 (1 858 m), die Gletscherstraße zum Endpunkt, zur großartigen Schau auf den Großglockner bei den Parkplätzen Freiwandeck (2 369 m) an der Franz-Josefs-Höhe. Von der Guttalbrücke abwärts durchläuft die Hauptstrecke bei Kilometer 44 die südliche Mautstelle (1 690 m) und endet wenig später im weltbekannten Alpendorf Heiligenblut (1 288 m).
(Auszüge aus »Großglockner Berg und Straße«.)

Glockner-Gruppe

37 Johannisberg
3463 m

Hohe Riffl
3346 m

Oberwalder-Hütte
2973 m

Hohe Ziele im Zentralen Gletscherdach

schwierig
Gletschertour

Die Glocknerstraße führt uns über den Tauernhauptkamm zur Franz-Josefs-Höhe (2369 m), damit in das Revier des Glocknerkammes und nah heran an das Zentrale Gletscherdach der Glockner-Gruppe. Der Alpenverein unterstützt mit drei Häusern die großartigen bergsteigerischen Möglichkeiten im Umkreis der Pasterze. Das Glocknerhaus (2132 m) hat seinen Platz direkt an der Glocknerstraße, die Hofmanns-Hütte (2442 m) rückt von den Parkplätzen an der Franz-Josefs-Höhe eine halbe Gehstunde pasterzeneinwärts, die Oberwalder-Hütte (2973 m) fordert ab Hofmanns-Hütte nochmals 2 Stunden Gehzeit über das Eis des Wasserfallwinkels hinauf zu ihrer Position auf dem Großen Burgstall. Die beiden letztgenannten Hütten dienen dem Bergsteiger als Stützpunkt für die Nordanstiege zum Großglockner und für die Routen zu den beliebten Gipfeln über dem Zentralen Gletscherdach: Fuscherkarkopf 3336 m, Hohe Riffl 3346 m, Johannisberg 3463 m. »Der schöne, regelmässig geformte Firngipfel, welcher die Pasterze im Hintergrunde abschliesst, erhielt den Namen Johannesberg durch den Botaniker Hoppe aus Regensburg. Im Jahre 1832, als Erzherzog Johann in Heiligenblut gewesen war, und die Erbauung einer Unterstandshütte in der Gamsgrube an der oberen Pasterze anordnete, schrieb Hoppe in das

Glocknerbuch, man möge zum Dank die Hütte ›Johanneshütte‹ und den genannten Gipfel ›Johannesberg‹ nennen.« Die Hütte (heutige Hofmanns-Hütte) wurde 1835 errichtet und damals wie der Johannesberg nach dem Erzherzog benannt.

Die Oberwalder-Hütte verdanken wir der ÖAV-Sektion Austria, die das Haus nach einem Vermächtnis ihres Mitgliedes Thomas Oberwalder auf der Felsinsel des Großen Burgstalls im Jahre 1908 errichtete. Der Hüttenstandort, umgeben vom Eis des Obersten Pasterzenbodens, des Wasserfallwinkels und dem Kranz der Berge vom Großglockner bis zum Fuscherkarkopf, ist einer der schönsten der Ostalpen! Der Johannisberg und die Hohe Riffl ragen als bedeutende, bis zum Gipfel vergletscherte Bergziele auf. Der Höhenun-

terschied ab Hütte beträgt zum Johannisberg nur 500 Meter, die Gletscherroute scheint keine besonderen Schwierigkeiten aufzuweisen. Aber die Gefahren lauern unter der trügerischen glatten Firndecke des Obersten Pasterzenbodens; nur gletschererfahrene Bergsteiger sollten sich den Eisanstieg über den Südostgrat zutrauen. Wenn die Verhältnisse es erlauben, ergeben der Abstieg über den teils ausgeaperten Nordwestgrat zur Oberen Ödenwinkelscharte (3233 m) und der kurze Gegenanstieg zur Hohen Riffl mit Rückkehr zur Oberwalder-Hütte eine wertvolle Tagestour.

Der Johannisberg steht über den Felsriffen des Mittleren und Großen Burgstall; der Große Burgstall trägt die Oberwalder-Hütte.

Tourensteckbrief

Ausgangsort
Franz-Josefs-Höhe 2369 m / Glocknerstraße.

Die Tour in Stichworten
Parkplatz Franz-Josefs-Höhe 2369 m – Gamsgrubenweg – Hofmanns-Hütte 2442 m – Wasserfallwinkel – Oberwalder-Hütte 2973 m – Johannisberg 3463 m – Obere Ödenwinkelscharte 3233 m – Hohe Riffl 3346 m – Oberwalder-Hütte – Franz-Josefs-Höhe.

Schwierigkeit / Anforderung
III = schwierig, Gletschertour; große Anforderung als Tagestour.
Ab Parkplatz auf dem Gamsgrubenweg, vorbei an der Hofmanns-Hütte, zum Auslauf dieses »Promenadenweges« im Wasserfallwinkel.

Dort Gletscheranstieg (Spalten!) zur Oberwalder-Hütte auf dem Großen Burgstall.
Johannisberg: Ab Hütte je nach den Verhältnissen in den Obersten Pasterzenboden und in einem Linksbogen mäßig steil, nur im Schlußanstieg über den Firn des Südostgrates steiler zum Gipfel. Spaltengefahr!
Hohe Riffl: Ab Johannisberg über den teils ausgeaperten Nordwestgrat teilweise steil hinab zur Oberen Ödenwinkelscharte. Ab Scharte einfacher, mäßig steiler Firnanstieg zur Hohen Riffl, Rückkehr zur Scharte und über den Gletscher zurück zur Oberwalder-Hütte.
Vielbegangene Gletscherroute, meist Trasse, aber ausgedehnte Firnflächen mit teils großer Spaltengefahr! Nur für gletschererfahrene Bergsteiger mit Eisausrüstung.

Höchste Wegstelle / Gipfel
Johannisberg 3463 m, Hohe Riffl 3346 m.

Anstiegsleistung
Ab Franz-Josefs-Höhe 1200, ab Oberwalder-Hütte 600 Höhenmeter.

Abstieg
Siehe Tourenverlauf.

Gehzeiten
Franz-Josefs-Höhe 2369 m – Oberwalder-Hütte 2973 m: 2½ Stunden. Oberwalder-Hütte – Johannisberg 3463 m: 3 Stunden. Johannisberg – Hohe Riffl 3346 m: 1 Stunde. Abstieg: Oberwalder-Hütte – Parkplatz: 3½ Stunden. Gesamtgehzeit: 10 Stunden.

Hütten / Stützpunkte
Oberwalder-Hütte 2973 m, ÖAV-Sektion Austria, 88 Betten und Matratzenlager, bewirtschaftet von Pfingsten bis Anfang Oktober.

Karten / Führer / Literatur
Siehe Tour 33.

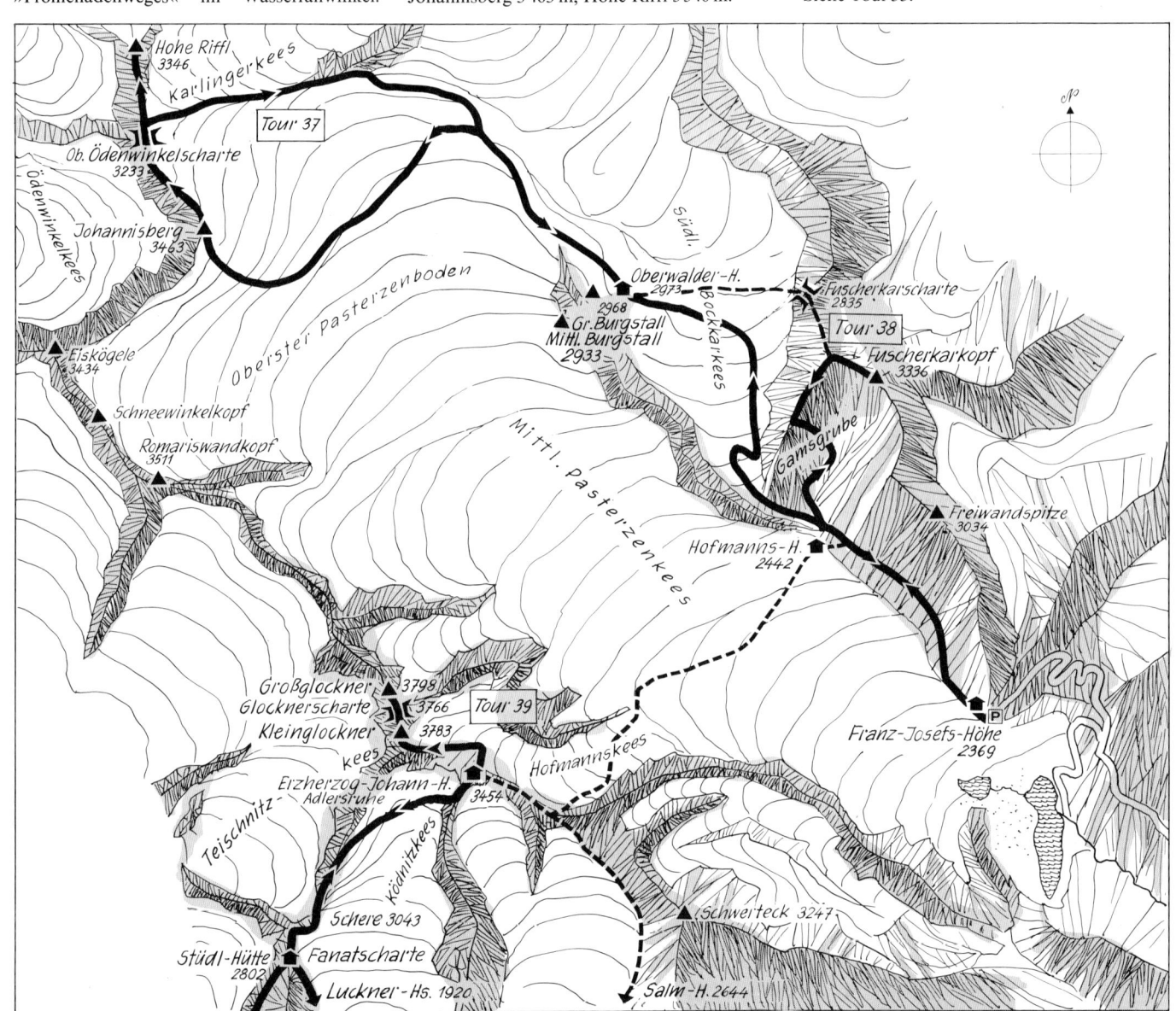

38 Fuscherkarkopf
3336 m
Hofmanns-Hütte
2442 m

Ein Berg mit zwei Gesichtern

schwierig
Felstour

Die südseitige Tour zum Fuscherkarkopf beginnt auf dem Gamsgrubenweg von der Franz-Josefs-Höhe zum Wasserfallwinkel. Als ungemein beliebter und fast für jedermann begehbarer »Promenadenweg« führt er schon nach einer Gehzeit von etwa einer halben Stunde knapp oberhalb der Hofmanns-Hütte (2442 m) vorbei und schleust Tag für Tag ein großes Schaupublikum dorthin. Die »Johanneshütte« kam 1870 in die Hände von Johann Stüdl. Zum Andenken an seinen im deutsch-französischen Krieg 1870 gefallenen Bergfreund Carl Hofmann gab er ihr den Na-

men Hofmanns-Hütte, überschrieb aber die Schutzhütte im Jahre 1911 der Akademischen Alpenvereinssektion Wien. Oberhalb der Hofmanns-Hütte liegt, eingebettet unter der südlichen Bratschenflanke des Fuscherkarkopfes und seinem Südwestgrat, die Gamsgrube. Botaniker rühmen diesen sandigen Kessel als kostbares Biotop seltener Pflanzen. Der Bergsteiger, der zum Fuscherkarkopf will, quert ihre Sandhügel und -gräben mühsam nach links höher zu einer deutlich erkennbaren Einschartung im Rücken des Elsbergls. Dort setzt der steile bratschige Fels des Südwestgrates, des Gamsgrubengrates, an. Er übernimmt die anstrengende Route bis zum Felseck des Nordwestgipfels (3252 m) und trifft dort mit dem Nordwestgrat zusammen, den die Bergsteiger von der Fuscherkarscharte herauf begehen. Gemeinsam überwinden wir nun den schmalen ausgesetzten Grat zum Gipfelkreuz am höchsten Punkt 3336 Meter, wo uns die Nordwand-Eisgeher begrüßen. Dieser Gang über die von Wind und Wetter geschliffene Bratschenschneide ist großartig, erwartet aber ein aufmerksames Steigen, besonders, wenn noch Eis und Schnee im Fels eingelagert sind.

Dem Fuscherkarkopf kommt in der Glockner-Gruppe eine topographische Schlüsselstellung zu. Seine Berggestalt mit der vergletscherten Nordwand – ihr verdankt er seine Berühmtheit – ist ein weithin sichtbarer Markstein im Tauernhauptkamm.

Tourensteckbrief

Ausgangsort
Franz-Josefs-Höhe 2369 m, an der Glocknerstraße.

Die Tour in Stichworten
Parkplatz Franz-Josefs-Höhe 2369 m – Hofmanns-Hütte 2442 m – Gamsgrubengrat = Südwestgrat – Fuscherkarkopf 3336 m – Hofmanns-Hütte – Franz-Josefs-Höhe.

Schwierigkeit/Anforderung
III = schwierig, Felstour; mittlere Anforderung, Tagestour.
Vom Parkplatz Franz-Josefs-Höhe auf dem Gamsgrubenweg bis zum Schild »Gamsgrube« (2529 m) nahe der Hofmanns-Hütte. Dort weglos in die Gamsgrube, ein mäßig geneigtes, sandiges Karbecken südlich unter dem Fuscherkarkopf. Aus dem Kar nach links gegen den Rücken des Elschbergls steil hinauf zu einer deutlich sichtbaren Einschartung P. 2848 (AV-Karte). Dort setzt der Gamsgrubengrat (= Südwestgrat) mit mürbem, bratschigem Fels an, der nach Steigspuren teilweise steil bis zum Nordwestgipfel (3252 m) begangen wird. Von dort auf dem Gipfelgrat – bei aperem Fels gut begehbar, aber ausgesetzt – zum Gipfel.
Nur für erfahrene, trittsichere Bergsteiger.

Höchste Wegestelle/Gipfel
Fuscherkarkopf 3336 m.

Anstiegsleistung
Ab Franz-Josefs-Höhe 900 Höhenmeter.

Abstieg
Wie Anstieg; oder vom Nordwestgipfel über den Nordwestgrat (II) zur Fuscherkarscharte (2835 m), von dort über den Gletscher des Wasserfallwinkels hinüber zur sichtbaren Oberwalder-Hütte (2973 m) oder über den mäßig geneigten Gletscher (Spalten!) hinab zur Einmündung in den Gamsgrubenweg.

Gehzeiten
Franz-Josefs-Höhe 2369 m – Hofmanns-Hütte 2442 m – Gamsgrube 2529 m: ½ Stunde. Gamsgrube – Gamsgrubengrat – Nordwestgipfel 3252 m – Fuscherkarkopf 3336 m: 3 Stunden. Abstieg wie Anstieg: 2½ Stunden, zur Oberwalder-Hütte 2973 m: 2 Stunden.
Gesamtgehzeit: 5½–6 Stunden.

Hütten/Stützpunkte
Hofmanns-Hütte 2442 m, ÖAV-Akademische Sektion Wien, 100 Betten und Matratzenlager, bewirtschaftet von Ende Mai bis Anfang Oktober.

Karten/Führer/Literatur
Siehe Tour 33.

Wind und Wetter arbeiten immerzu am Gipfelfels des Fuscherkarkopfes (Bild). Sie schleifen den weichen Kalkglimmerschiefer zu den sogenannten Bratschen, die auch den Nordwestgrat und den Gamsgrubengrat aufbauen.

39 Großglockner
3798 m
Erzherzog-Johann-Hütte
3454 m
Stüdl-Hütte
2802 m

»König der Hohen Tauern«

*sehr schwierig
Gletscher-/Felstour*

Der Glocknerkamm gliedert den Raum der Glockner-Gruppe vom Tauernhauptkamm nach Süden. Mit dem Eiskögele (3434 m) löst er sich vom Hauptkamm, erhebt das Glocknermassiv und sinkt von ihm zu den Leiterköpfen am Auslauf der Pasterze ab. Im Glocknermassiv ragt zwischen Kleinglockner 3783 m, Glocknerhorn 3680 m und den Spitzen der Glocknerwand 3721 m als dominierender, höchster Punkt die Spitze des Großglockner – 3798 Meter. Das Glocknermassiv als Ganzes ist vor allem von Norden gesehen der prächtigste Gebirgsstock der Ostalpen! Seinen Charakter verdankt er den schroffen Gipfelformen aus verwitterungsfestem Grünstein und dem Schmuck seiner Gletscher. Die Eiskatarakte des Inneren Glocknerkares und das Hofmannskees stürzen zur Pasterze und gestalten mit an dem überwältigenden Glockner.

Um wieviel großartiger muß dieses Bild zur Mitte des 19. Jahrhunderts gewesen sein! »Als Hochstand des Eises an der Pasterze gilt das Jahr 1856. Der Eisstrom wurde schon 1846 bis 1848 wissenschaftlich durch die Brüder Adolf und Hermann Schlagintweit erforscht. Als man 1875 das Glocknerhaus eröffnete, gingen die Bergsteiger ›vom Hause weg fast eben dahin‹,

Die Stüdl-Hütte fungiert im Kalser Anstieg zum Großglockner als wichtige Drehscheibe. Die hohe Ausgangsposition ermöglicht die Glocknerbesteigung in einem Tag.

weil das Eis so hoch war. Der große Gletscherrückgang begann 1915. Als Massenverlust werden eine Milliarde Kubikmeter Eis genannt, ein Drittel des Volumens von 1856.« (AV-Führer.)

Die heute gültigen Landesgrenzen zwischen Salzburg, Tirol und Kärnten reichen tief in das Mittelalter zurück. Die »Basterzen« sowie das Mölltal gehören seit Jahrhunderten dem Land »Kerndten«. So konnte der entscheidende Anstoß zur Ersteigung des »Glogger« nur aus Kärnten kommen. Der Fürstbischof von Gurk, Franz Xaver Altgraf von Salm-Reifferscheid und sein Generalvikar Sigmund von Hohenwart rüsteten zur ersten Expedition. »Das Problem, einen Weg auf diesen Gipfel zu entdecken, bestand darin, einen Zugang auf den Rücken zu finden, auf dem sich die ›Glockenspitze‹, der Kleinglockner, erhebt. Da man in den Anfängen der bergsteigerischen Kunst überall die ›aperen Wege‹ den Gletschern vorzog, suchte man den Aufstieg auf der südwestlichen Bergflanke, wo die Gletscherbedeckung weniger groß und zusammenhängend ist. Hatte man den Rücken erreicht, so waren an Schwierigkeiten noch zu überwinden: der Aufstieg über den bis zu 50 Grad geneigten Firn zum Kleinglockner, die Überschreitung des meist wächtengekrönten Gratstückes, das den Kleinglockner bildet, der Abstieg zur Scharte, deren Überschreitung und die Ersteigung des Hauptgipfels. Das schwierigste darunter ist ohne Zweifel der Abstieg vom Kleinglockner in die Scharte.« Mit dem Rücken ist die Adlersruhe gemeint, die nachgenannten Stationen: der steile Firn des Glocknerleitls zu den Felsen des Kleinglockners, seine Überschreitung zur Glocknerscharte und der Übergang zum Großglockner, das ist auch heute der Normalanstieg, an dem sich an schönen Tagen bis zu 200 Menschen drängen!

Auf Geheiß des Fürstbischofs Salm wurde im Juli 1799 im Leitertal eine Hütte errichtet (erste Salm-Hütte, ca. 2700 m). Eine Gesellschaft von 30 Personen, unter ihnen der Fürstbischof und der Generalvikar, traf am 19. Juli dort ein. Aber erst am 25. Juli gelang der Anstieg zum Vorgipfel: »Im tiefen Neuschnee wurde nun auch thatsächlich bei reinster Aussicht der Gip-

fel des Kleinglockners erreicht und dort ein Kreuz aufgerichtet.« Fürstbischof Salm sah aber darin die Arbeit nur halb getan. Der zweite Salmsche Ansturm zog mit 62 Personen, Adligen, gelehrten Professoren, Geistlichen, einem Koch, drei Dienern, Trägern und Führern, Reitknechten und 16 Pferden am 28. Juli 1800 zur Salm-Hütte. Vom endlichen Gipfelsieg am Großglockner am Tag darauf berichtet die Überlieferung: »Das Wetter war schön und warm, die Aussicht jedoch durch aufsitzende Wolken gestört. Ein Theil der Gesellschaft kehrte auf der Adlersruhe um; nur von Hohenwart, Hoppe und die beiden Pfarrer erstiegen den Kleinglockner. Inzwischen waren die vier Zimmerleute, darunter die Gebrüder Klotz, auf die Hauptspitze hinübergestiegen und schlugen dort eine Schneewächte ›von der Grösse einer kleinen Alphütte‹ herab, um Raum zur Aufrichtung des zweiten grösseren Kreuzes zu gewinnen. Ihnen folgte von den Herren nur der Pfarrer Horasch von Döllach. Diese fünf Personen sind also die ersten Besteiger des Großglockners.« Von den beiden Initiatoren der Glocknerbesteigung erreichte bei der dritten Salmschen Glocknerfahrt im Jahre 1802 nur Hohenwart den Hauptgipfel, der Fürstbischof betrat die Adlersruhe, die von ihm so benannt wurde. An diesen hochherzigen, naturverbundenen Mann erinnern die Salm-Hütte, die Salmhöhe und der Salmkamp, an den Generalvikar die Hohenwartscharte und der Hohenwartkopf.

Durch den Erfolg am Großglockner mit dem »Traditionsanstieg« Salm-Hütte 2644 m – Hohenwartscharte 3183 m – Salmkamp 3372 m – Adlersruhe 3454 m (siehe »Hohe Route Ostalpen«) kam Heiligenblut in Mode. In den Ostalpen begann der allgemeine Aufbruch des Alpinismus. »Eine Glocknerbesteigung ist das höchste Ziel der damaligen Bergreisenden. Nur die Muthigsten wagen sich daran; auch war eine gute Reisecasse nöthig; man hielt viele Träger und Führer nöthig, und Heiligenblut galt als theuer.« Ein halbes Jahrhundert war der Weg aus dem Leitertal die einzige Route; doch die Zeit für neue Wege war reif.

Sein trigonometrisches Gipfelsignal erhielt der Großglockner 1854 aus Kals durch Johann Groder, Josef Schnell und Peter Huter. Diesem ersten Anstieg aus Tirol, später als »alter Kalser Weg« bekannt und 1892 als »Mürztaler Steig« gesichert, folgte am 10. September 1864 die erste Begehung des Südwestgrates durch die Kalser Führer Josef Kerer und Peter Groder. Dieser »neue Kalser Weg«, heute als Stüdlgrat berühmt und begehrt, führt direkt zum Hauptgipfel, ist aber schwierig und verlangt einen sicheren Felsgeher. Johann Stüdl (1839–1925), der Kaufmann aus Prag, kam 1867 nach Kals. Ihm war ein Hüttenbau auf der Fanatscharte (2802 m) wichtig, denn von hier waren sowohl der alte wie der neue Kalser Weg gut und schnell zu erreichen – Stüdl, der »Glocknerherr«, hat damit weitsichtig gehandelt! Dies bestätigen die vielen Glocknerfreunde, die heute vom Parkplatz am Luckner-Haus (1920 m) zur »Stüdlhütte, 2802 m, erbaut von Johann Stüdl im Jahre 1868, erworben vom DAV-Prag 1925, erweitert 1927« hinaufsteigen.

Gleichzeitig mit Stüdl kam der junge Münchner Carl Hofmann nach Kals, und ihm verdanken wir den vierten Glocknerweg: Am 5. August 1869 beging Carl Hofmann mit den Führern Thomas Groder und Josef Kerer den steilen Gletscher von der Adlersruhe zur Pasterze im Abstieg. Der Hofmannsweg über den Hofmannsgletscher zur Adlersruhe ist seitdem der beliebte, allgemein übliche Nordanstieg. In den siebziger Jahren des vorigen Jahrhunderts war die Neuerrichtung einer Hütte auf der Adlersruhe nicht länger aufzuschieben; Alpenverein und Alpen-Club traten dabei in Konkurrenz. Das Hüttenschild berichtet den Ausgang dieses Wettstreits:

»Erzh. Johann-Hütte, erbaut im Jahre 1880, erweitert im Jahre 1891 vom österr. Alpen-Club, Seehöhe 3454 m. Vergrößerungen in den Jahren 1898, 1907, 1929.«

Die Erzherzog-Johann-Hütte auf der Adlersruhe ist der Knotenpunkt aller Normalwege, ob von der Pasterze, von der Salm-Hütte oder von der Stüdl-Hütte. Das schwere eiserne Gipfelkreuz auf dem Großglockner wurde am 2. Oktober 1880 nach »fünftägiger Schinderei« von Kalser Bergführern errichtet. Zur Vorgeschichte ein Ansuchen des Alpen-Clubs an das Kaiserhaus:

»Mit dem Wunsch, Eure Majestäten wollen allergnädigst geruhen, dem Alpen-Club Österreich zur Errichtung dieses Kaiserkreuzes auf der Spitze des Großglockners die allerhöchste Genehmigung zu ertheilen, verharren wir Euren Kaiserlichen und Königlichen Majestäten unterthänigst treu ergebener Alpen-Club Österreich.«

Schon wenige Tage nach Einbringung dieses Gesuches geruhten Franz Joseph I. und seine Elisabeth huldreichst, die Aufstellung des Gipfelkreuzes zu bewilligen. (Mit Auszügen aus »Die Erschließung der Ostalpen«.)

Tourensteckbrief

Ausgangsort
Kals 1325 m, am Großglockner.

Die Tour in Stichworten
Kals 1325 m – Kalser Glocknerstraße – Parkplatz Luckner-Haus 1920 m – Luckner-Hütte 2227 m – Stüdl-Hütte 2802 m – Oberer Mürztaler Steig – Erzherzog-Johann-Hütte 3454 m (Adlersruhe) – Kleinglockner 3783 m – Großglockner 3798 m – Adlersruhe.

Schwierigkeit/Anforderung
IV = sehr schwierig, Gletscher-/Felstour; mittlere Anforderung, 1½-Tage-Tour.
Von Kals auf der Kalser Glocknerstraße (Maut) zum Parkplatz beim Luckner-Haus. (Ab Kals auch Busverbindung.) Ab Parkplatz das Ködnitztal einwärts und auf Fahrweg zur sichtbaren Luckner-Hütte. Von dort markierter, mäßig steiler Steig zur Stüdl-Hütte in der Fanatscharte. (Zugang auch durch das Teischnitztal nahe Kals, 3½ Stunden.) Ab Stüdl-Hütte nach markiertem, teilweise gesichertem Steig über einen steilen, plattigen Schotterrücken zum Rand des Teischnitzkeeses und in kurzer Querung zur mit Stange bezeichneten Einschartung in Luisengrat, der »Schere« (3043 m). Übertritt zum Ködnitzkees und im weiten Nordostbogen mit wenig Höhengewinn zu dem Felssporn, der von der Adlersruhe herab das obere Ködnitzkees begrenzt. Nach Überschreitung der Randkluft beginnen dort die Drahtseilsicherungen, die als Oberer Mürztaler Steig den Zugang zur Erzherzog-Johann-Hütte auf der Adlersruhe erschließen. (Zur Adlersruhe auch von der Hofmanns-Hütte 2442 m oder der Salm-Hütte 2644 m.) Ab Adlersruhe über den Gletscher zum »Glocknerleitl« und in steilem Firnanstieg zu einer Schulter (ca. 3700 m). Dort setzen die Felsen des Kleinglockners an, die steil und sehr ausgesetzt entlang eiserner Sicherungsstangen bis zum Gipfel erstiegen werden. Es folgt der mit Drahtseil gesicherte, sehr steile Abstieg in die Glocknerscharte (3766 m), ihre Überschreitung auf einem waagrechten, sehr schmalen Schneegrat (ca. 5 m) und jenseits der Schlußanstieg über eine gesicherte Platte und Felsstufen zum Großglockner.
Vielbegangene Route, aber nur für erfahrene, gut ausgerüstete Bergsteiger (Seil, Pickel und Steigeisen), sonst mit Führer ab Stüdl-Hütte.
Stüdlgrat = Südwestgrat; Zugang von der Stüdl-Hütte zum Teischnitzkees (siehe oben) und über das Kees, entlang des Luisengrates, zum Einstieg, ca. 3300 m. Anstieg im wesentlichen immer am Grat, keine Drahtseile, nur eingelassene rote Sicherungshaken, Patent Thenius. Die Route kann nicht verfehlt werden, sie führt zum Glocknerkreuz am Gipfel. Kein Klettersteig! Nur für im hochalpinen Steilfels erfahrene Bergsteiger bei besten Verhältnissen!

Höchste Wegestelle/Gipfel
Erzherzog-Johann-Hütte 3454 m auf der Adlersruhe, Kleinglockner 3783 m, Großglockner 3798 m.

Anstiegsleistung

Ab Parkplatz Luckner-Haus 1900, ab Stüdl-Hütte 1000, ab Adlersruhe 350 Höhenmeter.

Abstieg

Wie Anstieg.

Gehzeiten

Parkplatz Luckner-Haus 1920 m – Luckner-Hütte 2227 m – Stüdl-Hütte 2802 m: 2½ Std. Stüdl-Hütte – Adlersruhe 3454 m: 2½ Stunden. Adlersruhe – Kleinglockner 3783 m – Großglockner 3798 m: 1½ Stunden. Abstieg wie Anstieg zur Stüdl-Hütte: 3 Stunden. Gesamtgehzeit: 7 Stunden ab Stüdl-Hütte.

Hütten/Stützpunkte

Luckner-Haus 1920 m, privat, 63 Betten, bewirtschaftet von Anfang Juni bis Mitte Oktober. *Luckner-Hütte* 2227 m, privat, 36 Betten und Matratzenlager, bewirtschaftet von Mitte Juni bis Ende September.

Stüdl-Hütte 2802 m, DAV-Sektion Prag, 80 Betten und Matratzenlager, bewirtschaftet von Ende Juni bis Ende September. *Erzherzog-Johann-Hütte* 3454 m auf der Adlersruhe, ÖAK (Österreichischer Alpenklub), 210 Betten und Matratzenlager, bewirtschaftet von Anfang Juli bis Ende September.

Karten/Führer/Literatur

Kompass-Wanderkarte 1:50000, Blatt 48 »Kals am Großglockner«; Alpenvereinskarte 1:25000, »Großglocknergruppe«. Alpenvereinsführer »Glockner- und Granatspitzgruppe«; Kleiner Führer »Glockner-, Granatspitz- und Venedigergruppe«; Auswahlführer »Hohe Tauern – Südseite«. Sepp Schnürer »Hohe Route Ostalpen«.

Auf fast allen Bildern glänzt das Glocknermassiv mit seiner vergletscherten Nordseite, die Südseite ist weniger bekannt. Für viele Glocknerfreunde ist jedoch diese Ansicht interessant, denn sie zeigt einmal den Stüdlgrat (vom Gipfel in schräger Linie nach links unten) und den leichtesten Anstieg zur Erzherzog-Johann-Hütte auf der Adlersruhe. Ab Stüdl-Hütte quert die Route von der Felszunge am linken Bildrand nach rechts zum Luisengrat, zieht über das flache Ködnitzkees zu dem Felsriegel auf der rechten Seite, der den Oberen Mürztaler Steig hinauf zur kleinen Felsspitze der Adlersruhe trägt.

Granatspitz-Gruppe

Erst spät, nachdem die benachbarten Tauerngebirge, die Glockner- und die Venediger-Gruppe, längst erschlossen waren, wandte sich das bergsteigerische Interesse der Granatspitz-Gruppe zu. Kaum mehr als 100 Jahre sind vergangen, seit die Granatspitze, der Stubacher Sonnblick und der Große Muntanitz, erstmals touristisch bestiegen wurden.

Der Tauernhauptkamm bildet zwischen dem Kalser Tauern und dem Felbertauern auf einer Länge von 12 Kilometern die Querachse. In diesem schmalen Bereich faltet sich das Gebirge zu klotzigen Spitzen aus Zentralgneis auf, während die starke Längsachse nach Süden, der Muntanitzkamm, im Bereich des Muntanitzstockes eine Schieferhülle trägt. Im Hauptkamm, im Muntanitzkamm und in seiner Verlängerung, dem Gradötzkamm, erheben sich 17 Dreitausender, von denen aber bis auf die genannten Hauptgipfel auch heute nur wenig die Rede ist. Die Gletscherdecke der Granatspitz-Gruppe ist arg zerschlissen; sie verteilt sich primär im Hauptkammbereich und glänzt vor allem mit dem Sonnblickkees. Das übrige Eis, nur mehr kärgliche Überreste einer einstigen Pracht, klebt in schmalen Streifen am Haupt- und am Muntanitzkamm. Lediglich das Gradötzkees südlich unter dem Muntanitzstock füllt noch ein größeres Hochbecken.

Von den touristischen Erstbesteigern der Granatspitze und des Stubacher Sonnblicks (24. August 1871), den Grazer Professoren Gustav Demelius und Arthur von Schmid, muß aber gute Kunde zur großen »Austria« nach Wien gedrungen sein. Schon am 25. August 1875 eröffnete die Sektion über dem Ostufer des Weißsees den Urbau der Rudolfs-Hütte, benannt nach Kronprinz Rudolf von Österreich. Damals gedacht als Stützpunkt für die Touren im Hauptkamm und als Bindeglied für den Weg aus dem Stubachtal über den Kalser Tauern in das Dorfer Tal, ist diese einstmalige Hütte heute zu dem supermodernen »Alpinzentrum Hohe Tauern Rudolfs-Hütte« angewachsen.

Die Sudetendeutsche Hütte mit dem mächtigen Nussingkogel (im Bild).

40 Granatspitze
3086 m
Stubacher Sonnblick
3088 m
Rudolfs-Hütte
2315 m

Alpinzentrum am Weißsee

mäßig schwierig
Gletscher-/Felstour

Das Stubachtal dient der Granatspitz-Gruppe als Haupttal und als östliches Grenztal zur Glockner-Gruppe. Vom Weißseebecken unter dem Kalser Tauern (2518 m) bricht es in ausgeprägten Terrassenstufen zum Enzinger Boden (1525 m) und zur Schneiderau (1014 m) ab; die Stub Ache durchfließt den Talboden und mündet bei der Pinzgauer Ortschaft Uttendorf (804 m) in die Salzach. Auch dieses nordseitige Tauerntal mußte seine Wildwasser und Ursprünglichkeit an die Technik abtreten. Staumauern halten die Spiegel des Weißsees und des Tauernmoos-Sees auf der Meereshöhe von 2250 und 2023 Metern fest. Die Stubach-Weißseebahn sorgt sich um die Touristen; sie verbindet den Enzinger Boden mit der Rudolfs-Hütte (2315 m) am Weißsee.

Am 9. Dezember 1979 avancierte die Rudolfs-Hütte in Anwesenheit höchster Spitzen von Alpenverein und Politik zu einem Alpinen Ausbildungszentrum des Österreichischen Alpenvereins. Das vordem schon gut ausgestattete große Haus präsentiert sich seitdem als komfortables Berghotel, das man in dieser Höhe nicht

unbedingt erwartet. Durch die Weißseebahn sind die hauptsächlichen Tourenziele der Rudolfs-Hütte in einer normalen Tagestour zu machen, die erste Auffahrt genügt, um die Granatspitze und den Stubacher Sonnblick zu besteigen. Bis zur letzten Abfahrt bleibt noch Zeit genug, in der Rudolfs-Hütte auszurasten.

Beide Gipfel heben ihren Felsaufbau nur wenig über das Sonnblickkees hinaus. Die überfirnte Granatscharte (2974 m) rückt den 3088 Meter hohen, breitrückigen Sonnblick nach Norden, das Horn der Granatspitze steht ihm mit der Höhe von 3086 Metern kaum nach. Aber die Position ist wichtiger, bei ihr löst sich der Muntanitzkamm nach Süden: Die Granatspitze nimmt die topographische Schlüsselstellung ein, und das gibt ihr den Rang des Hauptgipfels.

Die Tour zu den beiden Gipfeln ist einfach und – wie könnte es anders sein – viel begangen. Eine fast senkrechte, aber gesicherte Felsbarriere am Rotkogel dient als Treppe hinauf zum Sonnblickkees, der nur mäßig steile, spaltenarme Gletscher wirkt auf Anfänger beruhigend, die sorgfältig gelegte Trasse führt sicher zur Granatscharte, wo sich die Wege teilen.

Der Sonnblick bietet den felsigen Südostgrat und die leichtere Route durch seine schuttbedeckte Südflanke an, die Granatspitze lockt mit dem klettertechnisch nur mäßig schwierigen kurzen Anstieg über ihren Ostgrat.

Die Granatscharte ist jedoch auch die erste und höchste Station des St. Pöltener Ostweges zur St. Pöltener Hütte (2481 m) am Felbertauern (siehe Seite 106).

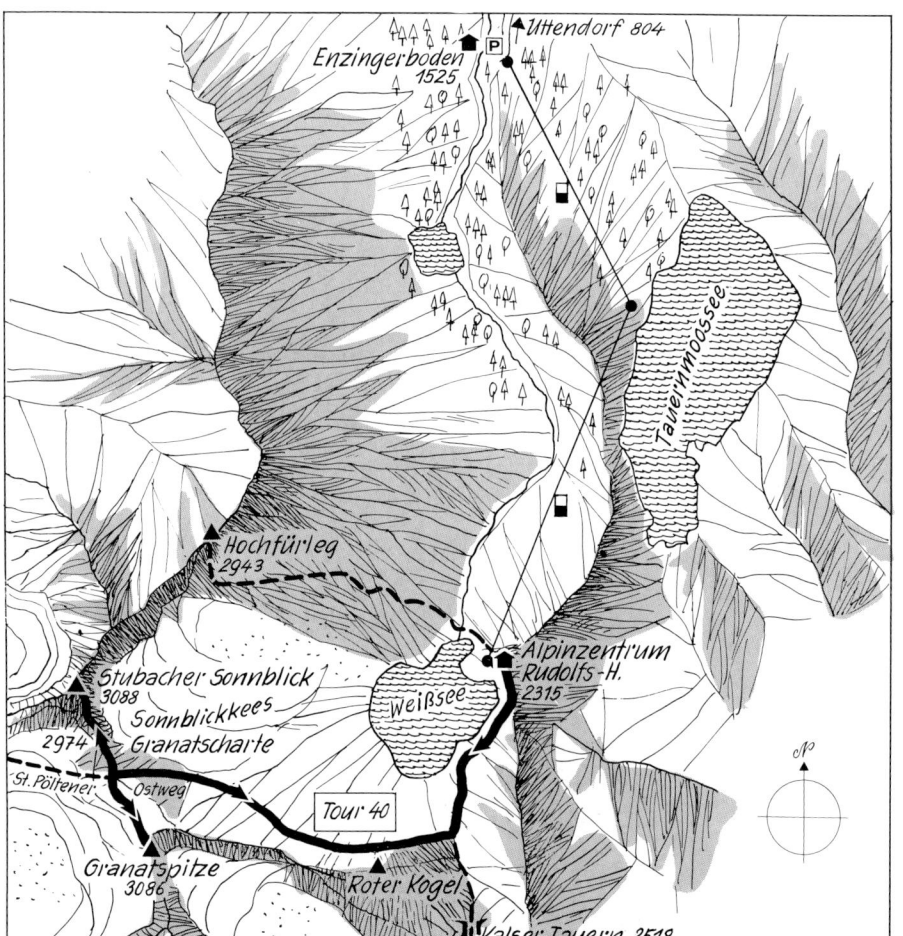

Tourensteckbrief

Ausgangsort
Uttendorf 804 m, im Oberpinzgau.

Die Tour in Stichworten
Uttendorf 804 m – Enzingerboden 1525 m = Talstation Weißseebahn – Bergstation Alpinzentrum Rudolfs-Hütte 2315 m – Granatscharte 2974 m – Stubacher Sonnblick 3088 m – Granatscharte – Granatspitze 3086 m – Rudolfs-Hütte.

Schwierigkeit/Anforderung
II = mäßig schwierig, Gletscher-/Felstour; mäßige Anforderung, Tagestour.
Von Uttendorf im Pinzgau Zufahrt im Stubachtal zur Talstation der Weißseebahn am Enzingerboden, 17 km, Parkplatz. Auffahrt mit Gon-

delseilbahn in zwei Sektionen zur Bergstation bei der Rudolfs-Hütte. Ab Hütte wenig hinab zum Weißsee und mit Steig (711) Richtung Kalser Tauern (2518 m). Vorher, bei ca. 2400 m Höhe, zweigt nach rechts die markierte Anstiegroute (518) zur Granatscharte ab, quert das Weißseekees, überwindet am Roten Kogel einen felsigen, mit Leiter und Drahtseilen gesicherten Steilanstieg hinauf zum Sonnblickkees, das bei etwa 2700 m betreten wird. Mäßig steiler Anstieg nach hölzernen Wegezeichen zur Granatscharte, meist Trasse (Spalten).
Sonnblick: Ab Granatscharte entweder über den blockigen, mäßig steilen Südgrat oder leichter nach Steigspuren im Schotter der Ostflanke zum Gipfel.
Granatspitze: Ab Granatscharte Gletscherquerung zum Ansatz des östlichen Gipfelgrates und etwa 100 Höhenmeter Steilanstieg, teils in

der Ostflanke, über blockigen Fels zum Gipfel. Vielbegangene Routen, aber nur für Bergsteiger mit Eisausrüstung.

Höchste Wegestelle/Gipfel
Granatscharte 2974 m, Stubacher Sonnblick 3088 m, Granatspitze 3086 m.

Anstiegsleistung
Ab Rudolfs-Hütte 900 Höhenmeter für beide Gipfel.

Abstieg
Wie Anstieg.

Gehzeiten
Rudolfs-Hütte 2315 m – Granatscharte 2974 m: 2½ Stunden. Granatscharte – Stubacher Sonnblick 3088 m hin und zurück: 1 Stunde. Granatspitze 3086 m hin und zurück:

Der Stubacher Sonnblick und die benachbarte Granatspitze gehören zu den Wunschgipfeln fast aller Bergsteiger.

1 Stunde. Abstieg Rudolfs-Hütte: 1½ Stunden. Gesamtgehzeit: 6 Stunden.

Hütten/Stützpunkte
Alpinzentrum Rudolfs-Hütte 2315 m, am Weißsee, ÖAV, 200 Betten und Matratzenlager, ganzjährig bewirtschaftet.

Karten/Führer/Literatur
Kompass-Wanderkarte 1:50000, Blatt 39 »Glocknergruppe – Zell am See«; Alpenvereinskarte 1:25000, Blatt »Granatspitzgruppe«. Führer siehe Tour 39.

Felbertauern-straße

Die Eröffnung der Felbertauernstraße am 24. und 25. Juni 1967 war für die Menschen dies- und jenseits des Ostalpenhauptkammes ein notwendiger, sehnlichst herbeigewünschter Brückenschlag. Erinnern wir uns: Die neue, im Jahre 1920 vollzogene Staatsgrenze zwischen Österreich und Italien zerstückelte das Tiroler Stammland in Nordtirol, Südtirol und Osttirol. Fortan waren die Landesteile nicht nur durch die natürliche Barriere des Tauernhauptkammes, sondern auch durch menschliche Willkür voneinander getrennt. Die Osttiroler mußten, um zu ihrer Landeshauptstadt Innsbruck zu gelangen, entweder große Umwege über die österreichischen Bundesländer Kärnten und Salzburg in Kauf nehmen oder durch Südtirol über den Brenner gleich zweimal die Staatsgrenze überschreiten. Um dies zu ändern, gab es nur eine Lösung: den Weg über den Felbertauern.

Die Felbertauernstraße wurde nicht nur in Österreich als handels- und verkehrspolitisches Jahrhundertwerk gefeiert, ganz Europa nahm an diesem Ereignis Anteil und begrüßte den neuen, wintersicheren Alpenübergang! Warum aber mußte diese jüngste inneralpine Verkehrsader ausgerechnet den Felbertauern schneiden? Wollen wir dies erfahren, müssen wir erst einmal aufspüren, wie es früher am Felbertauern war, und wir müssen nachlesen, was uns die Geschichte von diesem uralten Tauernübergang zu berichten weiß.

So gab es schon im Mittelalter nachweisbar rege Verbindungen zwischen dem salzburgischen Pinzgau und dem Iseltal, die über die Paßhöhe des Felbertauern liefen. Ausgangsort im Norden war der Marktflecken Mittersill, im Süden das damals gleichfalls salzburgische Windisch-Matrei – heute Matrei in Osttirol. Dabei fällt auf, daß der Felbertauern nach keinem seiner Ausgangsorte benannt ist. Allem Anschein nach bekam er seine Bezeichnung vom Wehr- und Wohnturm der Herren von Velm, dem heutigen Felberturm im Mittersiller Ortsteil Felben – was darauf hindeutet, daß der »Felberturm« einst unmittelbar am Weg lag und zu dessen Bewachung diente. Von diesem Turm aus zog der Saumpfad in das nach ihm benannte Felbertal hinein, das den Namen zum fast 2500 Meter hohen Paß weiterreichte. Seit 1207 gehörte die Herrschaft nord- und südseits des Tauern den Salzburger Fürstbischöfen, und aus dem Jahre 1350 stammt jenes fürstliche Urbar, das auch die Tauernhäuser, die damaligen »Schwaigen« Schößwend und Spital, auf der Nordseite des Überganges erwähnt. Südseitig scheint »undtern Tawrn« dann auch eine »gast Swaig« im Urbar vom salzburgischen Pfleggericht Windisch-Matrei aus dem Jahre 1488, das spätere »Matreier Tauernhaus«, auf.

Der Gang über den Tauern war ein mühseliges und gefahrvolles Unternehmen. Die Wirte der Tauernhäuser hatten mit ihren Knechten die Aufgabe, »den Weg zu unterhalten, durch Steinhaufen und Schneestangen zu markieren, Reisenden in jeder Hinsicht behilflich zu sein, arme Leute kostenlos zu verpflegen, durch Kontrollgänge, Rufe und Hornstöße Verirrte zu retten und tödlich Verunglückte und Erfrorene zu bergen.« Mit zeitweilig unterschiedlicher Bedeutung verblieb der Felbertauern bis zur Eröffnung der Tauernbahn im Jahre 1909 ein ausgesprochener Handelsweg. Säumerpferde schleppten Lasten bis zu 150 Kilo, Kraxenträger jeweils soviel, wie ihre Kraft hergab, und Viehhändler trieben große Herden des begehrten Matreier Viehs hinüber in den Pinzgau. Vor allem in der zweiten Hälfte des 19. Jahrhunderts ging es am Felbertauern lebhaft zu. Friedrich Simony hinterließ uns anno 1865 eine recht anschauliche Schilderung: »Eine bunte Karawane von Marktleuten, Handwerksburschen, Teppichhändlern und ein langer Trieb von Rindern und Pferden zieht an uns vorbei. Die sichtliche Ermüdung an den zwei- und vierbeinigen Teilhabern des Zuges lässt leicht erraten, daß alle heute den Weg über den Tauern zurückgelegt haben, um am nächsten Tag auf irgendeiner Pinzgauer Dult als Käufer, Verkäufer oder Ware rechtzeitig einzutreffen.«

Wegen seiner Gefahren, vor allem durch Wetterstürze, war der Felbertauern berüchtigt. Die Mittersiller und Matreier Totenbücher verzeichnen über Jahrhunderte hinweg die vielen Verunglückten, die auf diesem Übergang dem Wetter und den Berggefahren, aber auch ihrer Selbstüberschätzung und ihrer schlechten Ausrüstung zum Opfer fielen. Die größte Katastrophe traf am 28. Mai 1878 einen Rindertrieb von 130 Stück Vieh vom Matreier Tauernhaus hinüber zum Pinzgau. Vier Treiber und der Großteil der Tiere kamen in einem Schneesturm elend ums Leben. Aber nicht nur in Geschäften und harter Arbeit, auch in Herzensangelegenheiten waren manche Tauerngänger unterwegs. Junge Burschen suchten hüben und drüben nach Mädchen, und nicht selten mag das Wetter einen Besuch vereitelt haben, wie uns ein Volkslied überliefert:

»Aufn Tauan tuats schauan, tuats Kugle werfn, warum sollt i mei Dirndle nit holsn derfn? Aufn Tauan tuats schauan, zoicht an eiskolta Wind, und s Dirndle tuat trauan, weil da Bue nemma kimmb: und a Schneele hots gschniebn, und da Tauan isch zue, und jetz kuna nemma umma, da Pinzgaua Bue.«

Das allgemeine Eisenbahnfieber in der zweiten Hälfte des 19. Jahrhunderts sah auch im Felbertauern ein lohnendes Projekt. So schrieb die »Lienzer Zeitung« anläßlich ihrer Gründung im Jahre 1886: »Eine Hauptaufgabe des Blattes wird es auch sein, für eine Tauernbahn zu wirken, für eine Schienenverbindung, welche nicht nur dem österreichischen Handel große Vorteile bietet, sondern auch unser herrliches Alpenreich erst vollständig dem Besuche und seine Produkte der Ausfuhr erschließt.« Die Tauernbahn wurde aber durch das Gasteiner Tal mit einem Tunnel zwischen Böckstein und Mallnitz projektiert und in den Jahren 1902 bis 1909 verwirklicht.

Der erste Plan einer modernen Paßstraße mit einem Tunnel unter dem Felbertauern hindurch tauchte schon gegen Ende des 19. Jahrhunderts auf; aber lediglich die Iselstraße von Lienz nach Matrei wurde erneuert – der Felbertauernverkehr kam allmählich zum Erliegen. Dafür kamen als Nachfolger der Händler, Viehtreiber und Handwerksburschen mehr und mehr die Freunde der Gebirgsnatur: Der Felbertauern wurde ein beliebtes Ziel für Bergwanderer, und deshalb eröffnete der Alpenverein im Jahre 1922 auf der Paßhöhe die St. Pöltener Hütte. Um diese Zeit wurde schließlich von Osttiroler Seite wieder die Straße ins Gespräch gebracht, aber es mußten die Jahrzehnte bis 1950 vergehen, ehe die Planung aktiviert werden konnte und am 26. September 1961 die »Felbertauernstraße-Aktiengesellschaft« gegründet wurde.

Baukosten in einer Gesamthöhe von 750 Millionen Schilling hat dieser Alpenübergang bis zu seiner Eröffnung gefordert – leider auch vierzehn Todesopfer. Jahr für Jahr wird die Felbertauernstraße von rund einer Million Fahrzeuge befahren.

Die Nordrampe der Felbertauernstraße hinein zum Hochbecken des Amertales, darüber der Tauernhauptkamm.

41 Nussingkogel
2991 m

Wächter über dem Tauerntal

wenig schwierig
Wandertour

---

*Der Nussingkogel bewacht die Trasse der Fel-
bertauernstraße von Süden aus dem Matreier
Becken hinauf zur Tunnelröhre in 1650 Metern
Höhe. Seine anstiegsfreundliche Seite wendet
er dieser Talschaft zu, denn der Rücken des
Südgrates gibt den Hinweis für diese leichte,
aber wegen des großen Höhenunterschiedes
sehr anstrengende Tour.*

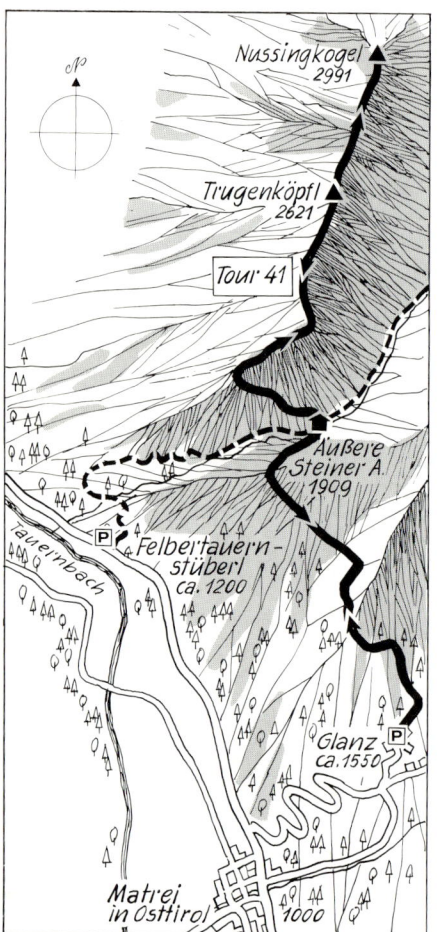

Die westseitige Begrenzung der Granatspitz-Gruppe vollziehen das Felbertal und
»übern Tauern« hinweg im Süden das
Tauerntal. Von Mittersill (790 m) bis unter
den Mitterbergrücken benützt die Felbertauernstraße das Felbertal, schwenkt dort
in einer großen Schleife nach links in das
Amertal und zum Talschluß der Amertaler Ödalpe. Dort durchstößt das Tunnel
mit der Scheitelhöhe von 1650 Meter den
Tauernhauptkamm, das Südportal entläßt
die Straße in das Tauerntal hinab nach
Matrei (1000 m). Wie am Mallnitzer Ei-
senbahntunnel demonstriert auch auf dieser Fahrt der Tauernhauptkamm des öfte-
ren seine Macht als unmittelbare Wetterscheide.

Die ungünstige Verkehrslage vor Eröffnung der Felbertauernstraße war für die
Marktgemeinde Matrei sehr nachteilig,
noch gravierender waren aber die politischen Verhältnisse. Dazu einige Daten:
Mit dem Ende der weltlichen Herrschaft
der Salzburger Fürstbischöfe kam Windisch-Matrei – so hießen Ort und Gemeinde bis 1922 – im Jahre 1805 mit Salzburg auch offiziell zu Österreich. Nach
dem verlorenen Krieg gegen Napoleon
1809 wurde der salzburgische Besitz südlich des Alpenhauptkammes den neuge-
gründeten »illyrischen Provinzen« einver-
leibt, deren Hauptstadt Laibach war. Mit
dem Jahr 1813 endete die französische
Fremdherrschaft; Matrei wurde mit dem

Land Tirol vereinigt. Jetzt erst kamen die Matreier nach und nach zu jenen Vergünstigungen, die in Tirol längst Allgemeingut waren, als Salzburg noch unter der klerikalen Rückständigkeit seiner Fürstbischöfe litt. Neben dem Säumerverdienst am Felbertauern war in der zweiten Hälfte des 19. Jahrhunderts die Viehzucht eine Haupteinnahmequelle. Der Bahnbau im Pustertal (1870/71) und die Verbesserung der Iseltalstraße brachten erste Erholungssuchende und auch Alpenreisende nach Matrei. Diese günstige Entwicklung stoppten der Erste Weltkrieg und die neue Grenze zu Italien. Zu dieser Zeit war aber Matrei in Osttirol als idealer südseitiger Ausgangsort für Hochtouren in die Glockner-, Granatspitz- und Venediger-Gruppe bei den Bergsteigern längst bekannt und beliebt – der Deutsche und Österreichische Alpenverein waren die Wegbereiter des Matreier Fremdenverkehrs.

In der Abfahrt vom Südportal nach Matrei tritt nach wenigen Kilometern ein Berg mit wehrhafter Felsfront besonders in Erscheinung. Der Muntanitzkamm schiebt den Nussingkogel nach Südwesten vor und bestellt ihn zum Wächter des Tauerntales. Aus der Sicht vom Iseltal gewinnt der »Nussing« noch an Höhe und Gestalt, aber im Vergleich zur Nordflanke kann man sich am Südgrat, der dem Berg eine interessante Kegelform gibt, einen Anstieg vorstellen. »Die Granatspitzgruppe bietet eine prächtige Aussicht auf die Venediger- und Glocknergruppe und die Stille ihrer Täler und Höhen lassen diese Gruppe für Naturgenießer besonders begehrenswert erscheinen«, schreibt ein Chronist in den dreißiger Jahren. Zu diesem Satz hätte er gleich den 2991 Meter hohen Nussingkogel empfehlen können.

Der Aufenthalt am Gipfel gewährt großartige Aussichten und eine paradiesische Stille, aber nur dem zähen, ausdauernden Bergwanderer, den der enorme Höhenunterschied von fast 2000 Metern mehr ansporrnt als schreckt. Wer Kräfte sparen will, beginnt diese Tour oben in Glanz (ca. 1550 m), etwas länger braucht man ab Felbertauern-Stüberl an der Felbertauernstraße. Die idyllische Äußere Steiner Alm (1909 m) am Südfuß des Nussingkogels ist die Brücke hinein in seine Einsamkeit, Weglosigkeit und Stille.

Am Südgrat des Nussingkogels. Die durch vereinzelte Steinpfähle markierte, weglose Route hält den Gratverlauf ein, weicht nur wenig in die Westflanke aus, aber ein steter, gleichmäßiger Schritt besiegt schließlich auch den Nussingkogel.

Tourensteckbrief

Ausgangsort
Matrei 1000 m, in Osttirol.

Die Tour in Stichworten
Matrei 1000 m – Äußere Steiner Alm 1909 m – Nussingkogel 2991 m – Äußere Steiner Alm – Matrei.

Schwierigkeit/Anforderung
I = wenig schwierig, Wandertour; große Anforderung, Tagestour.
Ab Matrei: Entweder vom Felbertauernstüberl (ca. 1200 m) an der Felbertauernstraße auf Almsteig direkt zur Äußeren Steiner Alm oder Auffahrt über Hinterburg zur Streusiedlung Glanz zu einem kleinen Parkplatz vor dem obersten Bauernhof, ca. 1550 m. Ab Parkplatz zum Straßenende und nach Schild »Edelweißwiesen/Äußere Steiner Alm« auf Almweg und Steig zur Äußeren Steiner Alm. Von hier durch die Almeinfriedung talauswärts Richtung Innere Steiner Alm, bis eine Hütte mit Schrägdach in Sicht kommt. Nun vom Steig nach rechts weglos über steile, grasige Berghänge mühsam zum Südrücken des Nussingkogels. Bei einem großen Steinmann (ca. 2350 m) beginnt der steile Anstieg über den breiten grasigen Rücken nach Steigspuren und Steinmännern hinauf zum Südgrat und über das Trugenköpfl (2621 m) zu den Felsplatten im Gipfelbereich. Einsame Route, nur für ausdauernde, erfahrene Bergwanderer.

Höchste Wegstelle/Gipfel
Nussingkogel 2991 m.

Anstiegsleistung
Ab Parkplatz Glanz 1400, ab Parkplatz Felbertauernstüberl 1800 Höhenmeter.

Abstieg
Wie Anstieg.

Gehzeiten
Parkplatz Glanz ca. 1550 m – Äußere Steiner Alm 1909 m: 1½ Stunden, ab Felbertauernstüberl: 2 Stunden. Äußere Steiner Alm – Nussingkogel 2991 m: 3 Stunden. Abstieg wie Anstieg: 3½–4 Stunden.
Gesamtgehzeit: 8–9 Stunden.

Hütten/Stützpunkte
Äußere Steiner Alm 1909 m, Jausenstation.

Karten/Führer/Literatur
Siehe Tour 43.

Tip
Von der Äußeren Steiner Alm Anstieg zur Sudetendeutschen Hütte, 2 Stunden.

Granatspitz-Gruppe

42 Großer Muntanitz

3232 m

Kleiner Muntanitz

3192 m

Gradötzspitze

3063 m

Sudetendeutsche Hütte

2658 m

Sudetendeutsche Bergheimat

mäßig schwierig
Wander-/Fels-/Gletschertour

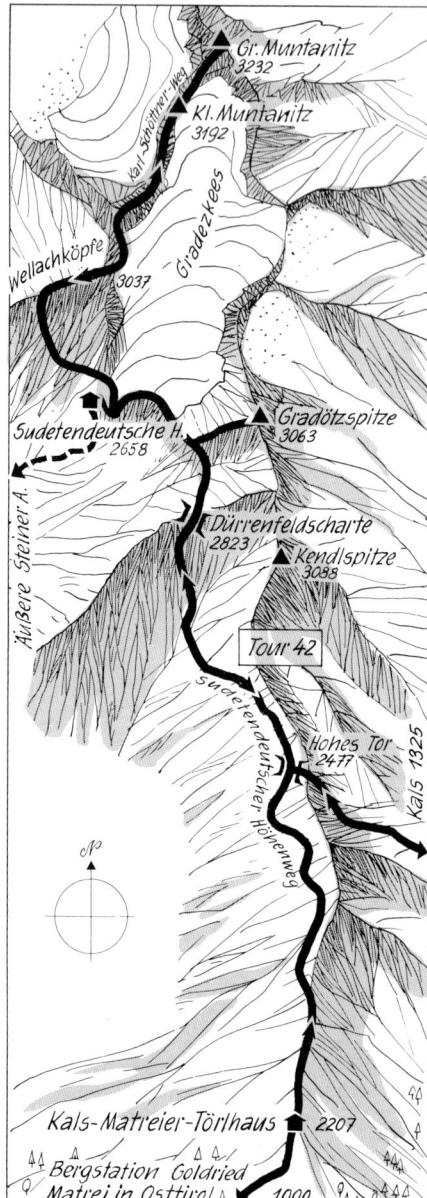

Als Arthur von Schmid mit dem Führer Thomas Groder am 2. September 1871 zum Großen Muntanitz aufbrach, war die genaue Lage und Höhe des Berges nicht bekannt; man vermutete, daß er höher sein müsse als die wenige Tage vorher erstmals bestiegenen Gipfel des Stubacher Sonnblicks und der Granatspitze. Nach 7 Stunden Wegsuche stellten sie fest, daß sie sich auf dem höchsten Gipfel der Granatspitz-Gruppe befanden! Dieser Gruppenname für das Gebirge zwischen dem Kalser Tauern und dem Felbertauern bürgerte sich erst nach 1873 allgemein ein.

Auch nach seiner »Entdeckung« blieb der Große Muntanitz nur wenig bekannt, mit dem Hüttenbau der Sudetendeutschen Sektionen auf der Oberen Steiner Alm in den Jahren 1928/29 kamen jedoch auch zu ihm neue Impulse. Die Sudetendeutsche Hütte fördert heute, nachdem Kals und Matrei zu sehr beliebten Osttiroler Ferienorten aufstiegen, die lebhafte Touristik im südlichen Raum der Granatspitz-Gruppe. Die Wege sind weit, aber der »fitnessbewußte«, gehtüchtige Urlaubsgast scheut weder Zeit noch Anstrengung, die Schutzhütten im Umkreis seines Ortes zu

besuchen. Tageswanderer und Bergsteiger kommen zu der heimeligen Sudetendeutschen Hütte von Matrei über die Äußere Steiner Alm (1909 m, 4 bis 5 Stunden) oder von der Goldried-Bergstation (2160 m) über das Kals-Matreier Törlhaus (2207 m, Urbau 1876!) auf dem Sudetendeutschen Höhenweg (5 bis 6 Stunden). In den Höhenweg mündet am Hohen Tor (2477 m) die kürzeste Route (3 bis 4 Stunden), der Aussig-Teplitzer Weg, ein, der von Kals mit dem Lift zum »Glocknerblick« (1970 m) einen günstigen Zubringer hat. Der Sudetendeutsche Höhenweg gilt für Matrei wie für Kals wegen seiner landschaftlichen Schönheit als erstklassiges Aushängeschild, ist aber als grasiger Flankensteig bei Nässe und Schnee gefährlich! Der Steinmann auf der Dürrenfeldscharte (2823 m) markiert den höchsten Punkt. Die plötzliche Sicht in das hochalpine Refugium der Sudetendeutschen Hütte von der Gradötzspitze über den Muntanitzstock bis zum Nussingkogel, darin eingebettet die Gletschermulde des Gradötzkeeses, kommt völlig überraschend. Hier sollte man rasten und schauen, denn dieses Bild beschreibt den Tourenverlauf zum Großen Muntanitz und zur Gradötzspitze.

Eine breite Felsflanke hebt den Großen Muntanitz, 3232 Meter, aus dem Gradötzkees, von ihm schwingt die Berglinie über die Senke des Kampl 3129 m zur Spitze des Kleinen Muntanitz 3192 Meter, fällt über die Wellachköpfe hinab zu der weiten Gratschneide, die hinüberzieht zum Nussingkogel. Von der sichtbaren Sudetendeutschen Hütte führt der vorbildlich markierte Karl-Schöttner-Weg bei etwa 2900 Meter Höhe zum Anschluß an die Wellachköpfe. Die Route nützt die vorteilhafte südwestliche Anordnung dieser flachen Schieferhäupter bis zum Kleinen Muntanitz. Den notwendigen steilen nordseitigen Abstieg sichern einige Meter Drahtseil, aber trotzdem Vorsicht! Bei Eis und Schnee kann diese Felstraverse ein ernsthaftes Hindernis vor dem schon nahen Gipfelkreuz des Großen Muntanitz sein.

Den Bereich der Sudetendeutschen Hütte beherrscht die Gradötzspitze. Im Zugang von der Dürrenfeldscharte zur Hütte oder auf dem Rückweg fordert ihr Gipfelsteinmann – wenn auch weglos – nur etwa 1 Gehstunde hin und zurück. Diese günstige Gelegenheit sollte kein Bergsteiger ausschlagen, denn die Gipfelhöhe von 3063 Metern ist so recht geeignet, die Bergheimat der früheren Sudetendeutschen Alpenvereinssektionen in einer großen Umschau zu würdigen.

Tourensteckbrief

Ausgangsort
Matrei 1000 m, in Osttirol; oder Kals 1325 m, am Großglockner.

Die Tour in Stichworten
Matrei 1000 m oder Kals 1325 m – Sudetendeutscher Höhenweg – Dürrenfeldscharte 2823 m – Sudetendeutsche Hütte 2658 m – Kleiner Muntanitz 3192 m – Großer Muntanitz 3232 m – Sudetendeutsche Hütte – Gradötzspitze 3063 m – Sudetendeutscher Höhenweg – Matrei oder Kals.

Schwierigkeit/Anforderung
II = mäßig schwierig, Wander-/Fels-/Gletschertour; mittlere Anforderung, 2-Tage-Tour.

Ab Matrei: Mit Lift zur Bergstation Goldried (2160 m), dem Goldriedweg zum Kals-Matreier-Törlhaus (2207 m) und dem Sudetendeutschen Höhenweg (502) zur Sudetendeutschen Hütte. Oder direkter Hüttenzugang vom Felbertauernstüberl an der Felbertauernstraße über die Äußere Steiner Alm (1909 m).

Ab Kals: Von Großdorf (1364 m) mit Lift zur Bergstation Glocknerblick (1970 m), dem Aussig-Teplitzer-Weg (516) zum Hohen Tor (2477 m) und von dort auf dem Sudetendeutschen Höhenweg zur Hütte.

Großer Muntanitz: Ab Hütte auf markiertem Steig zum Steinmann »Auf dem Wellach« (2877 m) und über ein Ewigschneefeld mäßig steil zum Steinmann am Grat darüber. Über die breiten Rücken der Wellachköpfe (3037 m, 3110 m, 3117 m) leicht ansteigend zum Kleinen Muntanitz. Dort mit Drahtseilsicherung nordseitiger, sehr steiler kurzer Felsabstieg zum Sattel des Kampl (3129 m) und einfacher Wiederanstieg zum Großen Muntanitz.

Durchgehend markierte Route, wenig Gletscherberührung, Pickel vorteilhaft.

Gradötzspitze: Ab Hütte bis unter die Dürrenfeldscharte, von dort weglos über die unteren Moränenhügel nach links in die westseitige Gipfelflanke und steil über Steinhalden und Blöcke zum Gipfelkreuz.

Höchste Wegestelle/Gipfel

Dürrenfeldscharte 2823 m, Kleiner Muntanitz 3192 m, Großer Muntanitz 3232 m, Gradötzspitze 3063 m.

Anstiegsleistung

Ab Bergstationen Goldried oder Glocknerblick 1300, ab Sudetendeutsche Hütte 600 Höhenmeter – 300 Höhenmeter Gradötzspitze.

Abstieg

Siehe Tourenverlauf.

Gehzeiten

Zur Sudetendeutschen Hütte 2658 m: Ab Bergstation Goldried 2160 m: 4½ Stunden, ab Glocknerblick 1970 m: 3½ Stunden. Hütte – Kleiner Muntanitz 3192 m – Großer Muntanitz 3232 m: 2½ Stunden. Abstieg zur Hütte: 2 Stunden. Zur Gradötzspitze 3063 m hin und zurück: 2 Stunden. Zurück zu den Bergstationen: siehe Anstiegszeiten.

Gesamtgehzeit: 14–15 Stunden.

Hütten/Stützpunkte

Sudetendeutsche Hütte 2658 m, DAV-Sektion »Verein Sudetendeutsche Hütte«, 50 Betten und Matratzenlager, bewirtschaftet von Anfang Juli bis Ende September.

Karten/Führer/Literatur

Siehe Tour 43.

Der Anstieg von der Sudetendeutschen Hütte zum Großen Muntanitz ist einfach, aber die Querung dieser Felsflanke nordseits des Kleinen Muntanitz kann trotz des Sicherungsseiles bei vereistem Fels heikel sein.

Granatspitz-Gruppe

43 Meßlingkogel
2694 m

Hochgasser
2922 m

St. Pöltener Hütte
2481 m

Am St. Pöltener Ostweg

*wenig schwierig
Wandertour*

Jeder »Tauern« – so werden seit vorgeschichtlicher Zeit die östlichen Übergänge im Alpenhauptkamm genannt – bekam im Mittelalter zur Sicherung der Reisenden ein Tauernhaus (siehe »Felbertauernstraße«, Seite 100). Auf der Südseite des Felbertauern mußte das Matreier Tauernhaus (1512 m) dieser Aufgabe nachgehen und Bedürftige auch kostenlos verpflegen. Heute ist dieses Tauernhaus ein ansehnlicher Touristengasthof und ein beliebtes Ausflugsziel. Die öffentliche Straße läuft hier aus, hinein ins Innergschlöß führt ein Almsträßchen, hinauf zur St. Pöltener Hütte nur mehr ein Alpenvereinssteig, aber zudem ein Sessellift zur Bergstation »Venedigerblick« (2000 m). Im Winter wedeln die Skifahrer herab zum Tauernhaus, im Sommer freuen sich die Bergwanderer über die Aufstiegshilfe, denn die St. Pöltener Hütte und ihre Gipfel Meßlingkogel 2694 m, Hochgasser 2922 m, Hörndl 2852 m und Tauernkogel 2989 m rücken damit näher. Für unsere Tagestour wählen wir aus diesem Angebot den Meßlingkogel und den Hochgasser.

An der Station »Venedigerblick« zeigt ein Wegweiser den direkten und kürzesten Zugang über das »Zirbenkreuz« (1984 m) zur St. Pöltener Hütte (2 Stunden). Das Wandererlebnis füllt jedoch diesen Tag unvergleichlich schöner aus, wenn wir den Grünsee, den Schwarzsee und Grausee, den Meßlingkogel, den Hochgasser und die St. Pöltener Hütte in dieser Reihenfolge mit unserem Ausgangsort verbinden. Ein Sturzbach verrät die Lage des »Grünen Sees« (2246 m), bis hierher wandern noch viele Tagesausflügler mit – an seinem flachen Ufer, im frischen Wiesengrün nahe der Grünsee-Hütte (2230 m, Privathütte der AV-Sektion Matrei), in der Aussicht ins Innergschlöß und zum Eis des Schlatenkeeses am Großvenediger, läßt sich ein Tag gemütlich verbummeln.

Der Grünsee ist im St. Pöltener Ostweg eine wichtige Station. Dieser »Weg« verbindet entlang des Tauernhauptkammes die Rudolfs-Hütte am Weißsee (2315 m) mit der St. Pöltener Hütte (2481 m) am Felbertauern. Der Bau dieser ausgedehnten, etwa 12 Kilometer langen Steiganlage begann schon 1910, aber erst im Nachkriegsjahr 1922 konnte sie offiziell eröff-

net werden. Diese hochalpine Überschreitung der Granatspitz-Gruppe war schon früh ein Ziel ehrgeiziger Hochtouristen, für eine wegekundige Führung mußten fünf Goldgulden bezahlt werden! Damals gab es noch nicht die St. Pöltener Hütte, auch die Karl-Fürst-Hütte (2510 m, Selbstversorger, eröffnet am 28. 8. 1937) war als Notunterkunft noch nicht vorhanden; die Rudolfs-Hütte bot den einzigen Stützpunkt. Der Ostweg verlangt auch heute noch außerordentliche Anstrengungen in dem vielen Auf und Ab zu hohen Scharten; auch bei günstigen Verhältnissen wird ein guter Geher 8 bis 10 Stunden von Hütte zu Hütte unterwegs sein.

Von der Rudolfs-Hütte kommen die Ostweggeher nach etwa 7 Stunden zum Grünsee, die St. Pöltener Hütte ist aber immer noch mindestens 2 Stunden entfernt; ab Grünsee ist demnach der »Fluchtweg« hinab zur nahen Venedigerblick-Bergstation sehr wichtig! Der Steig über die Karschwellen des Schwarzen 2344 m und des Grauen Sees 2500 m hinauf zur Meßlingscharte 2563 m fordert die Ostweggeher nochmals. In unserer Tagestour hebt er jedoch die Erwartung, die wir dem Meßlingkogel entgegenbringen – sein Gipfelkreuz schaut herab zur Seenstufe. Der kurze, aber steile Anstieg von der Scharte über blockigen Fels zum Gipfelplateau in 2694 Meter Meereshöhe läßt ahnen, daß der schönste »Venedigerblick« nicht unten an der Bergstation, sondern oben am Meßlingkogel wartet. Die Aussicht in das Gletscherreich des Großvenediger überrascht auch verwöhnte Leute. Der Meßlingkogel ist aber nur ein Vorbote des Hochgasser, der letzten bedeutenden Höhenkote des Hauptkammes vor dem Felbertauern. Der Ostweg zieht von der Meßlingscharte fast horizontal hinüber zum Alten Tauern (2498 m); dort bezeichnet ein Wegweiser den leichten und nur mäßig steilen Anstieg zum Hochgasser. Übersichtlich und gut markiert läuft die Route über den plattigen Schotter der Westhänge hinauf zur Gipfelkante in 2922 Meter Höhe. Der jähe Blick über die fast senkrechte Bratschenwand hinab zum Kessel der Amertaler Ödalpe ist fast zu fürchten, wenn man sich zu weit nach vorne neigt: 1300 Meter tiefer bohrt die Felbertauernstraße ihren Tunnel durch den harten Gneiskern des Hochgasser zur Südseite des Hauptkammes. Zurück am Alten

Zur St. Pöltener Hütte am Felbertauern kommen Zugänge von Norden und von Süden. Auch der St. Pöltener Ostweg und der Westweg treffen am Felbertauern ein.

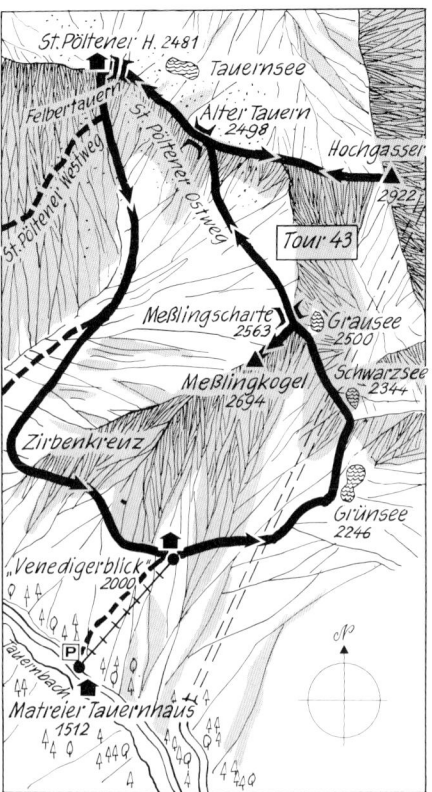

Tauern steht nur noch die Höhe des Weinbühel (2545 m) vor unserer Ankunft am Felbertauern. Wie viele Male mag wohl für die Tauerngänger vergangener Jahrhunderte der schmale Einschnitt des Tauern die endlich erreichte höchste Wegetappe – 2460 Meter – gewesen sein?

»Am Tauernkreuz auf altem Übergang
der Ruf der Säumer einst erklang.
Sie saßen hier zu kurzer Rast, weit war der
Weg und schwer die Last.«

Am Tauern war für sie keine Bleibe. Das Wetter, die Stunde, der noch beschwerliche Abstieg zum nord- oder zum südseitigen Tauernhaus erzwang den Aufbruch. Uns erwartet, drüben auf der Westseite des Passes etwas erhöht, die gemütliche St. Pöltener Hütte. Die Alpenvereinssektion St. Pölten begrüßt ihre Gäste:

»Dies sei ein Heim in Sturm und Regen,
der oft den Wanderer trifft auf seinen Wegen,
ein sicheres Dach im Kampf mit Eis und Schnee,
hoch auf dem Kamm der Felbertauern Höh'.
Doch fordert nicht nur Schutz von ihr allein,
behandelt auch die Hütte wie ein Heim.
Zu Eurem Schutze ist sie hier erbaut,
und Eurem Schutze ist sie anvertraut.«

Tourensteckbrief

Ausgangsort
Matreier Tauernhaus 1512 m, im Tauerntal.

Die Tour in Stichworten
Matreier Tauernhaus 1512 m – Lift »Venedigerblick« Bergstation 2000 m – Grünsee 2246 m – Schwarzsee 2344 m – Grausee 2500 m – Meßlingscharte 2563 m – Meßlingkogel 2694 m – Alter Tauern 2498 m – Hochgasser 2922 m – Weinbühel 2545 m – St. Pöltener Hütte 2481 m – Bergstation »Venedigerblick«.

Schwierigkeit/Anforderung
I = wenig schwierig, Wandertour; mittlere Anforderung, Tagestour.
Vom Matreier Tauernhaus (Busverkehr von Matrei) mit Sessellift zur Bergstation »Venedigerblick« und nach markiertem Steig (513) über die Dreiseenstufe mäßig steil zur Meßlingscharte. Von dort kurze, markierte Stichtour zum Meßlingkogel. Ab Scharte auf Steig (513) zum Alten Tauern vor dem Weinbühel. Nach Wegweiser mäßig steiler, markierter Anstieg zum Hochgasser, wieder zurück zur Abzweigung und über den Weinbühel zur nahen St. Pöltener Hütte. Ab Hütte auf dem kürzesten Hüttenzugang über das Zirbenkreuz zur Bergstation Venedigerblick.
Durchgehend markierte Routen, nur für ausdauernde Bergwanderer.

Höchste Wegestelle/Gipfel
Meßlingkogel 2694 m, Hochgasser 2922 m.

Anstiegsleistung
Ab Bergstation 1100 Höhenmeter.

Abstieg
Siehe Tourenverlauf.

Gehzeiten
Bergstation Venedigerblick 2000 m – Meßlingscharte 2563 m: 1½ Stunden. Meßlingkogel 2694 m hin und zurück: ½ Stunde. Meßlingscharte – Alter Tauern 2498 m: ½ Stunde. Hochgasser 2922 m hin und zurück: 2½ Stunden. Alter Tauern – St. Pöltener Hütte 2481 m: ½ Stunde. Abstieg Bergstation: 1½ Stunden. Gesamtgehzeit: 7 Stunden.

Hütten/Stützpunkte
St. Pöltener Hütte 2481 m, ÖAV-Sektion St. Pölten, 69 Betten und Matratzenlager, bewirtschaftet von Mitte Juni bis Ende September.

Karten/Führer/Literatur
Kompass-Wanderkarte 1:50000, Blatt 46 »Matrei in Osttirol – Venedigergruppe«; Blatt 38 »Venedigergruppe – Oberpinzgau«; Alpenvereinskarte 1:25000, Blatt »Granatspitzgruppe«. Alpenvereinsführer »Glockner- und Granatspitzgruppe«; Kleiner Führer »Glockner-, Granatspitz- und Venedigergruppe«. Sepp Schnürer »Hohe Route Ostalpen«.

Tip
Im Kammzug vom Hochgasser nach Norden ragt das Hörndl, 2852 m, ab Alter Tauern (Tafel) markierte Anstiegsroute.

Venediger-Gruppe

Die Venediger-Gruppe ist so sehr von ihrem Hauptgipfel geprägt, daß auch noch heute, bald 150 Jahre nach der Erstbesteigung, der Großvenediger die vorrangige Touristik an sich zieht.

Die älteste und kartographisch belegte Kunde vom Venediger-Gebirge verdanken wir Peter Anich (1723–1766) aus Oberperfuß in Tirol. Sein Schüler Blasius Hueber vollendete nach dem frühen Tod des Meisters dessen Werk, und 1774 erschien der »Atlas Tyrolensis«, eine hervorragende Arbeit der damaligen Kartographie. In ihm sind zwei Dutzend Bergnamen in dem Gebiet aufgezeigt, das uns heute als Venediger-Gruppe bekannt ist; einen Venediger verzeichnet die Karte jedoch nicht. Dieser Name scheint schriftlich erstmals in einem Zusatz zu einem Grenzbegehungsprotokoll vom 3. August 1797 auf, den Ignaz von Kürsinger wie folgt erwähnt: ». . . dass man von dem sogenannten sehr hohen Gebürg-Spitz, der Venediger genannt, bis in einer weiten entfernung eine Stadt an einem grossen See sechen könnte, welche der Sage nach die Stadt Venedig sein sollte.« Bis heute konnte kein Historiker die Herkunft des Namens zweifelsfrei klären. In der Kartographie weist erstmals die Landesaufnahme Salzburg von 1807 und 1808 einen Untersulzbacher und Obersulzbacher Venediger auf. Zur Zeit der Erstbesteigung des Großglockners war demnach der Großvenediger so gut wie unbekannt.

Im Zuge der Tauernkette von Ost nach West ist die Venediger-Gruppe das westlichste Glied. Der Tauernhauptkamm unternimmt am Felbertauern einen neuen Aufschwung, mit dem Kratzenberg 3023 m errichtet er die erste Dreitausenderkote, steigert sich über den Plattigen Habach 3214 m zum Kleinvenediger 3477 m und erhebt den Großvenediger in die Meereshöhe von 3674 Meter. Im Gegensatz zum Großglockner ragt er als absoluter Kulminationspunkt im Zentrum seiner Gruppe und im Tauernhaupt-

kamm. Der Großglockner ist der höchste Gipfel der Hohen Tauern, der Großvenediger aber der höchste Punkt im Tauernhauptkamm. Die Alpingeographie bestimmt die Birnlücke als westliche Grenze der Venediger-Gruppe innerhalb des Hauptkammes, das Salzachtal im Abschnitt von Krimml nach Mittersill bildet die Nordgrenze. Von ihm ziehen lange, schmale Täler zum Hauptkamm, der westliche Einschnitt, das Krimmler Tal, schließt zur Birnlücke auf. Den Raum südlich des Hauptkammes gliedern kurze Steiltäler hinab zur Querfurche des Virgentales.

Im Vergleich zu anderen Zentralgruppen der Hohen Tauern weist die Venediger-Gruppe die stärkste Vergletscherung auf. Nach einer Messung von 1966/67 bedeken Eis und Firn 22,2 Prozent der Gesamtfläche. Die Gletscher verteilen sich nahezu gleichmäßig auf die Nord- und Südseite des Hauptkammes vom Kratzenberg im Osten bis zur Dreiherrnspitze im Südwesten. Vom Mittelpunkt am Großvenediger greifen die hohen Firn- und Eisdächer in alle Richtungen hin weit aus und bewahren uns eine Naturlandschaft von unschätzbarem Wert.

Nachdem seine Position und sein Ruf, der höchste Gipfel zu sein, eine sichere Erkenntnis waren, stand der Großvenediger im Mittelpunkt der frühen Erschließung. Im Jahre 1842 wurde er in einem Ansturm aus dem Salzachtal erobert. Erzherzog Johann (1782–1859) wagte schon 1828 den ersten Versuch. Dieser fürstliche Bergfreund aus dem österreichischen Kaiserhaus trat in den frühen Jahrzehnten des 19. Jahrhunderts als großherziger und freigebiger Förderer der ostalpinen Erschließung hervor. Sein Wirken und sein Name sind mit der Ortler-Gruppe und in den Hohen Tauern mit der Glockner- und der Venediger-Gruppe eng verbunden. Nachdem sich in den Jahren nach 1850 der Südanstieg zum Großvenediger vor allem durch die Unternehmungen von Franz Keil und Friedrich Simony rasch einführte, stellte Erzherzog Johann die Mittel für einen Stützpunkt im Dorfer Tal bereit. Die Hütte erhielt den Namen ihres Förderers und im Jahre 1957 eine Tafel:

»Zur dauernden Erinnerung an den Erbauer der Johannishütte, den berühmten sudetendeutschen Geoplasten und Alpenfreund Franz Keil, geb. 1822 in Graslitz im Erzgebirge, gest. 1876 in Marburg.

Enthüllt anläßlich des hundertjährigen Bestandes der Johannishütte am 17. August 1957, Sektion Prag des Deutschen Alpenvereins.«

Der Großvenediger: Wir sehen die Südwestseite mit dem Dorfer Kees; rechts das Rainer Horn und der flache Giebel des Hohen Zaun.

44 Tauernkogel
2989 m
St. Pöltener
Westweg
Prager Hütten
2489 m und 2796 m

Im Vorfeld des Großvenediger

wenig schwierig
Wander-/Felstour

Wer auf dem St. Pöltener Westweg zu den Prager Hütten wandern möchte, sollte sich drei Tage Zeit nehmen. Der erste Tag gehört dem Hüttenanstieg und der Besteigung des Tauernkogels.

Die St. Pöltener Hütte (2481 m) steht am Hang westlich der Felbertauern-Paßkerbe, leider muß sie diesen schönen Platz mit einer mächtigen Stromleitung teilen. Am Paß wechselt der Tauernhauptkamm in die Venediger-Gruppe über, ihr erster Gipfel, der 2989 Meter hohe Tauernkogel, steht fast in Tuchfühlung mit der St. Pöltener Hütte. Näher, günstiger und auch dankbarer kann kein Hausberg sein, und so wird der Tauernkogel fleißig besucht. Der gut markierte Anstieg ist steil, für einen geübten Geher aber kein Problem, auch wenn sich der grobblockige Ostgrat noch so sehr auftürmt. Die umfassende Sicht vom Gipfelkreuz zeigt das gewaltige östliche Gletscherdach der Venedigerberge, das Schlatenkees, an dessen Eisrand wir den Standort der Prager Hütten wissen.

Der zweite Tag verlangt einen frühen Aufbruch, denn der St. Pöltener Westweg hinüber zu den Prager Hütten dehnt sich länger, als man glaubt. St. Pöltener Ost- und Westweg! Diese beiden Wegeanlagen im Tauernkamm ermöglichen dem Bergsteiger den Übergang vom Großglockner zum Großvenediger, ohne in ein Tal absteigen zu müssen. Daß diese beiden Wege nicht kurz sein können, große Ausdauer und Anstrengung verlangen, ist ein Zeichen ihrer außerordentlichen Bedeutung im Ostalpenraum. Der längere dieser beiden Wege, der Ostweg, sorgt am Felbertauern für den Anschluß an die Venediger-Gruppe, der Westweg, unschwieriger und

kürzer, aber dennoch eindrucksvoll, führt von der St. Pöltener Hütte zur Alten Prager Hütte und damit bis unter das Haupt des Großvenediger. Nach 6 bis 7 Stunden Wanderfreude spüren wir den Eishauch des Großvenediger.

Die Alte Prager Hütte (2489 m), eine der ältesten Alpenvereinshütten der Ostalpen (Urbau 1873), schmiegt sich hoch über den Steilabstürzen des unteren Schlatenkeeses ins Gelände und ist einfach bewirtschaftet. Die Neue Prager Hütte (2796 m) grüßt zu ihrer kleinen, bescheidenen Schwester herab, nach 1 Gehstunde legen wir die Rucksäcke auf die Hüttenbank. Die Prager Hütten unterstützen den wohl schönsten Zugang zum Großvenediger, den Anstieg aus dem Innergschlöß über das Schlatenkees. Die Neue Prager Hütte, erbaut in den Jahren 1902/04, unterliegt deshalb einer starken Belastung. Seit Anfang der achtziger Jahre finanziert jedoch der Deutsche Alpenverein die großzügige Erweiterung und Modernisierung dieses wichtigen Schutzhauses; Schlaf-, Sitz- und Sanitärprobleme gibt es ab 1984 nicht mehr.

Der dritte Tourentag gehört nur noch dem Bergab. Die Schleife des Gletscherweges hinunter zum grünen Talgrund in Innergschlöß als Idealroute ist der gebührende Ausklang dieser »Wanderung für gehobene Ansprüche«!

(Mit Auszügen aus »Hohe Routen Ostalpen«.)

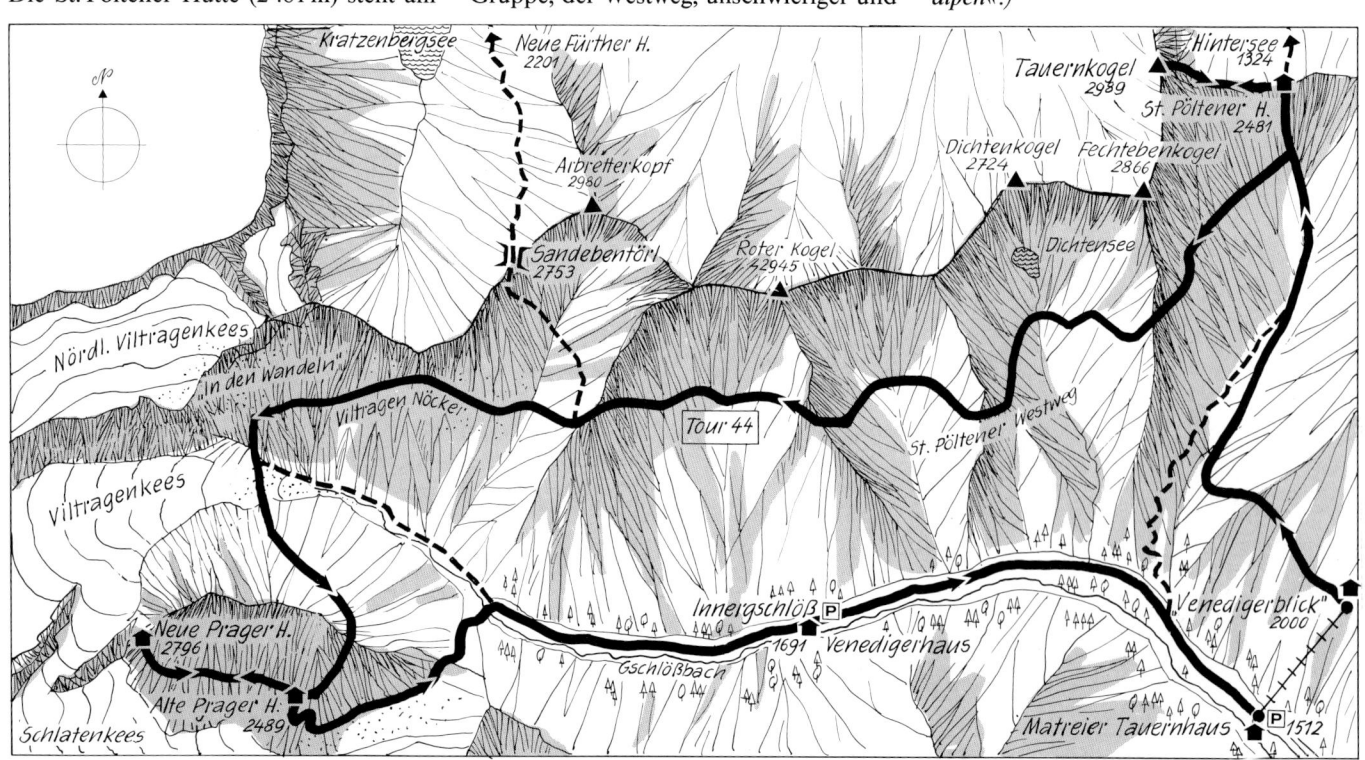

Tourensteckbrief

Ausgangsort
Matreier Tauernhaus 1512 m, im Tauerntal = Südseite (Matrei); oder Hintersee 1324 m, im Felbertal = Nordseite (Mittersill).

Die Tour in Stichworten
Matreier Tauernhaus 1512 m – Lift »Venedigerblick« Bergstation 2000 m – St. Pöltener Hütte 2481 m; oder Parkplatz Hintersee 1324 m – St. Pöltener Hütte – Tauernkogel 2989 m – St. Pöltener Hütte – St. Pöltener Westweg – Alte Prager Hütte 2489 m – Neue Prager Hütte 2796 m – Alte Prager Hütte – Innergschlöß 1691 m – Matreier Tauernhaus.

Schwierigkeit/Anforderung
I = wenig schwierig, Wander-/Felstour; mittlere Anforderung, 2½-Tage-Tour.
Zur St. Pöltener Hütte: Vom Matreier Tauernhaus siehe Tour 43; von Hintersee auf markiertem Weg (917).
Tauernkogel: Ab St. Pöltener Hütte über den Ostgrat, markierte, mäßig schwierige Felsroute, nur für geübte, trittsichere Berggeher.
St. Pöltener Westweg: Von der St. Pöltener Hütte nach Süden wenig abwärts zur beschilderten Abzweigung »Prager Hütten«. Von dort zieht der St. Pöltener Westweg (917) immer gut markiert, auch Steinmänner, als ausgeprägter Steig, aber in langer Wegstrecke in mäßigem Auf und Ab zwischen 2400 und 2500 m Höhe zur Abzweigung »Fürther Weg« = Verbindung über das Sandebentörl (2753 m) nach Norden zur Fürther Hütte. Der Westweg läuft über die Viltragen Nöcker bis zu P. 2500 (AV-Karte) »In den Wandeln« horizontal weiter und verliert zum Abfluß des Viltragen Keeses etwa 300 Höhenmeter zur Brücke über den Gschlößbach. (Ca. 2200 m, markierter Abstieg nach Innergschlöß möglich, 1½ Stunden.) Jenseits steiler Wiederanstieg zu den Gamsleiten und fast horizontal zur Alten Prager Hütte. Von dort mäßig steiler Anstieg zur sichtbaren Neuen Prager Hütte. Abstieg auf dem AV-Steig zurück zur Alten Prager Hütte und weiter nach Innergschlöß, Wirtshaus Venedigerhaus. Dort Taxiverbindung zum Matreier Tauernhaus.
Gut markierter Wegeverlauf, aber nur für erfahrene, ausdauernde Bergwanderer.

Höchste Wegestelle/Gipfel
Tauernkogel 2989 m, Neue Prager Hütte 2796 m.

Anstiegsleistung
Ab Matreier Tauernhaus 2000, ab Bergstation Venedigerblick 1500, ab Hintersee 2200 – 500 Höhenmeter mit Tauernkogel.

Abstieg
Siehe Tourenverlauf.

Gehzeiten
Zur St. Pöltener Hütte 2481 m: Ab Matreier Tauernhaus 1512 m: 3½ Stunden, ab Bergstation »Venedigerblick« 2000 m: 2 Stunden, ab Hintersee 1324 m: 4½ Stunden.
Tauernkogel 2989 m, ab St. Pöltener Hütte hin und zurück: 2½ Stunden.
St. Pöltener Westweg: St. Pöltener Hütte – Brücke Gschlößbach ca. 2200 m: 5 Stunden. Alte Prager Hütte 2489 m: 1½ Stunden. Neue Prager Hütte 2796 m: 1 Stunde. Abstieg Innergschlöß 1691 m: 2½ Stunden.
Gesamtgehzeit: 15–17 Stunden.

Hütten/Stützpunkte
St. Pöltener Hütte 2481 m, siehe Tour 43.
Alte Prager Hütte 2489 m, DAV-Sektion Prag, 25 Matratzenlager, bewirtschaftet von Ende Juni bis Ende September.
Neue Prager Hütte 2796 m, DAV-Sektion Prag, 140 Betten und Matratzenlager, bewirtschaftet von Anfang Juli bis Ende September.
Alpengasthof Venedigerhaus 1691 m, in Innergschlöß, privat, 20 Betten, bewirtschaftet von Anfang Juni bis Mitte Oktober.

Karten/Führer/Literatur
Kompass-Wanderkarte 1:50000, Blatt 38 »Venedigergruppe – Oberpinzgau«; Alpenvereinskarte 1:25000, Blatt »Venedigergruppe«. Alpenvereinsführer »Venedigergruppe«; Kleiner Führer »Glockner-, Granatspitz- und Venedigergruppe«; Auswahlführer »Hohe Tauern – Südseite«. Sepp Schnürer »Hohe Route Ostalpen«.

Tip
Ab Alte Prager Hütte über den sehr interessanten Gletscherweg (= Gletscherschaupfad) hinab nach Innergschlöß.

Von der St. Pöltener Hütte wandern wir auf dem St. Pöltener Westweg dem Großvenediger zu. Links das Schlatenkees, das vom Großvenediger nach Innergschlöß entwässert, darunter die plumpe Gestalt der Kesselköpfe, in Bildmitte das Viltragenkees mit dem Untersulzbachtörl, rechts der Plattige Habach. Der Westweg verliert zum Abfluß des Viltragenkeeses an Höhe, steigt zu den Kesselköpfen wieder an und quert in der hellen Ostflanke hinaus zur Alten Prager Hütte am Schlatenkees.

45 Venediger Höhenweg

Badener Hütte

2608 m

Kristallwand

3329 m

Der Venediger-Höhenweg in seinem schönsten Abschnitt

*mäßig schwierig
Wander-/Gletscher-/Felstour*

Das Tauerntal hat seinen Ursprung in Innergschlöß (1691 m) unweit des Südportals der Felbertauernstraße. Die Talweitung am Matreier Tauernhaus (1512 m) ist die Haltestelle für den allgemeinen öffentlichen Verkehr, hinein ins Gschlöß dürfen Privatautos nur in der Zeit vor 9 Uhr und nach 17 Uhr fahren. Tagsüber gehört das 4 Kilometer lange Talsträßchen den Wanderern, die in das Felsengewölbe des »Gschlößerkirchl« hineinschauen und einem aufregenden Landschaftserlebnis entgegengehen.

Zur Mitte des 19. Jahrhunderts, in der Periode des größten Gletschervorstoßes der neueren Zeit, reichte die Zunge des Schlatenkeeses bis herab in den Gschlößgrund. Dieses überwältigende Bild überliefert uns anschaulich eine Schilderung von Friedrich Simony:

»... 1857 gewährte das Schlatenkees vom Gschlössthal aus gesehen einen unbeschreiblich grossartigen Anblick, einen Anblick, dessen fesselnder Zauber noch durch seine Umgebung erhöht wurde. Der smaragdgrüne Wiesenteppich im Thalboden, durchzogen von dem sich hin- und herschlängelnden kiesumsäumten Geäste des Gletscherbachs und belebt durch die zahlreichen Alpenhütten in Innergschlöss, die kleinen Gruppen von Lärchen, Zirben und Fichten, untermischt mit Erlenbüschen und kleinen Vogelbeerbäumen, welche noch in nächster Nähe des Gletschers bis gegen 250 m über den Thalboden emporstiegen, und nun dahinter der wildzerklüftete Eisstrom, die blendend schimmernden Firnfelder und die sie krönenden Hochgipfel, dies alles zusammen gab ein Bild von so überwältigender Wirkung, wie deren wohl nur wenige innerhalb der Ostalpen angetroffen werden mögen.« Der Talschluß von Innergschlöß gilt auch heute noch, obwohl das Schlatenkees viel von seiner einstigen Pracht abgeben mußte, als ein herrliches Landschaftskleinod der Hohen Tauern.

Für die Alpenbewohner waren die Gletscher bis in das 19. Jahrhundert hinein eine gefürchtete Naturerscheinung und eine ständige Bedrohung der inneralpinen Täler. Von dem französischen Glacier kam zu uns der deutsche Ausdruck Gletscher, aus dem die Mundart in Vorarlberg und Tirol die Anrede Ferner (Firn) und östlich der Brennerlinie in den Zillertaler Alpen und in den Hohen Tauern Kees entwickelte. Der Österreichische Alpenverein hat mit dem Gletscherweg Innergschlöß das Vorfeld des Schlatenkeeses erschlossen, um auch das naturkundliche Interesse für das Phänomen Eis zu wecken.

Der Venediger Höhenweg durchzieht den Südabfall der Venediger-Gruppe und verbindet von Osten gesehen das Innergschlöß mit dem Umbaltal. Zählt man den St. Pöltener Westweg mit dazu, verlängert sich die durchgehend markierte Steiganlage bis zum Felbertauern. Der Höhenweg berührt sämtliche südseitigen Schutzhäuser; ohne Talabstieg kommt man von Hütte zu Hütte. Der Gletscherweg umgeht das Innergschlöß am Zungenende des Schlatenkeeses (etwa 2100 m), man kann von den Prager Hütten direkt zur Badener Hütte weiterwandern.

Im hinteren Gschlößgrund weist ein Schild über eine Brücke nach links zum Löbbentörl (2770 m), der höchsten Stelle im Rudolf-Zöllner-Weg zur Badener Hütte. Die 3stündige Anstiegsmühe wird überreichlich aufgewogen von dem Erlebnis noch urweltlicher Hochgebirgsnatur. Zur schweren Wasserfülle des Schlatenbaches, zu den dunklen Tümpeln und den winzigen Biotopen der Quellmoore am Salzboden, zur wundersamen dreieckigen Wollgrasinsel, dem »Auge Gottes«, zum Gletschereis, das in immer breiterer For-

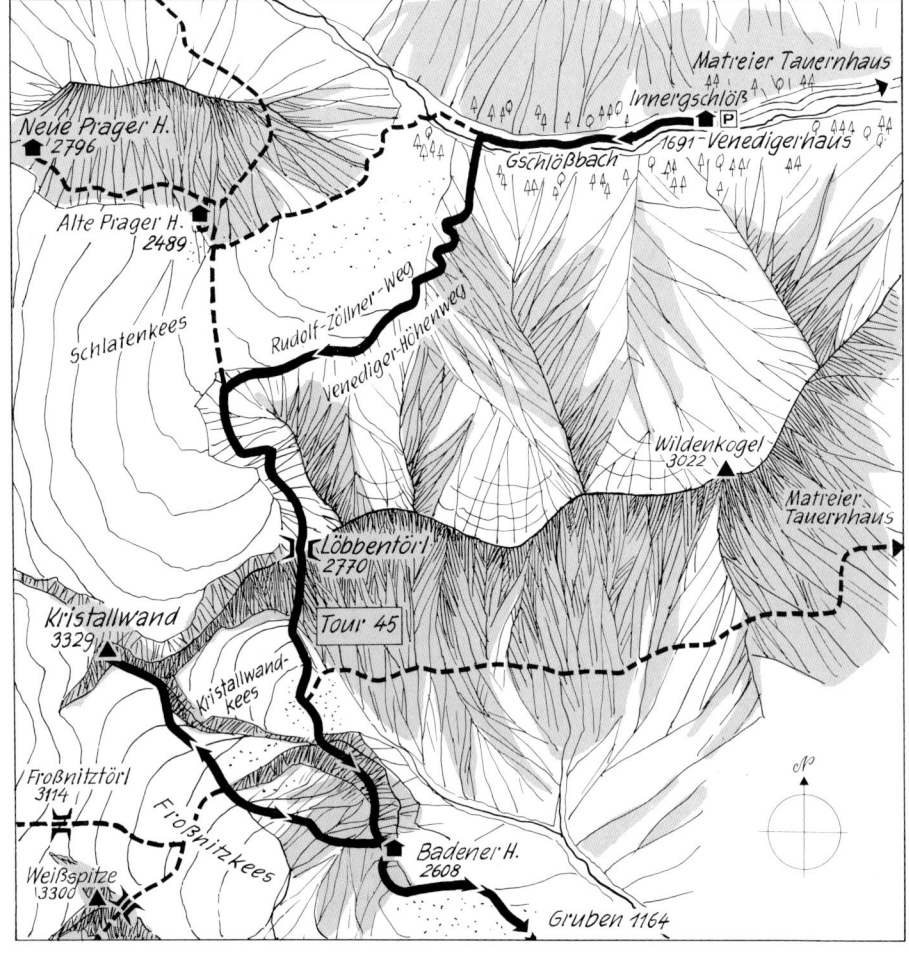

mation, gerahmt von Hohem Zaun und Schwarzer Wand, emporwächst bis zum Firnhaupt des Großvenediger, hat der Mensch nur einen schmalen Pfad gelegt. Über die erdige Schneide der Moränen zieht der Steig höher, zeigt die nordseitigen Eisbrüche unter der nahen Kristallwand und erreicht die berühmteste Aussichtsstelle im Venediger Höhenweg, das Löbbentörl. Dort, im Schutze eines Felsblocks, beim Gedenkkreuz der Sektion Baden, wünschen wir gute Rast – die Badener Hütte ist noch eine gute Wegestunde entfernt.

Der Talzugang zur Badener Hütte (2608 m) beginnt in Gruben (1164 m) im Tauerntal und nützt das Froßnitztal für eine günstige Wegführung. Die hübsche, mit einem Erker geschmückte und aus Holz errichtete Hütte der Österreichischen Alpenvereinssektion Baden wurde 1911 eröffnet. Sie unterstützt den Höhenweg und die Südostanstiege zur zentralen Venediger-Gruppe.

Die formschöne Kristallwand aber lockt als naher, lohnender Hausgipfel. Die Route über felsige Moränenrücken bietet keine Schwierigkeit, der kurze, steile Seitenflügel des Froßnitzkeeses und der felsige, teils luftige Südostgrat verlangen aber den geübten Bergsteiger mit Pickel und Steigeisen. Die Einblicke in das Venedigerreich vom Gipfelkreuz in 3329 Meter Höhe übertrifft alle Erwartung – das nächste Bergziel muß der Großvenediger sein!

Das Gedenkkreuz am Löbbentörl vor dem Schlatenkees.

Tourensteckbrief

Ausgangsort
Matreier Tauernhaus 1512 m, im Tauerntal.

Die Tour in Stichworten
Matreier Tauernhaus 1512 m – Innergschlöß 1691 m – Löbbentörl 2770 m – Badener Hütte 2608 m – Kristallwand 3329 m – Badener Hütte – Gruben 1164 m im Tauerntal.

Schwierigkeit/Anforderung
II = mäßig schwierig, Wander-/Gletscher/Felstour; mittlere Anforderung, 2-Tage-Tour. Ab Matreier Tauernhaus (Busverkehr von Matrei) mautpflichtige Straße nach Innergschlöß, von 9–17 Uhr gesperrt, nur Taxiverkehr. Ab Parkplatz Innergschlöß zur Brücke im Talschluß und nach Schild »Löbbentörl/Badener Hütte« auf dem Rudolf-Zöllner-Weg, teilweise steil zum Löbbentörl und in langer nordostseitiger Querung zur Badener Hütte, gut markiert. *Kristallwand:* Ab Hütte nach markiertem Steig über den Moränenkamm zur beschilderten Abzweigung: Links über das Froßnitzkees zum Froßnitztörl (3114 m, Übergang zum Defregger-Haus 2962 m), geradeaus auf der Moräne in Richtung Kristallwand höher zu ihrem Auslauf (ca. 2880 m) im Froßnitzkees. Ab hier Gletscherroute, meist Trasse, zu einer Felsinsel und steiler zum obersten Gletscherrand entlang des Südostgrates. Über die Randkluft zu einem Schartl bei einem markanten Gratturm P. 3130 (AV-Karte). Ab Schartl markierte Felsroute, teilweise mit Drahtseil gesichert, mäßig steil über

den gut gangbaren Südostgrat zum Gipfelfirn. *Talabstieg:* Von der Badener Hütte auf AV-Weg (921) durch das Froßnitztal nach Gruben im Tauerntal. Dort Busanschluß entweder zum Matreier Tauernhaus oder nach Matrei. Venediger-Höhenweg für erfahrene, ausdauernde Bergwanderer, Kristallwand nur für Bergsteiger mit Eisausrüstung.

Höchste Wegestelle/Gipfel
Löbbentörl 2770 m, Kristallwand 3329 m.

Anstiegsleistung
Ab Innergschlöß 1200 – 700 Höhenmeter mit Kristallwand.

Abstieg
Siehe Tourenverlauf.

Gehzeiten
Parkplatz Innergschlöß 1691 m – Löbbentörl 2770 m: 3½ Stunden. Löbbentörl – Badener Hütte 2608 m: 1½ Stunden. Badener Hütte – Kristallwand 3329 m: 2½ Stunden. Abstieg Hütte: 1½ Stunden. Badener Hütte – Gruben 1164 m: 3 Stunden.
Gesamtgehzeit: 8 Stunden, mit Kristallwand 12 Stunden.

Hütten/Stützpunkte
Badener Hütte 2608 m, ÖAV-Sektion Baden bei Wien, 40 Betten und Matratzenlager, bewirtschaftet von Anfang Juli bis Ende September. *Alpengasthof Venedigerhaus* 1691 m, in Innergschlöß, privat, 20 Betten, bewirtschaftet von Anfang Juni bis Mitte Oktober.

Karten/Führer/Literatur
Kompass-Wanderkarte 1:50000, Blatt 46 »Matrei in Osttirol – Venedigergruppe«. Sonstige Führer und Karten siehe Tour 44.

Tip
Ab Kristallwand ist die Weiterführung der Tour über den Hohen Zaun 3467 m – Schwarze Wand 3511 m – Rainer Horn 3560 m zum Großvenediger 3674 möglich. Gletscherroute, für erfahrene Bergsteiger mit Eisausrüstung.

Die Badener Hütte am Venediger-Höhenweg.

Venediger-Gruppe

46 Großvenediger
3674 m

Defregger-Haus
2962 m

Kürsinger-Hütte
2547 m

Die »weltalte Majestät«

schwierig
Gletschertour

An schönen Bergtagen wird der Großvenediger nahezu erstürmt. Aus Nordwesten, von der Kürsinger-Hütte über das Obersulzbachkees, aus Osten von den Prager Hütten über das Schlatenkees, aus Südosten von der Badener Hütte über das Froßnitz- und Mullwitzkees und aus Süden vom Defregger-Haus, ebenfalls über das Mullwitzkees, pilgern die Venedigerfreunde gleich einer Sternfahrt zum ersehnten Ziel. Am Oberen Keesboden vereinigen sich diese vier Normalwege zu einer einzigen Trasse in der schmalen Gletscherschneide des Südostgrates, bis die Trittspuren aufhören und jungfräulicher Firn die Gipfelwächte krönt. Kein Fels markiert den höchsten Punkt, nur glitzernder Firnschnee wölbt den Gipfel, an dem die Natur mit ihren Elementen immerzu arbeitet.

Den ersten Versuch, den Großvenediger zu besteigen, wagte Erzherzog Johann unter der Führung des Revierförsters Paul Rohregger am 8. August 1828. Eine falsche Routenwahl und die Verhältnisse am Berg vereitelten dieses Unternehmen, das beinahe mit einer Katastrophe geendet hätte, wie uns die Chronik berichtet. Der Schock wirkte so nachhaltig, daß erst eine nächste Generation nachwachsen mußte, die sich einen neuen Versuch zutraute. Der Impuls kam von drei jungen Wienern,

unter ihnen Anton von Ruthner. Sie fragten in Mittersill und Matrei an, ob eine Ersteigung möglich sei. Der k. u. k. Pfleger (Bezirksrichter) von Mittersill, Ignaz von Kürsinger, bekundete höchstes Interesse: Er erklärte das Unternehmen als »pinzgauerische Nationalangelegenheit« und lud sogar in der »Salzburger Zeitung« zur Teilnahme ein. War die Ersteigung des Großglockner eine fürstlich-klerikale Angelegenheit unter Beteiligung von Professoren der Naturwissenschaften, so wurde die Expedition zum Großvenediger von Honoratioren und dem Volk aus dem Pinzgau getragen; die drei studierten jungen Herren aus Wien waren die einzigen Fremden. Am 2. September 1841 zog von Neukirchen aus ein bunter Zug von 40 Personen, auch Paul Rohregger war dabei, mit einer wehenden Fahne das Obersulzbachtal hinauf bis zu den letzten Almen und bezog dort das Nachtquartier. Kurz nach Mitternacht blies die Trompete zum Aufbruch. Voran die Fahne, ging es unter der Führung von Josef Schwab, genannt Hausstatter Sepp, einem Älpler aus Bramberg, hinauf zu den Steinkaren unter dem Gletscher. »Dort konnten sie freudigen Herzens zum erstenmal das Ziel ihrer Wünsche begrüßen: inmitten großer Gletschermeere die ›weltalte Majestät‹, der Großvenediger. Diese wilde, nie gesehene Eiswelt voll unbekannter Gefahren machte auf alle einen ernsten Eindruck« (Kürsinger). Die »Fußeisen« angeschnallt, die Augen mit Schneeschleier geschützt, die Haut mit ölgemischtem Schießpulver eingerieben – die mitgenommenen Seile anzulegen, hielt man wegen des vielen Neuschnees nicht für nötig –, so stieg die Gesellschaft hinauf zur Gletschermulde zwischen Klein- und Großvenediger (Venedigerscharte). Diese Stelle hatten der Hausstatter Sepp und der Melker Franz Scharler schon vorher ausgekundschaftet und festgestellt, daß von Südosten der Großvenediger leicht zugänglich sein müsse. Der Zug war bis zur Scharte schon weit auseinandergerissen. »Die gänzlich Erschöpften mit ihren Leichengesichtern, deren grausen Anblick die Schwärze des Pulveranstrichs noch erhöhte, blieben auf dem Gletscher liegen, auch der am Tage vorher in Massen genossene Alkohol schien sich auszuwirken. Die Träger mit den Lebensmitteln und der Trompeter blieben ebenfalls als Opfer des Berges auf der Strecke. Als erster betrat die Spitze der wackere Hausstatter Sepp, ihm folgte Anton von Ruthner als erster Tourist.« Von den 40 Teilnehmern kamen 26 Personen auf den Gipfel, unter ihnen der Organisator Ignaz von Kürsinger, der dem Großvene-

diger den Beinamen »weltalte Majestät« verlieh. »Die Fahne flatterte, weithin erschallten die mit Flintenschüssen vermischten Freudenrufe:

Hoch lebe das Haus Österreich!
Hoch lebe die ganze Gesellschaft!
Hoch leben alle Pinzgauer!

Neben der Chronik überliefert uns ein historisches Bild die Erstbesteigung mit den Namen aller, die den Gipfel betraten. Nach diesem Erfolg war der Siegeszug des Alpinismus in den Ostalpen nicht mehr aufzuhalten. Die Glockner- und Venediger-Gruppe wurden ein Lieblingsziel der Alpenreisenden. Anton von Ruthner (1817–1897), eine große Gestalt des noch jungen Alpinismus, konnte sich als erster

rühmen, den Großvenediger (1841), den Großglockner (1852) und das Große Wiesbachhorn (1854) erstiegen zu haben.

Das Obersulzbachtal ist die nordseitige Eintrittspforte zum Großvenediger. Die Alpenvereinssektion Salzburg erbaute daher schon 1875 am Keeskar (2547 m) die nach Ignaz von Kürsinger benannte Hütte. Durch mehrmalige Zu- und Anbauten wurde das Haus ständig vergrößert, denn die Anziehungskraft des Großvenediger wirkte viele Jahrzehnte lang wesentlich stärker nach Norden als nach Süden. Seit der Eröffnung der Felbertauernstraße 1967 fahren die Venedigerfreunde mehr und mehr auch in die Osttiroler Täler und nützen die südseitigen Schutzhäuser. Für die Kürsinger-Hütte läuft, angekurbelt

vom Österreichischen Alpenverein, ein großzügiges Programm. Schon 1983 soll den Bergsteigern ein modernisiertes Haus für die Venedigertour, den Anstieg zum Großen Geiger und die Übergänge zur Essener-Rostocker Hütte (2208 m) und zur Warnsdorfer Hütte (2336 m) zur Verfügung stehen. Jeder Bergsteiger, der von Norden zum Venediger kommt, sollte aber wissen, daß die Venedigerscharte (3413 m) mit ihren offenen und versteckten Spalten eine besondere Gefahrenstelle ist – vor allem in niederschlagsarmen Sommern reißen die Querspalten stark auf (siehe Sommer 1982!).

Eugen Guido Lammer (1863–1945), diese hochgestimmte Kämpfernatur, kam 1884 zur Kürsinger-Hütte. Er bestieg den Groß-

venediger über die Venedigerscharte, aber die Begegnung mit dem Berg auf einem Normalweg war Lammer immer zu wenig. Dieser große führerlose Alleingänger wollte die harte Auseinandersetzung, er suchte die Wege, die vor ihm noch keiner zu gehen wagte. »Die Todesgefahr war ihm ein ›Göttergeschenk‹, sie zu erleben ›größte Wonne‹«. So war er es, der 1885 die Route über den Westgrat und 1891 den Durchstieg durch die Nordwestwand (Lammerweg) eröffnete.

Der Steckbrief für unsere Venedigerfahrt

Am Gipfel des Großvenediger: Hoher Eichham rechts außen, links die Firnkuppe des Rainer Horn, vor ihr der weite Sattel des Rainer Törls.

wählt aus den möglichen Normalwegen die leichteste und kürzeste Gletscherroute aus. Den Stützpunkt, den wir nach einer Anstiegszeit von gut 2 Stunden ab Johannis-Hütte (2121 m) betreten, stellt das Hüttenschild vor:

»Österreichischer Touristenclub Defregger Haus 2962 m, seit 1887, neu erbaut 1925, benannt zu Ehren des berühmten Tiroler Malers Franz von Defregger.«

Der Touristenclub renovierte das etwas heruntergekommene Haus bestens und gab ihm tüchtige junge Bewirtschafter. Das heute schöne Defregger-Haus am Mullwitzaderl hat schon viele hoffnungsvolle Venediganwärter gesehen. Die vorteilhafte Höhe (2962 m) im Verein mit Wetterglück garantieren fast hundertprozentig einen Gipfelerfolg – Peter, der Hüttenwirt, nimmt als autorisierter Bergführer gerne weniger geübte Leute in seine Obhut. Droben beim großen Steinmann am Mullwitzaderl, nur wenig oberhalb der Hütte, ist allgemeiner Anseilplatz, auch Steigeisen erweisen sich meist als günstig in der Querung hinein in das Mullwitzkees. Das Innere Kees empfängt zu dieser Zeit das erste Streiflicht. Die Sonne modelliert die sanften Gletscherwellen und beleuchtet die gut angelegte Trasse hinauf zum weiten Sattel des Rainer Törls (3422 m). Dort am Oberen Keesboden kommt der Hüttenwirt und Bergführer von der Neuen Prager Hütte mit seinen Schützlingen hinzu – auf dem schmalen Eisrücken des Südostgrates empfängt die »weltalte Majestät« die Huldigung ihres Bergsteigervolkes!

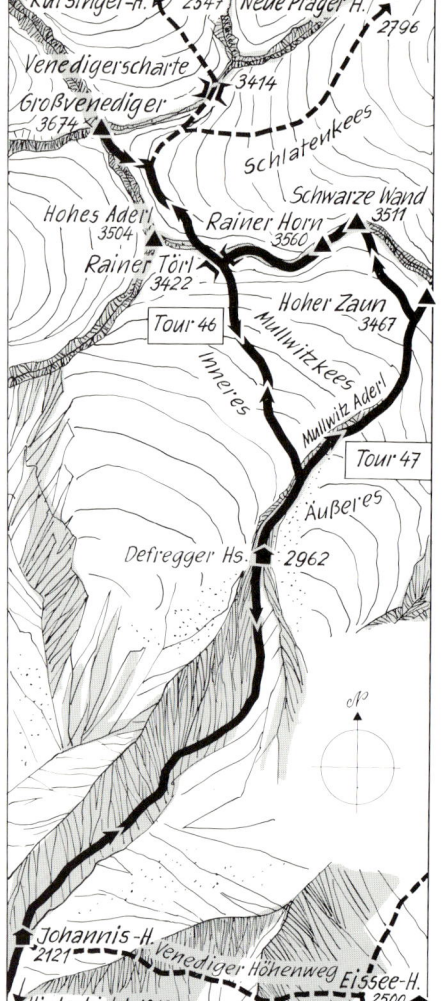

Tourensteckbrief

Ausgangsort
Hinterbichl 1318 m, im Virgental.

Die Tour in Stichworten
Hinterbichl 1318 m – Johannis-Hütte 2121 m – Defregger-Haus 2962 m – Rainer Törl 3422 – Großvenediger 3674 m – Defregger-Haus – Johannis-Hütte.

Schwierigkeit/Anforderung
III = schwierig, Gletschertour; mittlere Anforderung, 1½-Tage-Tour.
Von Hinterbichl auf geschotterter Fahrstraße zur Johannis-Hütte, Autozufahrt (ca. 7 km) bis zu einem Parkplatz vor der Hütte möglich. Ab Johannis-Hütte markierter Steig (915) mäßig steil zum Defregger-Haus. Ab Defregger-Haus kurzer Anstieg zum Steinmann (ca. 3000 m) auf dem Felskamm des Mullwitz Aderl und Übertritt in das Innere Mullwitzkees. Ab Steinmann mäßig steile Gletschertrasse zum Rainer Törl, mehrere Spaltenzonen! Hier ist der Gipfelaufbau des Großvenediger sichtbar, der mäßig steile Schlußanstieg läuft in einem Firngrat aus.
Fast immer vorhandene Trasse, aber nur für erfahrene Bergsteiger mit Eisausrüstung, sonst mit Führer ab Defregger-Haus.

Höchste Wegestelle/Gipfel
Großvenediger 3674 m.

Anstiegsleistung
Ab Hinterbichl 2400, ab Johannis-Hütte 1500, ab Defregger-Haus 700 Höhenmeter.

Abstieg
Wie Anstieg; oder über die Venedigerscharte (3414 m) zur Kürsinger-Hütte 2547 m (3 Stunden); oder über das Schlatenkees zur Neuen Prager Hütte (2796 m, 2½ Stunden).

Gehzeiten
Hinterbichl 1318 m – Johannis-Hütte 2121 m: 2 Stunden. Johannis-Hütte – Defregger-Haus 2962 m: 2½ Stunden. Defregger-Haus – Großvenediger 3674 m: 2½ Stunden. Abstieg Defregger-Haus – Johannis-Hütte: 4 Stunden. Gesamtgehzeit: 9 Stunden ab Johannis-Hütte.

Hütten/Stützpunkte
Johannis-Hütte 2121 m, DAV-Sektion Prag, 30 Betten und Matratzenlager, bewirtschaftet von Anfang Juni bis Ende September.
Defregger-Haus 2962 m, Österr. Touristenklub, 100 Betten und Matratzenlager, bewirtschaftet von Anfang Juli bis Ende September.
Kürsinger-Hütte 2547 m, ÖAV-Sektion Salzburg, 200 Betten und Matratzenlager, bewirtschaftet von Ostern bis Ende September.
Neue Prager Hütte 2796 m, siehe Tour 44.

Karten/Führer/Literatur
Siehe Touren 44 und 45.

Am Mullwitz Aderl im Zugang zum Mullwitzkees. Von links: der Felsgipfel des Hohen Aderl, die Firnspitze des Großvenediger, das Rainer Törl und das Rainer Horn.

47 Hoher Zaun

3467 m

Schwarze Wand

3511 m

Rainer Horn

3560 m

*Im Hohen Gletscherdach
der Venediger-Gruppe*

*schwierig
Gletschertour*

In der zentralen Venediger-Gruppe bildet der Gipfelkamm Kristallwand 3329 m – Hoher Zaun 3467 m – Schwarze Wand 3511 m – Rainer Horn 3560 m einen zum Großvenediger hin ansteigenden Firngiebel aus. Von dieser hohen Linie fließt das Eis des Äußeren Mullwitzkeeses nach Süden, nach Norden zu entsendet dieser Kamm den Fluß des Schlatenkeeses hinab ins Innergschlöß. Von Süden reicht der Felssporn des Mullwitzaderls hinein in das Gletscherdach, sein höchster Steinmann (ca. 3200 m), nur 200 Meter über dem Defregger-Haus, ist ein guter Startplatz für den Anstieg zum Hohen Zaun. Damit aber keineswegs zufrieden, überschreitet ein erfahrener Gletschergeher die nahe Schwarze Wand hinüber zum Rainer Horn und kehrt über das Innere Mullwitzkees auf der allgemeinen Venedigertrasse zum Defregger-Haus zurück. Im späten Sommer aber reißen die Klüfte auf, Gefahren lauern überall, die Selbstbeschränkung, vom Rainer Törl aus nur auf das Rainer Horn zu gehen, ist dann vielleicht ein weiser Entschluß.
Im Venedigeranstieg von der Badener Hütte aus läßt sich dieser hohe Gipfelkamm ab Kristallwand gut in den Tourenverlauf mit einbeziehen. Wenn es Wetter und Verhältnisse erlauben und das Eis des Mullwitzkeeses in seiner Hochregion noch eine dicke Firnauflage trägt, wird diese große Tour für den erfahrenen Gletschergeher kein Problem bedeuten.

Tourensteckbrief

Ausgangsort
Defregger-Haus 2962 m.

Die Tour in Stichworten
Defregger-Haus 2962 m – Hoher Zaun 3467 m – Schwarze Wand 3511 m – Rainer Horn 3560 m – Rainer Törl 3422 m – Defregger-Haus.

Schwierigkeit/Anforderung
III = schwierig, Gletschertour; mäßige Anforderung, ½-Tages-Tour ab Defregger-Haus. Zum Defregger-Haus siehe Tour 46.
Ab Defregger-Haus zum Steinmann am Auslauf des Mullwitz Aderl (ca. 3200 m) und über das Äußere Mullwitzkees mäßig steil zum Felsgipfel des Hohen Zaun. Vom Hohen Zaun etwa 750 m Gletscherstrecke – Achtung: Spalten! – zum Firngipfel der Schwarzen Wand, der von Süden über eine Randkluft im steilen Schlußanstieg erreicht wird. Ab Schwarze Wand über das Schwarze-Wand-Törl (3496 m) und den verfirnten Nordostgrat zum Rainer Horn. Ab hier meist Trasse hinab zum Rainer Törl und auf der »Venediger-Trasse« zurück zum Defregger-Haus.

Gletscherroute, nur für erfahrene Bergsteiger mit Eisausrüstung.

Höchste Wegstelle/Gipfel
Hoher Zaun 3467 m, Schwarze Wand 3511 m, Rainer Horn 3560 m.

Anstiegsleistung
Ab Defregger-Haus 700 Höhenmeter.

Abstieg
Siehe Tourenverlauf.

Gehzeiten
Defregger-Haus 2962 m – Hoher Zaun 3467 m: 1½ Stunden. Hoher Zaun – Schwarze Wand 3511 m – Rainer Horn 3560 m: 2 Stunden. Rainer Horn – Defregger-Haus: 1½ Stunden. Gesamtgehzeit: 5 Stunden.

Hütten/Stützpunkte
Defregger-Haus 2962 m, siehe Tour 46.

Karten/Führer/Literatur
Siehe Touren 44 und 45.

Dieser Ausblick von der Neuen Prager Hütte zeigt das Schlatenkees; von links steigt die Firnlinie zum Hohen Zaun und schwingt hinüber zur Schwarzen Wand, rechts von ihr schaut das Rainer Horn herüber.

48 Großer Geiger
3360 m
Essener-Rostocker Hütte
2208 m

*Herrscher über
dem Obersulzbachtal*

schwierig
Gletschertour

Im Tauernhauptkamm vom Großvenediger nach Westen bestimmt der Große Geiger einen wichtigen topographischen Punkt. Der Dorferkamm löst sich bei ihm vom Hauptkamm: Der Große Happ 3350 m, der Südliche Happ 3304 m und die Schlüsselspitze 2778 m sind die markantesten Erhebungen, das Türmljoch 2790 m ist der wichtigste Einschnitt in diesem Zweig nach Süden gegen das Virgental. Über das Türmljoch verbindet der Venediger Höhenweg in seinem Teilstück, dem Schweriner Weg, die Johannis-Hütte im Dorfertal mit der Essener-Rostocker Hütte im Maurertal. Nach Norden zum Obersulzbachkees steht der Große Geiger vollkommen frei, diese Stellung profiliert ihn äußerst vorteilhaft zum Obersulzbachtal. Daher stammt auch die frühere Anrede »Obersulzbacher Venediger«. Franz Keil war der Urheber des Namens »Großer Geiger«, die Höhe bestimmte er mit »10 600 Wiener Fuss« = 3350 Meter und damit, wie wir heute wissen, ziemlich genau.

Im Anmarsch durch das lange Obersulzbachtal zur Kürsinger-Hütte gehört dem Großen Geiger die Schau. Auch bei der Hütte ist er der attraktive Hintergrund für ein Hüttenbild. Vom Obersulzbachtörl (2921 m) bildet der Tauernhauptkamm seinen noch teilweise überfirnten Nordostgrat, mit der Hauptkammlinie abwärts nach Westen zum Geigerschartl (3142 m) gestaltet er den Großen Geiger zu einem edlen Felshorn. Bei soviel vorteilhafter Darbietung muß es auffallen, daß jahrzehntelang die Venedigertouristen am Großen Geiger vorbeigingen, ohne einen Versuch zu unternehmen, ihn zu erobern. Erst 30 Jahre nach der Venedigerbesteigung, am 20. August 1871, kam der Wiener Bergsteiger Richard Issler mit dem Kalser Führer Michel Groder aus dem Dorfertal in einer nordöstlichen Route zum Gipfel. Um 2 Uhr früh brachen die beiden von der Johannis-Hütte im Dorfertal auf. Richard Issler berichtete: »7 Uhr 8 Min. hatten wir die höchste Spitze erreicht: meine Freude war gross, Michel war in Wonne aufgelöst. Er nahm den Hut ab, wahrscheinlich um ein Gebet zu verrichten, und rief dann zu wiederholten Malen ›ach ist es da schön‹ und wahrlich es war hier

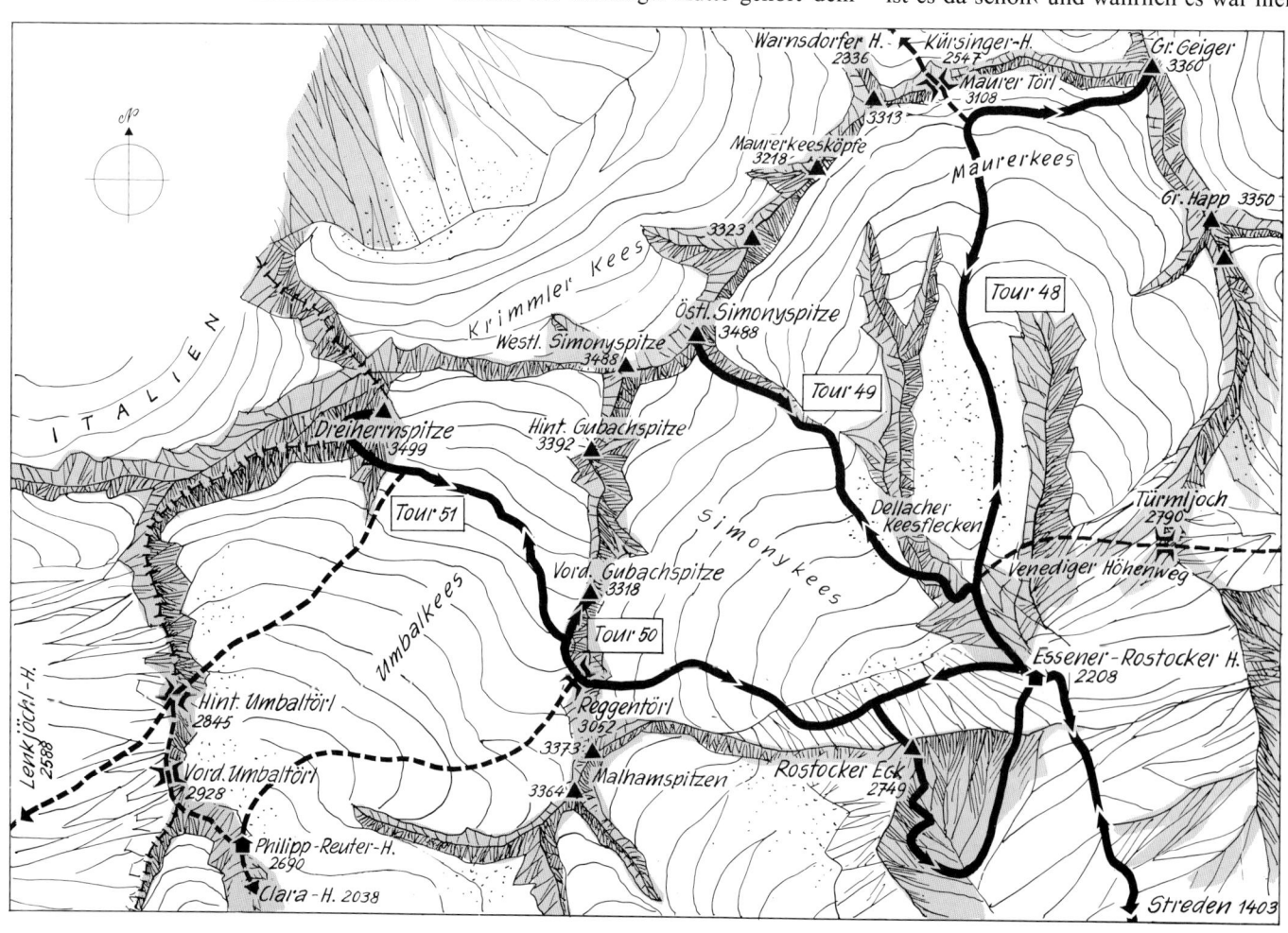

droben unvergleichlich schön; ein wunderbarer Morgen und damit verbunden eine Aussicht, wie solche reiner und nach drei Seiten unbegrenzter nicht zu wünschen war. Jetzt ging es an das Aufrichten der Steinpyramide, um 9 Uhr verließen wir die stolze Zinne und zwar auf demselben Wege, welcher sich von oben als der einzig richtige zeigte. 12 Uhr 30 Min. Wiederankunft in der Johann'shütte. Die Besteigung hatte im ganzen 10¼ Stunden gekostet. Ich trennte mich eine Stunde später von den übrigen Herren, um noch an demselben Tage mit Groder den weiteren Weg bis Windisch Matrei zurückzulegen. Abends 9 Uhr langten wir beide in letzterem Orte an, waren somit 18¾ Stunden ununterbrochen auf den Beinen gewesen« *(AV-Jahrbuch 1873).*

In der Umschau vom Gipfel mag den Erstbesteigern ihr Anstiegsweg auch richtig für den Abstieg erschienen sein, denn die zweite Möglichkeit, hinab nach Süden, bietet nur das Maurerkees. Vom Großen Geiger bildet der Hauptkamm mit einer schmalen, felsigen Aufwerfung über die Maurerkeesköpfe hinüber zur Östlichen

Simonyspitze den Talschluß des Maurertales. Zur Zeit von Richard Issler hatte noch niemand das mächtige Maurerkees betreten, auch das Maurertörl 3108 m, eine Senke zwischen dem Kleinen Maurerkeeskopf 3205 m und dem hinteren Maurerkeeskopf 3313 m, war noch nicht im Übergang vom Obersulzbachtal zum Maurertal begangen worden. In den folgenden Jahrzehnten entwickelte sich jedoch in diesem Hauptkammbereich eine lebhafte Tourentätigkeit, als mit der Eröffnung der Warnsdorfer Hütte (2336 m) im Jahre 1891 drüben im Krimmler Achental der Anstieg zum Maurertörl einen Stützpunkt erhielt und 1912 mit der Rostocker Hütte (2208 m) der notwendige südliche Anlaufpunkt im Maurertal hinzukam. Mit diesen Hüttenbauten waren die Weichen auch für den Großen Geiger gestellt, der seitdem vorzugsweise über das Maurerkees erstiegen wird. Das Maurertal könnte man sich heute ohne die großzügige Hüttengemeinschaft der Alpenvereinssektionen Essen und Rostock-Markt Heidenfeld nicht mehr vorstellen, und es mag interessant sein zu hören, wie es dazu kam:

Vor dem Aufschwung des Westgrates zum Großen Geiger: Von rechts die dunkle Felsgestalt der Dreiherrnspitze, in Bildmitte die Firnkante der Östlichen Simonyspitze, die Vordere Gubachspitze, die Reggenspitze, das Reggentörl und links außen die Malhamspitzen.

»Zwei Sektionen teilen sich in den Besitz der Essener-Rostocker Hütte. Die Sektion Rostock hat altangestammte Rechte im Maurertal; 1912 baute sie ihr Haus hinter der südlichen Randmoräne des Simonykeeses, dort, wo der Moränenwall in das Maurertal mündet. Dieser Standort war eine glückliche Wahl. Die interessanten Touristenziele über dem Maurerkees sind in Griffweite, das Simonykees mit den Simonyspitzen darf Hüttenpanorama sein, das nahe Reggentörl erlaubt den Übergang zum Umbalkees und damit den Anstieg zur Dreiherrnspitze. Die Sektion Essen trat im Maurertal erst 1966 auf den Plan. Ihre Hütte drüben im Umbal wurde 1935 und der Neubau wiederum 1958 vollständig von Lawinen zerstört. Seitdem ist die Sektion Essen im Umbaltal nur

mehr mit der Clara-Hütte vertreten. Einen Neubau (1964/66) verband sie diesmal mit der Rostocker Hütte im Maurertal. Freilich legten die Essener ihren Zubau rein zweckmäßig an, er steht in ungewohntem Widerspruch zur Rostocker Hütte, einer Alpenvereinshütte im alten Stil« *(aus »Hohe Route Ostalpen«)*.

Von der Essener-Rostocker Hütte ist der Große Geiger nicht zu sehen, aber nur wenig später auf dem Alpenvereinsweg hinein in das Maurertal erscheint er im Hauptkamm rechts des Maurertörls als verfirnte Felskuppe. Nach Süden gibt er sich wesentlich bescheidener, aber man glaubt ihm auch hier seine Bedeutung. Respektvoll betrachtet man den gewaltigen Eispanzer, den er vor sich ausbreitet und der ein beträchtliches Hindernis vor dem Gipfelsieg darstellt. Der Steig entlang des Maurerbaches hinein zum Saum des Maurerkeeses gewinnt kaum an Höhe, der Gletscheranstieg beginnt bei etwa 2360 Meter, also 1000 Meter Höhenunterschied über Eis und Firn zum Gipfel!

Der Neubau der Essener Hütte steht in ungewohntem Gegensatz zur traditionellen, noch vor dem ersten Weltkrieg errichteten Rostocker Hütte. Darüber die Schlüsselspitze.

Wir legen eine direkte Spur zu der Felsinsel (2926 m) unter dem Maurertörl. Der Anstieg umgeht diesen Sammelpunkt riesiger Blöcke und schwenkt am Fuß des Kleinen Maurerkeeskopfes unter dem Maurertörl vorbei nach Osten in das Nährbecken des Maurerkeeses. Auf dieser hohen Traverse hinüber zum Gipfelaufbau mahnen zahlreiche Spalten zu äußerster Vorsicht. Die restlichen 150 Höhenmeter entweder am teils ausgeaperten Westgrat oder über den Firn der Südwestflanke zum kleinen Gipfelzeichen wirken dagegen wie eine Erlösung.

Wir stehen allein hier oben – die Berge glänzen in herrlichem Sonnenschein, und auch wir sagen mit Michel Groder: »Ach, ist es da schön!«

Tourensteckbrief

Ausgangsort
Streden 1403 m, im Virgental.

Die Tour in Stichworten
Streden 1403 m – Essener-Rostocker Hütte 2208 m – Großer Geiger 3360 m – Essener-Rostocker Hütte.

Schwierigkeit/Anforderung
III = schwierig, Gletschertour; mittlere Anforderung, 1½-Tage-Tour.
In Streden Ende der öffentlichen Straße, Großparkplatz. Ab Parkplatz auf Fahrstraße (gesperrt) in das Maurertal zur Talstation der Materialseilbahn (1552 m), Rucksacktransport möglich. Ab Talstation markierter, mäßig steiler Steig (912) zur Hütte. Ab Hütte nach Schild »Maurer Törl« im Talboden auf markiertem Steig (912) zum Maurer Kees und mäßig steil über die spaltenarme untere Region zu einer Felsinsel P. 2926 (AV-Karte) und links von ihr gegen den Südfuß des Kleinen Maurerkeeskopfes. Dort nach Osten und Querung des Gletscherhochbeckens – Achtung: Spalten! – zum Fuß der teilweise verfirnten Gipfelflanke (ca. 3150 m). Je nach den Verhältnissen entweder im Firn steiler Direktanstieg oder links, entlang des ausgeaperten Westgrates, über Schotter und plattigen Fels steil zum Gipfel.
Gletscherroute, nur für erfahrene Bergsteiger mit Eisausrüstung.

Höchste Wegestelle/Gipfel
Großer Geiger 3360 m.

Anstiegsleistung
Ab Parkplatz Streden 2000, ab Essener-Rostocker Hütte 1200 Höhenmeter.

Abstieg
Wie Anstieg; oder über das Maurer Törl (3108 m) zur Warnsdorfer Hütte (2336 m), 3 Stunden; oder zur Kürsinger-Hütte (2547 m), 3½ Stunden.

Gehzeiten
Parkplatz Streden 1403 m – Essener-Rostocker Hütte 2208 m: 2½ Stunden. Essener-Rostocker Hütte – Großer Geiger 3360 m: 4½ Stunden. Abstieg Essener-Rostocker-Hütte: 3½ Stunden. Gesamtgehzeit: 8 Stunden ab Essener-Rostocker Hütte.

Hütten/Stützpunkte
Essener-Rostocker Hütte 2208 m, DAV-Sektionen Essen und Rostock, 100 Betten und Matratzenlager, bewirtschaftet von Anfang Juni bis Ende September.
Kürsinger-Hütte 2547 m, siehe Tour 46.
Warnsdorfer Hütte 2336 m, siehe Tour 56.

Karten/Führer/Literatur
Siehe Touren 44 und 45.

Tip
Vom Großen Geiger Abstieg über den Südgrat zum Maurerkees und aus dem Kees Anstieg zum Großen und zum Südlichen Happ.

49 Östliche Simonyspitze 3488 m

»Alpin erstklassig«

*schwierig
Gletschertour*

Tourensteckbrief

Ausgangsort
Essener-Rostocker Hütte 2 208 m.

Die Tour in Stichworten
Essener-Rostocker Hütte 2 208 m – Östliche Simonyspitze 3 488 m – Essener-Rostocker Hütte.

Schwierigkeit/Anforderung
III = schwierig, Gletschertour; mittlere Anforderung, Tagestour ab Hütte.
Zur Hütte siehe Tour 48. Ab hier in das Maurertal zum Schild »Östliche Simonyspitze«, das den markierten Steig zu den Dellacher Keesflecken anzeigt. Dort nach Steinmännern gegen den felsigen Südostgrat und über Firnhänge, Querspalten, meist Trasse, teils steil, zum Firngrat, der am überwächteten Firngipfel ausläuft. Gletscherroute, nur für erfahrene Bergsteiger mit Eisausrüstung.

Höchste Wegestelle/Gipfel
Östliche Simonyspitze 3 488 m.

Anstiegsleistung
Ab Hütte 1 300 Höhenmeter.

Abstieg
Wie Anstieg.

Gehzeiten
Essener-Rostocker Hütte 2 208 m – Östliche Simonyspitze 3 488 m: 3½ Stunden. Abstieg zur Hütte: 2½ Stunden.
Gesamtgehzeit: 6 Stunden ab Hütte.

Hütten/Stützpunkte
Essener-Rostocker Hütte 2 208 m, siehe Tour 48.

Karten/Führer/Literatur
Siehe Touren 44 und 45.

Friedrich Simony (1813–1896) gilt als der Erforscher des Dachsteinmassivs. Aber auch in der Venediger-Gruppe war er als Bahnbrecher tätig, von ihm stammt die erste touristische Monographie. »Seinen Namen wird die Venediger-Gruppe unvergänglich erhalten. Zwei Spitzen und ein Gletscher im Herzen des Gebiets sind nach ihm benannt, deren Taufe auf Vorschlag Franz Keils, dem er ein Gönner und Wohltäter gewesen, in einer Sitzung des Österreichischen Alpenvereins am 15. März 1865 jubelnd vollzogen wurde.« *(aus Otto Knorr »Der Groß-Venediger«.)*
Hubert Peterka schreibt im Alpenvereinsführer »Venedigergruppe«: »Östliche Simonyspitze, 3 488 m, kühnes Firnhorn, alpine Bedeutung ersten Ranges, zur benachbarten Westlichen Simonyspitze mit schartigem Wächtengrat verbunden.« Von der Essener-Rostocker Hütte gesehen steht die Östliche Simonyspitze im nahen Blickfeld. Der Normalweg über die »Dellacher Keesflecken« und den Südostgrat bietet sich deutlich an. Diesen Anstieg nennt Hubert Peterka »alpin erstklassig« – und er hat recht. In der Höhe von etwa 2 900 Meter schließt die Route an den breiten Firnrücken, weiter oben baut der Südostgrat eine großartige, steile Firnschneide auf, die in der Gipfelwächte über der Nordwand ausläuft. Der schmale Eisgipfel trägt kein Zeichen. Er und auch die abenteuerliche Wächtenschneide zur Westlichen Simonyspitze unterliegen nur den Elementen Sonne, Wind und Wetter. Theodor Harpprecht und der Führer Joseph Schnell eröffneten am 28. Juli 1871 den heutigen Normalweg und wagten auch den Übergang zur Westlichen Spitze.

Das Simonykees mit der Östlichen (rechts) und der Westlichen Simonyspitze.

50 Vordere Gubachspitze
3318 m
Rostocker Eck
2749 m

*Zwischen Simonykees
und Umbalkees*

schwierig
Gletscher-/Felstour

Die Felbertauernstraße und Initiativen des Deutschen und des Österreichischen Alpenvereins bewirkten in den Jahren nach 1970 im Matreier Raum und im Virgental ein starkes Anwachsen des Fremdenverkehrs. Die Tauerngemeinden Matrei, Virgen und Prägraten öffnen die ost- und südseitigen Zugangstäler zum Hauptkamm; das Maurertal im Talschluß des Virgentales ist eines dieser Täler.

In Streden (1403 m), am letzten Bauernhof, münden das Umbaltal und das Maurertal in das Virgental. Bis über die Mitte unseres Jahrhunderts blieb der uralte Hof eine wenig besuchte Einschicht, die Straße war schlecht, und nur Bergsteiger, die zur Clara-Hütte im Umbaltal oder hinauf zur Essener-Rostocker Hütte wollten, kamen nach Streden. Der Name stammt aus dem Mittelhochdeutschen »streden = brausen, strudeln des Wassers, was mit der Ortslage stimmt«, schreibt Purtscheller im AV-Jahrbuch 1883. Die junge Isel stürmt aus dem Umbaltal, der Maurerbach aus seinem Tal herab in den kleinen grünen Kessel, der zur Zeit der unregulierten Hochwasser gewiß oftmals von einem mächtigen Brausen erfüllt war. Aber die Einsamkeit von Streden ist längst Vergangenheit, ein großer Parkplatz und Osttiroler Urlaubsgäste zu Tausenden haben dem Ort seine Stille genommen. Die nahen Umbalfälle üben eine große Anziehungskraft

aus, die Essener-Rostocker Hütte ist ein beliebtes Ziel für Tageswanderer.

Nach einem frühen Aufbruch und mit genügender Kondition sollten auch Tagesausflügler nicht nur mit der Hütte zufrieden sein: Das Rostocker Eck lockt mit der Höhe von 2749 Metern als naher und durch einen Alpenvereinsweg erschlossener, ungemein lohnender Aussichtsberg! Den Höhenunterschied von 500 Metern bewältigt ein geübter Bergwanderer in einer guten Stunde, auch das Bergab auf dem Karl-Bremer-Weg in einer Rundtour zurück zur Hütte dauert nur wenig länger. In dem gut bewirtschafteten Doppelhaus der Alpenvereinssektionen Essen und Rostock-Markt Heidenfeld lohnt sich für Bergsteiger ein längerer Aufenthalt, denn zahlreich sind die Touren, die der nahe Tauernhauptkamm und seine Seitenkämme, der Dorferkamm und der Maurerkamm, bereithalten. Im Hauptkamm haben wir den Großen Geiger und die Östliche Simonyspitze bereits kennengelernt. Im Dorferkamm möchten wir den Großen Happ 3350 m und den Südlichen Happ 3304 m empfehlen, im Maurerkamm nennen wir die Hintere 3392 m und die Vordere Gubachspitze 3318 m, die Reggenspitze 3230 m und die vier Malhamspitzen zwischen 3255 und 3373 Meter Höhe. Im Hauptkamm von den Simonyspitzen westwärts winkt zudem als besonders begehrter Gipfel die 3499 Meter hohe Dreiherrnspitze. Sie erfüllt höchste Erwartungen, verlangt aber allerhand an Ausdauer und praktischer Erfahrung in der Gletscherkunde. Die Verhältnisse in der hohen Querung des Umbalkeeses vom Reggentörl (3052 m) zu ihrem Südfuß und der steile Durchstieg hinauf zum Firnrücken P. 3335 (AV-Karte) sind die Kriterien vor einem Erfolg. Die Chancen für diese Bergfahrt lassen sich aber sehr gut abschätzen, wenn man vorher eine »Eingehtour« zu einem Gipfel im Maurerkamm unternimmt. Daher der Vorschlag, die Vordere Gubachspitze zu besteigen.

Das Reggentörl legt die Brücke für den Übergang von der Essener-Rostocker Hütte zur Clara-Hütte im Umbaltal. Diese teils verfirnte Einsenkung zwischen der Vorderen Gubachspitze und der Nördlichen Malhamspitze erhielt ihren Namen – abgeleitet vom altslawischen »rega« = Spalte – von Franz Keil. Von der Hütte führt ein markierter Steig zum Gletscherrand am Südflügel des Maurerkeeses, eine schräge Eishangquerung leitet in das Hochbecken und aus ihm direkt zum Törl. Ohne Seil, Pickel und Steigeisen sollte niemand den mit Querspalten aufgerissenen, teils steilen Gletscher begehen! Der Hin-

Im Abstieg vom Rostocker Eck. Von links: die drei Maurerkeesköpfe, dazwischen das Maurertörl, rechts das Maurerkees, darüber der Große Geiger, anschließend der Große und der Südliche Happ.

weis verdeutlicht auch, daß dieser hohe Übergang zur Clara-Hütte eine hochalpine Tour ist.

Am Törl wirkt die Lockung des prachtvollen Hochgebirges, das Umbalkees, die Dreiherrnspitze und die Rötspitze. Noch umfassender ist der Ausblick von der Vorderen Gubachspitze: Über einem kurzen Firnhang und plattigem, leichtem Fels markiert eine Stange ihren höchsten Punkt. Hier zeigt neben dem westlichen auch der östliche Bergraum seine Schätze.

Tourensteckbrief

Ausgangsort
Essener-Rostocker Hütte 2 208 m.

Die Tour in Stichworten
Essener-Rostocker Hütte 2 208 – Reggentörl 3 052 m – Vordere Gubachspitze 3 318 m – Reggentörl – Rostocker Eck 2 749 m – Essener-Rostocker Hütte.

Schwierigkeit/Anforderung
III = schwierig, Gletscher-/Felstour; mittlere Anforderung, Tagestour ab Hütte.
Zur Hütte siehe Tour 48. Ab hier auf markiertem Steig (920) über den Moränenrücken, vorbei an der beschilderten Abzweigung »Rostokker Eck« zum Gletscherrand des Simonykeeses. Über das Kees – Achtung: Spalten! – meist

Trasse, teils steil zum Reggentörl. Aus dem Törl über den Sockelfels der Reggenspitze in das Umbalkees und über einen mäßig steilen Firnhang zum plattigen Gipfelfels der Vorderen Gubachspitze. Abstieg wie Anstieg bis zur Abzweigung »Rostocker Eck« (ca. 2 749 m) und auf markiertem Steig zum Gipfel, ½ Stunde. Vom Gipfel auf dem Karl-Bremer-Weg in einer Rundtour zurück zur Hütte, lohnend!
Vordere Gubachspitze nur für gletschererfahrene Bergsteiger mit Eisausrüstung; Rostocker Eck Aussichtsgipfel auch für Bergwanderer.

Höchste Wegestelle/Gipfel
Reggentörl 3 052 m, Vordere Gubachspitze 3 318 m, Rostocker Eck 2 749 m.

Anstiegsleistung
Vordere Gubachspitze: Ab Hütte 1 100 Höhen-

meter. Rostocker Eck: Ab Hütte 500 Höhenmeter.

Abstieg
Siehe Tourenverlauf.

Gehzeiten
Essener-Rostocker Hütte 2 208 m – Reggentörl 3 052 m: 2½ Stunden. Reggentörl – Vordere Gubachspitze 3 318 m: 1 Stunde. Abstieg: Reggentörl – Rostocker Eck 2 749 m: 2½ Stunden. Rostocker Eck – Hütte: 1 Stunde. Gesamtgehzeit: 7 Stunden.

Hütten/Stützpunkte
Essener-Rostocker Hütte 2 208 m, siehe Tour 48.

Karten/Führer/Literatur
Siehe Touren 44 und 45.

Venediger-Gruppe

51 Dreiherrnspitze 3499 m

Treffpunkt dreier Länder

*sehr schwierig
Gletscher-/Felstour*

Die Dreiherrnspitze erhebt sich als mächtiger Eckpfeiler an der Dreiländerecke Osttirol, Südtirol und Salzburg. Der Tauernhauptkamm trägt die Wasserscheide und somit auch die Landesgrenze zwischen Salzburg und Tirol. Peter Anich verzeichnete 1774 den »Drey-Herren-Spitz« in seinem »Atlas Tyrolensis«. Die politischen Verhältnisse haben sich seitdem geändert; eine Steinplatte am Gipfel beurkundet die 1920 festgelegte neue Grenze zwischen Österreich und Italien. Zum Land Salzburg errichtet die Dreiherrnspit-

ze eine mächtige dunkle Nordostwand mit Fundament im Krimmler Kees und teilt die Gletscherschmelze der Krimmler Ache zu. Die hohen Firnschultern des Prettauer Keeses und des Äußeren Lahnerkeeses entwässern zum Südtiroler Ahrntal und speisen den Ahrnbach. Das weitausgelegte Umbalkees schenkt Osttirol den Ursprung der Isel.
Der erfahrene Triangulator Oberlieutenant Breymann erkannte richtig das Hintere Umbaltörl als den bequemsten Zugang. Diesem Hinweis folgte der Prägrater Führer Balthasar Ploner, der am 2. November 1866 mit Gefährten im Auftrage von Dr. Wagl aus Graz die erste schriftlich belegte Ersteigung der Dreiherrnspitze ausführte. Diese Route aus dem Umbaltal über die heutige Kleine Philipp-Reuter-Hütte (2690 m) zum Hinteren Umbaltörl (2845 m) umgeht den Abfluß des Umbalkeeses auf der linken Seite. Am Törl kommt der Südtiroler Weg von der Lenkjöchl-Hütte (2588 m) hinzu (siehe »Bergsteigen in Südtirol«, Band 1). Über die Schleitner Keesflecken und das Althauskees läuft die Route zum steilen Firnhang unter dem Südwestrücken und trifft dort auf die Einmündung der Trasse vom Reggentörl herüber (3052 m, siehe Tourensteckbrief). Die drei Normalanstiege sind somit vereinigt, über den Punkt 3335 der AV-Karte erfolgt der gemeinsame Schlußanstieg zum 3499 Meter hohen Gipfel.

Tourensteckbrief

Ausgangsort
Essener-Rostocker Hütte 2208 m.

Die Tour in Stichworten
Essener-Rostocker Hütte 2208 m – Reggentörl 3052 m – Dreiherrnspitze 3499 m – Reggentörl – Essener-Rostocker Hütte.

Schwierigkeit/Anforderung
IV = sehr schwierig, Gletscher-/Felstour; große Anforderung, Tagestour ab Hütte.
Zur Essener-Rostocker Hütte siehe Tour 48, weiter zum Reggentörl siehe Tour 50. Ab Reggentörl über den Sockelfels des Reggenspitze nach Nordwesten in das spaltenreiche Hochbecken des Umbalkeeses. Die Dreiherrnspitze, der schmale Firnhang, der von ihrer hohen Eisschulter hinab zum Umbalkees zieht, und auch der felsige Südwestfuß der Spitze sind sichtbar! In hoher Querung, vorbei an den Gubachspitzen, etwa auf der Linie 3000–3150 m – große Spaltengefahr! – gegen den Südwestfuß und dort je nach den Verhältnissen entweder im eingelagerten steilen Firnhang oder nach Steigspuren über steiles Geröll und Fels hinauf zu dem großen Firnrücken P. 3335 (AV-Karte). Von dort zum felsigen Nordwestgrat und über ihn mäßig steil zum Gipfel.
Gletscherroute, nur für sehr gletschererfahrene Bergsteiger mit Eisausrüstung.

Höchste Wegestelle/Gipfel
Reggentörl 3052 m, Dreiherrnspitze 3499 m.

Anstiegsleistung
Ab Hütte 1300 Höhenmeter.

Abstieg
Wie Anstieg; oder über die beiden Umbaltörl zur Kleinen Philipp-Reuter-Hütte (2690 m) und weiter zur Clara-Hütte (2038 m) im Umbaltal 5 Stunden; oder vom Hinteren Umbaltörl (2845 m) zur Lenkjöchl-Hütte (2588 m) in Südtirol 3½ Stunden. Siehe Sepp Schnürer »Hohe Route Ostalpen« und »Bergsteigen in Südtirol«, Band 1.

Gehzeiten
Essener-Rostocker Hütte 2208 m – Reggentörl 3052 m: 3 Stunden. Reggentörl – Dreiherrnspitze 3499 m: 2½ Stunden. Abstieg Essener-Rostocker Hütte: 4½ Stunden. Gesamtgehzeit: 10 Stunden ab Hütte.

Hütten/Stützpunkte
Essener-Rostocker Hütte 2208 m, siehe Tour 48.
Kleine Philipp-Reuter-Hütte 2690 m,
Clara-Hütte 2038 m, im Umbaltal, und
Lenkjöchl-Hütte 2588 m, siehe Tour 52.

Karten/Führer/Literatur
Siehe Touren 44 und 45.

Die Dreiherrnspitze über dem Umbalkees. Die Route von der Essener-Rostocker Hütte zieht nach dem Reggentörl über die Hochterrasse dieses Gletschers zum Ansatz des Felssporns und entweder über ihn oder über den Firnstreifen hinauf zu dem Sattel vor dem Gipfel.

52 Rötspitze
3495 m
Clara-Hütte
2038 m

»Welitzspitze« – der weiße Berg

schwierig
Gletscher-/Felstour

Die Erstbesteigung der Dreiherrnspitze erfolgte an einem Novembertag des Jahres 1866. Vielleicht hatten Balthasar Ploner und seine Begleiter »das Glück eines der späten Herbsttage, eines Tages, der zaubrisch nah die Horizonte verschiebt und seinen Gipfel mit einer Reinheit ohnegleichen umgibt«. Man muß sich wundern, daß Ploner im Jahr darauf nicht die touristische Ersteigung der benachbarten, ebenbürtigen Rötspitze ausführte, die zu dieser Zeit nur zum Zweck der Triangulierung im Jahre 1854 betreten worden war. Jeder Bergsteiger, ob er nun auf der Dreiherrnspitze oder auf der Rötspitze steht, wird in der Umschau von seinem Berg dem Nachbargipfel enthusiastisch die nächste Tour versprechen. Hubert Peterka lobt im »Venedigerführer« die Rötspitze mit den Worten: »Gewaltiger, glockenförmiger Berg, höchster Gipfel des Umbalkeeses; Grenzscheitel Österreich/Italien; alpin und bergsteigerisch erstrangig, mächtige Erscheinung, dabei einfach erreichbar.« Der Vermessungsoffizier Oberlieutenant J. Breymann (siehe auch Dreiherrnspitze) hielt sich zur Feststellung der genauen Höhe vom 22. bis 27. August 1854 am Gipfel auf. Die Rötspitze war mit ihren damals gemessenen 11050 Wiener Fuss = 3493 Meter der höchste Instrumentenstand der Triangulierung, berichtet »Die Erschließung der Ostalpen«. Nachdem die Rötspitze ihr Vermessungszeichen erhalten hatte, fiel sie wieder zurück in ihre Einsamkeit. Erst am 1. August 1871 kam durch Theodor Harpprecht und seinen Führer Joseph Schnell der nächste Besuch. Die beiden stiegen vom Umbaltal

herauf, schlugen die Route zur heutigen Kleinen Philipp-Reuter-Hütte (2690 m) ein, gingen zum Vorderen Umbaltörl 2928 m hinauf und über den Scheitel des Nordostgrates und die Untere Rötspitze 3290 m zum Gipfel. Diese Route ist seitdem der übliche Weg aus dem Umbaltal. Auch der Südtiroler Anstieg von der Lenkjöchl-Hütte (2588 m) über das Rötkees fädelt nach einer Anstiegszeit von etwa 2 Stunden an der Unteren Rötspitze in den Nordostgrat ein. Im felsigen Vorgipfel 3313 m hängen einige alte Drahtseilsicherungen, nach einer Firnschulter beginnt der gut gestufte, aber nach beiden Seiten scharf abschüssige, aus mürbem Bratschengestein gebaute Gipfelgrat. Diese sehr ausgesetzte Route verlangt ein sicheres, aufmerksames Klettern und absolute Schwindelfreiheit bis zu ihrem Auslauf am Gipfelplateau. Dort übertrifft das überwältigende Ostalpenpanorama jede Erwartung!

Die Rötspitze ist, von welcher Seite man sie auch betrachtet, ein weißer Berg. Das sehr steile Schwarzachkees verleiht ihm ein Schutzschild nach Südwesten, das Welitzkees schließt weniger steil zum Gipfel auf und winkt eine freundlichere Einladung hinab nach Osttirol. Als Zweitname – den die Karten noch immer vermerken – kam von der Virgener Seite die Anrede »Welitzspitze«. Das Wort »Weliz« stammt aus dem Slawischen und bedeutet soviel wie »weiß«, würde also genau passen. Aber von Prettau, vom Südtiroler Ahrntal, setzte sich wegen der »röthlichen Färbung des dort vorkommenden kupferhaltigen Gesteins« der Name »Röthspitze« durch. Die Clara-Hütte (2038 m) im Umbaltal unterstützt den Osttiroler Anstieg zur Rötspitze. Die Hütte, ein bescheidener ebenerdiger Bau, ist im Sommer zur Zeit der Hochsaison ein überaus beliebtes Ziel; die Wanderer verbinden mit dem Erlebnis der Umbalfälle gerne einen Hüttenbesuch. Die in der Hüttenwand eingelassene Marmortafel:

»CLARA-HÜTTE erbaut von Frau Clara und Herrn Prokop Ratzenbeck in Prag 1872«

erzählt den Anfang ihrer Geschichte. Angeregt von Johann Stüdl, finanzierte das Ehepaar Ratzenbeck die Errichtung. »In sechs Wochen stand die Hütte, ein einziger Raum, von Balthasar Ploner im Jahre 1872 erbaut da. Die Hütteneinweihung stellte bezeichnenderweise für das junge Stüdl'sche Ehepaar das Hochzeitsgeschenk dar; sicher für ihn, der auch auf seiner Hochzeitsreise den Kopf voller Alpenvereinsfragen hatte, ob auch für die

junge Frau, die in tiefem Neuschnee, durchfroren und durchnäßt, der Bergwelt noch fremd gegenüberstand?« Von der Hütte weiß die Chronik noch zu berichten, »daß sie als Geschenk der verwitweten Frau von Ratzenbeck an die Sektion Prag zu deren Silberjubiläum im Jahre 1895 überging. Durch bessere Wegverhältnisse erhielt sie einen etwas stärkeren Besuch als früher, so daß das Hüttchen 1898 mit einem kleinen Anbau versehen, im Sommer über bewirtschaftet werden konnte.« Der Niedergang der Österreichischen Donaumonarchie war für die Böhmisch-Mährischen Alpenvereinssektionen, so auch für die Sektion Prag, ein schwerer Schlag. Die Prager zogen sich aus dem Umbaltal zurück und überließen im Jahre 1926 die Clara-Hütte und ihr Arbeitsgebiet der Sektion Essen. Die Männer aus dem »Kohlenpott« errichteten schon 1928 talein und 500 Meter höher die »Neue Essener Hütte« (2502 m), die Dreiherrnspitze und die Rötspitze hatten damit einen hervorragenden Stützpunkt. Das Geschick, diesmal die Naturgewalten, wollte es jedoch anders. Seit 1958 ist wieder nur die Clara-Hütte für die Touren im Umbaltal zuständig (siehe auch Tour 51). Ab Hinterbichl, von der Mündung des Dorfertales einwärts nach Streden, trägt

Die Clara-Hütte im Umbaltal, darüber die Rötspitze.

das Tal der Isel den Namen Umbal. Aus dem Umbalkees springen die Wasser der jungen Isel stürmisch über die Kaskaden der Umbalfälle tiefer zur Weitung der Pebell-Alm und schießen durch eine Felsenklamm hinab nach Streden. Josef Rabl schildert uns das Umbaltal, wie er es 1882 erlebte: »Dasselbe wird an Schönheit der Felsscenen, Gebirgsbilder und Wasserstürze von keinem anderen Tauernthale übertroffen. Zwischen natürlichen Steindämmen donnert die Isel herab. Malerisch gelagerte Felsen stemmen sich ihrem Sturze entgegen und riesige Felsfragmente starren aus dem weißschäumenden Elemente hervor. Gestürzte Baumstämme haben sich quer darüber gelegt. Die Isel entfaltet hier einen Reichtum an Wasserscenen originellster Art, wie kaum die reichste Phantasie sich vorzustellen vermag. Bald ist es ein schöner Sturz zwischen Felsen, bald rauscht der Bach in reicher Wasserfülle unter natürlichen Felsbrücken in dunkler Enge wallend dahin, bald wirft er sich in breiter, funkelnder Masse über das Felsenchaos, oder in silbernen Strähnen und Armen zwischen den Klippen hindurch . . .«

Dieses Naturdenkmal ohnegleichen hat der Mensch bisher noch nicht angetastet. Nur der »Wasserschaupfad Umbalfälle« (eröffnet August 1976) – verbunden mit dem Weg zur Clara-Hütte – erschließt die Kaskadenschwellen von der Pebell-Alm (1513 m) über einen Höhenunterschied von 200 Metern. Im geplanten Nationalpark Hohe Tauern sollen die Wasser des Umbal Zeugnis dafür ablegen, daß der Mensch es auch heute noch versteht, wertvolle Naturräume in ihrem ursprünglichen ökologischen Zustand zu erhalten und zu schützen. Noch ist dies ein Wunsch – möge er in Erfüllung gehen!

Tourensteckbrief

Ausgangsort
Streden 1403 m, im Virgental.

Die Tour in Stichworten
Streden 1403 m – Pebell-Alm 1513 m – Clara-Hütte 2038 m – Kleine Philipp-Reuter-Hütte 2690 m – Rötspitze 3495 m – Clara-Hütte.

Schwierigkeit/Anforderung
III = schwierig, Gletscher-/Felstour; mittlere Anforderung, 2-Tage-Tour.
Ab Parkplatz Streden auf gesperrter Fahrstraße zur Pebell-Alm und dem Wasserschaupfad Umbalfälle zur Clara-Hütte im Umbaltal. (Dort Schlüssel für die unbewirtschaftete Philipp-Reuter-Hütte.) Ab Clara-Hütte markierter Steig (911) zur Philipp-Reuter-Hütte. Der zumeist begangene Anstieg führt von der Hütte nach Steinmännern hinauf zu den Firnfeldern im nördlichen Flügel des Welitzkeeses und in mäßig steiler Gletscherroute zum nordöstlichen Felskamm Rötspitze – Vorderes Umbaltörl (2928 m). Vom Törl über Graterhebungen in Richtung Rötspitze zum P.3290 (AV-Karte), bei dem von rechts der Zugang über das Rötkees von der südtirolerischen Lenkjöchl-Hütte (2588 m) einmündet. (Oder aber je nach den Verhältnissen die direkten steilen Firnanstiege über das Welitzkees zu P.3290.) Die nun gemeinsame Route läuft über einen weiten Firnsattel zum Ansatz des Rötspitz-Nordostgrates, überschreitet die Firnkuppe der Unteren Rötspitze (3313 m) und die schmale, felsige Gipfelschneide, die steil und ausgesetzt im Gipfeldach ausläuft.
Kombinierte Route in Fels und Eis, nur für erfahrene Bergsteiger mit Eisausrüstung.

Höchste Wegestelle/Gipfel
P. 3290 (AV-Karte) Rötspitze 3495 m.

Anstiegsleistung
Ab Parkplatz Streden 2100, ab Clara-Hütte 1400, ab Philipp-Reuter-Hütte 800 Höhenmeter.

Abstieg
Wie Anstieg; oder ab P.3290 über das Rötkees zur Lenkjöchl-Hütte in Südtirol (2½ Stunden, vielbegangene Route, siehe Sepp Schnürer »Bergsteigen in Südtirol«, Band 1).

Gehzeiten
Parkplatz Streden 1403 m – Clara-Hütte 2038 m: 2½ Stunden. Clara-Hütte – Kleine Philipp-Reuter-Hütte 2690 m: 2 Stunden. Philipp-Reuter-Hütte – Rötspitze 3495 m: 3 Stunden. Abstieg wie Anstieg zur Clara-Hütte: 4 Stunden.
Gesamtgehzeit: 9 Stunden ab Clara-Hütte.

Hütten/Stützpunkte
Clara-Hütte 2038 m, DAV-Sektion Essen, 25 Betten und Matratzenlager, bewirtschaftet von Mitte Juni bis Ende September.
Kleine Philipp-Reuter-Hütte 2690 m, DAV-Sektion Essen, 10 Matratzenlager, Selbstversorgerhütte, nur mit Hüttenschlüssel zugänglich!
Lenkjöchl-Hütte 2588 m, CAI-Sektion Bruneck, 45 Betten und Matratzenlager, bewirtschaftet von Anfang Juli bis Mitte September.

Karten/Führer/Literatur
Kompass-Wanderkarte 1:50000, Blatt 82 »Tauferer-Ahrntal«, Blatt 45 »Defereger Alpen – Lasörlinggruppe«; Alpenvereinskarte 1:25000, Blatt »Venedigergruppe«. Alpenvereinsführer »Venedigergruppe«; Kleiner Führer »Glockner-, Granatspitz- und Venedigergruppe«; Auswahlführer »Hohe Tauern – Südseite«.

Die Rötspitze gehört unbestritten zur »allerersten Garnitur« der Ostalpen. Die Gletscher und Grate formen ein begehrtes Gipfelziel, für das der Bergsteiger entweder nach Ost- oder Südtirol anreist. Wir stehen am Reggentörl und betrachten das Welitzkees, das den Osttiroler Anstieg entweder direkt zum Gipfel oder zur felsigen Unteren Rötspitze (rechts vor dem Hauptgipfel) trägt. An der Unteren Rötspitze mündet der Südtiroler Anstieg ein, der Nordostgrat führt die Normalroute zum Gipfel.

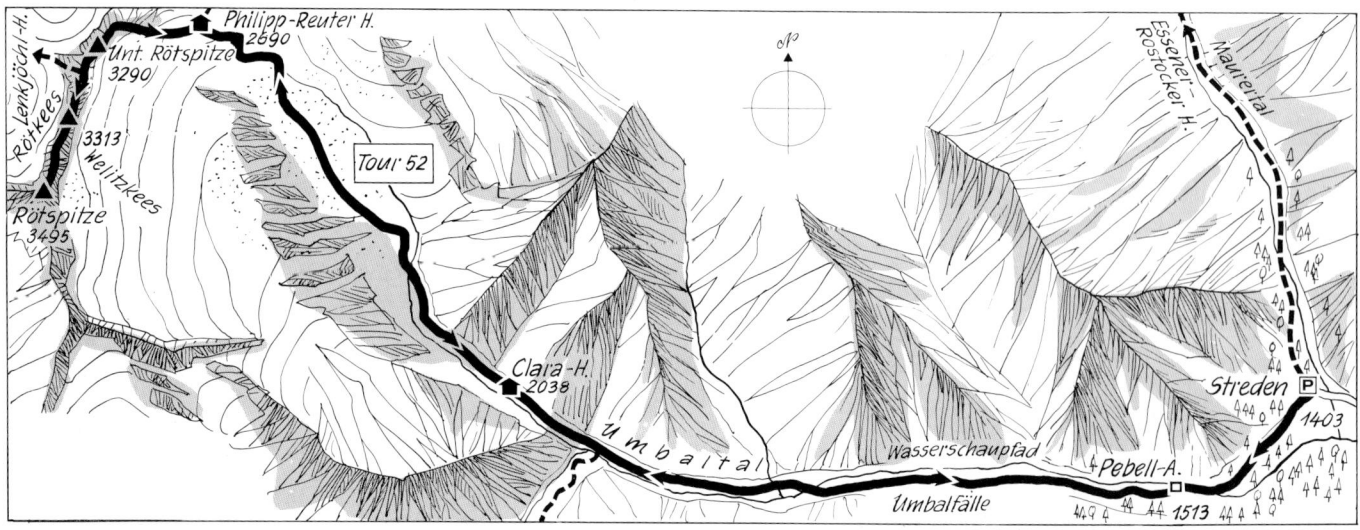

53 Weißspitze
3300 m

Eissee-Hütte
2500 m

Sajat-Hütte
2600 m

Sonnenbalkon des Virgentales

mäßig schwierig
Wander-/Felstour

Die Isel muß sich auch im Virgental noch über Stock und Stein und durch tiefe Schluchten arbeiten, bevor draußen in Virgen das Tal üppige Uferwiesen zuläßt und sie in breiterem Fluß nach etwa 20 Kilometern in das Matreier Talbecken gelangt. Dort muß ihr der Tauernbach tributpflichtig sein; von ihm gestärkt, fließt die Isel durch das nach ihr benannte 30 Kilometer lange Tal hinaus nach Lienz und schüttet hier ihre Wasser in die Drau. Von ihrem Ursprung im Umbaltal bis nach Matrei wird die Isel ausschließlich von den Abflüssen der Venediger-Gruppe gespeist, denn auch der südliche Bergrahmen des Virgentales, der Lasörlingkamm, gehört nach der alpinen Einteilung der Ostalpen noch zur Venediger-Gruppe; das Virgental ist demnach ein inneralpines Tal des Venedigergebirges. Die West-Ost-Richtung vom Umbal nach Matrei, die gemäßigte Höhenlage zwischen 1400 Meter in Streden und 1000 Meter in Matrei, der Tauernhauptkamm im Norden und der Lasörlingkamm im Süden gönnen dem Virgental viel Licht und Wärme. Diese Vorzüge garantieren ein ideales Mittelgebirgsklima, für das der Großstädter von weither anreist, um eine erholsame, heitere Sommerfrische zu genießen. Das Kirchdorf Virgen (1194 m) gibt dem Tal seinen Namen, als keltische Siedlungsstätte scheint der Ort urkundlich schon im Jahre 1170 auf. Prägraten (1310 m), die nächste größere Ortschaft talein, ist ein historischer Siedlungsboden der slawischen Zeit und 1162 als »Pregrad« erwähnt. Diese beiden Hauptorte teilen das Tal in zwei Gemeinden und gelten auch für den blühenden Fremdenverkehr als touristische Zentren.

Vom Tauernhauptkamm fallen kurze steile Seitentäler in das Virgental, sie weisen dem Bergtourismus die Anstiege hinauf zu den hohen Eisdächern der südlichen Venediger-Gruppe. Die beiden inneren Talkerben, das Maurer- und das Dorfertal, haben wir auf dem Weg zur Essener-Rostocker Hütte, zur Johannis-Hütte und dem Defregger-Haus kennengelernt. Der nächste Einschnitt, das Timmeltal, bricht vom Froßnitzkamm über zwei Steilstufen herab und mündet über Prägraten mit der schmalen Schlucht des Timmelbaches in das Haupttal. Talaus ist noch das Nilltal maßgebend für die Gliederung des Bergraumes bis nach Matrei. Von den zuletzt genannten Stichtälern erschloß der Alpenverein das Nilltal mit der Bonn-Matreier Hütte (2750 m). Das Timmeltal, das als einziges südseitiges Venedigertal noch ohne Stützpunkt war, erhielt 1980 durch private Initiativen aus dem Virgental die Eissee-Hütte (2500 m). Für den wanderfreudigen Urlaubsgast sind dieses Haus und die 1975 eröffnete private Sajat-Hütte (2600 m) eine echte Bereicherung des Virgener Tourenprogramms. Die geologisch interessante, hochgelegene Karnische unter dem plattigen Fels der Roten Säule (2879 m), die Steilmähder der grasigen Sajatflanken, der grüne, langgestreckte Trog des Timmeltales, das wildromantische Steinbecken des Eissees (2661 m) darüber, diese ursprünglichen Refugien herrlicher Hochgebirgsnatur wurden damit gewiß nicht übererschlossen. Der Prägratener Höhenweg verbindet in einer 3stündigen Gehzeit beide Hütten, die Talanstiege von Prägraten (1310 m) oder von Bichl (1495 m) mit jeweils etwa 3 Stunden dazugerechnet, und der Abstieg zurück ins Tal ergeben einen voll ausgefüllten Tag. Diese Rundtour wird auch ein trainierter Bergwanderer in den Beinen spüren!

Für das Wandererlebnis auf der »Virgener Sonnseitn« sollte man eine Schönwetterperiode nützen und möglichst auch eine Nächtigung einplanen. Aus dem schütteren Lärchenwald über Bichl quert der Weg zur Sajat-Hütte hinein in die baumlosen steilen Grashänge der Sajatmäder und führt zu einer Höhle (etwa 2100 m) mit dem Schild »Schlafplatz der Wiesenmäher«. Die Zeiten, als diese Steilhänge jährlich noch einmal gemäht wurden, liegen nicht allzu lange zurück. Im Mittelalter aber, zur Zeit der Salzburger Fürstbischöfe, war die wirtschaftliche Not der Virgener Talbevölkerung besonders hart. In der Sajat-Hütte erinnert die Schrift »Das Sajatseil« an diese Zeit. Davon ein Auszug:

»Bedrückende Getreideabgaben an das Pfleggericht Virgen zwangen die Bauern in Prägraten in den vergangenen Jahrhunderten zum Getreideanbau in Tallagen, wo es nur möglich war. Das notwendige Winterfutter für das Vieh mußte zum überwiegenden Teil in den Bergmähdern gewonnen werden. Die blumenreichen, steilen Bergwiesen, durch die der Aufstieg zur Sajat-Hütte führt, hat der ›Prädinger‹ Bauer in vielen Generationen in härtester Arbeit unter Lebensgefahr bewirtschaftet und gepflegt.«

Mit dem Bau der Sajat-Hütte hat Friedel Kratzer die Zeichen der Zeit richtig gedeutet. Er braucht sich um seine Hütte keine Sorgen zu machen, den Platz und die originelle landschaftsgerechte Bauweise dieses Schutzhauses honorieren die Sommergäste mit einem fleißigen Besuch. Vielfarbiger Steilfels rundet den engen Bergrahmen zu einem Halbkreis um ein sandiges Karbecken, auf dessen äußerstem Rand nach Süden die Sajat-Hütte steht. Wegetafeln weisen den Übergang zur Johannis-Hütte (2121 m) im Dorfertal und zur Eissee-Hütte im Timmeltal, zu der wir hinüberwandern müssen, wenn wir die Weißspitze besteigen wollen.

Hoch über dem Talschluß des Timmeltales errichtet der Froßnitzkamm eine gewaltige, teilweise vergletscherte Urgesteinsbarriere vor den Eisdächern des Äußeren Mullwitz- und des Froßnitzkeeses. Vom Kammzug grüßt eine hohe weiße Spitze herab zum Timmeltal, in dem Tagesausflügler, Bergwanderer und Bergsteiger zur Eissee-Hütte, im Bereich der Kleinitz-Alpe, ansteigen. Ein Wegeschild am Haus zeigt zum Wallhorntörl (3045 m), und diesen Hinweis sollten auch Bergwanderer beachten. Von dem guten Alpenvereinssteig, hergerichtet und markiert von der DAV-Sektion Siegburg, zweigt nach knapp 30 Minuten Gehzeit der Weg zum Eissee ab. Der ausdauernde Wanderer aber wird noch den ab hier steilen Steig weiterverfolgen bis hinauf zum Wallhorntörl, das einen überraschenden Einblick in die zentrale Venediger-Gruppe bietet. Die 3300 Meter hohe Weißspitze, vom Törl rechts etwas versteckt hinter einem Steinwall, ist freilich ein noch besserer Ort für einen umfassenden Rundblick.

Tourensteckbrief

Ausgangsort
Prägraten 1310 m, im Virgental.

Die Tour in Stichworten
Prägraten 1310 m – Eissee-Hütte 2500 m – Wallhorntörl 3045 m – Weißspitze 3300 m – Eissee-Hütte – Sajat-Hütte 2600 m – Bichl 1495 m bei Prägraten.

Schwierigkeit/Anforderung
II = mäßig schwierig, Wander-/Felstour; mittlere Anforderung, 2-Tage-Tour.

Ab Prägraten auf Straße kurz hinauf zu den Höfen von Wallhorn und dort nach markiertem Steig im Lärchenwald steil höher zur Einmündung in das Timmeltal. Im Talboden gegen den Talschluß und steil empor zur schon lange sichtbaren Eissee-Hütte im Bereich der Kleinitzalpe.

Weißspitze: Ab Hütte markierter Steig zum Sand- und Moosboden des Timmelbaches P. 2555 (AV-Karte, Abzweigung zur Johannis-Hütte im Dorfer Tal = Teil des Venediger-Höhenweges; außerdem Abzweigung nach rechts zum Eissee). Ab hier nach Markierungen und Tafel »Wallhorntörl/Defregger-Haus« steil höher in das mit Altschnee gefüllte Hochbecken unter dem Wallhorntörl. (Dort gesicherter Steilabstieg zum Äußeren Mullwitzkees und Gletscherübergang, Spalten!, zum Defregger-Haus 2962 m und über das Froßnitztörl, 3114 m, zur Badener Hütte, 2608 m; Eisausrüstung notwendig!) Ab Wallhorntörl nach Steigspuren im südseitigen Fels zu einer Altschneezunge und in ihrer Querung nach rechts zum Blockrücken, der das Garaneber Kees begrenzt (nicht im Fels höher!). Aus dem flachen Keesboden im Südanstieg steil hinauf zum Blockgrat und über gut gangbares Blockwerk zum Gipfel. Abstieg zur Eissee-Hütte.

Nur für im Fels erfahrene Bergsteiger.

Übergang zur Sajat-Hütte: Ab Eissee-Hütte auf dem Talweg hinab zur Wallhorn-Alm (2128 m) und nach Schild »Sajat-Hütte« auf dem Prägratener Höhenweg mäßig steil zur Sajat-Hütte. (Dort lohnende Stichtour zur Roten Säule, 2879 m.) Ab Sajat-Hütte auf markiertem Steig über die Sajat-Mähder hinab nach Bichl – Prägraten.

Sehr lohnende Tour für ausdauernde Bergwanderer.

Höchste Wegestelle/Gipfel
Wallhorntörl 3045 m, Weißspitze 3300 m.

Anstiegsleistung
Ab Prägraten 2200, mit Weißspitze 2500 Höhenmeter.

Abstieg
Siehe Tourenverlauf.

Gehzeiten
Prägraten 1310 m – Eissee-Hütte 2500 m: 3½ Stunden. Eissee-Hütte – Wallhorntörl 3045 m: 2 Stunden. Wallhorntörl – Weißspitze 3300 m: 1 Stunde. Abstieg wie Anstieg zur Eissee-Hütte: 2 Stunden. Eissee-Hütte – Wallhornalm 2128 m – Sajat-Hütte 2600 m: 3 Stunden. Sajat-Hütte – Bichl 1495 m – Prägraten: 2½ Stunden.
Gesamtgehzeit: 14 Stunden, ohne Weißspitze 9 Stunden.

Hütten/Stützpunkte
Eissee-Hütte 2500 m, privat, 30 Matratzenlager, bewirtschaftet von Anfang Juni bis Ende September.

Sajat-Hütte 2600 m, privat, 20 Matratzenlager, bewirtschaftet von Anfang Juli bis Anfang Oktober.

Defregger-Haus 2962 m, siehe Tour 46.

Badener Hütte 2608 m, siehe Tour 45.

Karten/Führer/Literatur
Kompass-Wanderkarte 1 : 50 000, Blatt 46 »Matrei in Osttirol – Venedigergruppe«; Alpenvereinskarte 1 : 25 000, Blatt »Venedigergruppe«. Alpenvereinsführer »Venedigergruppe«; Kleiner Führer »Glockner-, Granatspitz- und Venedigergruppe«; Auswahlführer »Hohe Tauern – Südseite«.

Ein Landschaftsbild aus der Wanderung von Prägraten im Virgental durch das Timmeltal hinauf zur Eissee-Hütte. Über dem schäumenden Timmelbach der Lasörling.

Venediger-Gruppe

54 Hoher Eichham
3371 m
Säulkopf
3209 m
Bonn-Matreier Hütte
2750 m

*Im Steilfels
der Venediger-Gruppe*

*schwierig
Wander-/Felstour*

Ein auffallender kantiger Felsklotz über einem glänzenden Gletscherfleck, so präsentiert sich der Hohe Eichham hinab zum Iseltal. Im südöstlichen Randbereich der Venediger-Gruppe bildet der Eichhamstock aus Chloritschiefer und hartem grünen Serpentinstein einen Gegenpol zur Eis- und Firnlandschaft der zentralen Gruppe. Diesen eigenwilligen Felsgestalten entragt der Hohe Eichham als bergsteigerisch wertvoller, aber »schwieriger Kletterberg ohne leichten Anstieg«, wie der »Venedigerführer« unterrichtet.

Der Weg zur Bonn-Matreier Hütte führt durch das Nilltal, womit wir auch das vierte der südseitigen Venedigertäler kennenlernen. Wohlgefällig betrachten wir ein holzgeschindeltes, stattliches Haus mit dem Hüttenschild:

»Bonn-Matreier Hütte, 2750 m, erbaut 1929 bis 1932, von der Sektion Bonn/Rh. und Matrei-Osttirol des D. u. Oe. AV.«

Die Jahreszahlen verkünden die Arbeitsgemeinschaft zweier Sektionen über viele Jahre hinweg, mit Beendigung der Sanierungsarbeiten 1983 erfährt diese Partnerschaft einen Höhepunkt zum Wohle der Bergsteiger und der vielen Wanderer auf dem Venediger Höhenweg.

Der Hohe Eichham blickt von Nordwesten zur Hütte herab. Der übliche Weg zu ihm führt über einen vorgelagerten, leichten Dreitausender, den Säulkopf 3209 m, den auch ein trittsicherer Berg-

wanderer erreichen kann. Am Gipfelkreuz zeigt uns der Hohe Eichham die Stationen seiner Anstiegsroute: das Nillkees, die Eichhamscharte 3125 m, den Südgrat und die kurze Gipfelwand. Die flache Querung des kleinen Gletschers hinüber zur breiten Scharte bedeutet keine Schwierigkeit. Am blockigen Steilfels des Südgrates muß der klettergeübte Bergsteiger die günstigste Route finden, ehe er die gelbe brüchige Gipfelwand mit ihrer schmalen ausgesetzten Leiste hinauf zu den Ausstiegsfelsen gewinnt. Ein fest eingelassener Ringhaken ermöglicht Seilhilfe – am Gipfelkreuz in 3371 Meter Höhe schauen wir hochbefriedigt hinüber zu unseren vielen Freunden in der Venediger-Gruppe.

Tourensteckbrief

Ausgangsort
Obermauern 1301 m; oder Prägraten 1310 m, im Virgental.

Die Tour in Stichworten
Obermauern 1301 m oder Prägraten 1310 m – Nilljoch-Hütte 1970 m – Bonn-Matreier Hütte 2750 m – Säulkopf 3209 m – Eichhamscharte 3125 m – Hoher Eichham 3371 m – Bonn-Matreier Hütte.

Schwierigkeit/Anforderung
III = schwierig, Wander-/Felstour; mittlere Anforderung, 1½-Tage-Tour.
Zur Bonn-Matreier Hütte entweder von Obermauern (Auffahrt über den Berghof Budamer bis ca. 1600 m möglich) oder von Prägraten

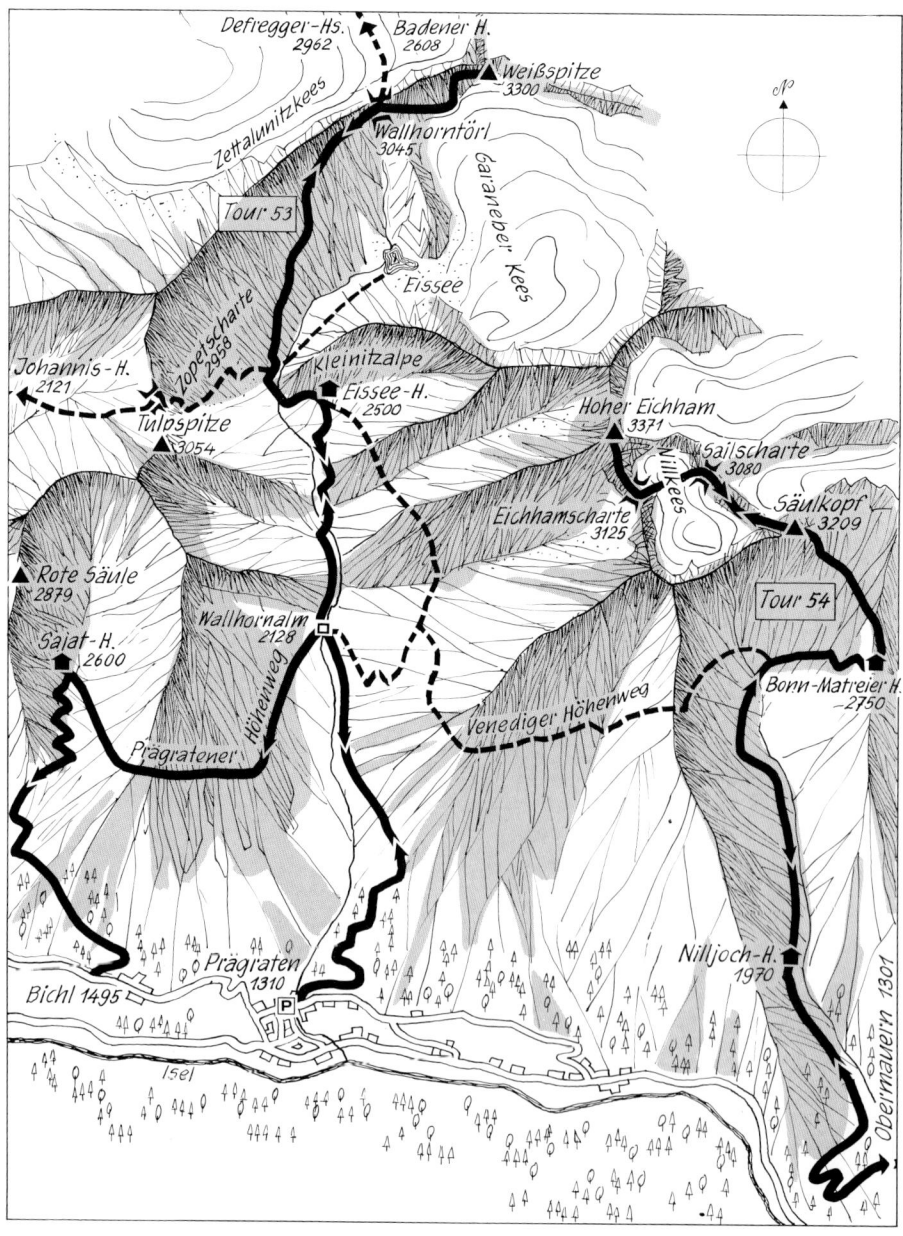

(Auffahrt bis ca. 1500 m möglich) über die Nill-joch-Hütte markierter Steig (922). Ab Hütte nach markiertem Steig und Steigspuren steil höher zu einer Scharte im Ostgrat des Säulkopfes. Am Grat, teils ausgesetzt, zum Gipfel. Vom Säulkopf den wenig schwierigen Nordwestgrat abwärts zur Sailscharte (3080 m) und über das kleine Nillkees fast horizontal zur Eichham-scharte. Von dort über den Eichham-Südgrat nach Steigspuren bis unter den markanten Gratturm, dort in die Ostflanke zu einer Grat-scharte und nun links des Grates über plattigen Fels zur Scharte vor der Gipfelwand. Auf einer Felsleiste durch eine griffarme Wandstelle (Ringhaken) zu den gut gangbaren Gipfelfel-sen.
Nur für im Steilfels erfahrene, sichere Bergstei-ger mit Seilausrüstung.

Höchste Wegestelle/Gipfel
Säulkopf 3209 m, Hoher Eichham 3371 m.

Anstiegsleistung
Ab Obermauern oder Prägraten 2100, ab Bonn-Matreier Hütte 700 Höhenmeter.

Abstieg
Wie Anstieg.

Gehzeiten
Obermauern 1301 m oder Prägraten 1310 m – Bonn-Matreier Hütte 2750 m: 4 Stunden. Hütte – Säulkopf 3209 m: 1½ Stunden. Sailscharte 3080 m – Eichhamscharte 3125 m: 1 Stunde. Eichhamscharte – Hoher Eichham 3371 m: 1½ Stunden. Abstieg Bonn-Matreier Hütte: 3 Stunden.
Gesamtgehzeit: 7 Stunden ab Hütte.

Hütten/Stützpunkte
Nilljoch-Hütte 1970 m, privat, 20 Matratzenlager, bewirtschaftet von Anfang Juni bis Mitte Oktober.
Bonn-Matreier Hütte 2750 m, DAV-Sektion Bonn und ÖAV-Sektion Matrei in Osttirol, 65 Betten und Matratzenlager, bewirtschaftet von Anfang Juli bis Ende September.

Karten/Führer/Literatur
Siehe Tour 53.

Der Hohe Eichham fußt mit seiner Südflanke im Nillkees. Links der Eichham-Südgrat; die Nor-malroute schließt über den Grat zur hellen Gip-felwand auf.

55 Neue Fürther Hütte
2201 m
Larmkogel
3022 m
Neue Thüringer Hütte
2240 m

*Auf der Nordseite
des Tauernhauptkammes
wenig schwierig
Wandertour*

Aus dem Salzachtal, dem Oberpinzgau zwischen Mittersill und Krimml, ziehen die Nordtäler hinauf zum Tauernhauptkamm, der für die gesamte Venediger-Gruppe ein einziger mächtiger Dachfirst ist. Dem ersten Taleinschnitt, dem Felbertal, zugleich Grenzfurche zur Granatspitz-Gruppe, folgen das Hollersbachtal und das Habachtal. In sehr langen, bis zu 12 Kilometern ausgedehnten Gräben dehnen sich diese beiden Täler bis zum Hauptkamm, den das Hollersbachtal östlich und das Habachtal westlich vom Kratzenberg berührt. Dem Kratzenberg (3023 m) steht eine topographische Schlüsselstellung zu, von ihm streicht der Habachkamm zwischen den genannten Tälern nach Norden hinaus zum Oberpinzgau. Als naher und leichter Dreitausender ragt darin der Larmkogel.

Für Mineraliensucher waren beide Täler längst ein Begriff, als noch wenige Bergsteiger und Wanderer diese Zugänge zu den hohen Gipfeln registrierten. Das Habachtal bekam aber dennoch knapp vor der Jahrhundertwende eine alpine Auszeichnung, als die Alpenvereinssektion Berlin

1898 daranging, die Habach-Hütte zu errichten. Der Hütte und damit auch den Berlinern war jedoch eine dauernde Bleibe nicht vergönnt; 1914 vernichtete eine Staublawine das Haus, und der Erste Weltkrieg nahm der Sektion jede Hoffnung auf einen Wiederaufbau. Diese Lücke schloß 1926 der Gauverband der Thüringschen Sektionen mit der Thüringer Hütte (2310 m). Auch diese Initiative blieb glücklos: Im Winter 1967/68 tilgte eine Lawine diesen Stützpunkt von der Landkarte. Den Neubau der Sektion Oberkochen, die Neue Thüringer Hütte (2240 m), errichtet 1971/72, verzeichnen die Karten wohl auch noch auf der Großen Weidalpe, aber etwas tiefer auf einem nach menschlichem Ermessen lawinensicheren Platz.

Der Ausgang des ersten Weltkrieges nahm der Alpenvereinssektion Fürth die Bergheimat, die Hütte am Gänsebichljoch in der Rieserferner-Gruppe. Das Hollersbachtal hatte damals noch keinen alpinen Stützpunkt, und so bauten die Fürther hoch oben über dem Becken des Kratzenberger Sees in den Jahren 1928/29 die Neue Fürther Hütte (2201 m).

Die Zeiten, als nur »Steinklauber« das Hollersbachtal und das Habachtal besuchten, sind längst vorbei. Diese beiden typischen Tauerntäler mit viel Wasser, grünen Almwiesen und dichten Fichten- und Lärchenbeständen werden von schmalen Talsträßchen erschlossen: das Hollersbachtal bis kurz vor das Wirtshaus Edelweiß (1273 m), das Habachtal bis zum Gasthof Alpenrose (1384 m). Viele Pinzgauer Sommergäste wandern zu Fuß talein und steigen in einem Tag zu den Hütten hinauf. Bergwanderern aber, die ein Gipfelziel schätzen, geben wir den Tip: Anstieg durch das Hollersbachtal zur Fürther Hütte, dort Übernachtung, anderntags zur Larmkogelscharte (2934 m) und in einem kurzen Abstecher zum Gipfelkreuz auf dem 3022 Meter hohen Larmkogel. Der steile Abstieg von der Scharte angesichts der stolzen Eisgipfel des Plattigen Habach und der Hohen Fürleg zur Neuen Thüringer Hütte und der Weg durchs Habachtal hinaus in den Pinzgau vervollständigen diese großartige, aussichtsreiche Zwei-Tage-Wanderung.

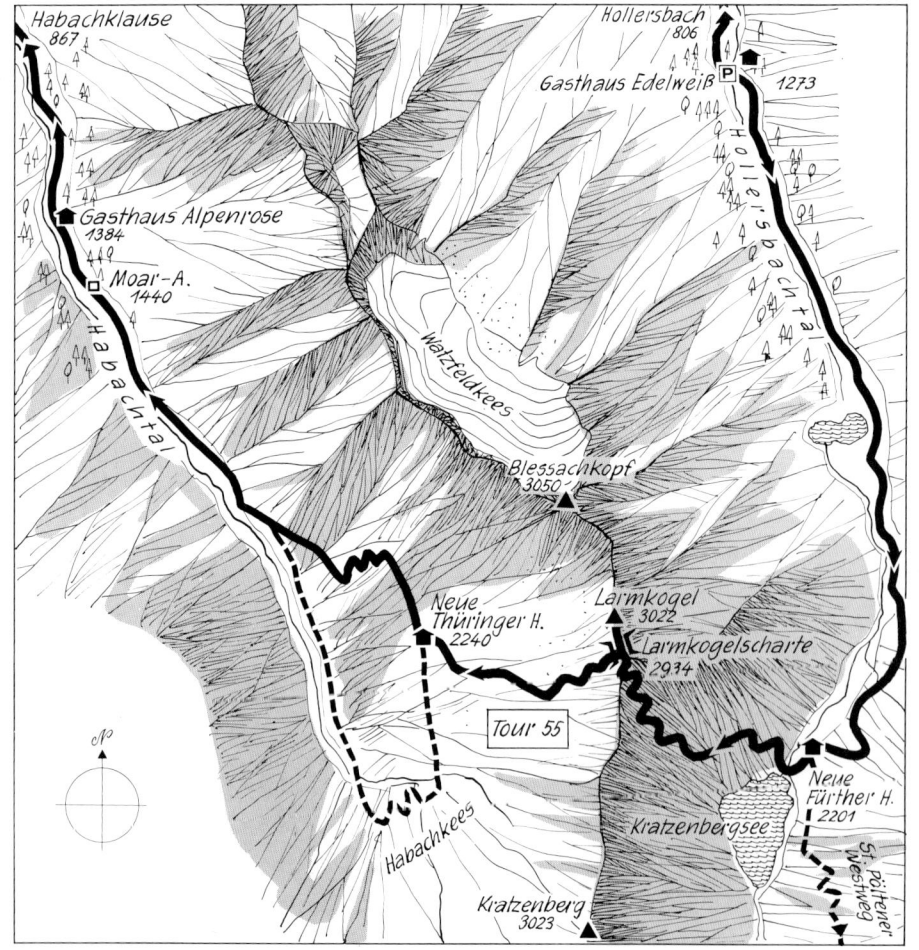

Das Hochbecken des Kratzenberger Sees ist im Nahbereich der Neuen Fürther Hütte ein herrliches Landschaftskleinod. Die helle Felsfront des Kratzenberges überragt den Seespiegel um 900 Meter, der Alpenvereinsweg von der Neuen Fürther Hütte zum Larmkogel zeigt uns dieses schöne Bild.

Tourensteckbrief

Ausgangsort
Hollersbach 806 m, im Oberpinzgau.

Die Tour in Stichworten
Hollersbach 806 m – Parkplatz Gasthaus Edelweiß 1273 m – Neue Fürther Hütte 2201 m – Larmkogelscharte 2934 m – Larmkogel 3022 m – Larmkogelscharte – Neue Thüringer Hütte 2240 m – Gasthaus Alpenrose 1384 m – Parkplatz Habachklause 867 m.

Schwierigkeit/Anforderung
I = wenig schwierig, Wandertour; mittlere Anforderung, 2-Tage-Tour.
Von Hollersbach bis zum Parkplatz vor dem Gasthaus Edelweiß Auffahrt möglich. Ab Parkplatz auf Fahrweg und Steig (916) mäßig steil zur Hinteren Ofner-Alm (1543 m, dort Materialseilbahn, Rucksackbeförderung möglich) und weiter zur Neuen Fürther Hütte. Ab Hütte mäßig steiler AV-Steig zur Larmkogelscharte. Ab Scharte nach Steigspuren und Markierun-

gen über den gut gangbaren Südgrat kurzer Anstieg zum Larmkogel. Zurück zur Scharte und steiler Abstieg auf Steig (918) durch die blockige Westflanke hinab zur Großen Weid-Alpe mit der Neuen Thüringer Hütte. Ab Hütte entweder weniger steil, aber länger auf dem Normalweg hinab in das Habachtal oder auf dem sehr steilen, teilweise gesicherten Noitroi-Steig zur Einmündung in den Normalweg vor der Moar-Alm 1440 m. Dort Beginn der gesperrten Fahrstraße zum Gasthaus Alpenrose und zum Parkplatz Habachklause.
Durchgehend markierte Route für ausdauernde, erfahrene Bergwanderer.

Höchste Wegestelle/Gipfel
Larmkogelscharte 2934 m, Larmkogel 3022 m.

Anstiegsleistung
Ab Hollersbach 2200, ab Parkplatz Edelweiß 1700, ab Neue Fürther Hütte 800 Höhenmeter.

Abstieg
Siehe Tourenverlauf.

Gehzeiten
Parkplatz Gasthaus Edelweiß 1273 m – Neue Fürther Hütte 2201 m: 3 Stunden (ab Hollersbach 6 Stunden!). Neue Fürther Hütte – Larmkogelscharte 2934 m – Larmkogel 3022 m: 2½ Stunden. Abstieg: Larmkogelscharte – Neue Thüringer Hütte 2240 m: 2 Stunden. Hütte – Gasthaus Alpenrose 1384 m: 2 Stunden, ab hier Jeepverkehr zur Habachklause. Alpenrose – Habachklause 867 m: 1½ Stunden (7 km!).
Gesamtgehzeit: 14 Stunden ab Hollersbach.

Hütten/Stützpunkte
Neue Fürther Hütte 2201 m, DAV-Sektion Fürth, 62 Betten und Matratzenlager, bewirtschaftet von Anfang Juli bis Mitte September. *Neue Thüringer Hütte* 2240 m, DAV-Sektion Oberkochen, 80 Betten und Matratzenlager, bewirtschaftet von Juli bis Mitte September.

Karten/Führer/Literatur
Kompass-Wanderkarte 1:50000, Blatt 38 »Venedigergruppe – Oberpinzgau«. Führer und sonstige Karten siehe Tour 53.

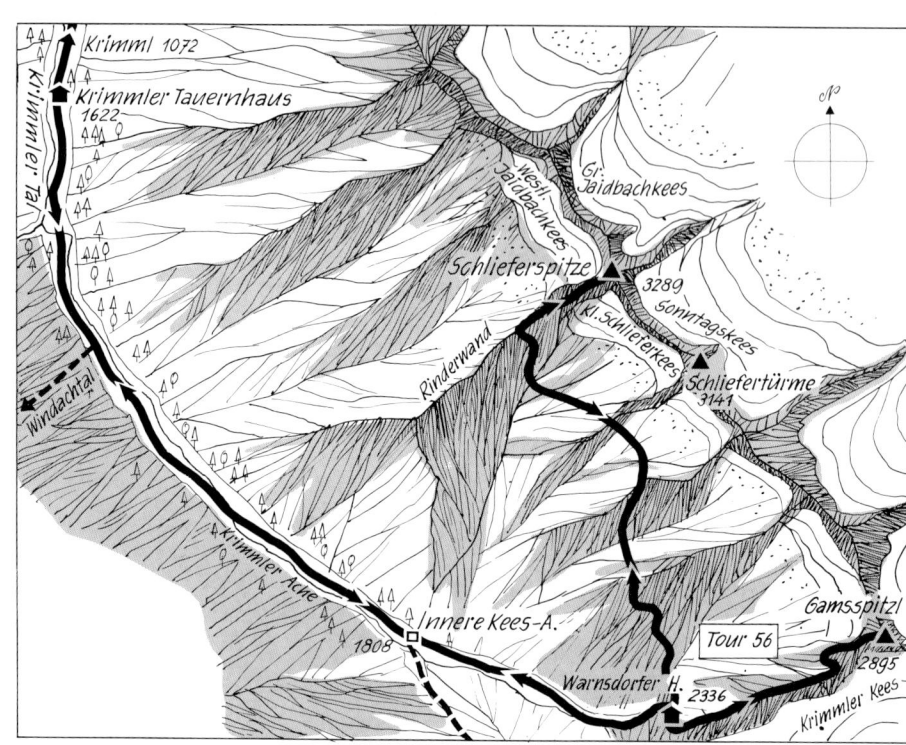

Venediger-Gruppe

56 Schlieferspitze
3289 m
Gamsspitzl
2895 m
Warnsdorfer Hütte
2336 m

Im Krimmler Achental

**mäßig schwierig
Wander-/Felstour**

Die Pinzgauer Schmalspurbahn nimmt salzachaufwärts die Parade der Venediger Nordtäler ab, bevor sie nach etwa 25 Kilometern ab Mittersill (790 m) in die Endstation Vorder-Krimml (911 m) einfährt. Diese Lokalbahn mit Ausgangsbahnhof Zell am See war für die Bergsteiger und Wanderer früherer Zeiten ein wahrer Segen. Mit ihrer Eröffnung am 2. Januar 1898 nahm der Besuch der nordseitigen Venediger-Gruppe erheblich zu; die mühsame und langsame Reise mit dem Stellwagen von einem Gasthof zur Post zum anderen hatte ein Ende. Nach dem Unter- und Obersulzbachtal ist das Krimmler Achental das letzte der sechs Nordtäler und von der Ausdehnung her das längste: Es reicht über die Warnsdorfer Hütte in einem schmalen Graben bis zum Krimmler Törl (2787 m). Den Talschluß bilden das wildzerklüftete Krimmler Kees, die schwarze Felsmauer der Dreiherrnspitze und die elegante weiße Firnschneide der Simonyspitzen. Der Krimmler Gletscher spendet seiner Ache den immerwährenden Urquell. Die Örtlichkeit »im Gemäuer« schiebt Fels und Wald ganz nah zur Ache, die stürmisch der ersten Gefällstufe entgegeneilt und in drei Kaskaden ihren Reichtum über insgesamt 400 Meter hinunterbrausen läßt nach Hinter-Krimml und in Vorder-Krimml der Salzach übergibt. Dieser höchste Wildwasserfall Europas steht unter Naturschutz.

Das Kirchdorf Krimml ist ein bekannter Luftkurort des Salzburger Landes. Bis 1960 war in Krimml »die Welt zu Ende«. Die neue, 1962 eröffnete Gerlosstraße (mautpflichtig, erbaut durch Hofrat Franz Wallack) beendete jedoch diese Einschicht – zu den Krimmler Wasserfällen kommen seitdem ungezählte Besucher, der »Wasserfallweg« erschließt dieses Naturwunder aus erregender Nähe. Der Blick auf die im Juni/Juli größte Fülle dieses Reichtums fordert eine Schätzung der Wasserführung geradezu heraus: Der Höchststand ist 350 Kubikmeter pro Sekunde! Der Wasserfallweg vereinigt sich oberhalb der Fälle mit dem Almsträßchen hinein in das Achental (kein öffentlicher Verkehr), nach gut 3 Stunden Gehzeit ab Parkplatz Wasserfall lädt das Krimmler Tauernhaus (1622 m) zu gemütlicher Rast und Jause.

Über die Jahrhunderte hinweg bis in unsere Zeit war der Krimmler Tauern (2633 m) gleich dem Felbertauern (2460 m) ein Handelsweg über den Tauernhauptkamm. Da Krimml bereits 1244 urkundlich nachgewiesen ist, reicht auch diese Tauerntrasse ins hohe Mittelalter zurück. Der Saumverkehr betraf hauptsächlich Wein, Branntwein, Salz und auch Vieh. Ein Hof meisterei-Urbar vom 15. Jahrhundert vermerkt die Gründung des Tauernhauses wie folgt: »*Item de taberna in Ahen denarii LX, institutio anno etc. XXXVII mo, das heißt: Weiters von der Taferne in der Achen (ist zu zahlen) 60 Pfennige, bestiftet im Jah-*

re 1437.« *(Aus der Chronik des Krimmler Tauernhauses.)*

Vom Tauernhaus einwärts kommen wir nach kurzer Zeit zur Abzweigung des Windachtales, das einst die Säumer hinauf zum Krimmler Tauern führte, die Wanderer von heute aber an die Staatsgrenze zwischen Österreich und Italien bringt. Nach 3 Gehstunden ab Tauernhaus residiert auf einer Geländeschulter am Rande des Krimmler Keeses die von der nordböhmischen Alpenvereinssektion Warnsdorf erbaute Warnsdorfer Hütte (2336 m). Eine Fahne und ein Schild verkünden seit 1981 das 90jährige Hüttenjubiläum. Das Haus erhält durch die ÖAV-Sektion Oberpinzgau und durch seine Bewirtschafter eine vorbildliche Betreuung und lohnt auch Bergwanderern den Besuch mit seiner großartigen Umwelt aus Eis und Urgestein, wie es die Hohen Tauern anderswo kaum prächtiger zeigen. Das nahe, aussichtsreiche Gamsspitzl 2895 Meter, ab Hütte auf einem AV-Steig leicht zugänglich, ist gleichfalls ein Anreiz, diesen äußersten westlichen Salzburger Landeszipfel aufzusuchen.

Bergsteiger, die ihr Glück weniger auf einer Eisroute im Krimmler Kees oder in den Übergängen zur Kürsinger-Hütte (2547 m) oder zur Essener-Rostocker Hütte (2208 m) suchen wollen, richten sich bei der Hütte nach dem Schild »Schlieferspitze«. In dem nach ihr benannten Kammzug vom Krimmler Törl hinaus nach

Krimml ragt sie als höchster Gipfel, auch aus dem Obersulzbachtal – von dort aber auf einer Gletscherroute – ist sie ein begehrtes Bergziel. Das Schild verspricht eine »Pfadspur«, die Tour beginnt mit einem steilen Grashang. Ein großer Steinmann mit Stange (etwa 2 500 m) als Wegweiser in der karstigen Einöde leitet in eine lange Querung mit Auf und Ab durch Felskare nach Norden in das Schlieferkar. In der hohen Scharte darüber – die Keesflecken werden kaum berührt – setzt der gut gangbare Südwestgrat an, der direkt am Gipfel ausläuft.

Johann Stüdl und Eduard Richter eröffneten am 22. August 1871 die Ersteigungsgeschichte dieses bedeutenden Gipfels der Venediger-Gruppe.

Tourensteckbrief

Ausgangsort
Krimml 1072 m, im Oberpinzgau.

Die Tour in Stichworten
Krimml 1072 m – Krimmler Tauernhaus 1622 m – Warnsdorfer Hütte 2336 m – Schlieferspitze 3289 m – Warnsdorfer Hütte – Gamsspitzl 2895 m – Warnsdorfer Hütte – Krimml.

Schwierigkeit/Anforderung
II = mäßig schwierig, Wander-/Felstour; mittlere Anforderung, 2-Tage-Tour.
Ab Krimml Taxiverkehr (von 11–16 Uhr keine Fahrt!) zum Krimmler Tauernhaus (14,2 km), oder auf dem Wasserfallweg entlang der Krimmler Wasserfälle in das Krimmler Tal und auf Fahrstraße zum Tauernhaus (13,5 km). Vom Tauernhaus die Fahrstraße (gesperrt) talein bis zur Inneren Kees-Alm (1 808 m) und mäßig steiler Anstieg auf AV-Steig (502) zur Warnsdorfer Hütte.

Schlieferspitze: Von der Hütte wenig abwärts und nach Schild »Schlieferspitze/nur Pfadspur« den Gegenhang steil aufwärts zu einem sichtbaren Steinmann mit Stange. Von ihm nach Steigspuren und Markierungen (936, AV-Karte) nach Norden in das Sonntagskar, in dem übersichtlichen Gelände zum Schlieferkar unter dem kleinen Schlieferkees und der Schlieferspitze. Aus dem Kar nach rechts höher zu der Einsattelung zwischen Rinderwand und Schlieferspitze. Bei P. 3076 (AV-Karte) setzt der mäßig steile, blockige Südwestgrat an, auf ihm, teils ausgesetzt, zum Gipfel.
Nur teilweise markierte Route für im Fels erfahrene Berggeher.

Gamsspitzl: Ab Hütte markierter AV-Steig mäßig steil zum Gipfel. (Ab Gamsspitzl Gletscherrouten im Übergang zur Kürsinger-Hütte, 2547 m, und zur Essener-Rostocker Hütte, 2208 m, nur mit Eisausrüstung!) Lohnender Gipfel auch für Bergwanderer.

Höchste Wegestelle/Gipfel
Schlieferspitze 3289 m, Gamsspitzl 2895 m.

Anstiegsleistung
Ab Krimml 2200, ab Krimmler Tauernhaus 1600, ab Warnsdorfer Hütte 900, mit Gamsspitzl – 500 Höhenmeter.

Abstieg
Wie Anstieg.

Gehzeiten
Krimmler Tauernhaus 1622 m – Warnsdorfer Hütte 2336 m: 3 Stunden (ab Krimml 6 Stunden). Warnsdorfer Hütte – Schlieferspitze 3289 m: 4 Stunden. Abstieg Hütte: 3 Stunden. Warnsdorfer Hütte – Gamsspitzl 2895 m hin und zurück: 2 Stunden. Warnsdorfer Hütte – Krimmler Tauernhaus: 2½ Stunden.
Gesamtgehzeit: 15 Stunden ab Krimmler Tauernhaus.

Hütten/Stützpunkte
Krimmler Tauernhaus 1622 m, privat, 60 Betten und Matratzenlager, bewirtschaftet von Mitte März bis Mitte Oktober.
Warnsdorfer Hütte 2336 m, ÖAV-Sektion Oberpinzgau, Gruppe Warnsdorf, 50 Betten und Matratzenlager, bewirtschaftet von Ende Juni bis Ende September.

Karten/Führer/Literatur
Siehe Touren 53 und 55.

Wegen der ungewöhnlich fesselnden Gletscherszenerie des Krimmler Keeses lohnt sich auch für Bergwanderer der weite Weg von Krimml zur Warnsdorfer Hütte. Wir sehen über dem nur aus einem warmen Sommer stark ausgeaperten Krimmler Kees die Östliche (links) und Westliche Simonyspitze, die Markierung vor uns weist den Alpenvereinsweg hinauf zum Gamsspitzl.

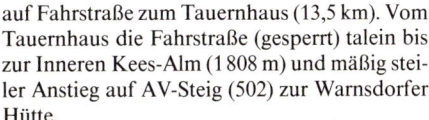

Lasörlingkamm Deferegger Alpen

Das Virgental mit seiner tiefen und breiten Furche hinaus nach Matrei scheint eine Trennung der Gebirgsgruppen geradezu herauszufordern. Trotzdem wird der Lasörlingkamm, der es als südlicher Bergrahmen begleitet, alpin-geographisch noch der Venediger-Gruppe zugeordnet. Der Lasörlingkamm beginnt seine Aufwerfung an der Daberlenke mit einem Aufschwung aus dem Dabertal (Seitental des Umbaltales) und streckt seinen Kammzug über eine Ausdehnung von 26 Kilometern nach Osten hinaus zum Matreier Becken. Damit trennt er das Virgental vom Defereggental. Sechs Gipfel erreichen die Dreitausender-Marke, aber die vorteilhafte Position des Lasörling inmitten seines Kammes ist nach allen Seiten hin offensichtlich und so gebührt ihm die Priorität.

Der Panargenkamm, ein westlicher Querzug aus dem Defereggental hinein zum Rotenmanntörl (2997 m), steht in enger Verwandtschaft zum Lasörlingkamm und bildet mit ihm in dem Begriff Lasörling-Gruppe eine alpin-geographische Einheit. Das Defereggental ist gleich dem Virgental ein wichtiges inneralpines Quertal, das im Verlauf von St. Jakob nach Huben im Iseltal den Lasörlingkamm von den Deferegger Alpen trennt.

Die Isel fängt die Nordgrenze der Deferegger Alpen auf und trägt die Ostabgrenzung hinaus nach Lienz. Das Pustertal – darunter verstehen wir die in der Tektonik der Ostalpen entscheidende Talfurche der Drau bis Toblach und von Toblach den Lauf der Rienz bis zur Mündung in den Eisack – dieses Pustertal ist von Lienz in Osttirol bis nach Olang in Südtirol der südliche Rahmen der Deferegger Alpen. In die Olanger Talweitung mündet das Antholzer Tal, in seinem Zug hinauf zum Staller Sattel (2052 m) scheidet es innerhalb von Südtirol die Deferegger Alpen von der Riesenferner-Gruppe. Das Hochtal jenseits hinab nach Defereggen vollzieht diese Trennung innerhalb von Osttirol.

Die Deferegger Alpen, diese große und deutlich abgegrenzte Tauernvorlage, erhalten nur aus dem Pustertal die Zugangstäler: aus der Osttiroler Seite das Villgraten- und das Winkeltal, aus Südtirol das Gsieser Tal, das von Welsberg bis hinauf zum Gsieser Törl (2205 m) östlich des Deferegger Pfannhorns zieht.

Im Lasörlingkamm kommen die Freunde langer, einsamer Wanderrouten voll auf ihre Kosten. Wir stehen am Speikboden und schauen nach Westen zum Lasörling.

Lasörlingkamm

57 Großer Zunig
2771 m

Kleiner Zunig
2443 m

Der Matreier Hausberg

*wenig schwierig
Wandertour*

Im Lasörlingkamm, vom Lasörling (3098 m) hinaus zum Iseltal, erreichen fast alle Gipfel eine Höhe über 2700 Meter, aber nur der östlichste Punkt in dieser Kette, der Große Zunig, erregt allgemeine Aufmerksamkeit. Dieses Interesse geht bis in das 19. Jahrhundert zurück, denn zur Zeit der Erschließung der Ostalpen war der Große Zunig schon als hervorragender Aussichtsberg bekannt. Der Lasörlingkamm hat in ihm einen markanten Eckpfeiler, vor allem aus der Sicht von Norden. In der Einfahrt auf der Felbertauernstraße nach Matrei präsentiert er sich besonders eindrucksvoll.

Die Matreier haben den Großen Zunig zu ihrem Hausberg ernannt, denn wo man sich auch im Talbecken bewegt, der Zunig schaut immer zu. Aber der Gipfel thront 1800 Höhenmeter über seinem lebhaften und doch gemütlichen Marktflecken, und so sollte ein neu angekommener Urlaubsgast vielleicht vorher einige leichtere Wanderungen unternehmen, bevor er sich den Großen Zunig zumutet. Höhendifferenz und Entfernung vermindern sich jedoch, wenn man zur Jausenstation Lukasser hinauffährt (ca. 1200 m), dort parkt und dem Gasthof dafür bei der Rückkehr eine Einkehr verspricht. Das Schild »Großer Zunig« weist in die Schleife einer steilen Forststraße und durch dichten Bergwald zur Jausenstation Zunig-Alm (1846 m). Kommen wir zur rechten Zeit, im Frühsommer, erfreut uns auf diesem Hochbalkon die Blütenpracht eines Almrosenteppichs, der sich bis hinauf zu einer waagrechten Hangkante ausbreitet. Gleich einer natürlichen Staumauer verdeckt dieser Hang den Zunigsee (2112 m), bei einem Hüttchen stehen wir an seinem mit Steinen und letztem Grün gesäumten flachen Ufer. Gut 200 Meter über dem Seespiegel trennt der Einschnitt des Zunigtörls (2355 m) den Kleinen Zunig vom schweren Felsenhaupt des Großen Zunig. Am Schartensteinmann folgen wir dem steilen Schrofensteiglein über den Nordostgrat zum Kreuz in 2771 Meter Höhe. Das Alpenpanorama umspannt einen Rundkreis von 360 Grad! Walter Mair nennt den Großen Zunig »den Berg in der Mitte des Landes«.

Der Kleine Zunig wölbt im nordöstlichen Vorfeld des großen Bruders eine 2443 Meter hohe, kahle Bergkuppe auf. Zurück am Törl, führt uns ein Steiglein die knappen 100 Meter hinauf zur ersten – zweiten – dritten Ruhebank. Fünf knorrige Holzbänke bietet der Kleine Zunig zu gemütlicher Rast mit direktem Tiefblick nach Matrei und in das Iseltal.

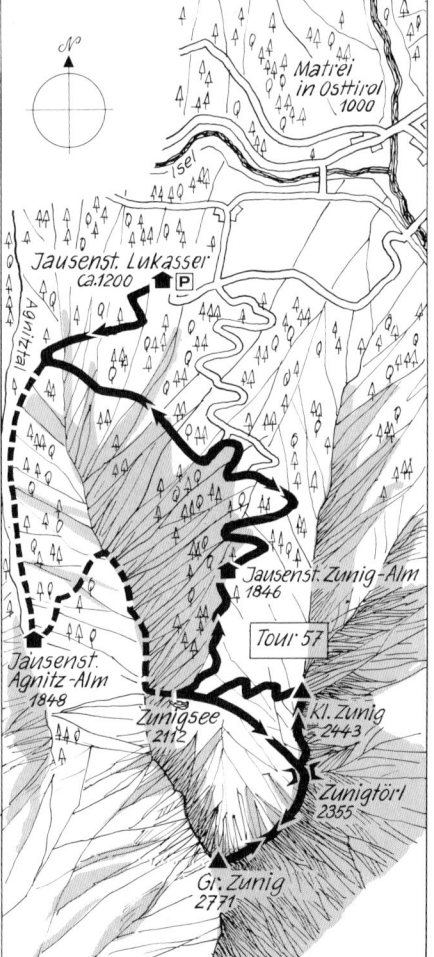

Tourensteckbrief

Ausgangsort
Matrei 1000 m, in Osttirol.

Die Tour in Stichworten
Matrei 1000 m – Jausenstation Lukasser ca. 1200 m (Parkplatz) – Jausenstation Zunig-Alm 1846 m – Zunigsee 2112 m – Zunigtörl 2355 m – Großer Zunig 2771 m – Zunigtörl – Kleiner Zunig 2443 m – Zunig-Alm – Parkplatz Lukasser.

Schwierigkeit/Anforderung
I = wenig schwierig, Wandertour; große Anforderung, Tagestour.
Von Matrei gute Zufahrt zum Gasthof Lukasser, Parkplatz. Vom Lukasser nach der Wegweisung »Großer Zunig« auf Fahrstraße zur Jausenstation Zunig-Alm. (Auffahrt zu einem Waldparkplatz, ca. 1450 m, nur bedingt möglich.) Ab Zunig-Alm nach Schild »Großer Zunig« auf markiertem Steig mäßig steil zum Zunigsee und weiter zum Zunigtörl zwischen dem Kleinen und dem Großen Zunig. Ab Zunigtörl führt ein gut angelegter Steig teilweise steil über den breiten schrofigen Nordostgrat in Gipfelnähe und im Schlußanstieg südostseitig zum Gipfel. Zurück zum Zunigtörl und vom Törl auf Steig zum Kleinen Zunig, lohnend! Abstieg auf dem Franz-Steiner-Weg zur Einmündung des Weges am Zunigsee.
Durchgehend markierte Route, aber nur für ausdauernde Bergwanderer.

Höchste Wegestelle/Gipfel
Zunigtörl 2355 m, Großer Zunig 2771 m, Kleiner Zunig 2443 m.

Anstiegsleistung
Ab Parkplatz Lukasser 1600 Höhenmeter.

Abstieg
Siehe Tourenverlauf.

Gehzeiten
Parkplatz Lukasser ca. 1200 m – Zunig-Alm 1846 m: 2 Stunden. Zunig-Alm – Zunigtörl 2355 m – Großer Zunig 2771 m: 2½ Stunden. Übergang zum Kleinen Zunig 2443 m: 1½ Stunden. Abstieg Kleiner Zunig – Zunig-Alm – Parkplatz Lukasser: 3 Stunden. Gesamtgehzeit: 9 Stunden.

Hütten/Stützpunkte
Jausenstation Zunig-Alm 1846 m.

Karten/Führer/Literatur
Siehe Tour 58.

Tip
Rundwanderung: Vom Zunigsee zur Arnitz-Alm (1848 m, markiert) und weiter zurück zum Parkplatz beim Lukasser.

58 Lasörling
3098 m
Lasörling-Hütte
2400 m

*Berühmte Aussicht,
ein »Glanzpunkt der Ostalpen«*

*wenig schwierig
Wander-/Felstour*

Ein Blick auf die Karte zeigt: Der Lasörlingkamm erfährt nach Norden gegen das Virgental eine großräumige Abdachung, nach Süden zum Defereggental bleibt den Berghängen kein Platz für ein sanftes Abgleiten in die Talsohle, steil und direkt stürzen Waldlehnen und Mähwiesen zu Tal. Diese theoretische erste Information bestätigt der Augenschein, wenn wir das Virgental und das Defereggental durchfahren und zum Lasörlingkamm aufblicken. Die Nordhänge sind wie überall stärker bewaldet, die Talfurchen lang, schmal und wasserreich, über den Almen blinkt so manch hübsche Lake und da und dort in einer Karschüssel auch ein See.

Vorgänger des Bergtourismus waren die Alm- und auch die Holzwirtschaft, ihnen verdankt der Bergsteiger und Wanderer die ersten Wege und Nachtlager, bevor die Alpenvereinshütten diese Aufgabe übernahmen. In den Steilflanken der Südseite, zum Defereggental, findet sich bis zum Taleingang nach St. Veit fast kein Pfad zur Kammhöhe, auf der Nordseite breitet sich das Netz der Steiganlagen vom Zunig bis hinein zum Dabertal, dem innersten nordseitigen Tal des Lasörlingkammes. Auf dieser Seite dienen dem Bergwanderer eine Anzahl schmucker Jausenstationen, die auch ein Nachtquartier anbieten, denn die Talanstiege sind lang und die Kammgipfel über 2700 Meter hoch.

Der Große Zunig blickt herab zu seinem Talort Matrei in Osttirol. Links die runde Kuppe des Kleinen Zunig. Beide Gipfel gelten als berühmte Osttiroler Aussichtswarten.

Dieses weite, wanderfreundliche Norddach des Lasörlingkammes hat der Bergsteiger vor Augen, wenn er von den Venedigergipfeln über das Virgental hinweg nach Süden schaut. Ein Berg unterbricht dort drüben die fast gleich hohe Silhouette des östlichen Kammzuges. Wir erkennen den Lasörling, vom Großvenediger gesehen genau im Süden und 15 Kilometer in der Luftlinie entfernt, als streng profiliertes dunkles Bergmassiv mit zwei durch einen waagrechten Grat verbundene Gipfel. Der Lasörling grüßt auch zur Virgener Talstraße herab, während er aus Defereggen nicht zu sehen ist.

Aber nicht nur allein mit seinem Bergbild, auch mit dem günstigsten Anstieg – und seit 1982 sogar mit einer Hütte – orientiert sich der Lasörling eindeutig nach Virgen. Die Straße vom Kirchdorf Virgen (1194 m) taleinwärts öffnet den Blick die langgestreckte Furche des Mullitztales mit dem Auslauf im Hochbecken des Glaurit. Dieser steinigen Hochmulde geben die Landkarten eine Höhe von etwa 2400 Metern, und so lange die Lärchenschindeln ihr helles Braun behalten, winkt von dort oben auch für das bloße Auge gut sichtbar die Lasörling-Hütte eine freundliche Einladung.

Vom Parkplatz an der Talbrücke (1100 m)

des Mullitzbaches, knapp vor Welzelach – die Wegetafeln zeigen es an –, beträgt die Gehzeit zur Lasörling-Hütte gute 3 Stunden. Der Lasörling fordert ab Hütte nochmal 2 bis 3 Stunden im Anstieg, die Zeit für eine Tagestour ist demnach knapp. Aber die Lasörling-Hütte bietet 80 Betten und Matratzenlager und viel Platz in den Gasträumen. Der eigenwillige, sechseckige Bau mit viel hellem Naturholz ist der Privatinitiative eines Virgener Ehepaares zu verdanken; das Haus trägt sicher dazu bei, daß der Lasörling anderntags ein Bergerlebnis besonderer Art wird. Durch das Glaurit, entlang des Baches, führen Steigspuren und Markierungen zur Südwestflanke unter den beiden Gipfeln. Das Leichtmetallkreuz der Jugend von Niedermauern blinkt links vom Nordgipfel, der mit 3098 Metern um eine Kirchturmhöhe über die südöstliche Spitze, 3055 Meter, hinausragt. Die sehr steile, etwa 200 Meter hohe Felsflanke fordert allerhand Anstrengung hinauf zu einer Scharte im Gratverlauf und über große feste Blöcke zur kleinen Gipfelplattform. Nach den Eintragungen im Gipfelbuch hat der Lasörling seit der Kreuzaufstellung 1979 das Image eines einsamen Berges abgelegt. Durch seine Hütte wird er neue Freunde gewinnen.

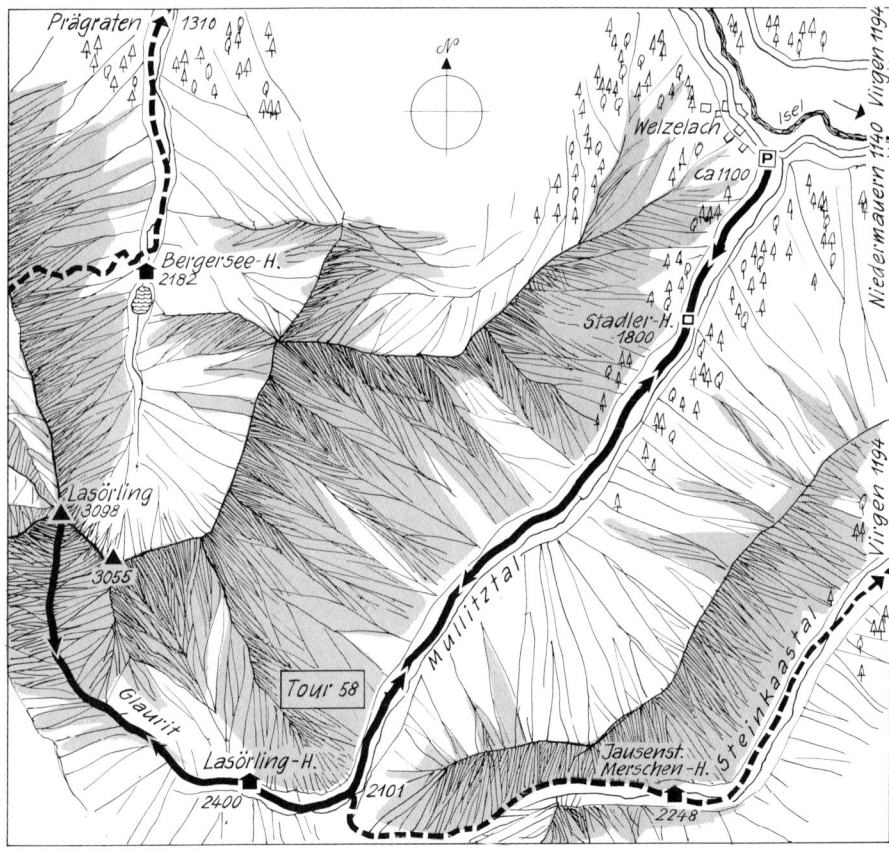

Tourensteckbrief

Ausgangsort
Virgen 1194 m, im Virgental.

Die Tour in Stichworten
Virgen 1194 m – Niedermauern 1140 m – Parkplatz Brücke Mullitzbach (vor Welzelach) ca. 1100 m – Stadler-Hütte 1800 m – Lasörling-Hütte 2400 m – Lasörling 3098 m (Nordwestgipfel) – Lasörling-Hütte – Parkplatz.

Schwierigkeit/Anforderung
I = wenig schwierig, Wander-/Felstour; mittlere Anforderung, 1½-Tage-Tour.
Von Virgen über Niedermauern Zufahrt nach Welzelach, wenig vorher an der Brücke über den Mullitzbach Parkplatz. Am Parkplatz Schild »Lasörling-Hütte«, und auf einem Alm-Fahrweg im Mullitztal, vorbei an der Stadler-Hütte (nur Almwirtschaft) zur Materialseilbahn der Lasörling-Hütte. Von dort mäßig steiler Steig zur Hütte. Ab Hütte nach Markierung ent-

lang des Mullitzbaches in sanfter Steigung hinein in den weiten Hochkessel des Glaurit bis in den Talschluß. Dort nach Markierungen und Steigspuren über Blockwerk zur Südostflanke des Lasörling und sehr steil zu einer Senke im Verbindungsgrat zum Südostgipfel, der sich rechts erhebt. Nach links über einen groben Blockgrat zum Kreuz am höheren Nordwestgipfel.
Durchgehend markierte Route, aber nur für erfahrene, ausdauernde Berggeher.

Höchste Wegestelle/Gipfel
Lasörling 3098 m (Nordwestgipfel).

Anstiegsleistung
Ab Parkplatz 2000, ab Lasörling-Hütte 700 Höhenmeter.

Abstieg
Wie Anstieg.

Gehzeiten
Parkplatz ca. 1100 m – Lasörling-Hütte 2400 m: 4 Stunden. Lasörling-Hütte – Lasör-

Seit dem Sommer 1982 gibt es die Lasörling-Hütte mit dem Talzugang aus Virgen. Der Weg aus dem Tal ist lang, der Lasörling (im Bild der Südostgipfel) ist von der Hütte noch 2½ Stunden entfernt.

ling 3098 m (Nordwestgipfel): 2½ Stunden. Abstieg zur Hütte – Parkplatz: 4½ Stunden. Gesamtgehzeit: 11 Stunden.

Hütten/Stützpunkte
Lasörling-Hütte 2400 m, privat, 80 Betten und Matratzenlager, bewirtschaftet von Anfang Juli bis Mitte Oktober.

Karten/Führer/Literatur
Kompass-Wanderkarte 1:50000, Blatt 46 »Matrei in Osttirol – Venedigergruppe«, Blatt 45 »Deferegger Alpen – Lasörlinggruppe«; Zinner Wanderkarte 1:30000, Blatt 40 »Matrei in Osttirol«. Kleiner Führer »Glockner-, Granatspitz- und Venedigergruppe«; Auswahlführer »Hohe Tauern – Südseite«.

59 Gösleswand
2912 m
Neue Reichenberger Hütte
2586 m

*Zwischen Lasörling
und Panargenkamm*

*wenig schwierig
Wandertour*

Nach dem Großen Zunig und dem Lasörling dürfen wir den Kamm nicht verlassen, ohne den touristisch hochinteressanten Westzug, das Berggebiet der Neuen Reichenberger Hütte (2586 m), besucht zu haben. Diese stattliche Hütte ist neben Wegebauten der Erschließungsbeitrag des Alpenvereins im Bereich des Lasörlingkammes. Zu ihrem gut gewählten Standort bei der Bachlenke am Bödensee führen nordseitige Zugänge von Prägraten (1310 m) im Virgental und der Pebell Alm (1513 m) im Umbaltal und ein Weg von Süden, von St. Jakob (1389 m) im Defereggental – an schönen Sommertagen bewegt sich von zwei Seiten ein lebhafter Wanderverkehr zur Hütte. Die ÖAV-Sektion Reichenberg (Sitz Wien) hat 1981 das Haus großzügig erweitert und modernisiert und damit den neuen Verhältnissen angepaßt. Im Gastraum hängt eine alte Fotografie von der feierlichen Hütteneinweihung am 26. Juli 1926, ein Schild berichtet, warum die Sektion Reichenberg im Lasörlingkamm heimisch wurde:

»Dieses Haus wurde im Jahre 1926 als Ersatz für die 1919 von Italien enteignete Reichenberger Hütte bei Cortina von der in Nordböhmen ansässig gewesenen Sektion Reichenberg des ÖAV erbaut. Unsere Mitglieder leben seit der Vertreibung in Deutschland und in Österreich.«

Daraus spricht ein Stück Zeitgeschichte, die das Leben dieser Sektion wie vieler anderer total veränderte.

Der Lasörlingkamm baut in diesem Abschnitt eine hochalpine Gebirgsszenerie auf: Im Kammzug von ihm zur Hütte erheben sich drei Dreitausender, bis zum Kammauslauf am Großschober 3055 m konkurrieren nochmals drei Dreitausender mit der Rosenspitze 3060 m als bedeutendste Gipfelgestalt. Dabei ist der Panargenkamm noch nicht erwähnt, der mit dem Trojer Almtal in Südostrichtung zum Defereggental absinkt und sich an der Daberlenke (2631 m), nicht weit von der Reichenberger Hütte entfernt, mit dem Lasörlingkamm verbindet.

Im Panargenkamm übertrumpft das Keeseck 3173 m den Lasörling 3098 m; Trägerin des Kammnamens ist aber die 3117 Meter hohe Panargenspitze. Die Neue Reichenberger Hütte ist auch für die Touren im inneren Bereich des Panargenkammes zuständig, aber der Dreitausender-Reigen im Umkreis hat seit den Zeiten eines Ludwig Purtscheller und des verdienstvollen Nacherschließers Rudolf Kauschka nur wenig von seiner Einsamkeit verloren. Die äußeren Gipfel orientieren sich zum Defereggental. In das Tourenprogramm von St. Jakob gehören das Weiße Beil 2767 m (3 bis 4 Stunden), die etwas anspruchsvollere Seespitze 3021 m

Im Abstieg von der Gösleswand zur Neuen Reichenberger Hütte am Bödensee. Im Hintergrund der Panargenkamm.

(4 bis 5 Stunden) kammeinwärts, aber auch die Gösleswand 2912 m im Nahbereich der Reichenberger Hütte.

Die tiefe und waldreiche Senke des Trojer Almtales trennt den Panargenkamm vom Lasörlingkamm, im Talgrund sammelt der Trojer Almbach die Bergwasser der beiden Kämme und läßt noch einer Alm- und Forststraße einigen Raum von St. Jakob hinauf zur Vorderen (1815 m) und zur Hinteren Trojer Alm (2001 m). Schon vor der ersten Alm zweigt der Kauschka-Weg auf einer höhergelegenen Trasse über die Durfeldalm (2295 m) von der Straße nach rechts, der Weg über die Hintere Trojer Alm zur Reichenberger Hütte ist jedoch näher und bequemer. Die Gehzeit von 3 bis 4 Stunden füllt einen Vormittag aus. Mit sich und der Welt zufrieden, könnten

wir sogleich die Hüttenküche testen, aber dabei vielleicht den Hausberg, die Gösleswand, vergessen. Übersehen kann diesen überdimensionalen Felsenhut niemand. Seine Abstürze scheinen für einen Bergwanderer nicht zugänglich zu sein, so steil formen sie die Gipfelkuppe. Doch die Senke rechts von ihr, die Rote Lenke (2794 m, Übergang nach Prägraten) verrät die Schwachstellen: schrofige grasige Südhänge und einen harmlosen Grat zum höchsten Punkt.

Das Gipfelerlebnis, die Sicht auf die Mauer des Panargenkammes, hinaus zum Lasörling und hinüber zum Venedigergebirge, tragen wir hinab zum flachen sandigen Ufer des stillen Bödensees und hinein in die gute Stube der Neuen Reichenberger Hütte.

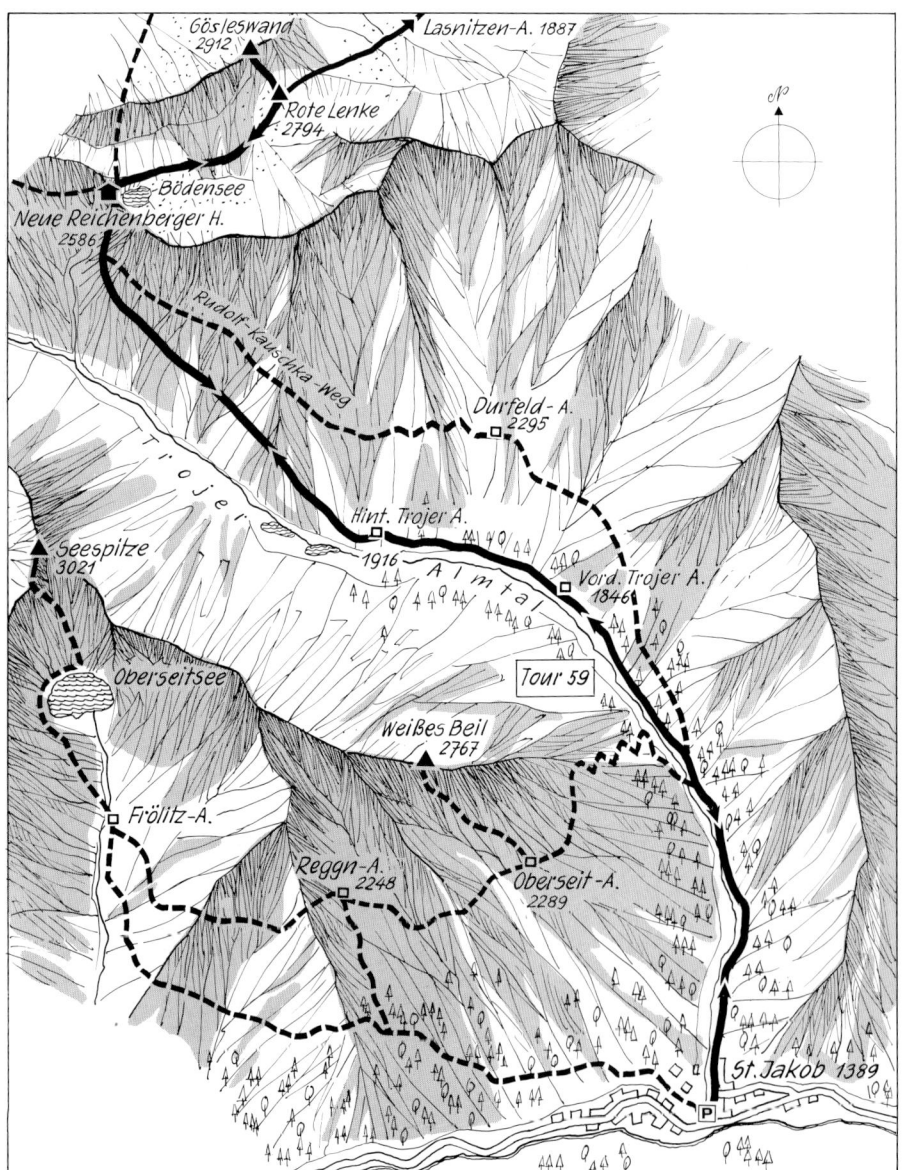

Tourensteckbrief

Ausgangsort
St. Jakob 1389 m, im Defereggental.

Die Tour in Stichworten
St. Jakob 1389 m – Hintere Trojer Alm 1916 m – Neue Reichenberger Hütte 2586 m – Rote Lenke 2794 m – Gösleswand 2912 m – Neue Reichenberger Hütte – St. Jakob.

Schwierigkeit/Anforderung
I = wenig schwierig, Wandertour; große Anforderung als Tagestour.
Ab St. Jakob auf Forststraße (gesperrt) in das Trojer Almtal und über die Vordere Trojer Alm (1846 m, kurz vorher zweigt nach Schild und Markierung 313 der Rudolf-Kauschka-Weg nach rechts ab, der ebenfalls zur Neuen Reichenberger Hütte führt) zur Hinteren Trojer Alm. Von hier markierter Steig, mäßig steil, zur Neuen Reichenberger Hütte am Bödensee. Ab Reichenberger Hütte nach Markierungen und Steig, vorbei am See, nach Osten und mäßig steil zur Roten Lenke. (Dort mit Markierung 312 Übergang zur Lasnitzen-Alm, 1887 m, und weiter nach Prägraten, 1310 m, im Virgental.) Ab Rote Lenke nach links und auf Steigspuren in der schrofigen Südflanke der Gösleswand mäßig steil zum Gipfel.
Durchgehend markierte Route, für ausdauernde Bergwanderer.

Höchste Wegestelle/Gipfel
Rote Lenke 2794 m, Gösleswand 2912 m.

Anstiegsleistung
Ab St. Jakob 1600, ab Neue Reichenberger Hütte 400 Höhenmeter.

Abstieg
Wie Anstieg.

Gehzeiten
St. Jakob 1389 m – Neue Reichenberger Hütte 2586 m: 3½ Stunden. Neue Reichenberger Hütte – Gösleswand 2912 m: 1 Stunde. Abstieg wie Anstieg nach St. Jakob: 3½ Stunden. Gesamtgehzeit: 8 Stunden.

Hütten/Stützpunkte
Neue Reichenberger Hütte 2586 m, ÖAV-Sektion Reichenberg (Wien), 50 Betten und Matratzenlager, bewirtschaftet von Ende Juni bis Anfang Oktober.

Karten/Führer/Literatur
Kompass-Wanderkarte 1 : 50000, Blatt 45 »Defereger Alpen – Lasörlinggruppe«. Auswahlführer »Hohe Tauern – Südseite«; Kleiner Führer »Glockner-, Granatspitz- und Venedigergruppe«.

Tip
Vom Ausgangsort St. Jakob bieten sich lohnende Gipfeltouren im Panargenkamm, Weißes Beil 2767 m, und Seespitze 3021 m, an.

Das Winkeltal mit Rappler (links), Gölbner und ▷ Gumriaul.

60 Gölbner
2943 m

*Zufriedene Rast auf
einsamem Gipfel*

**wenig schwierig
Wandertour**

Für die Deferegger Alpen ist auch noch die Anrede Villgratner Berge im Gebrauch. Aus der Sicht vom Pustertal hat diese Bezeichnung durchaus ihre Berechtigung, denn von Sillian (1080 m) im österreichischen Teil des Pustertales spalten das Villgratental und sein Zweig, das Winkeltal, die Deferegger Alpen in mehrere kleinere Gebirgsgruppen auf.

Der große Reiseverkehr unserer Tage und der wirtschaftliche Warenaustausch haben dem Pustertal den Stempel einer wichtigen inneralpinen Ost-West-Achse aufgedrückt, der Landschaft aber kaum etwas von ihrem lieblichen Reiz nehmen können. Von Lienz bis zur Staatsgrenze gegen Italien benötigt die Straße 37 Kilometer, vor mehr als 100 Jahren, am 20. November 1871, befuhr zum ersten Mal ein Eisenbahnzug diese Strecke. Paul Rainer schildert uns diese Fahrt: »Der Zug lief ratternd über Toblach herab, pfauchte und pustete. An der ganzen Strecke standen die Leute. Weit beugten sie sich über Brüstungen und Zäune. Sie schrien, heulten vor Erregung und weinten vor Schrekken. Viele flüchteten über Wiesen in den Wald. Der Zug aber fuhr majestätisch einher, stolz die Maschine, ein Rauchkränzlein über dem Kamin, die Vorderseite fahnengeziert und mit Blumen und Reisig geschmückt. In der Station erwartete die Gemeindevertretung und die Geistlichkeit den ersten Zug. Die Glocken läuteten und die Böller krachten.«

Wir sind in Sillian; von diesem beliebten Osttiroler Ferienort aus wollen wir hinein nach Villgraten und zu seinen Bergen. Zur Einstimmung lesen wir Ludwig Purtschellers Bericht vom Jahre 1897: »Der Besuch sei insbesondere allen denjenigen bestens empfohlen, die dem Andrange und dem Lärm der grossen Touristen- und Verkehrsmittelpunkte entfliehen wollen, die es vorziehen, sich selbst die Wege zu suchen, und des Hochgefühles sich erfreuen wollen, allein zu sein in der stolzen, kraftvollen Natur. Wer einfache Verhältnisse vorzieht, der wird sich in diesen Bergen sehr wohl fühlen, denn gerade in der Verzichtleistung auf die gewohnten vielerlei Bedürfnisse des städtischen Lebens liegt ein Grosstheil des erzieherischen Werthes einer Alpenreise.« Ludwig Purtscheller (1849–1900) war wegen seiner Leistungsfähigkeit und äußerst spartanischen Lebensweise bei seinen Berggefährten beinahe gefürchtet. Dazu eine Anekdote, wie sie Karl Lukan erzählt:

»Purtscheller nahm einmal einen Kollegen auf einen Wochenendausflug in die Hohen Tauern mit. Am Samstagabend Aufstieg zur Schutzhütte. Am Sonntagmorgen schon lange vor Sonnenaufgang Aufbruch. Ein Dreitausender. Dann Übergang zum nächsten Dreitausender. Und da Purtscheller seinem Kollegen eine besondere Freude bereiten wollte: noch ein Dreitausender als Draufgabe. Dann war es aber höchste Zeit für einen Dauerlauf ins Tal, um noch den letzten Zug nach Salzburg zu erreichen. Als um Mitternacht nach der Ankunft am Salzburger Hauptbahnhof der Berggefährte mit letzter Kraft das Bahnhofrestaurant ansteuerte, fragte Purtscheller: ›Was wollen Sie dort?‹ ›Ein Glas Bier trinken!‹ ›Ja, haben Sie denn heute noch nicht genug Genüsse gehabt?‹, fragte Purtscheller höchst erstaunt!« –

Julius Kugy (1858–1944) sagte von Purtscheller: »Den Bergen gegenüber war er ohne Ruhe, ohne Rast, ohne Maß. Nie genug, nie genug!«

Die gut ausgebaute Straße vom Pustertal hinein in die Villgratner Berge stößt nach wenigen Kilometern im engen Graben des Villgratenbaches auf das Kirchdorf Außervillgraten (1286 m), als Gemeindesitz ist es auch der Hauptort. Straße und Häuser haben in diesem Geländewinkel nur wenig Platz, sogar die Kirche muß auf einen Berghang ausweichen. Außervillgraten bietet nach Nordwesten das Villgratental hinein über Innervillgraten (1381 m) zur Unterstaller Alm (1664 m) an, in Nordrichtung das Winkeltal bis zum Talschluß der Volkzein-Alm (1886 m). Beide Täler erschließen eine wenig bekannte Bergwelt. Die Talstraßen begnügen sich kurz nach den Ortschaften mit einer schmalen gekiesten Trasse, die bäuerliche Bevölkerung pflegt Holzhäuser, die vor langer Zeit ein Urahn als festgefügte Heimstatt für viele Generationen errichtet hat, und Wiesen, die er vor Jahrhunderten dem Bergwald abtrotzte – die aber immer noch so steil sind wie zu seiner Zeit. Die Berge darüber »sind ein Gebirge ernster, plastischer Felsarchitektur. Gletscher fehlen vollständig. Wo solche ehemals waren, sind steinige Hochkare, in deren Grunde zahlreiche einsame Hochgebirgsseelein verborgen liegen. Abhänge und Täler sind infolge der leichten Humusbildung des weichen Gesteins (Gneise und Glimmerschiefer) hoch hinauf begrünt und dienen in ausgiebigstem Maße als Weideplätze. Bergerfahrenen Touristen bieten sich keine nennenswerten Schwierigkeiten, auch ist es ausdauernden Steigern leicht mög-

lich, durch Kammwanderungen eine Reihe von Gipfeln an einem Tag zu ersteigen«, unterrichten uns ältere Schriften. Kein moderner Alpenvereinsführer nennt den Tourenreichtum der Villgratner Berge, die seit Purtscheller behalten haben, was er in seiner Monographie lobte.

Fahren wir das Winkeltal einwärts, so begleitet uns zur Rechten der Kammzug des Gölbner. In ihm ragen die »sagenhaften Riesen« des Gölbner und des Gumriaul fast in die Höhe von dreitausend Meter. Bergkundige Kenner von Osttirol wissen längst, daß der Gölbner eine herrliche Aussichtswarte ist; die Villgratner haben den Anstieg beschildert und markiert – wir möchten die Überschreitung empfehlen. Aus dem Winkeltal zweigt eine Forststraße ab, bald lenken rote Markierungen auf schmalem Steig zur Straß-Alm (1974 m). Nach der Alm schließt die flache Alpweide des Gölbnerbodens zur Westflanke des Gölbner auf, in der direkten Draufsicht erscheint der plattige Fels sehr steil, aber die Steigspuren nützen kleine grasige Rampen aus, legen da und dort eine enge Kehre, und leichter als gedacht verläuft der Ausstieg am großen hölzernen Gipfelkreuz.

Auf 2943 Meter Höhe haben wir das Glück eines herrlichen Tages. Im Südhalbkreis schwimmen die Gipfel der östlichen Dolomiten, der Karnischen und der Julischen Alpen über dem blauen Dunst ihrer Täler, im Nordbogen glänzen die Firne der Hohen Tauern, unter uns breitet das Villgratner Bergbauernland seine Wiesenteppiche aus. Der Abstieg durch steile Schrofen braucht Vorsicht, bald aber »fahren« wir das steile Schotterkar hinab zum ersten Grün über der Tilliach-Alm (2039 m) und schlendern auf kühlem Waldpfad zurück zur Tilliachbrücke im Winkeltal.

Tourensteckbrief

Ausgangsort
Außervillgraten 1286 m, im Villgratental.

Die Tour in Stichworten
Außervillgraten 1286 m – Parkplatz Jagdhütte im Winkeltal ca. 1630 m – Straß-Alm 1974 m – Gölbner 2943 m – Gölbner Schartl 2799 m – Tilliach-Alm 2039 m – Tilliach-Brücke ca. 1500 m, im Winkeltal.

Schwierigkeit/Anforderung
I = wenig schwierig, Wandertour; mittlere Anforderung, Tagestour.
Wie bei Tour 61 in das Winkeltal bis zum Parkplatz bei einer Jagdhütte, rechts der Straße (ab Schranke ca. 1 km). Dort Anfang einer Forststraße und Schild »Gölbner«. Auf der Forststraße höher, bis der markierte Steig zur Straß-Alm abzweigt. Ab Straß-Alm auf Steig mäßig steil zum Gölbner Boden (2145 m) und über den flachen Boden höher gegen die westliche, plattige Gipfelflanke des Gölbner. Nach Markierungen und Steigspuren in die felsige Gipfelregion, direkt, steil, zum höchsten Punkt. In Überschreitung des Gipfels markierter Abstieg nach Steigspuren über Schrofenstufen hinab zum Gölbner Schartl, dort auf Felsgeröll steil hinab in den Blockkessel darunter und über eine steile, begrünte Hangstufe abwärts zur sichtbaren Tilliach-Alm. Weiter auf Almsteig, später Karrenweg, entlang des Tilliach-Baches hinunter in das Winkeltal, das bei der Tilliach-Brücke erreicht wird. (Ab Brücke etwa 1,5 km zurück zum Parkplatz.)
Markierter Routenverlauf, aber nur für ausdauernde, erfahrene Bergwanderer.

Höchste Wegestelle/Gipfel
Gölbner 2943 m, Gölbner Schartl 2799 m.

Anstiegsleistung
Ab Parkplatz Jagdhütte 1300 Höhenmeter.

Abstieg
Siehe Tourenverlauf.

Gehzeiten
Parkplatz Jagdhütte ca. 1630 m – Straß-Alm 1974 m: 1 Stunde. Straß-Alm – Gölbner 2943 m: 3 Stunden. Abstieg: Gölbner Schartl 2799 m – Tilliach-Alm 2039 m: 2 Stunden. Tilliach-Alm – Tilliach-Brücke ca. 1500 m: 1 Stunde.
Gesamtgehzeit: 7 Stunden.

Hütten/Stützpunkte
Straß-Alm 1974 m, *Tilliach-Alm* 2039 m, nur Almwirtschaft.

Karten/Führer/Literatur
Siehe Tour 61.

Weitgespannte Grate erheben den Gipfel der Hochgrabe zum Mittelpunkt der Defereggen Alpen. Über den hellen Fels der Wilden Platten zieht die Anstiegsroute von der Volkzeiner Alm nach links hinaus zum Nordostgrat und über ihn zum Gipfel.

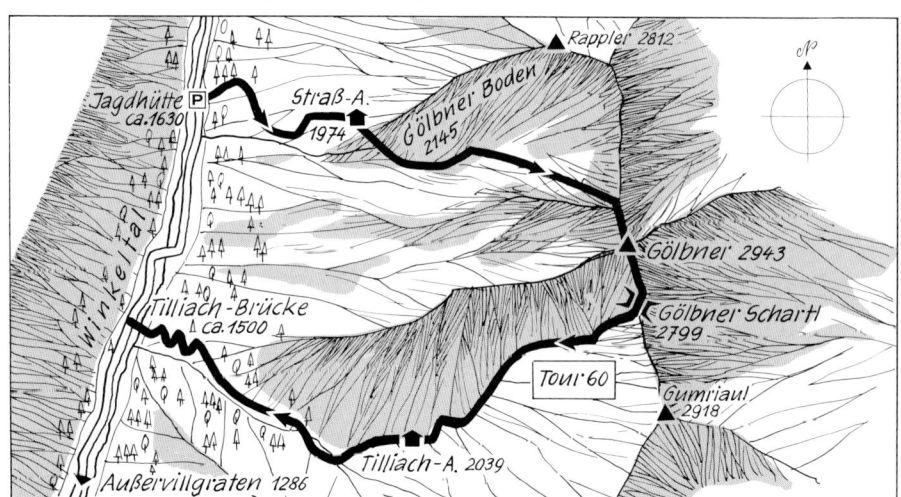

61 Hochgrabe
2951 m

Großes Degenhorn
2946 m

Kleines Degenhorn
2849 m

Im Mittelpunkt der Deferegger Alpen

wenig schwierig Wandertour

Wenn man an einem Tag mit weiter, klarer Sicht vom Venedigergebirge, von der Rieserferner-Gruppe, der Schober-Gruppe oder von den östlichen Dolomiten dorthin schaut, wo man die Deferegger Alpen weiß, wird im Gipfelmeer ein Berg besonders auffallen. Als Einzelgestalt tritt die Hochgrabe durch die isolierte Stellung und den hohen Scheitel ihrer Grate merkbar aus ihrer Umgebung hervor und weckt natürlich die Neugierde. Zwischen der Zange des Villgratentales und des Winkeltales erhebt sich eine kleine Berggruppe, die in der Hochgrabe kulminiert und mit ihr ein lohnendes Gipfelziel im Herzen der Deferegger Alpen besitzt. »Die Erschließung der Ostalpen« (1894) widmet der Gruppe des »Villgratner-Gebirges« einige wenige Zeilen, erwähnt das Pfannhorn und eine Besteigung der Hochgrabe und schließt mit dem Nachsatz: »Im Allgemeinen harrt die ganze Gruppe noch eines liebevollen Freundes.« Ein Dr. Hecht aus Eger im Sudetenland bestieg am 26. August 1870, begleitet vom Bruder seines Villgratner Wirtes, die Hochgrabe, ihm verdanken wir die früheste Bekannt-

gabe dieser Tour (AV-Jahrbuch 1872). Er lobt den Berg, die Aussicht und auch das Wirtshaus: »Das Gasthaus von Ausser-Villgratten ist noch besonders wegen seiner Billigkeit zu erwähnen. Für ein Schlafzimmer mit gutem, reinlichem Bett zahlte ich 15 Kr. Freilich war ich seit langen Jahren wieder der erste Tourist gewesen, der daselbst übernachtet.« Heute darf Außervillgraten in jedem Sommer eine stattliche Schar von Gästen erwarten, von denen so manche auch zur Hochgrabe kommen, denn im Villgratner Wanderpaß wird diese Tour hoch gepunktet.

Der sudetendeutsche Bergfreund vom Jahre 1870 ging natürlich schon ab Außervillgraten zu Fuß, wir durchfahren das Winkeltal bis zum Parkplatz der Volkzein-Alm (1886 m) am Winkelbach. Auf diesem 18 Kilometer langen, schmalen steinigen Sträßchen möchte man öfter anhalten: Die Wiesen, das Wasser, die alten, aus Holz gefügten und gutgehüteten Almhäuser und die Menschen bei ihrer Arbeit scheinen eine heile Welt in unsere Tage herübergerettet zu haben. Bei der Volkzein-Alm stößt das Winkeltal an den

Hauptkamm der Defereger Alpen. Die Hütten der Volkzein-Alm stehen in einem fruchtbaren Wiesenboden in Nachbarschaft zur früheren »Sillianer Hütte« des Österreichischen Alpenvereins. Dieses heimelige, dunkel gebeizte Holzhaus gehört seit 1931 zur Volkzein-Alm, aber seit 1982 nicht mehr seinem Erbauer, der Sektion Sillian. Der Alpenverein hat das Haus verkauft, aber unter dem neuen Namen Volkzeiner Hütte wird es zum Wohle der Bergwanderer wie bisher weitergeführt.

Am Parkplatz ist unsere Tour Hochgrabe – Degenhorn angeschrieben. Der Steig läuft am Wasser entlang, schwingt mäßig steil höher dem gut sichtbaren Abfluß des Schrentebaches entgegen und kommt bei etwa 2350 Meter in den weiten, ebenen Almkessel des Schrentebachbodens. Die Anstiege zur Hochgrabe und zum Großen Degenhorn trennen sich hier: Das Schild »Degenhorn« zeigt nach rechts, die Hochgrabe könnte auf einen Wegweiser verzichten, ihr gestreckter Gipfelaufbau ragt vor uns im Süden. Das Alpgrün des Schrentebachbodens steigt zur Hochgrabe hin an und verliert sich im Nordkar zwischen dem hellen Stein des Glimmerschiefers, den die Wilden Platten ausbreiten. Vollsatte Moospolster, genährt vom Schmelzwasser der Schneeflecken, ein Brünnlein mit dem wundersamen Namen »Goldtrögele« (2666 m), Sandhügel, winzige Tümpel mit glasklarem Wasser begleiten den Steig hinaus nach links zum Nordostgrat der Hochgrabe. Wenig später, von keiner Schwierigkeit abgehalten, stehen wir am massiven Holzkreuz des Gipfels in der Höhe von 2951 Metern.

Einen besseren Standort zur Würdigung des ausgedehnten Berglandes zwischen

dem Defereggental und dem Pustertal gibt es kaum. Wir bestimmen die namhaften Gipfel und finden im Hauptkamm unser zweites Bergziel, das Große Degenhorn, in 3 Kilometer Luftlinie nordwestlich entfernt. Die Route liegt offen: aus dem Schrentebachboden über eine breite Rasenrampe höher zum Karbecken des Degenhornsees, an seinem dunklen Wasserspiegel nach links zum Kleinen Degenhorn (2849 m) und über einen kurzen Grat in das gegen Süden geneigte Gipfeldach. Nach 3 Stunden rasten wir am Großen Degenhorn und geben Ludwig Purtscheller recht, der behauptete, daß der Besuch dieser »Hochzinne« für eine Gesamtübersicht unerläßlich sei.

Tourensteckbrief

Ausgangsort
Außervillgraten 1286 m, im Villgratental.

Die Tour in Stichworten
Außervillgraten 1286 m – Volkzeiner Hütte 1886 m – Hochgrabe 2951 m – Degenhornsee 2713 m – Kleines Degenhorn 2849 m – Großes Degenhorn 2946 m – Hainkaralm-Hütte 2122 m – Volkzeiner Hütte.

Schwierigkeit/Anforderung
I = wenig schwierig, Wandertour; große Anforderung, Tagestour.
Von Außervillgraten erschließt eine breite neue Straße das Winkeltal bis zu einer Mautschranke. Ab Schranke auf teilweise schmaler, steiler Sandstraße (ca. 7 km) in den Talschluß zum Parkplatz Volkzein-Alm vor der Volkzeiner Hütte.
Hochgrabe: Ab Parkplatz nach Schild »Hochgrabe« auf markiertem Steig mäßig steil zum

weiten Hochbecken des Schrentebachbodens nördlich unter dem sichtbaren Gipfel der Hochgrabe. Dort (ca. 2350 m) markierte Wegeteilung: nach rechts zum Degenhorn, Süden, über Alpweiden, zum Goldtrögele (2666 m) und zur Hochgrabe. Markierungen leiten durch das gut begehbare Gelände der Wilden Platten, vorbei am Goldtrögele, nach links zur Gipfelflanke und über den Nordostkamm mäßig steil zum Gipfel.
Degenhorn: Von der Hochgrabe zurück zur Wegeteilung »Degenhorn« oder ohne Markierung und Steig über die Wilden Platten (interessante, leichte Route, aber nur bei Sicht unternehmen!) zum sichtbaren Wasserfall des Schrentebaches. Dort Treffpunkt mit dem Anstieg aus dem Schrentebachboden und nach Markierungen und Steigspuren über eine Rasenrampe hinauf in das Karbecken unter dem Degenhornsee. Über die Felsstufe steil zum See (im Anstieg zweigt nach rechts der markierte Steig zur Ochsenlenke ab = Übergang nach St. Jakob im Defereggental), über seinen Abfluß dem Steig und Markierungen nach links folgen, die zum Kleinen Degenhorn führen. Unter dem Gipfelsteinmann vorbei, über einen schmalen, gut gangbaren Verbindungsgrat und die Südflanke zum Großen Degenhorn. Abstieg: Auf Anstiegsweg zurück in den Boden unter dem Degenhornsee und auf markiertem Steig über die Hainkaralm-Hütte hinab zur Volkzein-Alm (= Direktanstieg zum Degenhorn ab Volkzeiner Hütte).
Nur für erfahrene, ausdauernde Bergwanderer.

Höchste Wegestelle/Gipfel
Hochgrabe 2951 m, Kleines Degenhorn 2849 m, Großes Degenhorn 2946 m.

Anstiegsleistung
Ab Parkplatz Volkzein-Alm 1600 Höhenmeter.

Abstieg
Siehe Tourenverlauf; oder ab Hochgrabe wie Anstieg.

Gehzeiten
Parkplatz Volkzein-Alm ca. 1850 m – Hochgrabe 2951 m: 3½ Stunden. Übergang zum Großen Degenhorn 2946 m: 3 Stunden. Abstieg Volkzeiner Hütte 1886 m: 2½ Stunden. Gesamtgehzeit: 9 Stunden.

Hütten/Stützpunkte
Volkzeiner Hütte 1886 m, auf der Volkzein-Alm (vormals Sillianer Hütte), privat, 34 Betten und Matratzenlager, bewirtschaftet von Ende Juni bis Ende September.

Karten/Führer/Literatur
Kompass-Wanderkarte 1:50000, Blatt 45 »Defereger Alpen – Lasörlinggruppe«. Kleiner Führer »Glockner-, Granatspitz- und Venedigergruppe«.

St. Jakob 1389
Ochsenlenke
Degenhornsee 2713
Hainkaralm-H. 2122
Gr. Degenhorn 2946
Volkzeiner H. 1886 (vorm. Sillianer H.)
Kl. Degenhorn 2849
Schrentebachboden
Tour 61
Wilde Platten
Winkeltal
Goldtrögele 2666
Außervillgraten 1284
Kugelwand 2803
Hochgrabe 2951
Innervillgraten 1402

Das noch intakte Idyll des Oberstaller-Almdörfls ist der Ausgangsort für unsere Tour zur Weißen Spitze. Darüber der Grenzkamm zu Südtirol.

62 Weiße Spitze
2963 m

Rote Spitze
2956 m

Die vertauschten Bergnamen

**wenig schwierig
Wandertour**

Im Hauptkamm wetteifern die Weiße Spitze 2963 m und die Rote Spitze 2956 m mit dem Großen Degenhorn 2946 m um die Vorherrschaft. In den Deferegger Alpen erreichen sechs Gipfel, außer den oben genannten noch der Gölbner 2943 m, der Gumriaul 2918 m und die Hochgrabe 2951 m, eine Höhe über 2900 Meter. Die wenigen Meter Unterschied geben keinem Gipfel einen so deutlichen Vorsprung, daß davon die dominierende Stellung eines Hauptgipfels abzuleiten wäre. Die ersten drei Berge entragen jedoch dem Hauptkamm, und dies mag für Purtscheller der Ausschlag gewesen sein, die zwei höchsten, die Weiße und die Rote Spitze, als die Hauptgipfel der Deferegger Alpen zu bezeichnen. Beide Berge stellen sich hinab zum Defereggental gut in Positur, während sie von Süden erst im Talschluß von Villgraten, bei der Unterstaller-Alm, sichtbar sind.

Von Außervillgraten (1286 m) läuft die Talstraße über Innervillgraten (1402 m) zu einer Straßengabel; die linke Fahrt führt nach Kalkstein (1614 m), den äußersten südwestlichen Zipfel von Osttirol; das schmale Sträßchen nach rechts schlängelt sich hinein zum Wiesenanger der Unterstaller-Alm (1664 m). Der Parkplatz bei der Jausenstation hält den öffentlichen Verkehr ab, noch zur Oberstaller-Alm (1883 m) hinaufzufahren. Die Waldstufe zur oberen Alm ist gleichzeitig der Eintritt in das Arntal, das unter der Roten und der Weißen Spitze nach Osten zur Kammschneide zwischen den Degenhörnern und der Hochgrabe zieht. In der paradiesischen Weltabgeschiedenheit der Oberstaller-Alm erinnert ein Hüttendörfl mit etwa 20 großräumig gebauten Riegelhäusern an die Almwirtschaft vergangener Generationen. Nur das weiße Kirchlein ist gemauert, das altersbraune dunkle Vier-

kantholz der Häuser steht in harmonischem Gegensatz zu den sommerlich bunten Wiesenflecken, die zum steilen rotbraunen Fels der Berge aufschließen. Aus Villgraten kommen auch die nach der Karte gültigen Namen: für den östlichen Berg Weiße Spitze, weil er gerne einen Schneegupf trägt, für den westlichen Rote Spitze nach der Farbe seines Gesteins. Zu beiden Gipfeln führen markierte Routen von je 3 Stunden Gehzeit.

Der Anstieg zur Weißen Spitze dürfte fast nicht mehr steiler sein, er kostet Kraft und verlangt Durchhaltevermögen hinauf zum Hochkar des Schlötter und zur Schlötter Lenke (2725 m) darüber. Wer es bis hierher geschafft hat, den belohnt der Westgrat. Seine nur mäßig steilen Schrofen laufen am höchsten Punkt der Defereger Alpen, 2963 Meter, aus. Die Fernsicht muß man in Superlativen beschreiben: im Süden, gestaffelt, nahezu alle Dolomiten-Gruppen, im Norden das weite Rund der Zentralalpen von den Venedigerbergen bis zur Goldberg-Gruppe!

Im Gegensatz zur Weißen Spitze kann die benachbarte Rote Spitze auch einen Weg aus dem Defereggental vorweisen, und diese Route soll hier empfohlen werden. Damit lernen wir die Berge von zwei Seiten kennen – und die Kuriosität einer verkehrten Namensnennung! Von der Talstation des Brunnalmliftes (1400 m) im Defereggental bei St. Jakob läuft eine Almstraße zur Brugger-Alm (1818 m), von der Bergstation (2053 m) ist der Zugang etwas kürzer. Nach der Karte erheben sich die gestuften nördlichen Steilflanken der Roten Spitze direkt über der Alm. Aber für die Defereger ist die Rote Spitze die Weiße Spitze – und davon kann sie niemand abbringen. Die Markierungen, die zur Ragötzl-Alm (2115 m) und hinauf nach links zur Kammschneide leiten, geben deshalb »W.-Spitze« an. Vorbei an einem herrlich gelegenen Karsee erreichen wir bei einem Steinmann (etwa 2700 m) die Kammhöhe und treffen auf den Steig, den die Oberstaller-Alm aus ihrer Sicht zur Roten Spitze heraufschickt. Der gegliederte Westrücken, in der Routenführung etwas anspruchsvoller, übernimmt den Schlußanstieg; vor dem Gipfelkreuz überraschen noch eine Scharte und einige Felsplatten, dann ist die Defereger Weiße Spitze gewonnen.

Auch Ludwig Purtscheller lobt die Aussicht über alle Maßen, meint aber: »Der directe Gratübergang von der Rothen auf die Weiße-Spitze ist nicht gut ausführbar, aber wer eine alpine Ader besitzt, der wird die Mühe nicht scheuen, beide Gipfel zu besuchen.«

Tourensteckbrief

Weiße Spitze: Ausgangsort
Innervillgraten 1402 m, im Villgratental.

Die Tour in Stichworten
Innervillgraten 1402 m – Unterstaller Alm 1664 m – Oberstaller Alm 1883 m – Schlötter Lenke 2725 m – Weiße Spitze 2963 m – Ober-Unterstaller Alm.

Schwierigkeit/Anforderung
I = wenig schwierig, Wander-/Felstour; mittlere Anforderung, Tagestour.
Von Innervillgraten zur Unterstaller-Alm, Parkplatz, auf Fahrweg zur Oberstaller-Alm. Wenig talein zum Schild »Weiße Spitze«, das den markierten, steilen Steig zum Schlötter und im Kammverlauf darüber zur Schlötter Lenke anzeigt. Nach Steigspuren und Markierungen über den Westgrat mäßig steil zum Gipfel.

Höchste Wegestelle/Gipfel
Schlötter Lenke 2725 m, Weiße Spitze 2963 m.

Anstiegsleistung
Ab Unterstaller-Alm 1300 Höhenmeter.

Abstieg
Wie Anstieg.

Gehzeiten
Unterstaller-Alm 1664 m – Oberstaller-Alm 1883 m: ½ Stunde. Oberstaller-Alm – Weiße Spitze 2963 m: 3 Stunden. Abstieg wie Anstieg: 2½ Stunden.
Gesamtgehzeit: 6 Stunden.

Hütten/Stützpunkte
Unterstaller-Alm 1664 m, Jausenstation.

Rote Spitze: Ausgangsort
St. Jakob 1389 m, im Defereggental.

Die Tour in Stichworten
St. Jakob 1389 m – Parkplatz Talstation Brunnalmlift 1400 m – Brugger-Alm 1818 m – Ragötzl-Alm 2115 m – Rote Spitze 2956 m – Brugger-Alm – Talstation Brunnalmlift.

Schwierigkeit/Anforderung
I = wenig schwierig, Wandertour; mittlere Anforderung, Tagestour.
Ab Parkplatz Brunnalmlift entweder auf markiertem Weg oder auf gesperrter Forststraße zur Brugger-Alm. (Hierher auch im Übergang von der Bergstation.) Ab Brugger-Alm markierter Steig, nach Schild Ragötzllenke zur Ragötzl-Alm, mäßig steil höher. Bald nach der Alm (ca. 2300 m, auf Stein = »W.-Spitze« (!) angeschrieben) Abzweigung nach links und mit Steigspuren und Markierungen in ein Hochtälchen. In ihm hinauf zu einem Karsee, weiter zur Kammsenke darüber, auf der auch eine Route von der Oberstaller-Alm (siehe Weiße Spitze) einmündet. Nach Steigspuren und Markierungen steil zum Vorgipfel, links von ihm, aus einem Schartl, in eine Blockmulde, an ihrem rechten Rand wieder zur Kammhöhe, über Gratköpfe zu einer schmalen Gratkerbe, aus der Drahtseile zum Gipfel leiten.

Höchste Wegestelle/Gipfel
Rote Spitze 2956 m.

Anstiegsleistung
Ab Parkplatz Brunnalmlift 1400, ab Brugger-Alm 1100 Höhenmeter.

Abstieg
Wie Anstieg; oder zur Oberstaller-Alm 1883 m im Arntal. (Siehe Weiße Spitze.)

Gehzeiten
Parkplatz Brunnalmlift 1400 m – Brugger-Alm 1818 m: 1½ Stunden. Brugger-Alm 2115 m – Rote Spitze 2956 m: 3 Stunden. Abstieg wie Anstieg: 3½ Stunden.
Gesamtgehzeit: 8 Stunden.

Hütten/Stützpunkte
Brugger-Alm 1818 m, Jausenstation.

Karten/Führer/Literatur
Siehe Tour 61.

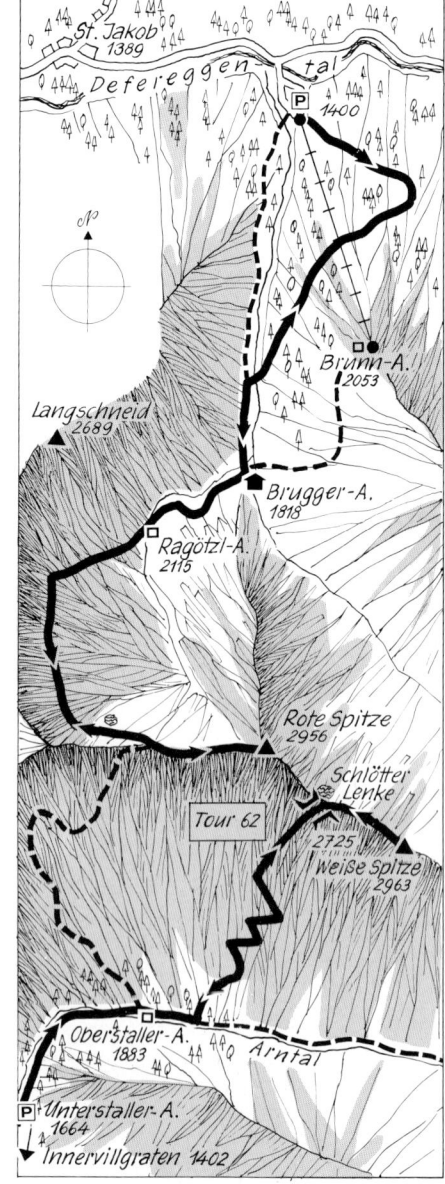

Deferegger Alpen

63 Deferegger Pfannhorn 2819 m

Die große Aussicht nach Südtirol

wenig schwierig
Wandertour

In den Deferegger Alpen gibt es zwei Pfannhörner, jedes trägt den Beinamen seiner Talschaft: Deferegger Pfannhorn und Toblacher Pfannhorn. Im Reigen der Wanderberge um St. Jakob (1389 m) in Defereggen sticht das Deferegger Pfannhorn besonders hervor. Von der Ortschaft im Blick nach Westen sehen wir über dem Waldhügel des Hirschbichls den langgestreckten kahlen Bergrücken des Pfannhorns bis zur felsigen Spitze in die Höhe von 2819 Meter ansteigen. Im österreichisch-italienischen Grenzkamm vom Toblacher Pfannhorn (2663 m) im Süden bis zum Staller Sattel (2052 m) ist das Deferegger Pfannhorn, verbunden mit dem vorgelagerten Kerlskopf (2836 m), die höchste und auch der Lage wegen hervorragendste Aussichtswarte.

Aber je höher der Berg, desto weiter ist der Weg zu ihm: vom Ausgangsort Mariahilf (1422 m) im Defereggental 1500 Meter Höhenunterschied – zu weit für viele Tageswanderer. Die Auffahrt auf der Straße zum Staller Sattel bis zu einem linksseitigen Parkplatz vor der Staller Alm (1914 m, auch Bushaltestelle) mindert jedoch die Anforderung dieser Tour. Die Tafel »Pfannhorn« gibt immer noch 3½ Stunden Gehzeit an, die ein durchschnittlicher Wanderer nur schwer unterbieten kann. Der markierte Steig berührt den Lärchensaum des unteren Erlasbodens, wendet sich noch vor der Planklake (2141 m) nach rechts in die begraste Nordostflanke, die das Pfannhorn hinab nach Defereggen zeigt. Weiter oben behindern grobe Blökke den zügigen Anstieg, Steigspuren überwinden einen Gratrücken zum Fels des Gipfels. – »Je höher wir stehen, desto mehr gefällt uns alles« (Novalis).

Tourensteckbrief

Ausgangsort
St. Jakob 1389 m, im Defereggental.

Die Tour in Stichworten
St. Jakob 1389 m – Staller-Sattel-Straße, Parkplatz 1914 m, Deferegger Pfannhorn 2819 m; oder St. Jakob – Mariahilf 1422 m – Lappach-Alm 1928 m – Hirschbichl 2141 m – Planklake – Deferegger Pfannhorn – St. Jakob.

Schwierigkeit/Anforderung
I = wenig schwierig, Wandertour; mittlere Anforderung, Tagestour.
Von St. Jakob über Mariahilf auf der Straße zum Staller Sattel (2052 m) bis zu einem linksseitigen Parkplatz (1914 m), noch vor der Staller Alm. (Busverkehr ab St. Jakob.) Dort nach Tafel »Lappach-Alm/Deferegger Pfannhorn« hinab zum Almbach und auf markiertem Steig nach Osten mäßig steil höher zum Bergwald. An der Baumgrenze (ca. 2100 m) über den unteren Erlasboden fast horizontal bis vor die kleine Planklake inmitten von Hochweiden. Hier Einmündung des Wanderweges herauf von Mariahilf. Die nun gemeinsame Route zum Deferegger Pfannhorn zweigt nach Süden, Markierungen und Steigspuren führen über steile Alphänge zu einem Blockfeld und nach seiner Überschreitung über grobe Blöcke zu dem Felskessel unter dem nordostseitigen Gipfelaufbau. Aus dem Kessel über einen Gratrükken und in der Gipfelflanke nach Markierungen und Steigspuren zum höchsten Punkt. Durchgehend markierte Route, aber nur für erfahrene, ausdauernde Bergwanderer.

Höchste Wegestelle/Gipfel
Deferegger Pfannhorn 2819 m.

Anstiegsleistung
Ab Parkplatz Staller-Sattel-Straße 900, ab Mariahilf 1500 Höhenmeter.

Abstieg
Wie Anstieg.

Gehzeiten
Parkplatz Staller-Sattel-Straße 1914 m – Planklake ca. 2100 m: 1 Stunde. Von Mariahilf 1422 m über die Lappach-Alm 1928 m: 2 Stunden. Planklake – Deferegger Pfannhorn 2819 m: 2½ Stunden. Abstieg Staller-Sattel-Straße: 2½ Stunden. Mariahilf: 3½ Stunden. Gesamtgehzeit: 6–8 Stunden.

Hütten/Stützpunkte
Lappach-Alm 1928 m, nur Almbetrieb.

Karten/Führer/Literatur
Siehe Touren 61 und 65.

Der Ort St. Jakob ist der touristische Mittelpunkt des Defereggentales. Darüber das Deferegger Pfannhorn, rechts die Almer Säulen an der Straße hinauf zum Staller Sattel.

149

Rieserferner-Gruppe

Die Rieserferner-Gruppe ist das westlichste und zugleich auch hochalpinste Gebirge der Südlichen Tauernvorlagen. Im Grenzverlauf zwischen Österreich und Italien verbindet der Staller Sattel den Bergraum der Rieserferner-Gruppe mit den Deferegger Alpen; das Klammljoch, in der Luftlinie 12 Kilometer nördlich, baut in dieser Grenze eine Brücke zur Venediger-Gruppe. Die Rieserferner Berge reichen hinein nach Südtirol, zwischen Olang und Bruneck zum Pustertal und von Bruneck nach Sand in Taufers in das Tauferer Tal. Von Taufers schließt das Reintal zum Dorf Rein und das Knuttental zum Klammljoch auf. Der Verlauf des Grenzkammes schiebt den größeren Teil unseres Berggebietes nach Südtirol und damit zu Italien, nur der schmale Streifen zwischen dem Grenzkamm und dem Defereggental gehört zu Österreich, zum Bezirk Osttirol. Der Deutsche Alpenverein besitzt dort die Neue Barmer Hütte, ein wichtiger Stützpunkt für die Touren im Grenzkammbereich.

Im Nachdenken über das Wort »Rieserferner« könnte man versucht sein, es von einem riesigen Ferner abzuleiten. Aber: »Der Begriff Rieserferner kommt von ›Riser‹, es ist dies eine Gegend mit Steilrinnen oder -hängen, von denen Steine herunterpoltern oder auch Holz getrieben wird. Finsterwalder sagt, die Gruppe habe ihren Namen von dem schon 1307 auftauchenden Ryshof in Ahornach« (Beikirchner/Hellweger »Alpinführer Tauferer-Ahrntal«). Ein noch mächtiges Firn- und Eisreservat liegt nordseits des Rieserferner-Hauptkammes in der weniger steilen Böschung hinab zum Talbecken von Rein. Dort umfaßt der Rieserferner den »Edelstein« der Gruppe, den Hochgall.

Das interessante Gipfelrelief der Rieserferner-Gruppe schreibt die Geologie einer etwa 5 Kilometer breiten Granitzone, dem sogenannten Rieserferner Tonalit, zu. Diesem Lager aus verwitterungsfestem Urgestein verdankt die Gruppe die mächtige Hauptkammausbildung vom Magerstein über den Wildgall und den Hochgall zur Patscher Schneid.

In Bildmitte der Hochgall, darunter (links) die Neue Barmer Hütte.

Rieserferner-Gruppe

64 Almer Horn
2986 m
Obersee-Hütte
2020 m

*Felsbastion über
dem Staller Sattel*

*mäßig schwierig
Wander-/Felstour*

Das Almer Horn gehört zum Bergpanorama von St. Jakob, die Rieserferner-Gruppe postiert dieses mächtige Massiv aus hellem Granit als Vorposten des Hochgall dem Defereggental zu. Auf der Straße zum Staller Sattel fahren wir an der Felsmauer der Almer Säulen vorbei, am Obersee ragt das 2986 Meter hohe Almer Horn genau nördlich knapp 1000 Meter über uns. Kurz hinter dem Obersee markieren die Schlagbäume der Staatsgrenze auch den Straßenscheitel hinüber ins Antholzer Tal, wir sind – nach einer Auffahrt von 36 Kilometern ab Huben (814 m) im Iseltal – am Staller Sattel, 2052 Meter. Die Osttiroler Landschaft profitiert vom malerischen Obersee, von den gegensätzlichen Gebirgszügen der Rieserferner und der Deferegger Berge, von den Zirbenwäldern nordseits vom See und gewiß auch von der Obersee-Hütte, in den Jahren 1959/60 aus dem Granitstein der Umgebung errichtet.

Die Route zum Almer Horn beginnt am Gasthaus mit dem Weg über »die Fläche« (Lifttrassen) gegen die markanten Felsgestalten des Kleinen und Großen Mandls und schwenkt östlich aus einem Blockkessel in den Steilhang zur Jägerscharte (2882 m, Übergang zur Neuen Barmer Hütte). Die Jägerscharte, bis in den Sommer hinein oftmals überwächtet, ist die einzige schwierige Stelle. Nach ihr leitet ein Steiglein durch den Nordhang des Almer Horns problemlos zum Gipfelkreuz. Die Aussicht? Unsere besondere Aufmerksamkeit gehört dem Osttiroler Anteil der Rieserferner-Gruppe – wir freuen uns auf die Gipfeltouren im Umkreis der Neuen Barmer Hütte!

Tourensteckbrief

Ausgangsort
St. Jakob 1389 m – Staller Sattel 2052 m.

Die Tour in Stichworten
Staller Sattel 2052 m – Obersee-Hütte 2020 m – Jägerscharte 2882 m – Almer Horn 2986 m – Obersee-Hütte.

Schwierigkeit/Anforderung
II = mäßig schwierig, Wander-/Felstour; mäßige Anforderung, ½-Tages-Tour.
Von St. Jakob zum Staller Sattel und zur Obersee-Hütte am Obersee, Parkplatz. Ab Hütte nach markiertem Steig (325 = Übergang zur Neuen Barmer Hütte, 2610 m), zum Schluß steil über Blockwerk, zur Jägerscharte – Achtung: Schneewächte! Ab Scharte in der nordwestlichen Felsflanke nach Markierungen und Steigspuren mäßig steil zum Gipfel.
Nur für im Fels erfahrene Berggeher.

Höchste Wegestelle/Gipfel
Jägerscharte 2882 m, Almer Horn 2986 m.

Der Obersee füllt eine Mulde unter dem Staller Sattel, die Obersee-Hütte verspricht eine gute Einkehr. Rechts darüber die Jägerscharte mit dem Almer Horn.

Anstiegsleistung
Ab Obersee-Hütte 900 Höhenmeter.

Abstieg
Wie Anstieg.

Gehzeiten
Obersee-Hütte 2020 m – Jägerscharte 2882 m: 2½ Stunden. Jägerscharte – Almer Horn 2986 m: ½ Stunde. Abstieg wie Anstieg: 2 Stunden.
Gesamtgehzeit: 5 Stunden.

Hütten/Stützpunkte
Obersee-Hütte 2020 m, privat, bewirtschaftet von Mitte Mai bis Ende Oktober.

Karten/Führer/Literatur
Siehe Tour 65.

65 Hochgall
3435 m

Neue Barmer Hütte
2610 m

König der Rieserferner-Gruppe

sehr schwierig
Gletscher-/Felstour

Das Defereggental, das Tal der Schwarzach, zieht von Huben im Iseltal in Westrichtung gegen den Hochgall. Kurz nach Erlsbach (1555 m), dem letzten Talort, zweigt die Straße zum Staller Sattel über die Schwarzach nach links, das Defereggental schwenkt in einem Bogen nach Norden und folgt dem Wasserlauf der Schwarzach bis unter das Klammljoch (2298 m). Die moderne, gut ausgebaute Staller-Sattel-Straße und die schmale, sandige Trasse hinein in die Gründe der Patscher-, der Oberhaus- und der Seebach-Alm umschließen den Osttiroler Anteil der Rieserferner-Gruppe. Mit diesem schmalen Gebirgssaum besitzt die Gemeinde St. Jakob einen wertvollen hochalpinen Freiraum für ihre Sommergäste. Schon weit draußen im Defereggental erscheint der Silberfirst des Hochgall als Wegweiser und zieht die Bergsteiger gleich einem Magnet durch das Tal, hinein zum Parkplatz der Patscher Alm (1667 m). Dort, in Rufweite des Alpengasthofs Patscher Hütte, treffen auch die vielen Ausflügler und Bergwanderer ein, die entweder einen Tag in Bachnähe verbummeln, vielleicht dem klaren, flinken Gebirgswasser talauf folgen wollen, oder durch das Patscher Tal zur Neuen Barmer Hütte (2610 m) hinaufgehen.

»Lieber Wanderer, in unserem Tal befinden sich die größten geschlossenen Zirbenbestände der Ostalpen.«

Das verkündet eine Hinweistafel am Parkplatz. Auf der rechten Talseite, dem Panargenkamm zu, schieben diese edlen Holzbestände die Baumgrenze über 2000 Meter hinaus.

Die Talschaften Hopfgarten, St. Veit und St. Jakob haben heute durch den pulsierenden Fremdenverkehr im Sommer und Winter ein gutes Auskommen; niemand braucht auszuwandern, um seinen Lebensunterhalt zu verdienen. Frühere Zeiten haben jedoch die Defereger Bevölkerung arg gebeutelt. Gehen wir bis zum 15. und 16. Jahrhundert zurück, so stoßen wir auf die bergmännische Vergangenheit dieses Tales; geschürft wurden Kupfer und auch Edelmetalle. Im 17. Jahrhundert brachte die Verbreitung des protestantischen Glaubens unter der bis dahin rein katholischen Bevölkerung eine große Unruhe ins Tal. Der Salzburger Fürstbischof Max Gandolf ging 1684/85 rücksichtslos gegen die neue Lehre vor. Sein Ausweisungsbefehl betraf in Defereggen etwa 800 Personen. »Was demselben eine besondere Härte verlieh, war der Umstand, dass die Ausgewiesenen in kürzester Frist – Unverheiratete binnen drei und Verheiratete binnen siebzehn Tagen – das Land verlassen mussten, dass man ihre noch nicht zwölf Jahre alten Kinder zurückbehielt und dass der Auszug mitten im strengsten Hochgebirgswinter anbefohlen wurde.« So berichtet die Chronik. Der Niedergang des Bergbaues im 18. Jahrhundert verschlechterte die Erwerbsverhältnisse dramatisch, das Tal konnte wegen Mangels an anbaufähigem Boden seine Bewohner nicht mehr ernähren. Die jüngeren Defereger Männer warfen sich auf den Hausierhandel mit Teppichen (Erzeugnisse aus Kuh-, Ziegenhaaren und grober Schafwolle) und zogen durch halb Europa, bis das 19. Jahrhundert eine Umstellung erzwang. Die Deferegger, die »in die Fremde gingen«, lernten Länder und Menschen kennen und wurden durch den Handel welterfahrene Geschäftsleute. Die tüchtigsten vertauschten das Wandergeschäft mit dem »stehenden« und gründeten Handelsunternehmungen nicht nur in der Donaumonarchie, sondern auch in Übersee. »Dadurch ist ein völliger Umschwung bewirkt worden. Früher war der Deferegger mit seinem Deckenpack in die Welt gewandert, um die rauhe Jahreszeit, wo die Feldarbeit ruht, nutzbringend auszufüllen. Mit den Schwalben kehrte er wieder heim, er mußte ja seine Felder bestellen. Heute dagegen weiss er, dass er mit dem Ertrage des Bodens seine Familie nicht ernähren kann; deshalb werden die landwirthschaftlichen Verrichtungen als Nebensache Weibern, Kindern und Greisen überlassen. Die Männer aber kommen während des Sommers zu einem oft nur

Die Neue Barmer Hütte hoch über dem Patscher Tal ist der Anlaufpunkt aller Bergsteiger, die aus Osttirol zum Hochgall wollen. Auch die Route zum Großen Lenkstein ist sehr beliebt. Im Bild die Roßhornscharte, rechts das Roßhorn.

wenige Wochen dauernden Besuch ihrer Angehörigen, um sich von den Mühsalen des Geschäftslebens zu erholen. Viel richtiger könnte man also Defereggen die Sommerfrische der Deferegger nennen.« Dies schreibt ein Chronist im Jahre 1895. Nach einem Aufsatz vom gleichen Jahr war das Defereggental unverdient »ein Aschenbrödel der Alpenwelt« – die Gebirgsreisenden zogen im Iseltal an seinem Eingang vorbei. »Mancher Wanderer hätte vielleicht Lust, zu der Terrasse emporzusteigen und in das Tal einzudringen, aber Baedecker hat es ›einförmig‹ genannt und die späteren Reisehandbücher haben es meist kritiklos nachgeschrieben.« Auch der Alpinismus ließ lange auf sich warten. Er kam erst im Jahre 1900 mit der Alpenvereinssektion Barmen, die im Hochbekken des Patscher Tales die erste Barmer Hütte (2488 m) erbaute und damit einen recht deutlichen Fingerzeig zum Hochgall gab. Zu dieser Zeit unterschied noch niemand zwischen Nord-, Süd- und Osttirol; es gab nur ein Tirol, und die allgemeine Tiroler Eingangspforte zur Rieserferner-Gruppe war unbestritten Sand in Taufers.

»Die Erschließung der Rieserferner-Gruppe knüpft an die Triangulierung von Tirol im Jahre 1854 an, zu welcher Zeit auch die erste Ersteigung des Hochgall und zwar vom Patscherthale aus stattfand.« Im Protokoll findet sich hierüber die Mitteilung: »Diese sehr steile Fernerspitze wurde von St. Jakob im Defereggenthale zum ersten Male erstiegen und ein Lattensignal aufgestellt. Der Weg geht von St. Jakob längs dem Schwarzbach in die Patscher Alpe und von da längs dem Patscherbach auf den Ferner, über den man in westlicher Richtung den höchsten Eisgrat zu erklimmen und den Standpunkt mit Lebensgefahr zu erreichen trachten muss.« Diese Firnhöhe erhielt die »Cote 3371«, sie ist mit dem in den heutigen Landkarten eingezeichneten Punkt 3354 identisch und seit 1920 auch die Grenzmarke am Hochgall zwischen Österreich und Italien.
Mit der Barmer Hütte bürgerte sich die Ostroute durch die steile Eisrinne des Patscher Keeses hinauf zur Kote 3354 ein, die auch wir durchsteigen, wenn wir von der Neuen Barmer Hütte aus zum Hochgall

wollen. Der Gletscherbuckel des Patscher Keeses verflacht unter der Rinne, und je nach den Verhältnissen versperren mehr oder weniger stark aufgerissene Bergschründe den Zugang zum steilen Eis. Wiederum von den Verhältnissen stark abhängig, gelingt dieser steinschlaggefährdete Anstieg mit Hilfe tiefer Firnstapfen oft schnell und problemlos, im späteren Sommer aber, bei starker Ausaperung, können Schründe und Blankeis ernsthafte Schwierigkeiten bedeuten. Auch 250 Meter höher, auf dem entweder von der Sonne umschmeichelten oder von Sturm und Wetter umfauchten Nordostgrat, auf dieser zur Patscher Seite hin abschüssigen Firnschneide, wirkt das Bergerlebnis noch im Widerstreit zwischen Gefahr und höchster Freude.
Die Elemente der Natur vergönnen nur wenigen Ostalpengipfeln ein Diadem solcher Schönheit! Vorsichtig tasten wir uns hinauf zum Firngipfel – aber erst der Felsspitz jenseits einer sehr schmalen Scharte mit dem trigonometrischen Zeichen der Italiener ist am Hochgall und in der Rieserferner-Gruppe der höchste Punkt.

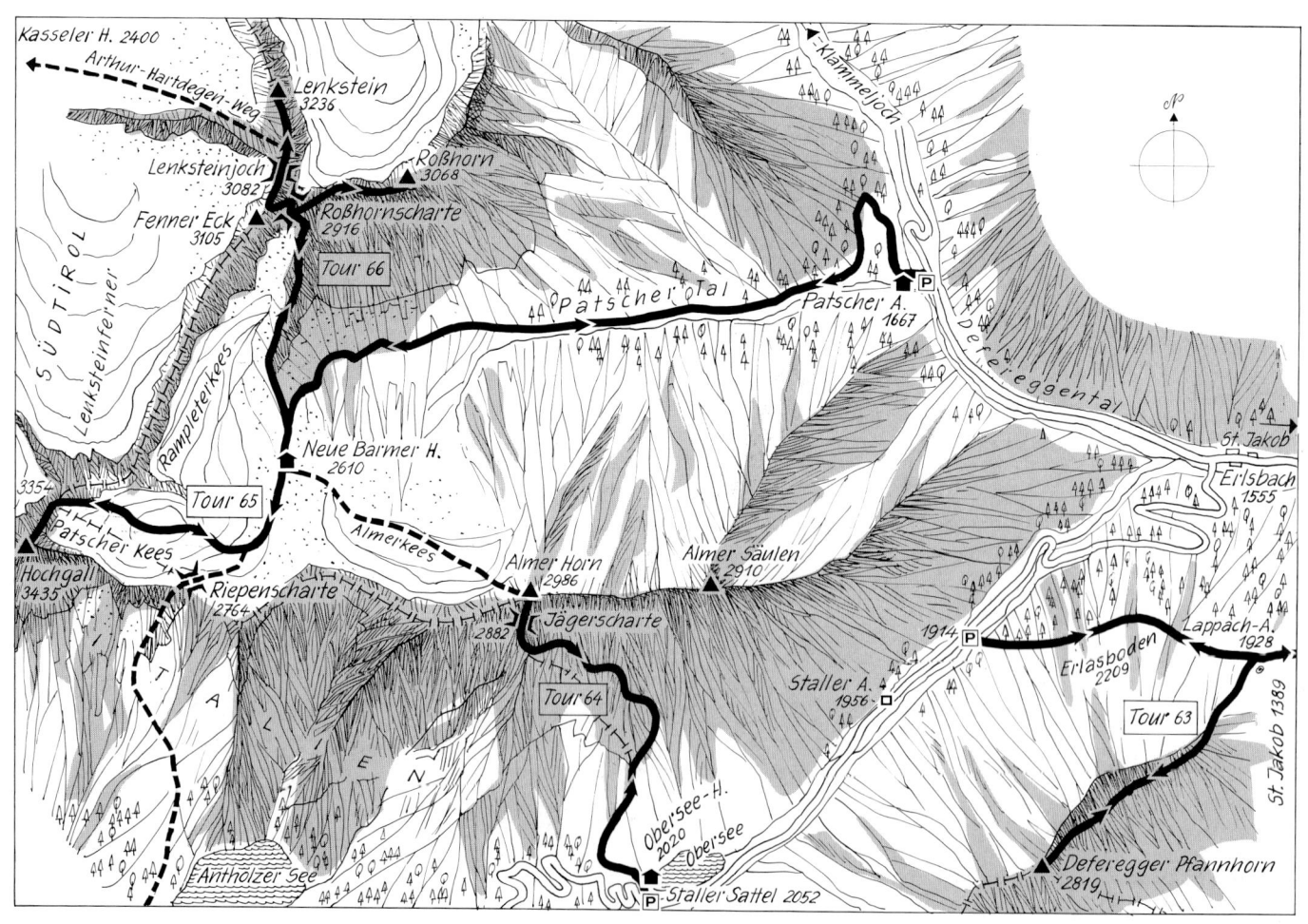

Tourensteckbrief

Ausgangsort
St. Jakob 1389 m, im Defereggental.

Die Tour in Stichworten
St. Jakob 1389 m – Parkplatz Patscher Alm 1667 m – Neue Barmer Hütte 2610 m – Hochgall 3435 m – Neue Barmer Hütte.

Schwierigkeit/Anforderung
IV = sehr schwierig, Gletscher-/Felstour; mittlere Anforderung, 1½-Tage-Tour.
Von St. Jakob nach Erlsbach (1555 m) und auf geschotterter Fahrstraße (Maut) zum Parkplatz Patscher Alm. Ab Parkplatz auf Fahrweg im Patscher Tal zur Talstation der Materialbahn Barmer Hütte (ca. 1950 m). Ab hier markierter Steig, mäßig steil, zur Neuen Barmer Hütte. Ab Hütte nach Schild »Hochgall« auf Steig in Richtung Riepenscharte. Vorher nach rechts zum Patscher Kees, das rechts angestiegen und gegen die Bergschründe am Fuße der Hochgallrinne gequert wird. Über die Schründe in der steilen, aber breiten Firnrinne etwa 250 Höhenmeter hinauf zu P. 3354 (Grenzpunkt), im Firn des nordöstlichen Gipfelgrates. Auf der Patscher Seite über die abschüssige Firnschneide mäßig steiler Anstieg zum Firngipfel des Hochgall. Von dort auf plattigem, ausgesetztem Fels über eine scharfe Einschartung kurzer Übergang zum Südtiroler Gipfel.
Nur für in Fels und Eis erfahrene Bergsteiger mit Eisausrüstung

Höchste Wegestelle/Gipfel
Hochgall 3435 m.

Anstiegsleistung
Ab Parkplatz Patscher Alm 1800, ab Neue Barmer Hütte 800 Höhenmeter.

Abstieg
Wie Anstieg; oder vom Südtiroler Gipfel zur Kasseler Hütte, 2400 m, (4 Stunden), Felsgrat! (Siehe Sepp Schnürer »Bergsteigen in Südtirol«, Band 1.)

Gehzeiten
Patscher Alm 1667 m – Neue Barmer Hütte 2610 m: 3 Stunden. Barmer Hütte – Hochgall 3435 m: 4 Stunden. Abstieg Barmer Hütte: 3 Stunden.
Gesamtgehzeit: 7 Stunden ab Barmer Hütte.

Hütten/Stützpunkte
Neue Barmer Hütte 2610 m, DAV-Sektion Barmen, 40 Betten und Matratzenlager, bewirtschaftet von Anfang Juli bis Ende September.
Alpengasthaus Patscher Hütte 1675 m, am Parkplatz Patscher Alm, privat, Übernachtungsmöglichkeit, Sommerbewirtschaftung.

Karten/Führer/Literatur
Kompass-Wanderkarte 1 : 50 000, Blatt 45 »Defereger Alpen – Lasörlinggruppe«. Auswahlführer »Hohe Tauern – Südseite«; Kleiner Führer »Glockner-, Granatspitz- und Venedigergruppe«.

Der Firnfirst des Hochgall, gesehen vom Almer Horn, vor uns die Ohrenspitzen und das Almer Kees.

66 Großer Lenkstein

3236 m

Fenner Eck

3105 m

Roßhorn

3068 m

*Mittler zwischen Ost-
und Südtirol*

*mäßig schwierig
Wander-/Felstour*

Die neue Grenze zwischen Österreich und Italien nach dem Ersten Weltkrieg verschonte nur knapp die Barmer Hütte, nahm aber drüben auf der Nordwestseite des Hochgall der Sektion Kassel die Bergheimat. Die Zeiten, die daraufhin folgten, waren schlecht; im Jahre 1930 vermerkt das Hüttenbuch der Barmer Hütte den Besuch von nur 347 Personen. Auf dem Weg durch das Patscher Tal zur Neuen Barmer Hütte kommen wir an den Grundmauern der alten Hütte vorbei, ein kleiner, ebener Platz, einige Steinreste erinnern an das Lawinenunglück vom Jahre 1955. Die Sektion Barmen ließ den Hochgall jedoch nicht verwaisen und errichtete in den Jahren 1956 bis 1960, schöner und stattlicher, die Neue Barmer Hütte (2610 m).
Wenn wir von der Patscher Alm nach der Waldstufe dem Patscher Bach entlang den ebenen Talboden hineinwandern, sehen wir das Schutzhaus als kleinen Würfel links oben in einer Berglehne, darüber den Hochgall und die vorgelagerte Barmer Spitze (3200 m) mit dem Rampleterkees. Das Hüttenpanorama muß auf den Hochgall verzichten, den Südhorizont schließen von der Riepenscharte (2764 m) hinüber zum Almer Horn die »Bergruinen« der Ohrenspitzen. Prächtig ist aber der Blick nach Norden zur Granitmauer der Patscher Schneid, vom Patscher Törl

(3082 m) bis zur Spitze des Fenner Ecks. Nach dem Fenner Eck sinkt die Berglinie zur Roßhornscharte ab, und dieser breit angelegte Einschnitt gibt dem Roßhorn Gelegenheit, sich vorteilhaft der Barmer Hütte zu präsentieren. Seine Pyramide mit der Höhe von 3068 Meter verführt mit gutem Gewissen auch Bergwanderer, denn in dem leichten Anstieg ab Roßhornscharte darf bei normalen Verhältnissen nichts passieren. Der Große Lenkstein, auf den wir es in diesem Tourenvorschlag vor allem abgesehen haben, verbirgt sich hinter dem Fenner Eck.
Im Nordostflügel der Rieserferner-Gruppe, im Grenzkammverlauf vom Fenner Eck zum Klammljoch (2298 m), ragt der Lenkstein als vielgelobter, 3236 Meter hoher Aussichtsgipfel. Sein Bergbild mit dem Mantel des nach ihm benannten Ferners zeigt er hinüber nach Rein, aber mit dem Arthur-Hartdegen-Weg, der Anfang 1900 die Verbindung von der Kassler Hütte in Südtirol über den Lenksteinferner, ganz nah vorbei am Lenkstein, zur Barmer Hütte herstellte, wurde er auch aus dem Defereggental ein begehrtes Bergziel. Der Osttiroler Anstieg von der Barmer Hütte über die Roßhornscharte und das Lenksteinjoch ist kürzer, den Lenksteinferner berührt er nur auf wenige Meter an seinem oberen Rand. Für den ausdauernden und trittsicheren Bergwanderer wird die Tour zum Großen Lenkstein die Krönung seiner Deferegger Urlaubstage bedeuten!
Am Platz der alten Barmer Hütte zeigt das Schild »Roßhornscharte – Lenkstein« den Steig auf dem Felsfundament der Patscher Schneid zur Lenksteinklamm, Drahtseile helfen über den oft nassen Steilfels zum großen Steinmann (etwa 2950 m) über der Roßhornscharte (bei Schnee gefährlich!). Der Anstieg zum Roßhorn zweigt hier nach rechts wenig abwärts zu seiner Scharte (2916 m), ein Steiglein überwindet den mäßig steilen schrofigen Nordrücken zum Gipfel.
Ab Steinmann folgen wir dem Hartdegen-Weg zu einem Felsplateau und weiter zum Firnsattel des Lenksteinjoches (3082 m) – eine Stange markiert das nahe Fenner Eck, 3105 m –, queren nach Markierungen die Südseite einer unfreundlichen Schrofenwand und stehen am obersten Rand des Lenksteinferners unserem Berg gegenüber. Der feste Fels des Südgrates bereitet den genußvollen Weg zum Gipfel des Großen Lenkstein.
Das Gipfelbuch von der Jugend der Sektion Barmen grüßt mit Berg Heil und wünscht eine allzeit gute Heimkehr – ein Wunsch, der für alle Touren unseres Tauernbuches gelten soll!

Tourensteckbrief

Ausgangsort
St. Jakob 1389 m, im Defereggental.

Die Tour in Stichworten
St. Jakob 1389 m – Patscher Alm 1667 m – Neue Barmer Hütte 2610 m – Lenksteinjoch 3082 m – Lenkstein 3236 m – Fenner Eck 3105 m – Roßhorn 3068 m – Barmer Hütte.

Schwierigkeit/Anforderung
II = mäßig schwierig, Wander-/Felstour; mittlere Anforderung, 1½-Tage-Tour.
Zur Barmer Hütte siehe Tour 65. Ab Hütte hinab zum Grundfest der alten Barmer Hütte (2500 m); dort weist das Schild »Lenkstein« den markierten Steig zur sichtbaren Roßhornscharte (2916 m) zwischen Fenner Eck und Roßhorn. Steiler, teilweise drahtseilgesicherter Anstieg zum Steinmann links über der Scharte. Dort höher zum Steinmann auf einem Plateau, von dem der Steig den nächsten Steinmann auf der Fels- und Firnschulter des Lenksteinjochs erreicht. Dort über Firn nach rechts zu einer Schrofenwand, durch die ein markierter Steig steil und ausgesetzt zum Steinmann vor dem Lenkstein-Südgrat führt. Über Firn zum Grat und über den gut begehbaren Gratfels zum Gipfel. Abstieg: Zurück zum Lenksteinjoch, kurzer Anstieg zur Stange am Fenner Eck und wie Anstieg hinunter zum Steinmann über der Roßhornscharte. Dort markierter Steig zur nahen, verfirnten Scharte, aus der ein Felssteig über den breiten Nordgrat das Roßhorn erschließt. Wie Anstieg zurück zum Steinmann und zur Barmer Hütte.
Nur für im Fels erfahrene Berggeher.

Höchste Wegestelle/Gipfel
Lenkstein 3236 m, Fenner Eck 3105 m, Roßhorn 3068 m.

Anstiegsleistung
Ab Parkplatz Patscher Alm 1700, ab Neue Barmer Hütte 800 Höhenmeter.

Abstieg
Siehe Tourenverlauf; oder auf dem Arthur-Hartdegen-Weg zur Kasseler Hütte, 2400 m (3½ Stunden) in Südtirol. (Siehe Sepp Schnürer »Bergsteigen in Südtirol«, Band 1.)

Gehzeiten
Patscher Alm 1667 m – Neue Barmer Hütte 2610 m: 3 Stunden. Barmer Hütte – Lenksteinjoch 3082 m: 2½ Stunden. Lenksteinjoch – Lenkstein 3236 m: 1 Stunde. Abstieg: Lenkstein – Fenner Eck 3105 m – Roßhornscharte 2916 m: 1 Stunde. Anstieg Roßhorn 3068 m und zurück: ½ Stunde. Roßhornscharte – Barmer Hütte: 2 Stunden.
Gesamtgehzeit: 7 Stunden ab Barmer Hütte.

Hütten/Stützpunkte Siehe Tour 65.

Karten/Führer/Literatur Siehe Tour 65.

Am Gipfel des Großen Lenksteins.

Praktische Hinweise

Bergsteigen und Bergwandern gehören immer mehr zur aktiven Freizeitgestaltung. Diese sportliche Betätigung im Gebirge mit der Absicht, den Körper zu bewegen und auch anzustrengen, um dadurch die Gesundheit zu fördern, kann von Kindesbeinen an bis ins Alter ausgeübt werden. Im Unterschied zum Sport auf dem Platz oder in der Halle ist das Bergsteigen und Bergwandern zudem mit dem Genuß von Naturerlebnissen verbunden, und dieser nicht unbeträchtliche Einfluß auf Geist und Gemüt wertet diese »Leibesübung« besonders auf. Im Gegensatz zur bunten Palette sportlicher Möglichkeiten im örtlichen Umkreis jedes einzelnen bleiben dem Bergsteigen und Bergwandern in der Regel nur die Tage zum Wochenende oder der Urlaub vorbehalten. Aber Bergsteigen muß man, wie jede andere Sportart auch, erlernen. Nur in langer Übung und möglichst häufigem »Umgang mit dem Berg« erwerben wir das Rüstzeug: die notwendigen technischen Fertigkeiten und den Schatz einer reichen Erfahrung!

Unkenntnis und mangelnde Bergerfahrung sind die häufigsten Ursachen der von Jahr zu Jahr zunehmenden Zahl von schweren Bergunfällen. Ein Tourenbuch sollte deshalb nicht nur die Bergwelt allein mit ihrer Schönheit und ihrem Erlebniswert schildern, sondern auch die Gefahren, die zu erwartenden Schwierigkeiten und Anforderungen jeder Bergfahrt aufzeigen.

Schwierigkeit/Anforderung

Diesem Buch habe ich »Bergsteigen« als allgemein anerkannten, gültigen Oberbegriff vorangestellt. Der »Alpin-Lehrplan« (BLV Verlag, Herausgeber Deutscher Alpenverein in Zusammenarbeit mit dem Österreichischen Alpenverein) versteht darunter: *Bergwandern, Felsklettern, Eisgehen* und *Skibergsteigen*. Der »Alpin-Lehrplan« trifft folgende Aussage:
»*Bergwandern* ist Bergsteigen in der grundlegenden Form, wobei gebahntes und wegloses Gelände fast ausschließlich durch die Bewegungsformen des Gehens und Steigens bewältigt wird. Auch das Bergsteigen im Hochgebirge zählt vom Bewegungsablauf her dazu.

Felsklettern ist Bergsteigen im Felsgelände, wobei zur Fortbewegung die Hände entscheidend mitbenützt werden. Die Beinarbeit allein reicht zum Gleichgewichtserhalt nicht mehr aus.
Eisgehen ist Bergsteigen im Eis- und Schneegelände, wobei mittels spezieller Ausrüstung (Steigeisen, Eispickel) das Gelände in den Bewegungsformen des Gehens, Steigens und Kletterns bewältigt wird.«
Ergänzend soll dazu gesagt sein, daß das *Begehen von Klettersteigen* selbstverständlich auch Bergsteigen ist und seinem Charakter nach einen Platz zwischen Bergwandern und Felsklettern einnimmt. Von diesen bergsteigerischen Erlebnisformen stuft die allgemein bekannte Schwierigkeitsskala der Alpenvereine (DAV und ÖAV) nur das Felsklettern in die Schwierigkeitsgrade I–VI ein.
Nach der Aussage im »Alpin-Lehrplan« unterliegt das Bergwandern keiner Schwierigkeitsbewertung, auch das Eisgehen nur insoweit, als in einer bestimmten kombinierten Tour auch Felsgelände zu bewältigen ist. Wollte ich die Schwierigkeitsskala der Alpenvereinsführer zur Bewertung der aufgeführten Touren heranziehen, wäre eine genügend deutliche Unterscheidung nicht gegeben, denn nach diesen Kriterien könnte ich die Wandertouren überhaupt nicht und die Wander-, Fels- und Gletschertouren nur bedingt bis zum Schwierigkeitsgrad II (=mäßig schwierig) einstufen. Damit kann dem weniger erfahrenen Bergfreund nicht gedient sein, denn naturgemäß unterscheiden sich die einzelnen Touren, bedingt durch das Gelände und den zu bewältigenden Höhenunterschied, doch ganz erheblich. Im Hinblick auf den praktischen Nutzen dieses Tourenbuches ist es demnach notwendig, die sehr unterschiedlichen Schwierigkeiten und Anforderungen der Bergfahrten deutlich und übersichtlich aufzuzeigen (siehe »Übersicht der Touren nach Schwierigkeiten« Seite 160), damit jeder Bergsteiger und Wanderer nach eigener Einschätzung seiner Leistungsfähigkeit und Erfahrung »seine Touren« auswählen – und sich steigern kann! Diese Entscheidungshilfe erscheint mir sehr wichtig, und so habe ich allen Tourenvorschlägen eine *eigene, von den Alpenvereinsführern unabhängige Bewertung* der technischen Schwierigkeit und zusätzlich eine Aussage über die körperliche und geistige Anforderung, also der Ausdauer und Bergerfahrung, gegeben. Diese doppelte Bewertung kam nach unseren eigenen Erfahrungen in jeder der beschriebenen Touren zustande. Wegen ihrer klaren, allgemein verständ-

lichen und im bergsteigerischen Wissen verankerten Aussage bleibe ich im Sprachgebrauch der Alpenvereinsskala, verwende aber die Schwierigkeitsstufen gänzlich unabhängig und auf meine Tourenvorschläge abgestimmt wie folgt:

I = wenig schwierig
II = mäßig schwierig
III = schwierig
IV = sehr schwierig

Damit, so glaube ich, ist eine genügend differenzierte Unterscheidung der Touren bezüglich ihrer Schwierigkeit gegeben. Nachdem aber die *Schwierigkeit* allein, die sich aus dem Gelände ergibt, nach meiner Ansicht noch keine erschöpfende Aussage über eine Bergtour sein kann (sie sagt z. B. nichts über den zu bewältigenden Höhenunterschied aus), erachte ich es für notwendig, mit dem zusätzlichen Begriff *Anforderung* eine zweite wichtige Entscheidungshilfe für alle Bergfahrten meiner Tourenbücher einzuführen. Die jeweilige Anforderung:

gering – mäßig – mittel – groß

berücksichtigt die Dauer einer jeden Bergfahrt, z. B. Ein- bis Zwei-Tage-Touren, die zu bewältigende Höhendifferenz und die Gehzeiten. Letztere sind so bemessen, daß der geübte Wanderer und Bergsteiger diese Zeiten gut einhalten kann. Zu beachten ist, daß die Einstufung der Schwierigkeit sowie der Anforderung nach normalen sommerlichen Bergverhältnissen erfolgte. Bei Schlechtwetter können durch Regen, Schneefall, Wind und Kälte sehr schnell wesentlich schwierigere Verhältnisse als angegeben eintreten, dadurch ergeben sich längere Gehzeiten und auch höhere Anforderungen an Ausdauer und Bergerfahrung!

Ausrüstung

Jeder erfahrene Bergwanderer und Normalbergsteiger – auf diesen Kreis ist die Tourenauswahl abgestimmt – wird wissen, was er an notwendiger Ausrüstung braucht. Nur allgemein soll dazu betont werden: Bequeme, zweckmäßige und dabei leichte Kleidung und gute Bergschuhe erhöhen die Sicherheit; bei Felstouren und Klettersteigen müssen Klettergürtel, Sitzgurt, Reepschnüre, Karabiner und ggf. ein Seil mitgenommen werden; bei Gletschertouren sind zusätzlich Seil, Pickel und Steigeisen unerläßlich. Gute Ausrüstung bieten die Sporthäuser in reicher Auswahl. Diese Ausrüstung auch richtig einzusetzen, kann man nur durch Übung und Erfahrung lernen.
Bergsteigen muß man – ich wiederhole –

wie jede andere Sportart lernen. Fehlt im eigenen Freundes- und Bekanntenkreis ein erfahrener Begleiter und Lehrmeister, so bieten der Deutsche Alpenverein (DAV), der Österreichische Alpenverein (ÖAV), der Südtiroler Alpenverein (AVS) sowie den Vereinen angegliederte Berg- und Skischulen und viele private Bergsteigerschulen gute, vielseitige Ausbildungsmöglichkeiten an. Auch Lehrschriften (z. B. »Alpin-Lehrplan«) vermitteln Wissen, das in der Praxis am Berg unerläßlich ist. Die eigene Bergerfahrung jedoch und die gewissenhafte Einschätzung des eigenen Könnens und Leistungsvermögens möchte ich als den wichtigsten Bestandteil einer jeden Bergausrüstung nennen!

Hütten und Wege

Der Deutsche und Österreichische Alpenverein war auch in den Hohen Tauern der Wegbereiter des Alpinismus. Ab 1870 bis zum Ersten Weltkrieg entstanden in rascher Folge, verteilt über alle Gebirgsgruppen, eine große Zahl von Alpenvereinshütten, ohne deren Schutzfunktion der neuzeitliche Bergtourismus nicht möglich wäre. Die großen Teil alpenfernen Sektionen haben zur Gründerzeit viel Opferbereitschaft, Idealismus und große Geldmittel eingesetzt, einmal, um ihren Mitgliedern eine Bergheimat zu bieten, gleichzeitig aber das Gebirge für alle Bergsteiger und Wanderer zu erschließen. Der Wert dieser Hütten wird heute jedoch recht unterschiedlich gesehen. Die Gewohnheiten unserer Freizeitgesellschaft überspielen früher gültige Anschauungen und veränderten die Besucherstruktur in den letzten Jahrzehnten ganz erheblich. Der motorisierte Verkehr kommt oft bis in Hüttennähe und schwemmt einen ständig wachsenden Strom von Tagesgästen zu ihnen. Dieser Druck erzwingt größere Gasträume, moderne sanitäre Einrichtungen und erhöht die Auflagen für den Umweltschutz. Die vergangenen 20 Jahre lösten deshalb eine Modernisierungswelle aus, die wohl so lange anhalten wird, bis alle Alpenvereinshütten den neuen Ansprüchen genügen. Wie zur Gründerzeit sind also wieder die Sektionen aufgerufen, Zeit, Geld und Idealismus weniger für sich selbst als vielmehr zum Wohle der Allgemeinheit einzusetzen. Daher ist es nur recht und billig, daß alle Mitglieder alpiner Vereine bei Vorlage eines gültigen Mitgliederausweises Vergünstigungen im Hinblick auf die Bereitstellung eines Nachtquartiers sowie bezüglich der Kosten beanspruchen können. Zu den Hüttensorgen kommt die Erhaltung der Alpenvereinswege, die als dichtes Netz auch

die Hohen Tauern überziehen. Die übliche Markierung ist rot/weiß mit schwarzen Wegenummern, die auch auf allen Alpenvereins- und Wanderkarten angegeben sind.

Karten/Führer/Literatur

Die Landkarte gehört als wichtige »Ausrüstung« zu jeder Bergfahrt. Das gemeinsame Kartenwerk des Deutschen und des Österreichischen Alpenvereins überdeckt mit dem speziellen Maßstab 1:25 000 nur die zentralen Gebirgsgruppen der Hohen Tauern und darf als die beste kartographische Information angesehen werden. Die Kompass-Wanderkarten 1:50 000 bearbeiten das gesamte Gebiet der Hohen Tauern, sie sind handlich, überall erhältlich und reichen zur Planung der Bergfahrten aus. Dazu kommt vom Verlag Freytag-Berndt ein gleichwertiges neues Kartenwerk mit demselben vorteilhaften Maßstab hinzu. Zur Ergänzung bieten die Verkehrsämter regionale Wanderkarten an.

Wie die Alpenvereinskarte, so ist auch der Alpenvereinsführer ein Spezialwerk mit umfassender Darstellung der jeweiligen Gebirgsgruppen. Bergsteiger, die Touren in höheren Schwierigkeitsgraden planen oder auf hochalpinen Routen die Gletscher der Hohen Tauern überschreiten wollen, brauchen neben der AV-Karte auch den AV-Führer. Der Großteil der Bergsteiger kommt jedoch mit den »Kleinen Führern« oder »Auswahlführern« gut zurecht.

Die *Tourensteckbriefe* nennen das Kartenmaterial und die vorliegenden Führer. In den Tourensteckbriefen ging mein Bestreben dahin, jede Bergtour – aus eigener Kenntnis – mit allen wichtigen Angaben in einer Kurzfassung klar und deutlich aufzuschlüsseln; das beigefügte Begleitheft übernimmt diese Angaben sowie die sorgfältige Kartenskizze aus dem Buch und ist somit ein gutes, verläßliches Hilfsmittel für die Tourenplanung, aber auch zur Orientierung für unterwegs. Der Literaturnachweis verzeichnet interessantes Schrifttum.

Bergrettung – Alpines Notsignal

In jedem größeren Talort der Hohen Tauern gibt es einen organisierten Bergrettungsdienst. Bergsteiger, die durch Unfall, Abkommen vom Weg oder Wettersturz in eine Notlage geraten, in der eine Selbst- oder Kameradenhilfe nicht mehr möglich oder ausreichend ist, müssen versuchen, die nächste Meldestelle des Bergrettungsdienstes zu verständigen oder, wenn dies unmöglich ist, mit dem *Alpinen Notsignal*

auf sich aufmerksam machen. Alpenvereinshütten sind meist auch eine mit Telefon oder Funk ausgerüstete Meldestelle, ebenso ein Gasthaus im nächsten Talort, eine Gendarmerie-Station, Gemeinde- und Verkehrsämter sind Meldestellen.

Das *Alpine Notsignal* wird akustisch und optisch, also hör- und sichtbar, gegeben. Zur *Hilfeanforderung:* 6 Signale in einer Minute in Abständen von je 10 Sekunden; eine Minute Pause, dann Wiederholung. Zur *Antwort:* 3 Signale in einer Minute in Abständen von je 20 Sekunden; eine Minute Pause, dann Wiederholung. Jeder Bergsteiger und Wanderer, der das Notsignal vernimmt, sollte darauf Antwortzeichen geben, außerdem ist er verpflichtet, die nächste Bergrettungsstation zu verständigen. Eine ausreichende Information ist für die Meldestelle wichtig. Dafür sollte man das Schema der »fünf W« verwenden:

Was ist geschehen? (Art und Zahl der Verletzten)
Wann ist es passiert? (Zeit des Unglücks)
Wo ist der Verletzte? (Genaue Ortsangabe)
Wer meldet? (Personalien)
Wetter im Unfallgebiet. (Sichtweite)

Natur- und Umweltschutz

In den ersten Jahrzehnten nach ihrer Gründung sahen die Alpenvereine ihre Hauptaufgabe darin, die »Bereisung der Alpen« zu erleichtern. Diese Arbeit ist längst getan, heute kann es nur noch darum gehen, bei Bewahrung des Bestehenden, den Alpenraum nicht noch mehr aufzuschließen, d. h. für den Bergsteiger und Wanderer bisher unberührte Freiräume zu erhalten. Die Alpen sind für Millionen Menschen ein Erholungsgebiet erster Ordnung, aber auch ein ständiger Lebens- und Wirtschaftsraum für die heimische Bevölkerung. Daraus resultieren die enormen Nutzungsansprüche des neuzeitlichen Tourismus, die Belastungen der Energiewirtschaft, die Verkehrserschließung und die Wucherung der sogenannten Infrastruktur, die fast kein Gebirgstal verschont. Diese Gefährdung des Alpenraumes kann nur mit der Einsicht aller Beteiligten aufgehalten werden. Schon der Weg zur Hütte, der Bach, der uns begleitet, viel mehr aber noch die Urlandschaft von der Hütte zum Gipfel sind auf unseren aktiven Schutz angewiesen. Es muß eine Selbstverständlichkeit sein, sämtliche Abfälle wieder mit in das Tal zu nehmen und in die Müllbehälter zu geben. Diese Einsicht ist leider auch bei Bergsteigern und -wanderern noch immer nicht fest verankert. Darum:

»Haltet die Berge sauber!«

Übersicht der Touren nach Schwierigkeiten

Diese Übersicht ordnet die Touren in vier Schwierigkeitsstufen ein. Die Einstufung erfolgte nach meinen eigenen Erfahrungen und bewertet die technische Schwierigkeit im Vergleich der Touren untereinander, unabhängig von den Schwierigkeitsangaben in den Alpenvereinsführern. Neben der technischen Schwierigkeit habe ich zudem jeder Tour noch eine Beurteilung der erforderlichen Ausdauer und Bergerfahrung, unterteilt in vier Stufen, mitgegeben. Näheres: »Praktische Hinweise«.

I = Wenig schwierig

1	Gamskarkogel	Wandertour	10
2	Hüttenkogel Graukogel	Wandertour	11
5	Auernig Maresenspitze	Wandertour	19
13	Großes Reißeck Hochkedl	Wandertour	36
14	Salzkofel	Wandertour	39
15	Polinik	Wander-/Felstour	40
16	Kreuzeck Hochkreuz	Wandertour	42
17	Hoher Sadnig Makernispitze	Wandertour	46
18	Lonzaköpfl Törlkopf Böseck	Wander-/Felstour	48
19	Vorderer Gesselkopf Feldseekopf	Wander-/Felstour	49
20	Stubnerkogel Zitterauer Tisch Silberpfennig	Wandertour	51
24	Ritterkopf	Wandertour	61
25	Schleinitz	Wandertour	64
29	Schönleitenspitze	Wandertour	71
41	Nussingkogel	Wandertour	102
43	Meßlingkogel Hochgasser	Wandertour	106
44	Tauernkogel St. Pöltener Westweg	Wander-/Felstour	110
55	Larmkogel	Wandertour	132
57	Großer Zunig Kleiner Zunig	Wandertour	137
58	Lasörling	Wander-/Felst.	139
59	Gösleswand	Wandertour	141
60	Gölbner	Wandertour	143
61	Hochgrabe Kleines Degenhorn Großes Degenhorn	Wandertour	145
62	Weiße Spitze Rote Spitze	Wander-/Felstour	147
63	Deferegger Pfannhorn	Wandertour	149

II = Mäßig schwierig

3	Gamskarlspitze	Wander-/Felstour	13
4	Ankogel	Wander-/Felstour	16
6	Säuleck	Wander-/Felstour	20
7	Schneewinkelspitze Gussenbauerspitze	Wander-/Felstour	22
9	Südliches Schwarzhorn	Wander-/Felstour	27
10	Keeskogel	Wander-/Felstour	29
11	Großer Hafner	Wander-/Felstour	32
12	Reißeck-Höhenweg	Wander-/Felstour	34
21	Schareck Herzog Ernst	Wander-/Felstour	53
22	Hoher (Rauriser) Sonnblick	Wander-/Felstour	55
26	Petzeck	Wander-/Felstour	65
27	Noßberger Hütte Elberfelder Hütte	Wander-/Fels-/Gletschertour	67
28	Roter Knopf Böses Weibl	Fels-/Wandertour	69
30	Hoher Prijakt Niederer Prijakt	Wander-/Felstour	72
33	Kitzsteinhorn	Fels-/Gletschertour	80
40	Granatspitze Stubacher Sonnblick	Gletscher-/Felstour	98
42	Kleiner Muntanitz Großer Muntanitz Gradötzspitze	Wander-/Fels-/Gletschertour	104
45	Venediger-Höhenweg Kristallwand	Wander-/Gletscher-/Felstour	112
53	Weißspitze	Wander-/Felstour	128

III = Schwierig

56	Schlieferspitze Gamsspitzl	Wander-/Felstour	134
64	Almer Horn	Wander-/Felstour	152
66	Gr. Lenkstein Fenner Eck Roßhorn	Wander-/Felstour	156
8	Hochalmspitze	Gletscher-/Felstour	24
23	Goldzechkopf Hocharn Klagenfurter Jubiläumsweg	Gletscher-/Felstour	58
31	Hochschober Kleinschober	Fels-/Gletschertour	74
32	Glödis	Wander-/Felstour	77
34	Großer Grießkogel Hocheiser	Wander-/Fels-/Gletschertour	82
35	Hoher Tenn Schneespitz Bergspitz	Wander-/Felstour	84
36	Großes Wiesbachhorn Hinterer Bratschenkopf	Fels-/Gletschertour	86
37	Johannisberg Hohe Riffl	Gletschertour	90
38	Fuscherkarkopf	Felstour	92
46	Großvenediger	Gletschertour	114
47	Hoher Zaun Schwarze Wand Rainer Horn	Gletschertour	117
48	Großer Geiger	Gletschertour	118
49	Östliche Simonyspitze	Gletschertour	121
50	Vordere Gubachspitze Rostocker Eck	Gletscher-/Felstour	122
52	Rötspitze	Gletscher-/Felstour	125
54	Säulkopf Hoher Eichham	Wander-/Felstour	130

IV = Sehr schwierig

39	Großglockner	Gletscher-/Felstour	93
51	Dreiherrnspitze	Gletscher-/Felstour	124
65	Hochgall	Gletscher-/Felstour	153

Bergsteigen und Bergwandern mit Sepp Schnürer

Die Kombi-Bergsteigerbücher mit dem praktischen Begleitheft zum Mitnehmen im Rucksack wenden sich gleicherweise an Bergsteiger und Wanderer. Mit seiner großen Erfahrung und in eigener Kenntnis jeder Tour beschreibt Sepp Schnürer die schönsten Bergfahrten.

Klettersteige Dolomiten – Brenta

Klettersteige, ein neues Bergerlebnis! Sepp Schnürer vermittelt in diesem Kombi-Bergsteigerbuch eine aktuelle, genaue Kenntnis der Klettersteige in den Westlichen und Östlichen Dolomiten sowie der Brenta. Neben der präzisen Beschreibung informiert das Buch über die Technik und Gefahren des Klettersteiggehens und gibt Anleitung für die richtige Ausrüstung und Verhaltensweise.
160 Seiten und 70 Seiten Begleitheft, 105 Farbfotos, 40 Tourenskizzen

Bergsteigen in Südtirol

Band 1: Zwischen Bozen und Sexten
Südtirol ist ein Bergsteigerparadies! Sepp Schnürer beschreibt für Bergsteiger und Wanderer die interessantesten und lohnendsten Touren im Tuxer Kamm und Zillertaler Hauptkamm, den Pfunderer Bergen, der Rieserferner-Gruppe, in den Sextener und Pragser Dolomiten, in der Kreuzkofel-Fanes-Gruppe, Geisler-Puez-Gruppe, in der Sella, am Langkofel, Schlern, Rosengarten, Latemar und in den Eggentaler Bergen.
56 Tourenvorschläge führen auf Normalrouten und Wanderpfaden zu 25 Dreitausendern und 56 Zweitausendern.
160 Seiten und 72 Seiten Begleitheft, 111 Farbfotos, 26 Tourenskizzen

Bergsteigen in Südtirol

Band 2: Zwischen Bozen und Reschen
Dieser zweite Band »Bergsteigen in Südtirol« beschreibt die westliche Südtiroler Bergwelt in der Reihenfolge: Ötztaler Hauptkamm, Südwestliche Ötztaler Alpen, Texel-Gruppe, Stubaier Hauptkamm, Südliche Stubaier Alpen, Sarntaler Alpen, Mendelkamm, Ultner Berge, Marteller Berge, Suldner Berge und Sesvenna-Gruppe.
61 Tourenvorschläge zeigen Normalrouten und Wanderpfade zu 48 Dreitausender-, 34 Zweitausender- und zwei Eintausendergipfel auf – zu bekannten und unbekannten Bergen.
160 Seiten und 80 Seiten Begleitheft, 108 Farbfotos, 39 Tourenskizzen, 1 Übersichtskarte

Die »Hohe Routen«-Buchreihe – ein Gesamtwerk, in dem ein Band den anderen ergänzt – ist für den Normalbergsteiger die wertvolle Anregung und Information für die schönsten und lohnendsten Hochtouren in den Dreitausender-Regionen der Ostalpen.

Hohe Routen Ostalpen

Über 50 Dreitausender des Zentralalpenkammes
Bergsteigen in Eis und Urgestein. Das 1. Hohe Routen-Buch von Sepp Schnürer führt von Ost nach West durch alle Gruppen des vergletscherten Zentralalpenkammes auf der höchsten Route: über die Firngipfel der Ankogel-, Goldberg-, Glockner-, Granatspitz- und Venediger-Gruppe, der Zillertaler, Stubaier und Ötztaler Alpen und der Silvretta.
216 Seiten, 54 Farbfotos, 27 Schwarzweißfotos, 1 farbige Übersichtskarte

Hohe Routen Dolomiten

Auf Normalwegen und Klettersteigen zu den höchsten Gipfeln
Das 2. Hohe Routen-Buch von Sepp Schnürer erschließt dem Normalbergsteiger, Klettersteigfreund und dem geübten Bergwanderer das Kalkgebirge der Dolomiten: die schönsten Gipfel der Geisler-Puez-Gruppe, des Langkofels, der Sella-Gruppe, von Schlern, Rosengarten, Latemar, Marmolata und Pala, der Sextener, Pragser, Ampezzaner und Zoldiner Dolomiten, der Kreuzkofel-Fanis-Gruppe und der Schiara.
224 Seiten, 54 Farbfotos, 2 Schwarzweißfotos, 1 Übersichtskarte

Hohe Routen Ortler – Adamello – Brenta

68 Dreitausender westlich der Etsch
Das 3. Hohe Routen-Buch von Sepp Schnürer erfaßt das für Normalbergsteiger interessante Tourenangebot der Ortler-, Adamello-Presanella-Gruppe und der Brenta. Mit der ihm eigenen Genauigkeit und Sorgfalt stellt Sepp Schnürer die hervorragendsten Hochgipfel, die Hütten und Höhenwege dieser südlichen Bergwelt vor. Erstmals erscheint somit über die Gebirge westlich der Etsch eine lückenlose, umfassende Toureninformation.
220 Seiten, 53 Farbfotos, 41 Schwarzweißfotos, 2 Übersichtskarten

 **BLV Verlagsgesellschaft München**

Inhalt

1

Erläuterung der Kartensymbole

━━━━━ Tourenverlauf

- - - - - sonstige Routen

⬟ Hütte

◻ Biwakschachtel

▲ Gipfel

□ Alm, unbew. Hütte

)(Paß, Joch

1 Gamskarkogel 2467 m
Badgasteiner Hütte 2465 m

wenig schwierig, Wandertour

Ausgangsort Bad Hofgastein 858 m; oder Badgastein 1083 m.
Die Tour in Stichworten Bad Hofgastein 858 m – Rastötzen-Schutzhaus 1743 m – Gamskarkogel 2467 m (Badgasteiner H. 2465 m) – Toferer Scharte 2090 m – Poserhöhe 1642 m – Hoteldorf Grüner Baum 1064 m – Badgastein 1083 m.
Schwierigkeit/Anforderung I = wenig schwierig, Wandertour; große Anforderung als Tagestour. Ab Dorfplatz Hofgastein zum Friedhof, dort entweder nach Fußweg oder auf der Str. zum Annen Café (1074 m). Ab hier nach Weg 513 auf steilem Waldweg über den Gräfin-

sitz (1465 m) zur Grub-A. mit dem Rastötzen-Schutzhaus. (Die Markierung 513 zweigt wenig vorher nach re. ab, das nahe Schutzhaus bietet sich als gute Raststätte an.) Hier weist eine Markierung wieder in den Anstieg 513 u. damit den Steig zur Kammhöhe zwischen Rauchkogel u. Gamskarkogel u. weiter zur Gipfelhütte auf dem Gamskarkogel. Nur für ausdauernde Bergwanderer.
Höchste Wegestelle/Gipfel Badgasteiner H. 2465 m auf dem Gamskarkogel 2467 m.
Anstiegsleistung Ab Hofgastein 1600, ab Hoteldorf Grüner Baum 1400 Höhenmeter.
Abstieg Wie Anstieg oder als Rundtour nach markiertem Steig zur Toferer Scharte, zur Jausenstation Poserhöhe u. steil hinab zum Hoteldorf Grüner Baum im Kötschachtal. Bus nach Badgastein u. Bad Hofgastein.
Gehzeiten Bad Hofgastein 858 m –

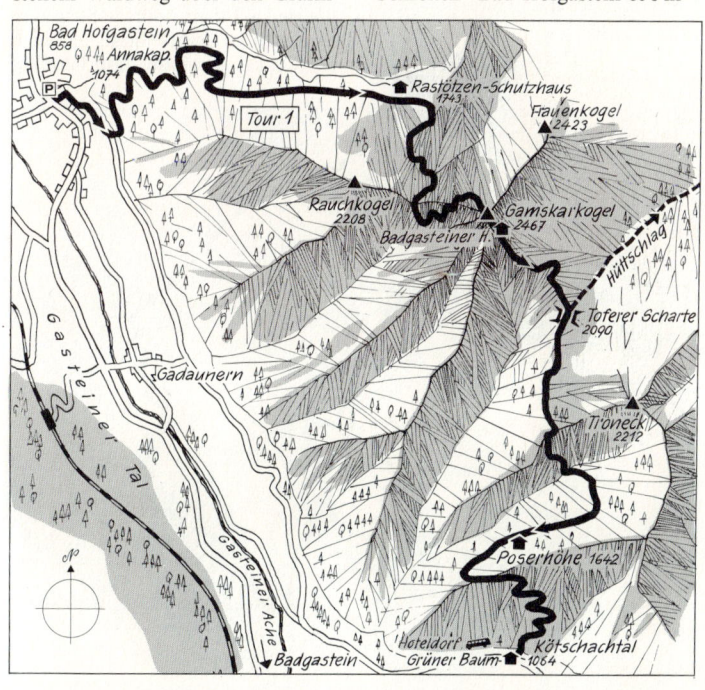

3

Rastötzen-Schutzhaus 1743 m:
2½ Std. Rastötzen-Schutzhaus – Gamskarkogel 2467 m: 2 Std. Abstieg: Gamskarkogel – Toferer Scharte 2090 m – Poserhöhe 1642 m – Hoteldorf Grüner Baum 1064 m: 3½ Std.
Gesamtgehzeit: 8 Std.
Hütten/Stützpunkte *Rastötzen-Schutzhaus* 1743 m, privat, 20 Matratzenlager, bew. Anf. Juni–Ende Okt. *Badgasteiner Hütte* 2465 m, ÖAV-Sektion Badgastein, 22 Betten u. Matratzenlager, bew. Mitte Juni–Ende Sept.
Karten/Führer/Literatur Kompass-Wanderkarte 1 : 50000, Blatt 40 »Gasteiner Tal – Goldberggruppe«. AV-Führer »Ankogel- u. Goldberggruppe«.

Ankogel-Gruppe

2 Hüttenkogel 2231 m Graukogel 2492 m

wenig schwierig, Wandertour

Ausgangsort Badgastein 1083 m.
Die Tour in Stichworten Badgastein 1083 m – Bergstation Graukogelbahn 1982 m – Hüttenkogel 2231 m – Graukogel 2492 m – Palfner Scharte 2321 m – Reedsee 1826 m – Hoteldorf Grüner Baum 1064 m – Badgastein.
Schwierigkeit/Anforderung I = wenig schwierig, Wandertour; mäßige Anforderung, Tagestour. Von Badgastein Auffahrt mit der Graukogelbahn (Sessellifte) in 2 Sektionen zur Bergstation. Nun zum nahen Bergrestaurant, nach Schild: »Hüttenkogel/Graukogel« u. Weg 525 mäßig steil zum Hüttenkogel. Von dort mäßig steil auf dem Andreas-Steig zum Vorgipfel u. drahtseilgesichert über die Graukogelscharte zum Grauko-

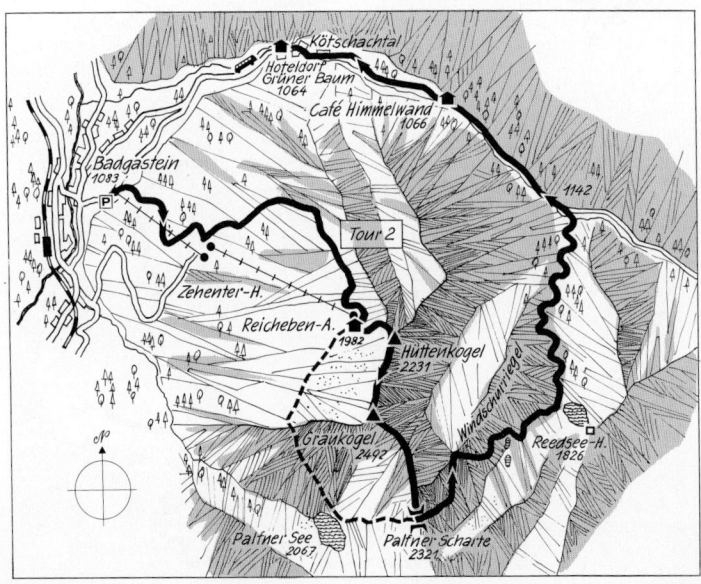

gel. Ab Gipfel nach Steigspuren auf dem gut gangbaren, teilweise schmalen u. ausgesetzten, blockigen Südgrat über mehrere Graterhebungen hinab zur Palfner Scharte. Einmündung des Zuganges von der Bergstation über den Palfner See: ab hier mit Weg 526 vorbei am Windschursee hinab zum Reedsee, zuerst mäßig steil, dann steil auf markiertem Steig in das Kötschachtal u. auf dem gesperrten Talsträßchen zum Hoteldorf Grüner Baum. Bus nach Badgastein mit Haltestelle an der Graukogelbahn. Nur für erfahrene, ausdauernde Bergwanderer.

Höchste Wegestelle/Gipfel Hüttenkogel 2231 m, Graukogel 2492 m.

Anstiegsleistung Ab Bergstation Graukogelbahn 500, ab Badgastein 1400 Höhenmeter.

Abstieg Siehe Tourenverlauf; oder ab Graukogel wie Anstieg; oder ab Palfner Scharte auf Weg 526 über den Palfner See zurück zur Bergstation der Graukogelbahn.

Gehzeiten Bergstation Graukogelbahn 1982 m – Hüttenkogel 2231 m: ¾ Std. Hüttenkogel – Graukogel 2492 m: ¾ Std. Graukogel – Palfner Scharte 2321 m: ½ Std. Palfner Scharte – Reedsee 1826 m – Hoteldorf Grüner Baum 1064 m: 3 Std. Gesamtgehzeit: 5 Std.

Hütten/Stützpunkte Keine: Reedsee-Hütte, ÖAV-Sektion Badgastein, geschlossen.

Karten/Führer/Literatur Siehe Tour 1.

Ankogel-Gruppe

3 Gamskarlspitze 2832 m Mindener Hütte 2428 m

mäßig schwierig, Wander-/Felstour

Ausgangsort Mallnitz 1190 m.

Die Tour in Stichworten Mallnitz 1190 m – Ankogelbahn-Mittelstation 1940 m – Kleiner Tauernsee 2302 m – Göttinger Weg (= Tauern-Höhenweg) – Mindener H. 2428 m – Gamskarlspitze 2832 m – Mindener H. – Ankogelbahn-Mittelstation.

Schwierigkeit/Anforderung II = mäßig schwierig, Wander-/Felstour; mittlere Anforderung, Tagestour. Mit der Ankogelbahn Auffahrt zur Mittelstation. Auf markiertem Steig hinauf zur Einmündung in den Göttinger Weg (der vom Hannover-Haus herüberkommt) nahe dem Kl. Tauernsee u. dem Göttinger Weg folgend im Auf u. Ab zur Mindener H. Ab dort weglos, nur Steinmänner, über Moränenhügel nach N. zum Woisgenkees, mäßig steil über den geschlossenen kleinen Gletscher gegen den Felskamm, der von der re. sichtbaren Gamskarlspitze nach li. zur Göttinger Spitze zieht. Eine Stange auf der Kammhöhe zeigt die Anstiegsrichtung über steilen lockeren Fels zur Gamskarlscharte. Über den steilen, plattigen Fels des SW-Grates zum Gipfel. Oder: Von der Mindener H. über den Saum des Woisgenkeeses nach re. zum SO-Grat. Steiler, kurzer Durchstieg zur Grathöhe in ca. 2700 m Höhe. Auf dem SO-Grat über festen Fels mäßig steil zum Gipfel. Empfehlung: Anstieg über den SW-Grat, Abstieg auf dem SO-Grat. Nur für im Fels erfahrene Berggeher.

Höchste Wegestelle/Gipfel Mindener H. 2428 m, Gamskarlspitze 2832 m.

Anstiegsleistung Ab Ankogelbahn-Mittelstation 1100 Höhenmeter.

Abstieg Wie Anstieg; oder ab Mindener H. auf dem Mindener Jubiläumsweg Abstieg zur Stocker A. im Tauerntal u. von dort nach Mallnitz (4½ Std.).

Gehzeiten Ankogelbahn-Mittelstation 1940 m – Mindener H. 2428 m: 2 Std. Mindener H. – Gamskarlspitze 2832 m: 1½ Std. Abstieg wie Anstieg: 2½ Std. Gesamtgehzeit: 6 Std.

Hütten/Stützpunkte *Mindener H.* 2428 m, DAV-Sektion Minden, ständig geöffnete Selbstversorgerhütte, 12 Matratzenlager mit Decken. *Hannover-Hs.* 2719 m, siehe Tour 4.
Karten/Führer/Literatur Kompass-Wanderkarte 1:50000, Blatt 49 »Mallnitz – Obervellach«. AV-Führer »Ankogel- u. Goldberggruppe«. Sepp Schnürer »Hohe Route Ostalpen«.

Ankogel-Gruppe

4 Ankogel 3246 m
Hannover-Haus 2719 m

mäßig schwierig,
Wander-/Felstour

Ausgangsort Mallnitz 1190 m.
Die Tour in Stichworten Mallnitz 1190 m – Ankogelbahn-Talstation 1281 m – Bergstation 2631 m – Radeckscharte 2874 m (oder Bergstation

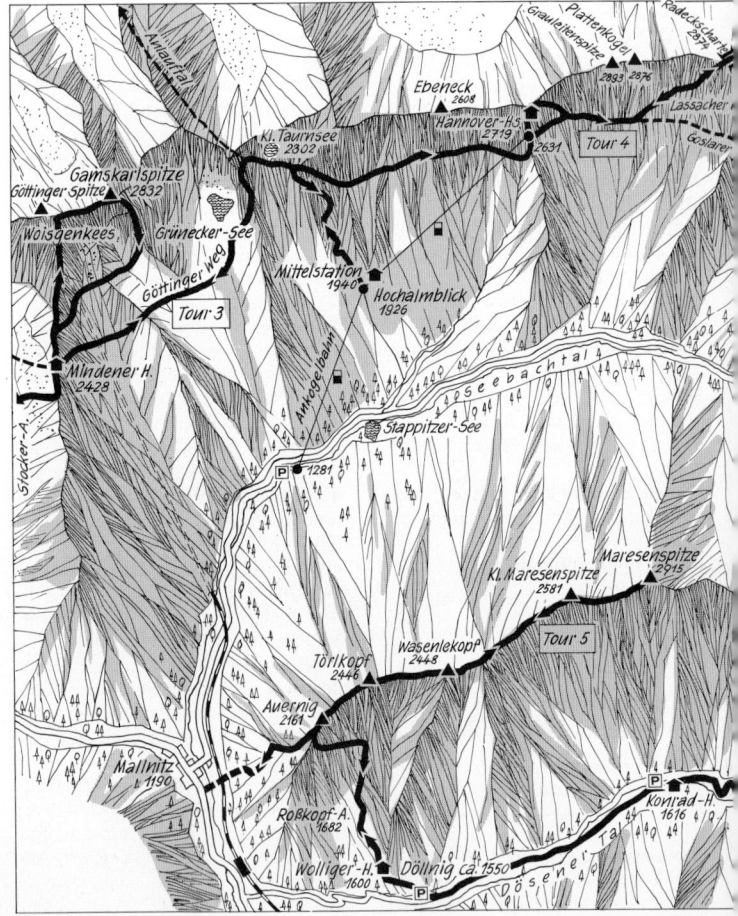

– Hannover-Hs. 2719 m – Radeck-scharte) – Kl. Ankogel 3 097 m – Ankogel 3 246 m – Bergstation Ankogelbahn oder Hannover-Hs.

Schwierigkeit/Anforderung II = mäßig schwierig, Wander-/Felstour; mäßige Anforderung, Tagestour. Ab Bergstation nach Schild »Ankogel« auf markiertem Steig etwas bergab zur Einmündung des Goslarer Weges (502), der vom Hannover-Hs. kommt. Nach dem markanten Felssporn der Grauleitenwand zweigt der Ankogel-Anstieg vom Goslarer Weg nach li. zum Lassacher Kees u. erreicht an einem gr. Steinmann (P. 2788 AV-Karte) den Gletschersaum. Nach Steigspuren u. Markierungen entweder über Moränenblockwerk am re. Gletscherrand höher u. nur zum Schluß über den Gletscher zur Radeckscharte, oder im kleinen, spaltenfreien Lassacher Kees mäßig steil, meist Trasse, zur Scharte. Auf Steig über den breiten Felsrücken des W-Grates mäßig steil

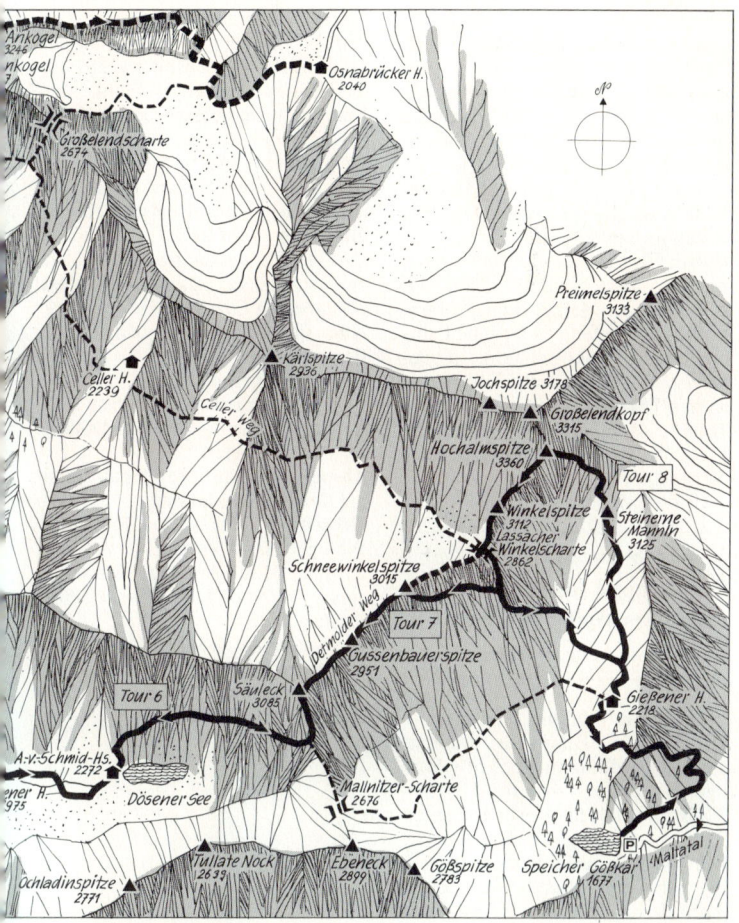

zum Kl. Ankogel, der gegen den Ankogel hin überschritten wird. Nach Steigspuren, teils ausgesetzt, im sehr abschüssigen, blockigen Fels der Ostflanke entlang des Grates steil höher zum Gipfel. Vielbegangene Route, aber nur für im Fels erfahrene Berggeher. Bei Neuschnee u. Vereisung sehr gefährlich!

Höchste Wegestelle/Gipfel Ankogel 3 246 m.

Anstiegsleistung Ab Ankogelbahn-Bergstation 700 Höhenmeter.

Abstieg Wie Anstieg; oder Überschreitung nach O. über das Kleinelendskees zur Osnabrücker H. (2½ Std.).

Gehzeiten Ankogelbahn-Bergstation 2 631 m – Radeckscharte 2 874 m: 1½ Std. (gleiche Zeit ab Hannover-Hs.). Radeckscharte – Kl. Ankogel 3 097 m – Ankogel 3 246 m: 1 Std. Abstieg wie Anstieg: 2½ Std. Gesamtgehzeit: 5 Std.

Hütten/Stützpunkte *Hannover-Hs.* 2 719 m, DAV-Sektion Hannover, 70 Betten u. Matratzenlager, bew. Ende Juni–Anfang Okt. (siehe Fahrbetrieb der Ankogelbahn). *Osnabrücker H.* 2 040 m, siehe Tour 9.

Karten/Führer/Literatur Siehe Tour 3, außerdem AV-Karte 1 : 25 000, Blatt »Hochalmspitze – Ankogel«.

Ankogel-Gruppe

5 Auernig 2 161 m
Maresenspitze 2 915 m

wenig schwierig, Wandertour

Ausgangsort Mallnitz 1 190 m.

Die Tour in Stichworten Mallnitz 1 190 m – Döllnig ca. 1 550 m – Wolliger H. 1 600 m – Auernig 2 161 m – Törlkopf 2 446 m – Maresenspitze 2 915 m – Auernig – Wolliger H.

Schwierigkeit/Anforderung I = wenig schwierig, Wandertour; große Anforderung, Tagestour. Von Mall-

nitz mit PKW Auffahrt auf schmaler Str. zum Weiler Döllnig (4 km), dort P. Auf der Str. zur nahen Wolliger-H. (Bis hierher ab Mallnitz auch Taxibus.) Ab Wolliger-H. nach Schild »Auernig/Herzogsteig« auf Waldweg zur Roßkopf-A. (1 682 m). Von dort steiler, markierter Steig durch eine Almmulde zum sichtbaren Gipfel des Auernig. Schmaler, markierter Steig kammeinwärts zum Törlkopf u. durch ein Felsentor, vorbei am Wasenlekopf wieder zur Grathöhe. Steigspuren u. Markierungen führen am breiten Gratrücken zu den Felsen der nur wenig ausgeprägten Kl. Maresenspitze (2 581 m), die man zur breiten W-Flanke der Maresenspitze überschreitet oder in südseitigem Rasengelände quert. Steigspuren u. Markierungen leiten steil, aber gut gangbar höher (ein markanter, niedriger Felsturm bleibt li.) zum sichtbaren Vorgipfel (2 873 m, Vermessungszeichen), über den schmalen, ausgesetzten, fast waagrechten Grat zum Hauptgipfel. Nur für erfahrene, ausdauernde Bergwanderer.

Höchste Wegestelle/Gipfel Auernig 2 161 m, Maresenspitze 2 915 m.

Anstiegsleistung Ab P. Döllnig 1 400 Höhenmeter.

Abstieg Wie Anstieg; oder ab Auernig direkt nach Mallnitz.

Gehzeiten Döllnig ca. 1 550 m – Wolliger-H. 1 600 m – Auernig 2 161 m: 1½ Std. Auernig – Maresenspitze 2 915 m: 3 Std. Abstieg wie Anstieg: 3½ Std. Gesamtgehzeit: 8 Std.

Hütten/Stützpunkte *Wolliger-H.* 1 600 m, nur Jausenstation.

Karten/Führer/Literatur Siehe Touren 3 u. 4.

6 Säuleck 3085 m
Arthur-von-Schmid-Haus 2272 m

mäßig schwierig,
Wander-/Felstour

Ausgangsort Mallnitz 1190 m.
Die Tour in Stichworten Mallnitz 1190 m – Konrad-H. 1616 m – Dösener H. 1975 m – A.-v.-Schmid-Hs. 2272 m – Säuleck 3085 m – A.-v.-Schmid-Hs. – Mallnitz.
Schwierigkeit/Anforderung I = wenig schwierig, Wander-/Felstour; große Anforderung als Tagestour. Vom Bhf. Mallnitz schmale, gut befahrbare Straße zum Wirtshaus Säuleck (1413 m); weiter in das Dösener Tal ist die Zufahrt zur Konrad-H. (P.) auf einer schmalen, geschotterten Almstr. möglich. (Ab Mallnitz auch mit Taxibus zur Konrad-H.) Ab Hütte über die unbew. Dösener H. auf markiertem AV-Steig (533) zum A.-v.-Schmid-Hs. Markierter Steig 534 teilweise steil, über die See-Alm zum Ansatz des blockigen SO-Grates. Markierungen weisen den steilen Anstieg über feste Blöcke zum Gipfel. Nur für erfahrene, ausdauernde Bergwanderer.
Höchste Wegestelle/Gipfel Säuleck 3085 m.
Anstiegsleistung Ab Mallnitz 1900, ab Konrad-H. 1500, ab A.-v.-Schmid-Hs. 800 Höhenmeter.
Abstieg Wie Anstieg.
Gehzeiten Mallnitz 1190 m – Konrad-H. 1616 m: 1½ Std. Konrad-H. – A.-v.-Schmid-Hs. 2272 m: 2 Std. A.-v.-Schmid-Haus – Säuleck 3085 m: 2½ Std. Abstieg wie Anstieg zur Konrad-H.: 3½ Std.
Gesamtgehzeit: 8 Std. ab Konrad-H.
Hütten/Stützpunkte *Arthur-von-Schmid-Hs.* 2272 m, ÖAV-Sektion Graz, 75 Betten u. Matratzenlager, bew. Ende Juni–Ende Sept.

Karten/Führer/Literatur
Siehe Touren 3 u. 4.

7 Schneewinkelspitze 3015 m
Gussenbauerspitze 2951 m
Gießener Hütte 2218 m

mäßig schwierig,
Wander-/Felstour

Ausgangsort Maltatal; Pflüglhof 847 m.
Die Tour in Stichworten Maltatal – Gößgraben – P. Speicher Gößkar 1677 m – Gießener H. 2218 m – Schneewinkelspitze 3015 m – Gussenbauerspitze 2951 m – Schneewinkelspitze – Gießener H.
Schwierigkeit/Anforderung II = mäßig schwierig, Wander-/Felstour; große Anforderung als Tagestour. Aus dem Maltatal, nahe dem Pflüglhof, durch den Gößgraben Auffahrt zum P. unter dem Speicher Gößkar. Von dort auf Forststraße (gesperrt) zur Gießener H. Auf dem Schwarzenburger Weg (518) in Richtung der Lassacher Winkelscharte. Bei P. 2662 (AV-Karte) durch Tafel bezeichnete, weglose, markierte Abzweigung, über mäßig steile Schneefelder zur Schneewinkelspitze. Ausgesetzte, aber gut gangbare, teilweise gesicherte Gratführe = Detmolder Weg, meist südseitig zur Gussenbauerspitze. Nur für im Fels erfahrene Berggeher. (Ab Gussenbauerspitze läuft der Detmolder Weg über den Verbindungsgrat teils gesichert bis zum SO-Grat des Säulecks. Die schwierigste Stelle, eine fast senkrechte, aber gut gesicherte 30-m-Wand, kommt nach der Gussenbauerspitze.
Höchste Wegestelle/Gipfel Schneewinkelspitze 3015 m, Gussenbauerspitze 2951 m.
Anstiegsleistung Ab P. Speicher Gößkar 1400, ab Gießener H. 800 Höhenmeter.

Abstieg Wie Anstieg; oder Übergang zum Säuleck (siehe Tip).

Gehzeiten P. Speicher Gößkar 1677 m – Gießener H. 2218 m: 1½ Std. Gießener H. – Schneewinkelspitze 3015 m: 2½ Std. Schneewinkelspitze – Gussenbauerspitze 2951 m: 1 Std. Abstieg wie Anstieg zur Gießener H.: 2½ Std. Gesamtgehzeit: 6 Std. ab Gießener H.

Hütten/Stützpunkte *Gießener H.* 2218 m, DAV-Sektion Gießen, 80 Betten u. Matratzenlager, bew. Ende Juni–Ende Sept.

Karten/Führer/Literatur Siehe Touren 3 und 4.

Tip Für erfahrene, ausdauernde Bergsteiger Ausdehnung der Tour bis zum Säuleck; über Mallnitzer Scharte (2672 m) u. Buderusweg zur Gießener H. zurück (5 Std.).

Ankogel-Gruppe

8 Hochalmspitze 3360 m

schwierig, Gletscher-/Felstour

Ausgangsort Maltatal, Pflüglhof 847 m.

Die Tour in Stichworten Maltatal – Gößgraben – P. Speicher Gößkar 1677 m – Gießener H. 2218 m – Steinerne Mannln 3125 m – Hochalmspitze 3360 m – Steinerne Mannln – Gießener H.

Schwierigkeit/Anforderung III = schwierig, Gletscher-/Felstour; mittlere Anforderung, 1½-Tage-Tour. Zur Gießener H. siehe Tour 7. Ab Hütte auf dem markierten Rudolstädter Weg (536) zum Trippkees u. im geschlossenen Ostflügel des Gletschers, meist Trasse, zum Schluß sehr steil, zum Felsriegel unter den Steinernen Mannln. Im plattigen, gut gestuften, fast senkrechten Fels drahtseilgesichert zum Ausstieg in eine Scharte li. der Steinernen Mannln. Ab Scharte auf dem felsigen SO-Grat in teils ausgesetzter

Route zu einem Gratturm sehr steil (Drahtseile) zur Schneeigen Hochalmspitze (3346 m). Von ihr über eine schmale, ausgesetzte Scharte (häufig Eis!) zum Hauptgipfel. (Bei guten Verhältnissen Überschreitung der Hochalmspitze auf dem teils gesicherten Detmolder Weg hinab zur Lassacher Winkelscharte, 2862 m, u. Rückkehr auf dem Schwarzenburger Weg zur Gießener H., 3 Std.). Nur für in Fels und Eis erfahrene Bergsteiger mit Eisausrüstung.

Höchste Wegestelle/Gipfel Steinerne Mannln 3125 m, Hochalmspitze 3360 m.

Anstiegsleistung Ab P. Speicher Gößkar 1700, ab Gießener H. 1100 Höhenmeter.

Abstieg Wie Anstieg; oder siehe oben.

Gehzeiten P. Speicher Gößkar 1677 m – Gießener H. 2218 m: 1½ Std. Gießener H. – Steinerne Mannln 3125 m: 2½ Std. Steinerne Mannln – Hochalmspitze 3360 m: 1½ Std. Abstieg wie Anstieg zur Gießener H.: 3 Std. Gesamtgehzeit: 7 Std. ab Gießener H.

Hütten/Stützpunkte *Gießener H.* 2218 m, siehe Tour 7. *Villacher H.* 2194 m, ÖAV-Sektion Villach, 14 Matratzenlager, Selbstversorgerhütte, nur mit AV-Schlüssel zugänglich.

Karten/Führer/Literatur Kompass-Wanderkarte 1:50000, Blatt 49 »Mallnitz – Obervellach« u. Blatt 66 »Maltatal – Liesertal«; AV-Karte 1:25000, Blatt »Hochalmspitze – Ankogel«. AV-Führer »Ankogel- u. Goldberggruppe«. Sepp Schnürer »Hohe Route Ostalpen«.

Ankogel-Gruppe

9 Südliches Schwarzhorn 2924 m
Osnabrücker Hütte 2040 m

mäßig schwierig,
Wander-/Felstour

Ausgangsort Maltatal, Kölnbreinsperre 1903 m.

Die Tour in Stichworten P. Kölnbreinsperre 1903 m – Osnabrücker H. 2040 m – Unterer 2541 m – Oberer Schwarzhornsee 2642 m – Südliches Schwarzhorn 2924 m – Osnabrücker Hütte.

Schwierigkeit/Anforderung II = mäßig schwierig, Wander-/Felstour; mittlere Anforderung, Tagestour. Aus dem Maltatal auf der Malta-Hochalmstr. (mautpflichtig) zur

Kölnbreinsperre. Vom P. auf der Uferstr. des Stausees u. Steig (502) zur Osnabrücker H. Markierter Steig (502) zum Fallboden (2334 m). Dort Abzweigung des Ankogel-Anstieges (538) nach re., mit ihm höher, bis die Markierung 539 zu den Schwarzhornseen abzweigt. Am Oberen Schwarzhornsee, noch vor der Zwischenelendscharte (2675 m), weglos nach re. mäßig steil zu dem hellen Blockfels vor dem Schwarzhorn-SO-Grat. Re. eines Felssporns über Blöcke Zugang in eine breite, seichte Schotterrinne. In ihr nach li. über begrünte Felsstufen steil höher zum Ausstieg am SO-Grat bei einer durch zwei Felszacken erkennbaren Scharte. Ab Scharte zuerst am Grat, dann östlich von ihm steil hinauf zu den blockigen Gipfelfelsen. Nur für im Fels erfahrene Berggeher.

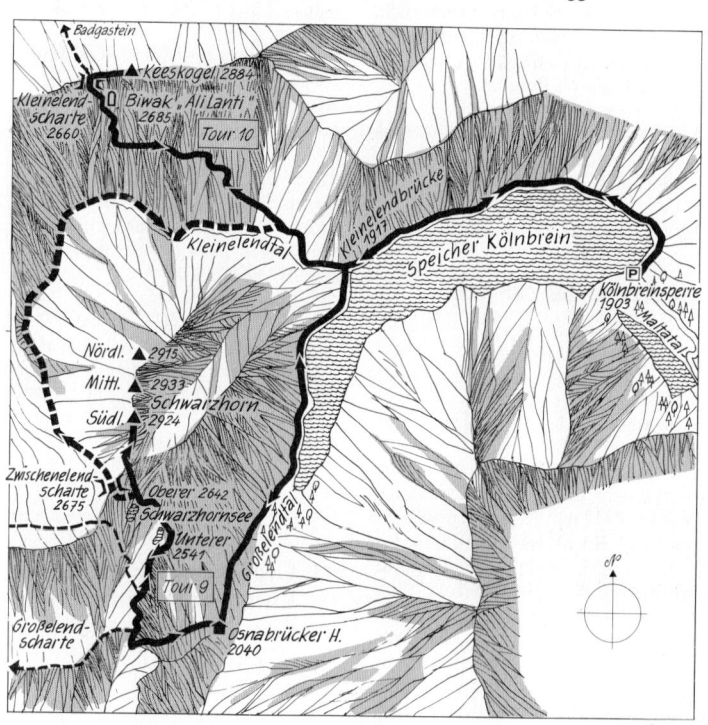

11

Höchste Wegestelle/Gipfel Südliches Schwarzhorn 2924 m.
Anstiegsleistung Ab P. Kölnbreinsperre 1000, ab Osnabrücker H. 900 Höhenmeter.
Abstieg Wie Anstieg; oder als Rundtour über die Zwischenelendscharte nach markiertem Steig (539) in das Kleinelendtal zur Kleinelendbrücke (1917 m) u. von dort auf der Uferstr. des Stausees zurück zum P. Kölnbreinsperre (3 Std.).
Gehzeiten P. Kölnbreinsperre 1903 m – Osnabrücker H. 2040 m: 2 Std. Osnabrücker H. – Oberer Schwarzhornsee 2642 m: 1½ Std. Oberer Schwarzhornsee – Südliches Schwarzhorn 2924 m: 1½ Std. Abstieg wie Anstieg: 2 Std. Gesamtgehzeit: 5 Std. ab Osnabrücker H.
Hütten/Stützpunkte Osnabrücker H. 2040 m, DAV-Sektion Osnabrück, 65 Betten u. Matratzenlager, bew. Ende Juni–Ende Sept.
Karten/Führer/Literatur Siehe Tour 8.
Tip Ab Oberem Schwarzhornsee Rundtour über die Zwischenelendscharte zum Malta-Stausee.

Ankogel-Gruppe

10 Keeskogel 2884 m

mäßig schwierig,
Wander-/Felstour

Ausgangsort Maltatal, Kölnbreinsperre 1903 m.
Die Tour in Stichworten P. Kölnbreinsperre 1903 m – Kleinelendbrücke 1917 m – Kleinelendscharte 2660 m – Biwak »Ali Lanti« 2685 m – Keeskogel 2884 m – Kleinelendscharte – P. Kölnbreinsperre.
Schwierigkeit/Anforderung II = mäßig schwierig, Wander-/Felstour; mittlere Anforderung, Tagestour. Auffahrt zur Kölnbreinsperre siehe Tour 9. Ab P. entlang des Stausees

zur Einmündung des Kleinelendtales an der Kleinelendbrücke. Von dort markierter Steig (511) zur nahen Kleinelend-Almhütte u. weiter über mehrere Steilstufen zur Kleinelendscharte. (Auch im Hochsommer häufig Schnee!). Bei der Scharte weisen blaue Markierungen nach re. zum Biwak »Ali Lanti«. Mäßig steil, nicht markiert, höher zum weiten Felssattel unter dem NW-Grat des Keeskogel. Ab Sattel (ca. 2770 m) entweder über den plattigen, gut gestuften felsigen NW-Grat mäßig schwierig zum Gipfel oder Übertritt in die Nordseite zum Gstößkees. Auf dem Gletscher entlang der Gipfelfelsen dem Gipfelkreuz entgegen, zuletzt über Fels wenig schwierig.
Einsame Route, nur für erfahrene, selbständige Berggeher.
Höchste Wegestelle/Gipfel Kleinelendscharte 2660 m, Keeskogel 2884 m.
Anstiegsleistung Ab P. Kölnbreinsperre 1000 Höhenmeter.
Abstieg Wie Anstieg.
Gehzeiten P. Kölnbreinsperre 1903 m – Kleinelendbrücke 1917 m: 1 Std. Kleinelendbrücke – Kleinelendscharte 2660 m – Biwak »Ali Lanti« 2685 m: 2½ Std. Biwak – Keeskogel 2884 m: ½ Std. Abstieg wie Anstieg: 3 Std. Gesamtgehzeit: 7 Std.
Hütten/Stützpunkte Biwak »Ali Lanti« 2685 m, ÖAV-Sektion Badgastein, ständig geöffnete Notunterkunft für drei Personen, mit Decken u. Matratzen.
Karten/Führer/Literatur Siehe Tour 8.

Hafner-Gruppe

11 Großer Hafner 3076 m Kattowitzer Hütte 2319 m Gmünder Hütte 1184 m

mäßig schwierig,
Wander-/Felstour

Ausgangsort Maltatal, Gmünder H. 1184 m.

Die Tour in Stichworten Gmünder H. 1184 m – Malta-Hochalmstr. – Obere Mar-Alm 1813 m – Kattowitzer H. 2319 m – Gr. Hafner 3076 m – Kattowitzer H. – Gmünder H.

Schwierigkeit/Anforderung II = mäßig schwierig, Wander-/Felstour; mäßige Anforderung, 1½-Tage-Tour. Auf der Malta-Hochalmstr. (mautpflichtig), vorbei an der Gmünder H. bis zu dem Schild »Kattowitzer Hütte« an der Einmündung einer gesperrten Forststr. (1512 m), P. Auf der Str. zu einer Jagdhütte (1695 m) u. zur Ob. Mar-Alm. (Kurz hinter der Gmünder H. sehr steiler Waldweg zur Jagdhütte.) Ab Mar-Alm markierter Steig (547) zur Kattowitzer H. Auf markiertem Steig zu einer Scharte (P. 2757 Kompass-Karte, großer Steinmann) in der Marchschneid und damit zum Hafner-SW-Grat. Zuerst auf einem

Felsensteiglein, teils ausgesetzt, re. des Grates höher, bis Markierungen u. Steinmänner über einen mäßig steilen, schottrigen Rücken zum Gipfel leiten. Nur für im Fels erfahrene Berggeher.

Höchste Wegstelle/Gipfel Gr. Hafner 3076 m.

Anstiegsleistung Ab Gmünder H. 1900, ab P. Malta-Hochalmstr. 1600, ab Kattowitzer H. 700 Höhenmeter.

Abstieg Wie Anstieg; oder ab Kattowitzer H. markierter Übergang zur Kölnbreinsperre, 3 Std.

Gehzeiten Ab P. Malta-Hochalmstr. 1512 m – Kattowitzer H. 2319 m: 2½ Std. (Ab Gmünder H. 1184 m: 3 Std.) Kattowitzer H. – Gr. Hafner 3076 m: 2 Std. Abstieg Kattowitzer H.: 1½ Std.

Gesamtgehzeit: 6 Std.

Hütten/Stützpunkte *Gmünder H.* 1184 m, ÖAV-Sektion Gmünd, 20 Betten u. Matratzenlager, bew. Ende Mai–Mitte Okt. *Kattowtzer H.* 2319 m, DAV-Sektion Kattowitz, 48 Betten u. Matratzenlager, bew. Ende Juni–Ende Sept.

Karten/Führer/Literatur Siehe Tour 8.

Reißeck-Gruppe

12 Reißeck-Höhenweg

mäßig schwierig,
Wander-/Felstour

Ausgangsort Oberkolbnitz im Mölltal, Talstation der Reißeckbahn 719 m.

Die Tour in Stichworten Talstation Reißeckbahn 719 m – Bergstation 2236 m – Bhf. Reißeck-Seenplateau 2250 m – Reißeck-H. 2287 m – Riekentörl 2525 m – Obere Moos-Hütte 2302 m – Zwenberger Törl 2646 m – Zwenberger Scharte 2760 m – Kaponigtörl 2690 m – Kl. Pfaffenberger See 2537 m – Notbiwak 2576 m

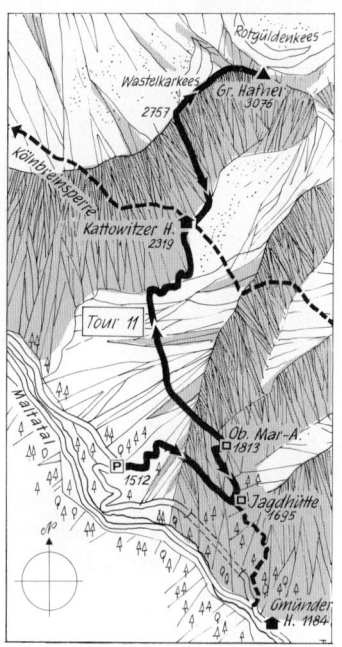

– Seeschartl 2639 m – Arthur-v.-Schmid-Hs. 2272 m – Mallnitz 1 190 m.

Schwierigkeit/Anforderung II = mäßig schwierig, Wander-/Felstour; große Anforderung, 1½-Tage-Tour. Der Reißeck-Höhenweg ist eine durchgehend markierte (575), hoch-

alpine Steiganlage, die das Reißeck-Seenplateau mit dem A.-v.-Schmid-Hs. am Dösener See verbindet. Vorteilhaft startet die Tour mit Tagesbeginn an der Reißeck-H. (Zugang siehe Tour 13). Der erste Abschnitt über das Riekentörl zur Oberen Moos-H. ist übersichtlich, höhere

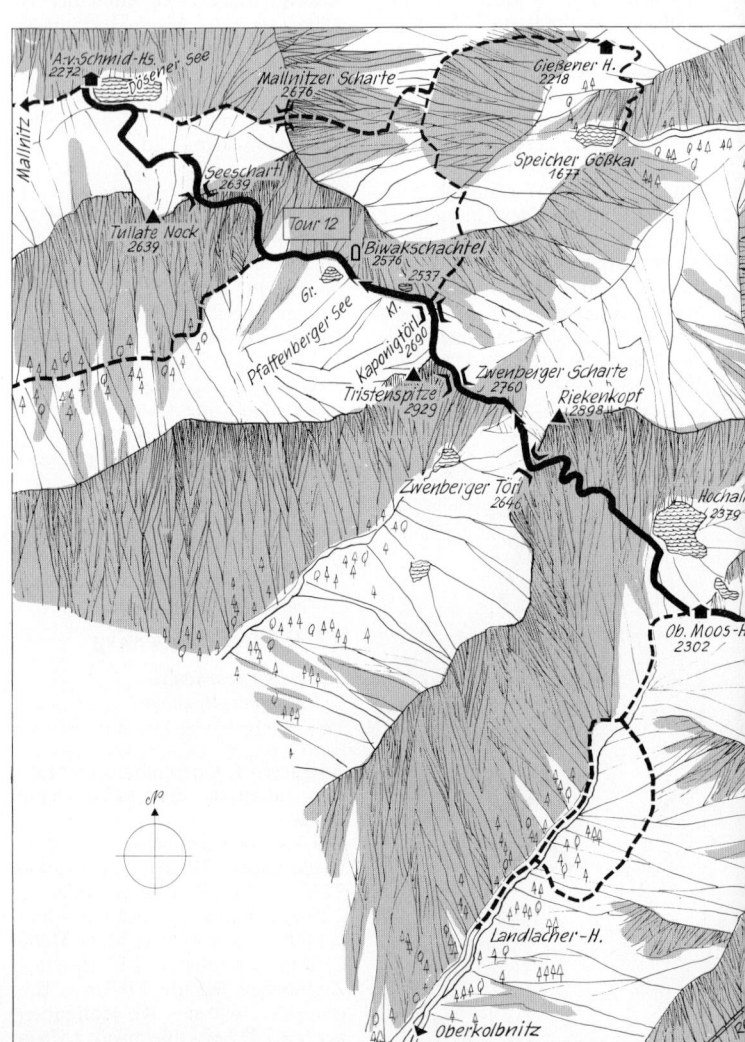

14

Anforderungen im Anstieg zum Zwenberger Törl u. zur gleichnamigen Scharte (die Kompaß-Karte verwechselt die Benennung). Der schwierigste Abschnitt beginnt an der Zwenberger Scharte mit einer steilen, steinschlaggefährdeten Abwärtsquerung in der O-Flanke der

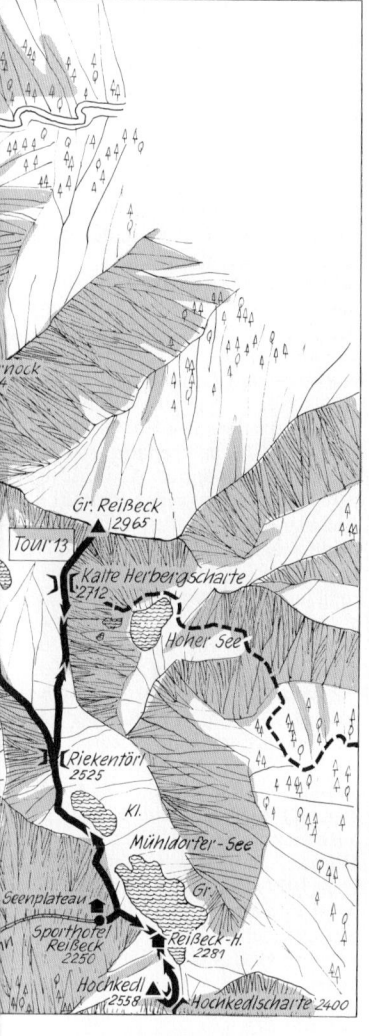

Tristenspitze hinüber zum Kaponigtörl, nur Steigspuren, im Frühsommer Eis! Am Kaponigtörl gibt eine Tafel mit 2 Std. Gehzeit die Abzweigung zur sichtbaren Gießener H. an. Wichtig: Bei Schlechtwettereinbruch diesem Schild folgen! Vom Törl wechselt die Route zur Westseite u. führt über grobes Blockwerk u. Altschnee nur nach Markierungen abwärts zum Kl. Pfaffenberger See (2537 m), von dort mit Steig hinauf zur Biwakschachtel (2576 m) über dem Gr. Pfaffenberger See. Ab Biwak meist guter Steig, Steinmänner, markiert, zu einem Schartl (2586 m) u. im Bogen über das weite Blockfeld des Ebeneck zum Seeschartl (2639 m). Sehr steiler Steig hinab zum sichtbaren A.-v.-Schmid-Hs. am Dösener See. Einsame, hochalpine Route, gut markiert, Steinmänner und Schilder, nur für sehr ausdauernde, erfahrene Bergwanderer.

Höchste Wegestelle/Gipfel Zwenberger Scharte 2760 m.

Anstiegsleistung Ab Reißeck-Hütte ca. 900 Höhenmeter.

Abstieg Vom A.-v.-Schmid-Hs. nach Mallnitz 1190 m, siehe Tour 6.

Gehzeiten Reißeck-H. 2287 m – Moos-H. 2302 m: 2½ Std. Moos-H. – Kaponigtörl 2690 m: 3 Std. Kaponigtörl – Biwak 2576 m: 1 Std. Biwak – A.-v.-Schmid-Hs. 2272 m: 2½ Std.

Gesamtgehzeit: 9 Std.

Hütten/Stützpunkte *Reißeck-H.* 2287 m, ÖAV-Sektion Österreichischer Gebirgsverein, 20 Matratzenlager, bew. Mitte Juni–Ende Sept. *Obere Moos-H.* 2302 m, ÖAV-Sektion Spital/Drau, nur mit AV-Schlüssel zugänglich. *Biwakschachtel* 2576 m, ÖAV-Sektion Graz, ständig geöffnete Notunterkunft. *A.-v.-Schmid-Hs.* 2272 m, siehe Tour 6.

Karten/Führer/Literatur
Siehe Tour 13.

Reißeck-Gruppe

13 Großes Reißeck 2965 m
Hochkedl 2558 m
Reißeck-Hütte 2281 m

wenig schwierig, Wandertour

Ausgangsort Oberkolbnitz im Mölltal, Talstation der Reißeckbahn 719 m.

Die Tour in Stichworten Talstation Reißeckbahn 719 m – Bergstation 2236 m – Reißeck-Seenplateau 2250 m – Riekentörl 2525 m – Kalte Herbergscharte 2712 m – Gr. Reißeck 2965 m – Seenplateau.

Schwierigkeit/Anforderung I = wenig schwierig, Wandertour; mäßige Anforderung, Tagestour. *Reißeck:* Mit der Reißeckbahn zum Reißeck-Seenplateau (1 Std.; Sporthotel). Ab Bhf. markierte Wege zur nahen Reißeck-H. u. zu den Mühldorfer Stauseen. Vom Kl. Mühldorfer See markierter Steig (575) zum sichtbaren Riekentörl, markierter Steig 562 zur Kalte Herbergscharte am Fuße des Reißeck-SW-Grates. Nach Markierungen, teils Steig, über den Grat steil zum Gipfel. *Hochkedl:* Ab Reißeck-H. markierter, teils gesicherter Steig zur Hochkedlscharte, wenig vorher markierte Abzweigung zum Gipfel. Ab Hütte 1½ Std. hin u. zurück. Vielbegangene Route für erfahrene Bergwanderer.

Höchste Wegestelle/Gipfel Gr. Reißeck 2965 m, Hochkedl 2558 m.

Anstiegsleistung Ab Reißeck-Seenplateau zum Reißeck 700, zum Hochkedl 300 Höhenmeter.

Abstieg Wie Anstieg.

Gehzeiten Reißeck-Seenplateau 2250 m – Riekentörl 2525 m: 1 Std. Riekentörl – Gr. Reißeck 2965 m: 2 Std. Abstieg wie Anstieg: 2 Std. Gesamtgehzeit: 5 Std.

Hütten/Stützpunkte *Sporthotel Reißeck* am Seenplateau 2250 m, ganzjährig geöffnet. *Reißeck-H.* siehe Tour 12.

Karten/Führer/Literatur Siehe Tour 14.

Kreuzeck-Gruppe

14 Salzkofel 2498 m
Salzkofel-Hütte 1987 m

wenig schwierig, Wandertour

Ausgangsort Unterkolbnitz 614 m; oder Möllbrücke 558 m im Mölltal; oder Sachsenburg 552 m im Drautal.

Die Tour in Stichworten Unterkolbnitz 614 m – Talstation Kreuzeckbahn 607 m – Bergstation 1211 m – Mernik-A. 1474 m – Roßeben 1977 m – Salzkofel-H. 1987 m – Salzkofel 2498 m – Salzkofel-H. – Bergstation Kreuzeckbahn.

Schwierigkeit/Anforderung I = wenig schwierig, Wandertour; mittlere Anforderung, Tagestour. Von Unterkolbnitz mit dem Schrägaufzug der Kreuzeckbahn zur Bergstation, markierter Weg zur Mernik-A. Entweder nach markiertem Steig über die Messern-H. (1777 m, verfallen), oder über die Mühldorfer A. (1522 m, bew.) hinauf zum weiten Sattel von Roßeben. (Schon vorher treffen sich beide Anstiege.) Zugang nach Roßeben in teils abschüssiger Hangquerung auf schlechtem Steig. Ab Roßeben fast horizontal auf guter, markierter Trasse zur Salzkofel-H. u. markierter, steiler Steig zum Salzkofel. (Von Möllbrücke über den Sachsenweg, 344, in 4–5 Std. oder ab Sachsenburg mit Zufahrt zum Ghf. Ambros, 970 m, P., durch das Nigglaital 3½ Std. zur Salzkofel-H. = Talzugang.) Vielbegangene Route für ausdauernde Bergwanderer.

Höchste Wegestelle/Gipfel Roßeben 1977 m, Salzkofel 2498 m.

Anstiegsleistung Ab Bergstation Kreuzeckbahn 1300, ab Möllbrücke 1900, ab Ghf. Ambros 1500 Höhenmeter.

Abstieg Je nach Routenwahl.

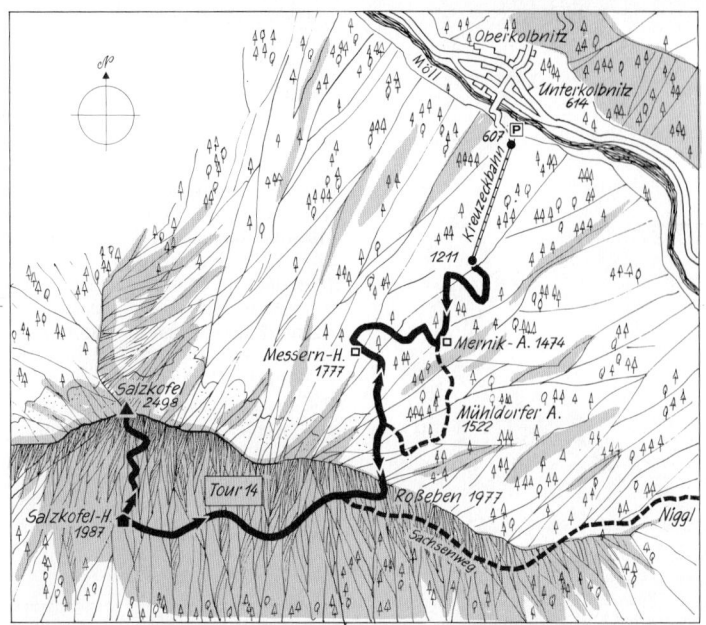

Gehzeiten Bergstation Kreuzeckbahn 1211 m – Roßeben 1977 m:
2 Std. Roßeben – Salzkofel-H.
1987 m: 1 Std. Salzkofel-H. – Salzkofel 2498 m: 1½ Std. Abstieg wie
Anstieg Bergstation Kreuzeckbahn:
3½ Std.
Gesamtgehzeit: 8 Std.
Hütten/Stützpunkte *Salzkofel-H.*
1987 m, ÖAV-Sektion Steinnelke,
25 Matratzenlager, bew. Mitte Juni–Ende Sept.
Karten/Führer/Literatur Kompass-
Wanderkarte 1:50000, Blatt 49
»Mallnitz-Obervellach« u. Blatt 60
»Gailtaler Alpen – Südliche Kreuzeckgruppe«. R.Gritsch »Führer
durch die Kreuzeck-, Reißeck- u.
Sadniggruppe«.
Tip Frühe Auffahrt mit der Kreuzeckbahn wichtig, um die letzte Ab-
fahrt 16.30 Uhr zu erreichen.

Kreuzeck-Gruppe

15 Polinik 2784 m
Polinik-Hütte 1873 m

*wenig schwierig,
Wander-/Felstour*

Ausgangsort Obervellach 685 m im
Mölltal.
Die Tour in Stichworten Obervellach 685 m – Polinik-H. 1873 m –
Polinik 2784 m – Polinik-H. – Obervellach.
Schwierigkeit/Anforderung I = wenig schwierig, Wander-/Felstour;
mäßige Anforderung, 1½ Tage-Tour.
Von Obervellach über die Möllbrük-
ke, nach Schild »Polinikhaus« re.
auf Fahrstr. in den Bergwald bis
zum Wegweiser »Fußweg zum Polinikhaus«; P. (Die schmale, geschotterte Forststr. kann bis zu einer Jagdhütte, 1346 m, befahren werden.) Bei
der Jagdhütte Einmündung des

17

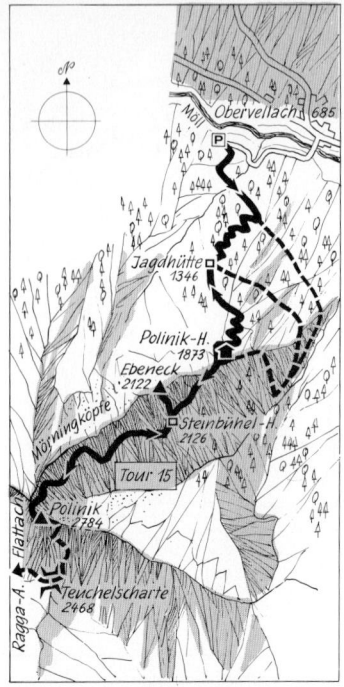

(2468 m) zur Ragga-A. (1621 m) u. durch das Raggatal nach Flattach (4 Std.). Bus nach Obervellach.

Gehzeiten Obervellach 685 m – Polinik-H. 1873 m: 3 Std. (Ab Jagdhütte 1346 m: 1½ Std.) Polinik-H. – Polinik 2784 m: 3 Std. Abstieg wie Anstieg zur Polinik-H.: 2 Std.
Gesamtgehzeit: 5 Std. ab Polinik-H.
Hütten/Stützpunkte *Polinik-H.* 1873 m, ÖAV-Sektion Mölltal, 28 Betten u. Matratzenlager, bew. Ende Juni–Mitte Sept.
Karten/Führer/Literatur Kompass-Wanderkarte 1:50000, Blatt 49 »Mallnitz – Obervellach«.
R. Gritsch »Führer durch die Kreuzeck-, Reißeck- u. Sadniggruppe«.
Tip Für Hüttenbesucher, die nicht zum Polinik wollen, bietet sich das nahe, aussichtsreiche Ebeneck, 2122 m, als sehr lohnendes Gipfelziel an (markierter Anstieg).

Kreuzeck-Gruppe

16 Kreuzeck 2702 m
Hochkreuz 2708 m
Feldner Hütte 2182 m

wenig schwierig, Wandertour

Ausgangsort Stall 867 m (Pustratten 764 m) im Mölltal.
Die Tour in Stichworten Pustratten 764 m – Wöllatal – Untere Gößnitzer H. 1310 m – P. ca. 1350 m – Obere Staller-A. (Wölla-A.) 2021 m – Glenktörl 2457 m – Kreuzeck 2702 m – Feldner-H. 2182 m – Glenktörl – Kl. Hochkreuz 2620 m – Kirschentörl 2450 m – Hochkreuz 2708 m – Obere Staller-A. – Pustratten.
Schwierigkeit/Anforderung I = wenig schwierig, Wandertour; mittlere Anforderung, 2-Tage-Tour. *1. Tag Kreuzeck:* Von Pustratten im Mölltal nahe dem Gemeindeort Stall auf schmaler Waldstraße Auffahrt in das Wöllatal zu einem kleinen P. in

Fußweges, auf markiertem Waldsteig zur Polinik-H., markierter Almweg zur verfallenen Steinbühel-H. (2126 m) u. nach Schild »Polinik/Flattach« auf markiertem Steig in den Hochkessel unter der felsigen Polinik-O-Flanke. Sehr steiler Durchstieg über plattigen, abschüssigen Fels zur Grathöhe (im Frühsommer Schnee u. Eis!). Am Grat leichter, kurzer Zugang zum Gipfel. (Wenig vorher Wegeabzweigung nach Flattach, siehe Abstieg.) Nur für erfahrene Bergwanderer.
Höchste Wegestelle/Gipfel Polinik 2784 m.
Anstiegsleistung Ab Obervellach 2100, ab Polinik-H. 900 Höhenmeter.
Abstieg Wie Anstieg; oder vom Gipfel nach Schild u. Markierungen auf Steig über die Teuchelscharte

ca. 1350 m Höhe (7 km). Auf markiertem Almsteig zur Oberen Staller-A., Hinweisschild »Feldner-H.«. Nach Steigspuren u. Markierungen mäßig steil zum sichtbaren Glenktörl re. des Kreuzecks. Nach Steigspuren am S-Kamm des Kreuzecks höher, bis die Route den markierten Steig herauf von der Feldner-H. trifft, mit ihm, teils steil, zum Gipfel. Abstieg zur Feldner-H. am Glanzsee. *2. Tag Hochkreuz:* Ab Feldner-H. auf dem Kreuzeck-Höhenweg (308) Anstieg zum Glenktörl, über das Kleine Hochkreuz zum weiten Sattel des Kirschentörls, mäßig steil zum Hochkreuz. Abstieg zurück zum Kirschentörl, weglos, aber markiert nach N. hinab zur Oberen Staller-A., weiter zum P. im Wöllatal. Einsame Routen, nur für ausdauernde, selbständige Bergwanderer.

Höchste Wegstelle/Gipfel Glenktörl 2457 m, Kreuzeck 2702 m, Hochkreuz 2708 m.

Anstiegsleistung Ab P. im Wöllatal ca. 2000, ab Pustratten 2600 Höhenmeter.

Abstieg Siehe Tourenverlauf.

Gehzeiten P. Wöllatal ca. 1350 m – Obere Staller-A. 2021 m – Glenktörl 2457 m: 3½ Std. (ab Pustratten 5 Std.). Glenktörl – Kreuzeck 2702 m – Feldner-H. 2182 m:

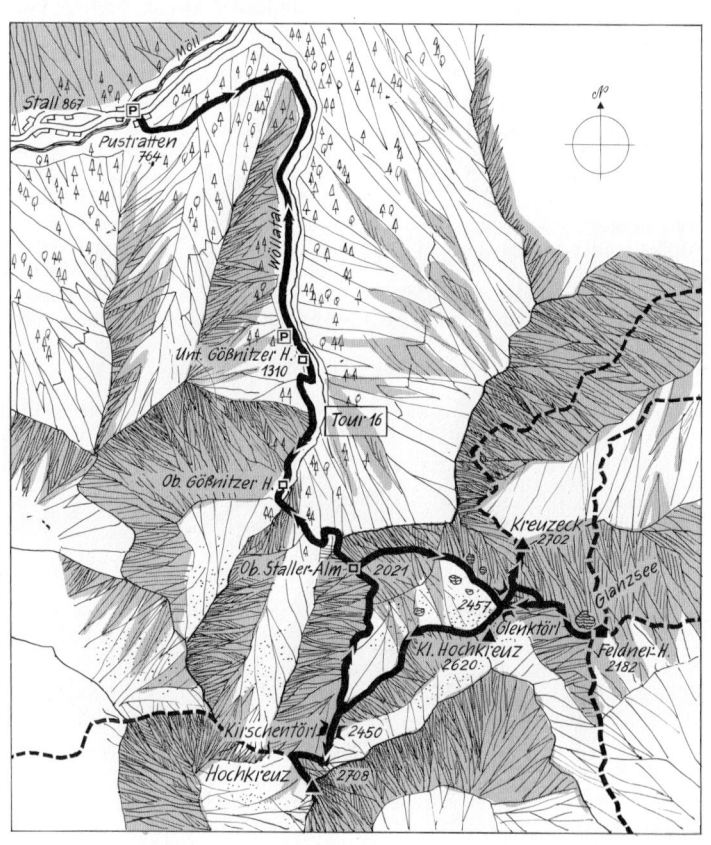

1½ Std. Feldner-H. – Glenktörl – Kl. Hochkreuz 2620 m – Kirschentörl 2450 m: 2½ Std. Kirschentörl – Hochkreuz 2708 m: 1 Std. Abstieg Obere Staller-A. – P.: 2½ Std. (nach Pustratten 4 Std.).
Gesamtgehzeit: 1. Tag 5 Std. (bzw. 6½ Std.); 2. Tag 6 Std. (bzw. 7½ Std.).
Hütten/Stützpunkte *Feldner-H.* 2182 m, ÖAV-Sektion Steinnelke, 22 Matratzenlager, bew. Anfang Juli–Mitte Sept. *Obere Staller-A.* 2021 m, nur Almbetrieb.
Karten/Führer/Literatur
Siehe Tour 14.

Sadnig-Gruppe

17 Hoher Sadnig 2745 m Makernispitze 2644 m Sadnig-Haus 1950 m Fraganter Hütte 1810 m

wenig schwierig, Wandertour

Ausgangsort Mörtschach 970 m im Mölltal; oder Innerfragant 1112 m im Fraganttal.
Die Tour in Stichworten Mörtschach 970 m – Neues Sadnig-Hs. 1950 m – Sadnigscharte 2484 m – Hoher Sadnig 2745 m – Kl. Sadnig

2626 m – Fraganter H. 1810 m – Makernispitze 2644 m – Schobertörl 2355 m – Neues Sadnig-Hs.
Schwierigkeit/Anforderung I = wenig schwierig, Wandertour; mäßige Anforderung, 2-Tage-Tour. *1. Tag Hoher Sadnig:* Von Mörtschach auf guter Bergstr. Auffahrt durch das Astental zum Sadnig-Hs. (10 km). Hinab zum Astenbach, über einen Steg auf die andere Seite, nach Schild »Sadnig« u. markiertem Steig (150) durch Bergwald steil höher auf ein Schrofenplateau über der Waldgrenze, weniger steil zur Sadnigscharte. Nach Schild u. Markierungen mäßig steil auf Steigspuren nach S zum Hohen Sadnig. Abstieg: Entweder auf der teils gesicherten Steiganlage des Rudi-Maier-Weges (164) zum Kl. Sadnig u. Abstieg zur Fraganter H., oder, leichter, zurück zur Sadnigscharte, auf Steig 146 zur Fraganter H. *2. Tag Makernispitze:* Ab Fraganter H. markierter Steig (147 = Hauptroute) zum Schobertörl. Nach Schild »Makernispitze« auf gutem Steig zu einem grasigen Sattel unter der O-Flanke (2468 m), nach Steigspuren steil zum Gipfel. Abstieg: Zurück zum Schobertörl, mit Steig 151 über die Burgstaller-A. (2113 m) hinab zur Auernig-A. (ca.

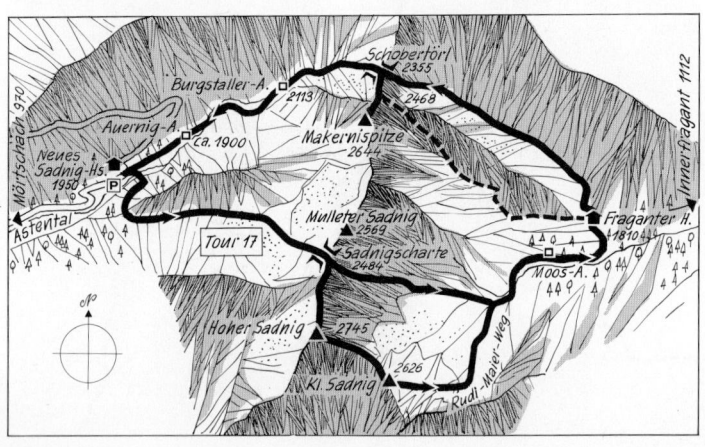

1900 m) in den Astner Böden, auf Fahrweg zum Sadnig-Hs. Markierte Route, nur für erfahrene Bergwanderer.

Höchste Wegestelle/Gipfel Sadnigscharte 2484 m, Hoher Sadnig 2745 m, Kl. Sadnig 2626 m, Schobertörl 2355 m, Makernispitze 2644 m.

Anstiegsleistung Ab Sadnig-Hs. 1300 Höhenmeter.

Abstieg Siehe Tourenverlauf.

Gehzeiten Sadnig-Hs. 1950 m – Sadnigscharte 2484 m: 2½ Std. Sadnigscharte – Hoher Sadnig 2745 m: ½ Std. Abstieg: Hoher Sadnig – Rudi-Maier-Weg – Kl. Sadnig 2626 m – Fraganter H. 1810 m: 2½ Std., über die Sadnigscharte zur Fraganter H. 2 Std. Fraganter H. – Schobertörl 2355 m: 1½ Std. Schobertörl – Makernispitze 2644 m: 1 Std. Abstieg: Schobertörl – Sadnig-Hs. 1950 m: 2 Std. Gesamtgehzeit: 1. Tag 5–5½ Std., 2. Tag 4½ Std.

Hütten/Stützpunkte *Neues Sadnig-Hs.* 1950 m, ÖAV-Sektion Wiener Lehrer, 61 Betten u. Matratzenlager, ganzjährig bew. *Fraganter H.* 1810 m, ÖAV-Sektion Klagenfurt, 86 Betten u. Matratzenlager, bew. Anfang Juni–Ende Okt.

Karten/Führer/Literatur Kompass-Wanderkarte 1:50000, Blatt 49 »Mallnitz – Obervellach«; Blatt 50 »Heiligenblut – Döllach«; AV-Karte 1:25000, Blatt »Sonnblick«. R. Gritsch »Führer durch die Kreuzeck-, Reißeck- u. Sadniggruppe«.

Goldberg-Gruppe

18 Lonzaköpfl 2318 m Törlkopf 2517 m Böseck 2834 m

wenig schwierig, Wander-/Felstour

Ausgangsort Mallnitz 1190 m.

Die Tour in Stichworten Mallnitz 1190 m – Lift Häusler-A. – Bergstation 1900 m – Lonzaköpfl 2318 m – Törlkopf 2517 m – Krippenhöch 2478 m – Mauternitzscharte 2332 m – Böseck-H. 2594 m – Böseck 2834 m – Böseck-H. – Bergstation Häusler-A.

Schwierigkeit/Anforderung I = wenig schwierig, Wandertour; große Anforderung, Tagestour. Nahe dem Bhf. Mallnitz Talstation des Sesselliftes zur Häusler-A., erste Auffahrt nützen! Von der Bergstation markierter mäßig steiler Steig zum Lonzaköpfl. Auf teils gesichertem Steig zum Törlkopf, über Krippenhöch mit erheblichem Höhenverlust zur Mauternitzscharte, Wiederanstieg zur Böseck-H. Ab Hütte auf dem Westerfrölke-Weg, teils nur Steigspuren, abschüssige Hangquerung nordseits der Strahlköpfe (Achtung: Schneefelder!) in Richtung Östliche Oschenigscharte, bis Markierungen die Abzweigung nach li. zum Böseck anzeigen. Sehr steil in lockerem Geröll zu einem Sattel zwischen Strahlköpfen u. Böseck. Nach Steigspuren in festem, blockigem Fels steil zum nördlichen Böseckgipfel. Nur für erfahrene, ausdauernde Bergwanderer.

Höchste Wegestelle/Gipfel Lonzaköpfl 2318 m, Törlkopf 2517 m, Böseck-H. 2594 m, Böseck 2834 m.

Anstiegsleistung Ab Bergstation Häusler-A. ca. 1500 Höhenmeter.

Abstieg Wie Anstieg.

Gehzeiten Bergstation Häusler-A. 1900 m – Lonzaköpfl 2318 m: 1 Std. Lonzaköpfl – Törlkopf 2517 m – Böseck-H. 2594 m: 2 Std. Böseck-H. – Böseck 2834 m: 1 Std. Abstieg wie Anstieg: 3 Std. Gesamtgehzeit: 7 Std.

Hütten/Stützpunkte *Häusler-A.* 1872 m, Berggasthaus keine Übernachtung! *Böseck-H.* 2594 m, DAV-Sektion Hagen, in den Sommermonaten geöffnete Selbstversorgerhütte, 10 Matratzenlager, Decken.

Karten/Führer/Literatur
Siehe Tour 20.
Tip Überschreitung des Feldsee-kammes zur Feldseescharte und Ha-gener H.

Goldberg-Gruppe
19 Vorderer Gesselkopf 2974 m
Feldseekopf 2864 m
Hagener Hütte 2446 m

*wenig schwierig,
Wander-/Felstour*

Ausgangsort Mallnitz 1190 m; oder Sportgastein 1588 m.
Die Tour in Stichworten Mallnitz 1190 m – Jamnig-H. 1745 m – Hagener H. 2446 m; oder Sportgastein 1588 m – Hagener H. – Vorderer Gesselkopf 2974 m – Feldseescharte 2712 m – Feldseekopf 2864 m – Mallnitz oder Hagener H.
Schwierigkeit/Anforderung I = wenig schwierig, Wander-/Felstour; große Anforderung als Tagestour. Von Mallnitz zur Stocker-A. (1282 m, öffentliche Fahrstr.). Bus zur Jamnig-H.; auf Güterweg (113) zur Hagener H.; oder von Sportgastein auf gesperrter Fahrstr. das Naßfeld talein zum markierten Hüttenanstieg (113). Ab Hagener H. markiert, mäßig steil, auf sandigen S-Hängen zu einer Scharte (2709 m), in der NW-Seite zur Kammhöhe, über einige Felsköpfe (Drahtseile) zum Vorderen Gesselkopf. Abstieg: Vom Gipfel in den Sattel zwischen den beiden Gesselköpfen, nach li. in eine steile Schuttrinne (Achtung bei Schnee!), über den brüchigen Fels der S-Gratausläufer zur Feldsee-scharte (Weißgerber-Biwak). Kurzer, markierter Anstieg zum Feldsee-kopf. Ab Scharte auf dem Hagener Weg 102 (= Tauernhöhenweg zurück zur Hagener H. oder vorher

markierter Abstieg zur Jamnig-H. Nur für im Fels erfahrene Bergeher.
Höchste Wegestelle/Gipfel Vorderer Gesselkopf 2974 m, Feldseekopf 2864 m.
Anstiegsleistung Ab Jamnig-H. 1400, ab Sportgastein 1600, ab Hagener H. 700 Höhenmeter.
Abstieg Siehe Tourenverlauf.
Gehzeiten Zur Hagener H. 2446 m: ab Stocker-A. 1282 m: 3 Std.; ab Jamnig-H. 1745 m: 2 Std.; ab Sportgastein 1588 m: 3 Std. Hagener H. – Vorderer Gesselkopf 2974 m: 2 Std. Abstieg Feldseescharte 2712 m: 1 Std. Feldseekopf 2864 m hin u. zurück: ½ Std. Feldseescharte – Hagener H.: 1½ Std.; Jamnig-H.: 1½ Std. Gesamtgehzeit: 7–9 Std.
Hütten/Stützpunkte *Hagener H.* 2446 m, DAV-Sektion Hagen, 40 Betten u. Matratzenlager, bew. Anfang Juli–Ende Sept. *Weißgerber-Biwak* 2712 m, Notunterkunft.
Karten/Führer/Literatur
Siehe Tour 20.

Goldberg-Gruppe
20 Stubnerkogel 2246 m
Zitterauer Tisch 2461 m
Silberpfennig 2600 m

wenig schwierig, Wandertour

Ausgangsort Badgastein 1083 m; oder Sportgastein 1588 m; oder Kolm Saigurn 1598 m im Rauris.
Die Tour in Stichworten Badgastein 1083 m – Stubnerkogel-Bergbahn – Bergstation 2228 m – Tischkogel 2409 m – Zitterauer Tisch 2461 m – Ortbergscharte 2264 m – Miesbühel-scharte 2238 m – Zimburgweg – Bockhartscharte 2226 m – Baukarl-scharte 2475 m – Silberpfennig 2600 m – Bockhartscharte – Oberer Bockhartsee 2070 m – Bockhartsee-H. 1917 m – Sportgastein 1588 m.
Schwierigkeit/Anforderung I = we-

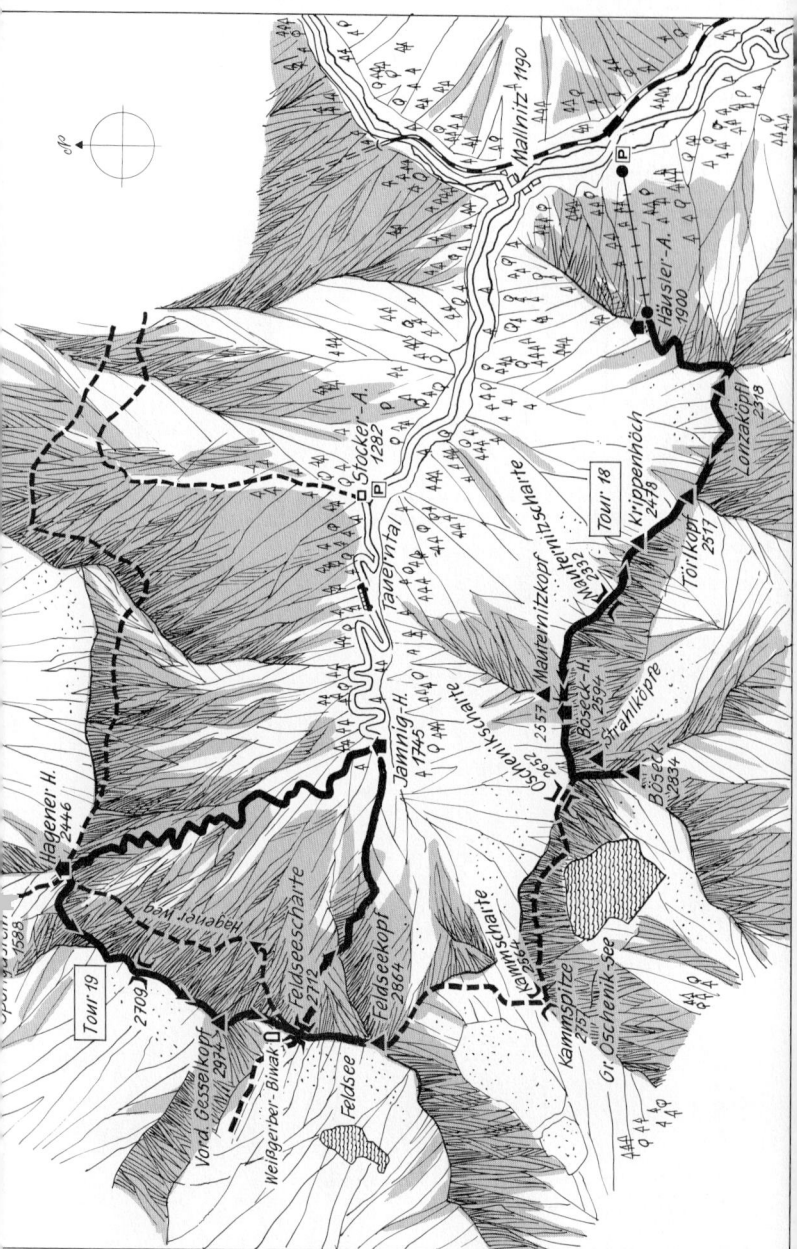

Malinitz 1190

Stocker-A. 1282

Häusler-A. 1900

Lonzaköpfl 2318

Tour 18

Knippenhöch 2478

Törlkopf 2517

Mauternitzscharte

Mauternitzkopf 2332

2557

Böses-A. 2354

Strahlköpfe

Böses. 2834

2452

Oschenikscharte

Jamnig-H. 1745

Hagener H. 2446

Hagener weg

Feldseescharte 2712

Feldseekopf 2864

Kammscharte 2564

Kammspitze 2751

Gr. Oschenik-see

Spörgerstein 1588

2709

Tour 19

Vord. Gesselkopf 2934

Weißgerber-Biwak

Feldsee

23

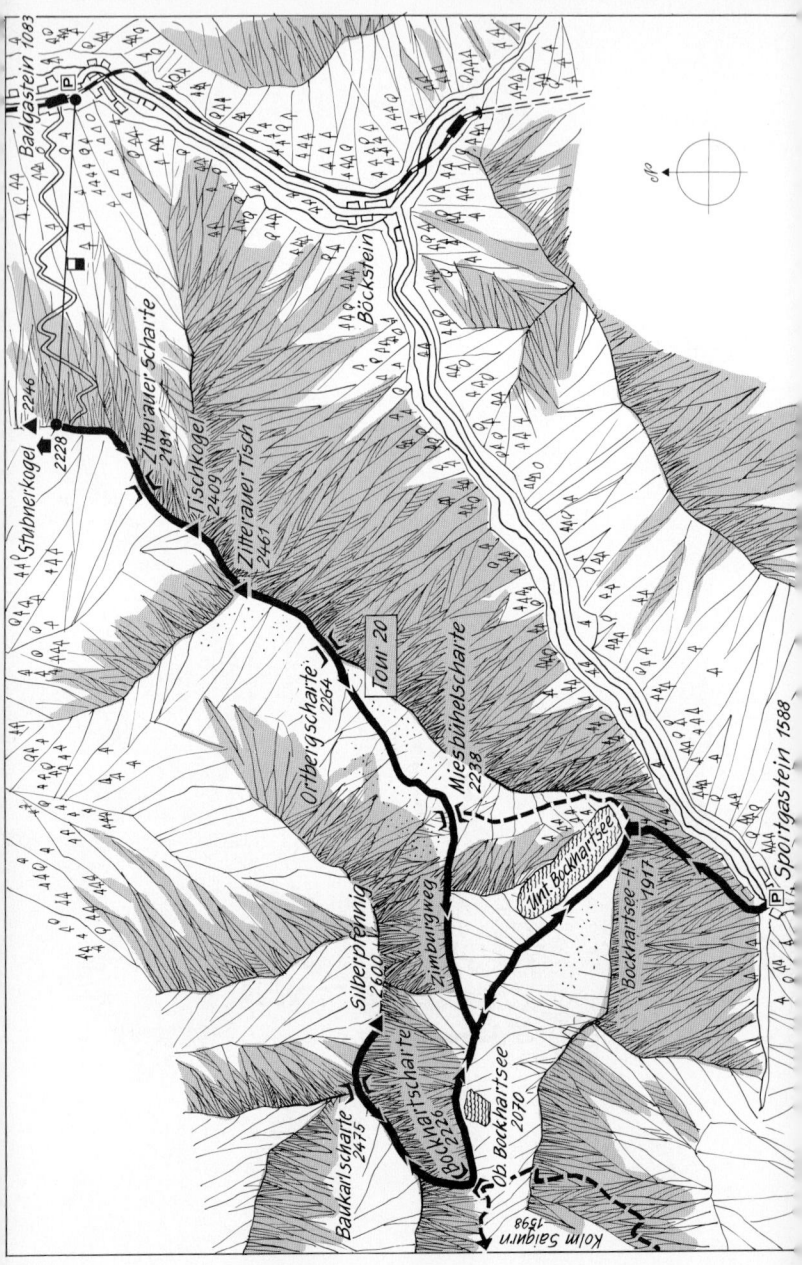

Badgastein 1083

Stubnerkogel 2246

2228

Zitterauer Scharte

Tischkogel 2409

Zitterauer Tisch 2461

Böckstein

Ortbergscharte 2254

Tour 20

Miesbühelscharte 2238

Silberpfennig 2600

Gamskarlscharte 2526

Zimburgweg

Unt. Bockhartsee

Bockhartsee-H. 1917

Sportgastein 1588

Baukarl scharte 2475

Ob. Bockhartsee 2070

Kolm Saigurn 1598

24

nig schwierig, Wandertour; mittlere Anforderung, Tagestour. Von Badgastein mit der Stubnerkogelbahn (Kabinenbahn) zum Stubnerkogel. Ab Bergstation nach Markierung 111 zur Zitterauer Scharte, Anstieg auf Steig über den Tischkogel zum Zitterauer Tisch. Weiter nach Markierung 111 hinab zur Ortbergscharte u. zur Miesbühelscharte. (Abstieg zum Unteren Bockhartsee u. nach Sportgastein möglich.) Auf dem Zimburgweg (111) zum Oberen Bockhartsee (2070 m, Einmündung der Anstiegsroute 121 von Sportgastein) u. zur Bockhartscharte. (Einmündung des Zuganges von Kolm Saigurn.) Ab hier ohne Markierung, spärliche Steigspuren, über die schrofendurchsetzten Grashänge des SW-Grates möglichst in Gratnähe, zur Baukarlscharte (2475 m) u. über leichten Bratschenfels zum Silberpfennig. Nur für ausdauernde, erfahrene Bergwanderer.

Höchste Wegestelle/Gipfel Zitterauer Tisch 2461 m, Bockhartscharte 2226 m, Silberpfennig 2600 m.

Anstiegsleistung Ab Stubnerkogel 800, ab Sportgastein 1000, ab Kolm Saigurn 1000 Höhenmeter.

Abstieg Ab Silberpfennig zurück zur Bockhartscharte. Dort entweder nach Kolm Saigurn oder über den Oberen Bockhartsee u. den Herrensteig (121) zur Bockhartsee-H. u. nach Sportgastein.

Gehzeiten Bergstation Stubnerkogel 2228 m – Zitterauer Tisch 2461 m: 1 Std. Übergang: Ortbergscharte 2264 m – Miesbühelscharte 2238 m – Oberer Bockhartsee 2070 m – Bockhartscharte 2226 m: 3 Std. Bockhartscharte – Silberpfennig 2600 m: 1½ Std. Abstieg: Bockhartscharte – Bockhartsee-H. 1917 m – Sportgastein 1588 m: 2½ Std. Gesamtgehzeit: 8 Std.

Hütten/Stützpunkte *Bockhartsee-H.* 1917 m, priv. bew. Anfang Juni–Anfang Okt., Touristenlager.

Karten/Führer/Literatur Kompass-

Wanderkarte 1:50000, Blatt 40 »Gasteiner Tal – Goldberggruppe«; Blatt 49 »Mallnitz – Obervellach«; AV-Karte 1:25000, Blatt »Sonnblick«. AV-Führer »Ankogel- u. Goldberggruppe«.

Goldberg-Gruppe

21 Schareck 3122 m Herzog Ernst 2933 m Niedersachsen-Haus 2471 m

mäßig schwierig, Wander-/Felstour

Ausgangsort Sportgastein 1588 m; oder Kolm Saigurn 1598.

Die Tour in Stichworten Sportgastein 1588 m – Neuwirt-Steig – Aperes Schareck 2962 m – Schareck 3122 m – Herzog Ernst 2933 m – Pröllweg – Niedersachsen-Hs. 2471 m – Sportgastein oder Kolm Saigurn 1598 m.

Schwierigkeit/Anforderung II = mäßig schwierig, Wander-/Felstour; große Anforderung als Tagestour. Ab Sportgastein das Naßfeld wenig talein, bis bei einem Viehrost ein Sträßchen nach re. zur neuen Hütte, der Au-A., abzweigt. Nach Markierungen li. höher zum Schild »Neuwirt-Steig«. Auf dem Steig 112 durch den Buschgürtel in Wiesenhänge u. zu P. 2457 (AV-Karte) im NO-Grat-Ausläufer des Aperen Scharecks. Die gut angelegte Steiganlage erschließt mit Drahtseilsicherungen ostseitigen Steilfels u. läuft an der Felsnase des Aperen Scharecks (2962 m) aus. Über das geschlossene Schareckkees zum felsigen Gipfelfirst des Scharecks. Abstieg: Auf dem Pröllweg (120) über den felsigen NW-Grat (Drahtseilsicherungen) zum Herzog Ernst (2933 m), über Neunerkogel u. Riffelhöhe zum Niedersachsen-Hs. Entweder auf dem Hermann-Bahl-

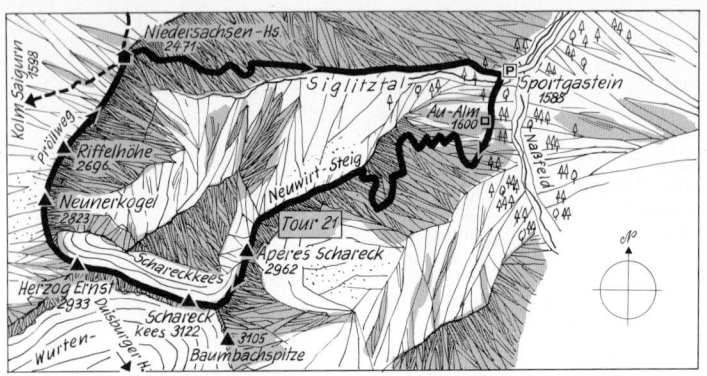

sen-Weg nach Sportgastein oder nach Kolm Saigurn im Talschluß des Rauris. Markierte Route, nur für im Fels erfahrene Berggeher.

Höchste Wegestelle/Gipfel Aperes Schareck 2962 m, Schareck 3122 m.

Anstiegsleistung Ab Sportgastein 1600 Höhenmeter.

Abstieg Siehe Tourenverlauf; oder vom Schareck über das Wurtenkees zur Duisburger H., 2572 m, 1½ Std.

Gehzeiten Sportgastein 1588 m – Neuwirt-Steig – Schareck 3122 m: 4½ Std. Abstieg: Schareck – Herzog Ernst 2933 m – Pröllweg – Niedersachsen-Hs. 2471 m: 2½ Std. Abstieg Sportgastein: 2 Std. Gesamtgehzeit: 9 Std.

Hütten/Stützpunkte *Niedersachsen-Hs.* 2471 m, DAV-Sektion Hannover, 65 Betten u. Matratzenlager, bew. Mitte Juni–Mitte Sept. *Duisburger H.* 2572 m, DAV-Sektion Duisburg, 50 Betten u. Matratzenlager, bew. Anfang Juli–Ende Sept.

Karten/Führer/Literatur Siehe Tour 22.

Goldberg-Gruppe

22 Hoher (Rauriser) Sonnblick 3105 m Zittel-Haus 3105 m

mäßig schwierig, Wander-/Felstour

Ausgangsort Kolm Saigurn 1598 m

Die Tour in Stichworten Kolm Saigurn 1598 m – Naturfreundehaus Neubau 2178 m – Rojacher-H. 2718 m – Zittel-Haus am Rauriser Sonnblick 3105 m.

Schwierigkeit/Anforderung II = mäßig schwierig, Wander-/Felstour, große Anforderung als Tagestour. Ab Kolm Saigurn nach Wegweisern auf Steig steil zum »Radhaus« nahe dem Naturfreundehaus Neubau. Über den Gletscherbach, auf dem Leidenfrost-Steig zum Kl. Sonnblickkees, kurze, harmlose Überschreitung, auf Felssteig weiter zur Rojacher-H. Über den Sonnblick-SO-Grat steile, ausgesetzte, nicht gesicherte (!) Felsroute zum obersten Rand des Vogelmaier Ochsenkarkeeses, kurzer, fast ebener Zugang zum Zittel-Hs. auf dem Rauriser Sonnblick. Durchgehend markierte, vielbegangene Route, nur für im Fels erfahrene Berggeher.

Höchste Wegestelle/Gipfel Zittel-Hs. am Rauriser Sonnblick 3105 m.

Anstiegsleistung Ab Kolm Saigurn 1500 Höhenmeter.

Abstieg Wie Anstieg.

Gehzeiten Kolm Saigurn 1598 m – Naturfreundehaus Neubau 2178 m: 1½ Std. Neubau – Rojacher-H. 2718 m: 1½ Std. Rojacher-H. – Zittel-Hs. 3105 m: 1½ Std. Abstieg Kolm Saigurn: 3½ Std. Gesamtgehzeit: 8 Std.

26

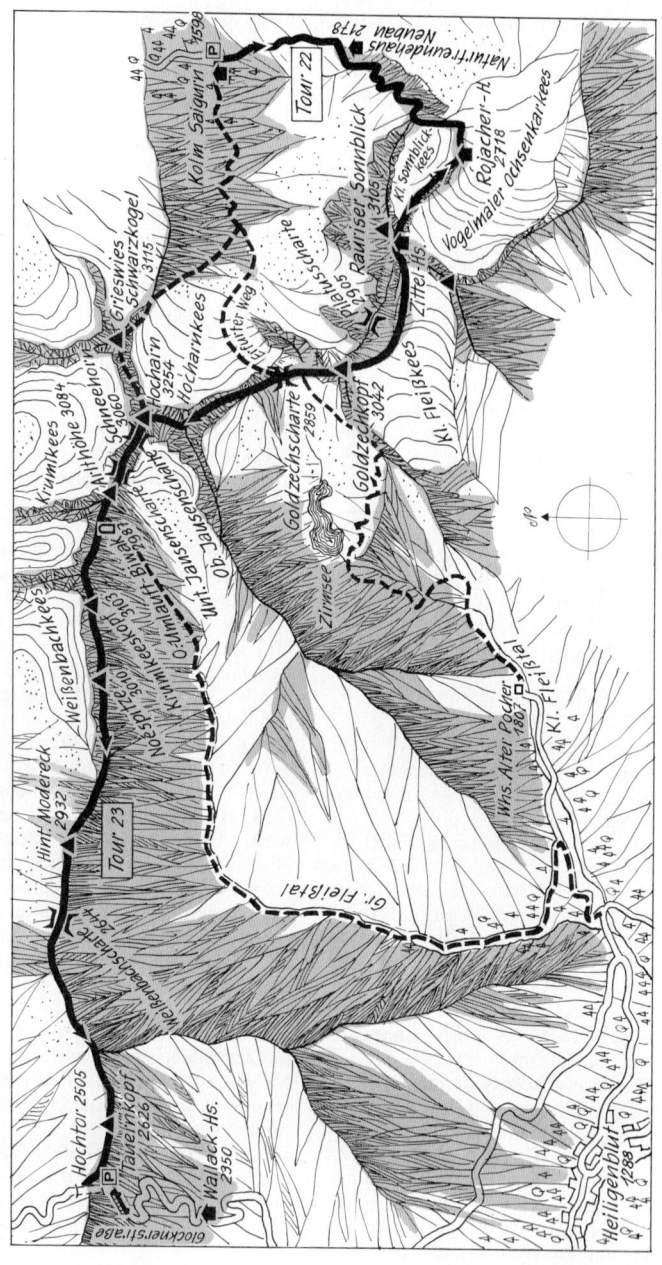

Tour 22

Tour 23

Naturfreundehaus
Neubau 2178

Kolm Saigurn 1598

Rojacher-H.
2718

Vogelmaier Ochsenkarkees

Kl. Sonnblick
Kl. Sonnblickkees

Ramser Sonnblick
3105

3195 Pilatusscharte

Zittel-Hs.

Kl. Fleißkees

Goldzechkopf
3042

Goldzechscharte
2859

Zirmsee

Gr.-Zieswies
Schwarzkogel
3115

Erfurter Weg

Tochankees

Joch'arn
3254

Schneehorn
3060

Krumlkees

Altthöhe 3084

Ob. Jausenscharte

Unt. Jausenscharte

Weißenbachkees

Hint. Moadereck
2927

Krumlkees 3080

No 25 Pi. 2670.000

No 10.0 M 3.0 B.W.

Gr. Fleißtal

Kl. Fleißtal

Whs. Alter Pocher
1860

Heiligenblut
1288

Hochtor 2505

Tauernkopf
2626

Walack-Hs.
2350

Weißenbachscharte 2661

glocknerstraße

Hütten/Stützpunkte *Naturfreundehaus Kolm Saigurn* 1 598 m, 97 Betten und Matratzenlager, ganzjährig bew. *Naturfreundehaus Neubau* 2 178 m, 34 Betten u. Matratzenlager, bew. Mitte März–Anfang Okt. *Rojacher-H.* 2 718 m, DAV-Sektion Halle/Saale, 10 Matratzenlager, nur im Sommer bew. *Zittel-Hs.* 3 105 m, DAV-Sektion Halle/Saale, 80 Betten u. Matratzenlager, bew. Ende Juni–Ende Sept.

Karten/Führer/Literatur Kompass-Wanderkarte 1 : 50 000, Blatt 40 »Gasteiner Tal – Goldberggruppe«; AV-Karte 1 : 25 000, Blatt »Sonnblick«. AV-Führer »Ankogel- u. Goldberggruppe«. Sepp Schnürer »Hohe Route Ostalpen«.

Goldberg-Gruppe

23 Goldzechkopf 3 042 m Hocharn 3 254 m Klagenfurter Jubiläumsweg

schwierig, Felstour

Ausgangsort Zittel-Hs. 3 105 m am Rauriser Sonnblick (siehe Tour 22); oder Hochtor 2 505 m an der Glocknerstr.

Die Tour in Stichworten Zittel-Hs. 3 105 m – Goldzechkopf 3 042 m – Hocharn 3 254 m – Klagenfurter Jubiläumsweg – Schneehorn 3 060 m – Arlthöhe 3 084 m – Otto-Umlauft-Biwak 2 987 m – Krumlkeeskopf 3 103 m – Noéspitze 3 010 m – Hinteres Modereck 2 932 m – Tauernkopf 2 626 m – P. Hochtortunnel an der Glocknerstr.

Schwierigkeit/Anforderung

III = schwierig, Gletscher-/Felstour; große Anforderung, 2-Tage-Tour. Zum Zittel-Hs. siehe Tour 22. Das Kl. Fleißkees wenig abwärts, Querung zur Pilatusscharte (2 905 m), möglichst hoher Anstieg in den Firnwinkel unter dem SO-Grat des Goldzechkopfes (Randkluft, Pickel u. Steigeisen vorteilhaft). Thenius-Sicherungshaken u. Markierungen leiten zum Goldzechkopf (3 042 m). Am blockigen Gratfels steil hinab zur Südlichen Goldzechscharte (2 859 m), in westseitiger Querung des Schartenkopfes zur etwas höheren Nördlichen Goldzechscharte (markierte Abzweigung nach Kolm Saigurn). Aus der Scharte auf dem Hocharn-Südgrat zu einem großen Steinmann (P. 2 932 AV-Karte) u. zum Hocharn (3 254 m, über den Grieswies Schwarzkogel Abstieg nach Kolm Saigurn möglich). Nach Schild »Klagenfurter Jubiläumsweg« auf dem NW-Grat (kurze Gletscherberührung) abwärts, über kleine Grattürme ausgesetzt zur Oberen Jausenscharte. Steilanstieg zum Schneehorn, Abstieg zur Unteren Jausenscharte, Wiederanstieg zur Arlthöhe u. südseitig hinab zum O.-Umlauft-Biwak (2 987 m) an der Krumlkeesscharte. (Bis hierher gut die Wegehälfte, anspruchsvollster Abschnitt, markierter Abstieg in das Große Fleißtal zur Glocknerstr. möglich.) Ab Biwak Steilanstieg zum Krumlkeeskopf (3 103 m), hoch am Grat ausgesetzt zur Noéspitze, weiter zum Hinteren Modereck (2 932 m), das nordseitig erstiegen wird. Über einen Geröllrücken Abstieg zur Weißenbachscharte (2 644 m). Der restliche Wegeverlauf zum Tauernkopf am Hochtor mit zahlreichen Steinmännern ist gut zu übersehen. Ab Hochtor Bus nach Heiligenblut u. Ferleiten. Durchgehend markierte, an den schwierigsten Stellen mit Theniushaken (keine Drahtseile) gesicherte Route. Nur für sehr ausdauernde, im Fels erfahrene Bergsteiger bei aperen Verhältnissen!

Höchste Wegestelle/Gipfel Rauriser Sonnblick (Zittel-Hs.) 3 105 m, Hocharn 3 254 m, Otto-Umlauft-Biwak 2 987 m, Krumlkeeskopf 3 103 m.

Anstiegsleistung Ab Zittel-Hs.
1 000 Höhenmeter.
Abstieg Siehe Routenverlauf.
Gehzeiten Zittel-Hs. 3 105 m –
Goldzechkopf 3 042 m – Nördliche
Goldzechscharte ca. 2 870 m: 2½ Std.
Goldzechscharte – Hocharn
3 254 m: 1 Std. Hocharn – Otto-
Umlauft-Biwak 2 987 m: 2 Std. Biwak – Hochtor an der Glocknerstr.
2 505 m: 4½ Std.
Gesamtgehzeit: 10 Std.
Hütten/Stützpunkte *Zittel-Hs.*
3 105 m, siehe Tour 22. *Otto-
Umlauft-Biwak* 2 987 m, ÖAV-Sektion Klagenfurt, 6 Matratzenlager
mit Decken, ständig geöffnete Notunterkunft. *Wallack-Hs.* 2 350 m,
priv. Berggasthaus an der Glocknerstr., nahe dem Hochtor.
Karten/Führer/Literatur
Siehe Tour 22.
Tip Der Klagenfurter Jubiläumsweg ist am interessantesten und günstigsten vom Zittel-Hs. aus zu begehen! Der schwierigste Abschnitt
liegt in der ersten Wegehälfte, der
Routenverlauf wird einfacher, die
Höhenkoten werden niedriger. Abstieg vom Hochtor durch das Seidlwinkeltal nach Wörth im Rauris,
markiert, mit Bus zurück nach Kolm
Saigurn.

Goldberg-Gruppe

24 Ritterkopf 3 006 m

wenig schwierig, Wandertour

Ausgangsort Wörth 947 m im Rauriser Tal.
Die Tour in Stichworten Wörth
947 m – Ghs. Bodenhaus 1 226 m –
Fröstllehen 1 278 m – Ritterkar-Alm
1 703 m – Altes Knappenhaus
2 004 m – Ritterkopf 3 006 m – Ghs.
Bodenhaus.
Schwierigkeit/Anforderung I = wenig schwierig, Wandertour; große
Anforderung, Tagestour. Ab Wörth
auf Fahrstr. in das Hüttwinkeltal bis
zum Ghs. Bodenhaus (Bus von Rauris, P.). Auf der Str. noch wenig talein in den Auenwald, bei einem Wegemarterl nach re. zu einem Almsträßchen, mit ihm zu den Almwiesen am Fröstllehen. Bei einem Überstieg über den Weidezaun zum Beginn eines Almweges, der nach
re. höher (die Wildfütterungsstelle
bleibt re. unten) durch einen schmalen Waldstreifen in steile Wiesenhänge ausläuft. Durch dieses Weidegebiet nach Steigspuren im Zickzack
immer geradeaus aufwärts – nicht
nach li. oder re. in den Wald abwei-

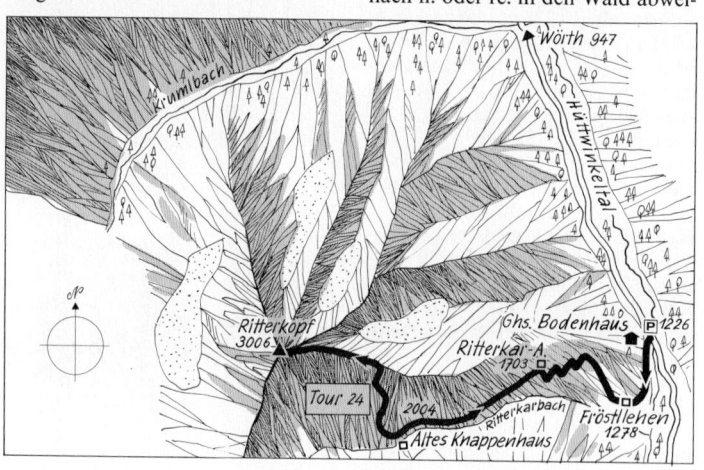

chen –, vorbei an einer Viehtränke, zur verfallenen Ritterkar-A. Von ihr leiten Steigspuren in die Lärchengruppe darüber u. führen zu einer mit großen Blöcken besetzten, eingezäunten Hochweide mit Viehtränke. Vom Holztrog nach re. höher, wenig später ein Steig nach li., der die Alpweide durchläuft u. in grasige Südhänge, unter einer Felswand vorbei, gegen den Ritterkarbach zieht. Die Route bleibt re. des Baches u. erreicht über eine Steilstufe die Grundfeste des ehemaligen Knappenhauses (2004 m). Von dort höher, bis Steigspuren u. einzelne Steinmänner nach re. über grasige S-Hänge zum Ostkamm des Ritterkopfes weisen, den man bei einigen markanten kleinen Felszacken erreicht. Nach Steigspuren meist südseitig höher. Ab P.2786 (AV-Karte) auf Steigspuren über die Felsen des nun schmalen, gut gangbaren O-Grates zum Gipfel. Einsame Route, nicht markiert, oft weglos, nur für selbständige, erfahrene, Bergwanderer.
Höchste Wegestelle/Gipfel Ritterkopf 3006 m.
Anstiegsleistung Ab Ghs. Bodenhaus 1800 Höhenmeter.
Abstieg. Wie Anstieg.
Gehzeiten Ghs. Bodenhaus 1226 m – Fröstllehen 1278 m – Ritterkar-A. 1703 m: 2 Std. Ritterkar-A. – Knappenhaus 2004 m: 1½ Std. Knappenhaus – Ritterkopf 3006 m: 2 Std. Abstieg wie Anstieg: 3½ Std. Gesamtgehzeit: 9 Std.
Hütten/Stützpunkte *Ghs. Bodenhaus* 1226 m, im Hüttwinkeltal, privat, 6 Betten, ganzjährig bew.
Karten/Führer/Literatur Kompass-Wanderkarte 1:50000, Blatt 40 »Gasteiner Tal – Goldberggruppe«; AV-Karte 1:25000, Blatt »Sonnblick«. AV-Führer »Ankogel- u. Goldberggruppe«.
Tip Aus dem Rauristal, beim P. Ghs. Lerchhäusl, beliebte Wanderung durch das Krumltal zur Rohrmooser A. nördlich des Ritterkopfes.

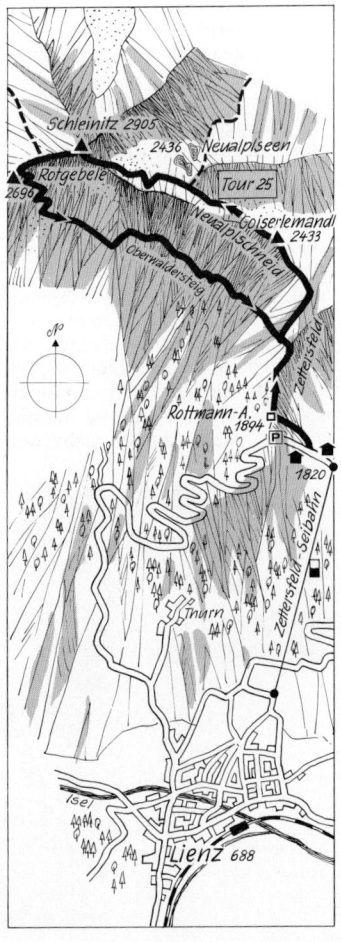

Schober-Gruppe
25 Schleinitz 2905 m
wenig schwierig, Wandertour

Ausgangsort Lienz 688 m.
Die Tour in Stichworten Lienz 688 m – Zettersfeld-Seilbahn – Bergstation 1820 m – Rottmann-A. 1894 m; oder Lienz – Zettersfeld-Bergstr. – P. Rottmann-A. ca.

1850 m – Goiserlemandl 2433 m – Neualplseen 2436 m – Schleinitz 2905 m – P. Rottmann-A.

Schwierigkeit/Anforderung I = wenig schwierig, Wandertour; mittlere Anforderung, Tagestour. Auffahrt mit der Seilbahn oder auf der Bergstr. (Maut) zum Zettersfeld. P. vor der Rottmann-A. nahe der Bergstation. Nach Markierung 9 A u. Schild re. auf Almsteig zu Alpweiden. Wegeteilung: Der Oberwaldersteig führt nach li. zur Alkuser Scharte, den Anstieg zum Goiserlemandl u. zur Schleinitz weist eine Tafel nach N. zum Kamm der Neualplschneid. Dort kurzer Anstieg zum Grasgipfel des Goiserlemandls, Überschreitung hinab zur Anstiegsroute Schleinitz. Mit dem Steig zu den Neualpelseen u. den weiten Blockhalden vor dem Gipfelaufbau. Bei ca. 2500 m Beginn des Steilanstieges. Über eine Felsstufe u. das obere Blockkar steil, mühsam zum Südgrat. Auf dem breiten Grat zum Gipfelkreuz, noch vor dem höchsten Punkt der Schleinitz. Markierte Route für ausdauernde Bergwanderer.

Höchste Wegestelle/Gipfel Goiserlemandl 2433 m, Schleinitz 2905 m.
Anstiegsleistung Ab P. Rottmann-A. 1100 Höhenmeter.
Abstieg Wie Anstieg oder Überschreitung nach Markierung u. Steigspuren zur Alkuser Scharte (ca. 2600 m) u. auf dem Oberwaldersteig zurück zur Rottmann-A.
Gehzeiten P. Rottmann-A. ca. 1850 m – Goiserlemandl 2433 m: 1½ Std. Goiserlemandl – Schleinitz 2905 m: 2 Std. Abstieg wie Anstieg: 2½ Std., über Alkuser Scharte: 2½ Std.
Gesamtgehzeit: 6 Std.
Hütten/Stützpunkte Häuser am Zettersfeld.
Karten/Führer/Literatur Kompass-Wanderkarte 1:25000, Blatt 047 »Lienzer Talboden«; AV-Karte 1:25000, Blatt »Schobergruppe«;

AV-Führer »Schobergruppe«; Auswahlführer »Hohe Tauern – Südseite« von Walter Mair.

Schober-Gruppe

26 Petzeck 3283 m Wangenitzsee-Hütte 2508 m

*mäßig schwierig,
Wander-/Felstour*

Ausgangsort Lienz 688 m (Nussdorf); oder Mörtschach 970 m im Mölltal.
Die Tour in Stichworten Nussdorf 688 m – Debanttal – P. Seichenbrunn 1685 m – Wangenitzsee-H. 2508 m oder Mörtschach 970 m – Wangenitztal – Wangenitz-A. 1371 m – Wangenitzsee-H. – Petzeck 3283 m – Wangenitzsee-H.
Schwierigkeit/Anforderung II = mäßig schwierig, Wandertour; mittlere Anforderung, 1½-Tage-Tour. Von Nussdorf bei Lienz auf öffentlicher Fahrstr. in das Debanttal zum P. Seichenbrunn (ca. 14 km). Steiler, markierter Steig zur Unteren Seescharte (2533 m) u. kurzer Zugang zur Wangenitzsee-H. Oder von Mörtschach auf Fahrstr. in das Wangenitztal zur gleichnamigen Alm u. nach markiertem Steig, teilweise steil, zur Hütte. Ab Wangenitzsee-H. nach Schild »Zum Petzeck« auf Steig zu einem Felseck im SO-Grat des Kruckelkopfes (Drahtseilsicherung), Übertritt in das Untere Kruckelkar. Über Rasenstufen steil höher zum Oberen Kruckelkar. Auf ausgeprägtem Steig eine steile Felsrampe re. des Kruckelkares höher zu einem markanten Steinmann, über einen Blockrücken zum Steinmann P. 3176 (AV-Karte). Über flachen Firn, meist Trasse, zum Gipfel. Markierte Route, für erfahrene Berggeher.
Höchste Wegestelle/Gipfel Petzeck 3283 m.

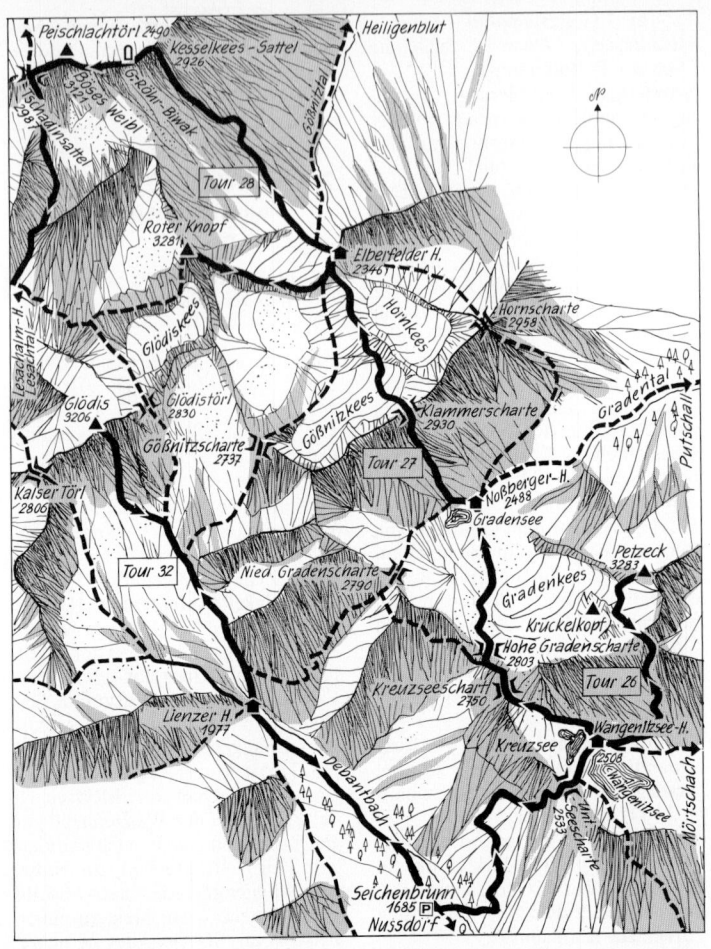

Anstiegsleistung Ab Seichenbrunn 1600, ab Wangenitz-A. 1900, ab Wangenitzsee-H. 800 Höhenmeter.

Abstieg Wie Anstieg Wangenitzsee-H.

Gehzeiten P. Seichenbrunn 1685 m – Wangenitzsee-H. 2508 m: 3 Std. Ab Wangenitz-A. 1371 m: 4 Std. Wangenitzsee-H. – Petzeck 3283 m: 2½ Std. Abstieg Wangenitzsee-H.: 1½ Std. Gesamtgehzeit: 7–8 Std.

Hütten/Stützpunkte *Wangenitzsee-*

H. 2508 m, ÖAV-Sektion Holland, 80 Betten u. Matratzenlager, bew. Ende Juni–Ende Sept.

Karten/Führer/Literatur Kompass-Wanderkarte 1 : 50 000, Blatt 48 »Kals am Großglockner«; sonstige Karten u. Führer siehe Tour 25.

Tip Zugang zur Wangenitzsee-H. auf dem Wiener Höhenweg: Von Iselsberg 1150 m aussichtsreiche Wanderung über die Raueralm-H. 1903 m, sehr lohnend, aber lang.

27 Adolf-Noßberger-Hütte 2488 m
Elberfelder Hütte 2346 m

mäßig schwierig,
Wander-/Felstour

Ausgangsort Siehe Tour 26; oder Putschall 1053 m im Mölltal = Talzugang zur Noßberger-H.

Die Tour in Stichworten Wangenitzsee-H. 2508 m – Kreuzseeschartl 2750 m – Hohe Gradenscharte 2803 m – Noßberger-H. 2488 m – Klammerscharte 2930 m – Elberfelder H. 2346 m.

Schwierigkeit/Anforderung II = mäßig schwierig, Wander-/Fels-/Gletschertour; mäßige Anforderung, Tagestour. Zur Wangenitzsee-H. siehe Tour 26. Nach Schild u. Markierung 918, vorbei am Kreuzsee, auf Steig mäßig steil zum Kreuzseeschartl = Wiener Höhenweg. Schwacher Abstieg in das Perschitzkar, beschilderte Wegabzweigung: li. der Wiener Höhenweg (Ferd.-Koza-Weg) zu der Niederen Gradenscharte (2790 m = leichterer, aber längerer Übergang zur Noßberger-H.), re. auf dem Holländer Weg über Felstrümmer u. Altschnee zur sichtbaren Hohen Gradenscharte. Aus der Gratkerbe steiler, durch brüchigen Fels, Firn oder Eis erschwerter, durch ein Drahtseil gesicherter Abstieg zu einem Gletscherrest des Gradenkeeses, über Moränenschutt zur sichtbaren Noßberger-H. am Gradensee. Ab Hütte nach Schild »Klammerscharte« auf Steig u. Steigspuren steil, mühsam, zuletzt Drahtseilsicherung, zur überfirnten Klammerscharte. Mäßig steiler, spaltengefährdeter Gletscherabstieg auf dem Gößnitzkees zu dem Moränenkessel darunter. Dort nach Schild »Elberfelder Hütte« zur Höhe der Moräne u. auf Steig zur Elberfelder H. Schwierigster Abschnitt des Wiener Höhenweges, markierte Route. Nur für fels- u. gletschererfahrene Berggeher.

Höchste Wegstelle/Gipfel Kreuzseeschartl 2750 m, Hohe Gradenscharte 2803 m, Klammerscharte 2930 m.

Anstiegsleistung Zur Hohen Gradenscharte 300, zur Klammerscharte 500 Höhenmeter.

Abstieg Siehe Tourenverlauf; oder von den Hütten die jeweiligen Talabstiege.

Gehzeiten Wangenitzsee-H. 2508 m – Kreuzseeschartl 2750 m: 1 Std. Kreuzseeschartl – Hohe Gradenscharte 2803 m: ½ Std. Hohe Gradenscharte – Noßberger-H. 2488 m: 1 Std. Noßberger-H. – Klammerscharte 2930 m: 1½ Std. Klammerscharte – Elberfelder H. 2346 m: 1 Std.

Gesamtgehzeit: 5 Std.

Hütten/Stützpunkte *Wangenitzsee-H.* 2508 m, siehe Tour 26. *Adolf-Noßberger-H.* 2488 m, ÖAV-Sektion Wiener Lehrer, 30 Betten u. Matratzenlager, bew. Anfang Juli–Mitte Sept. *Elberfelder H.* 2346 m, DAV-Sektion Elberfeld, 42 Betten u. Matratzenlager, bew. Anfang Juli–Mitte Sept.

Karten/Führer/Literatur
Siehe Touren 25 u. 26.

---

28 Roter Knopf 3281 m
Böses Weibl 3121 m

mäßig schwierig,
Fels-/Wandertour

Ausgangsort Siehe Tour 26; oder Heiligenblut 1288 m im Mölltal = Talzugang aus dem Mölltal zur Elberfelder H.

Die Tour in Stichworten Elberfelder H. 2346 m – Roter Knopf 3281 m – Elberfelder H. – Kesselkees-Sattel 2926 m – (Gernot-Röhr-Biwak) –

Böses Weibl 3121 m – Lesachalm-H. 1828 m – Unterlesach 1300 m.
Schwierigkeit/Anforderung II = mäßig schwierig, Fels-/Wandertour; große Anforderung als Tagestour. Zur Elberfelder H. auf dem Wiener Höhenweg (siehe Tour 26 und 27); oder von der Lienzer H. (1977 m) im Debanttal über die Gößnitzscharte (2737 m). *Roter Knopf:* Ab Elberfelder H. auf Steig Richtung Gößnitzscharte etwa 100 Höhenmeter Anstieg, nach Schild »Roter Knopf« u. Markierungen re. über Grasschrofen u. Steigspuren in den Kessel südöstlich unter dem Gipfel. Nach Steigspuren mäßig steil nach re. zu einer markanten Gratspitze, von dort über ein Firnfeld li. zu quergeschichtetem, steilem, plattigem Fels. Nach Markierungen steil u. abschüssig durch diese Formation höher zum Gipfelfirnfeld, über den Firn zum felsigen Gipfel. Abstieg auf Anstiegsweg oder über den Südwestgrat = Anstieg aus dem Lesachtal zur Lesachalm-H., 3 Std. Nur für erfahrene Berggeher, Pickel empfehlenswert. *Böses Weibl:* Ab Elberfelder H. nach Schild »Kesselkees-Sattel« hinab zum Gößnitzbach, auf der anderen Seite nach Steig 918 nordwestwärts mäßig steil zum Kesselkees-Sattel mit dem Gernot-Röhr-Biwak. Hier Wegeteilung: Der Wiener Höhenweg läuft über das Peischlachtörl (2490 m) zur Glorer H. (2642 m), der Anstieg zum Bösen Weibl führt am oberen Saum des Peischlachkesselkeeses (meist Trasse) nach li. mäßig steil zum felsigen O-Grat des Bösen Weibl, über den gut gangbaren Grat nach Steigspuren zum Firnsattel zwischen Süd- u. Hauptgipfel, auf fast waagrechtem Blockgrat zum Hauptgipfel. Abstieg: Vom Firnsattel zwischen den Gipfeln über Firn oder Fels hinab zum Geröllplateau (häufig Firn und Eis) des Tschadinsattels (2987 m), auf dem Friedrich-Senders-Weg (911) in das Lesachtal zur Lesach-

alm-H. Durchgehend markierte Route, das Böse Weibl ist bei guten Verhältnissen auch für Bergwanderer ein leicht erreichbarer Dreitausender.

Höchste Wegestelle/Gipfel Roter Knopf 3281 m, Kesselkees-Sattel 2926 m, Böses Weibl 3121 m, Tschadinsattel 2987 m.

Anstiegsleistung Ab Elberfelder H. zum Roten Knopf 900, zum Bösen Weibl 800 Höhenmeter.

Abstieg Siehe Tourenverlauf; oder ab Tschadinsattel über das Peischlachtörl (2490 m) zur Glorer H. (2642 m), 2 Std.

Gehzeiten Elberfelder H. 2346 m – Roter Knopf 3281 m: 3 Std. Abstieg Elberfelder H.: 2 Std. Elberfelder H. – Kesselkees-Sattel 2926 m: 2 Std. Sattel – Böses Weibl 3121 m: ½ Std. Abstieg: Tschadinsattel 2987 m – Lesachalm-H. 1828 m: 2½ Std. Gesamtgehzeit: 10 Std.

Hütten/Stützpunkte *Elberfelder H.* 2346 m, siehe Tour 27. *Lesachalm-H.* 1828 m, priv. 18 Matratzenlager, bew. Anfang Juni–Anfang Okt. *Bubenreuther-H.* 1828 m, auf der Lesach-A., DAV-Sektion Eger u. Egerland, priv. Sektionshütte. *Glorer-H.* 2642 m, DAV-Sektion Eichstätt, 40 Betten u. Matratzenlager, bew. Mitte Juni–Ende Sept. *Gernot-Röhr-Biwak* 2926 m, 6 Matratzen mit Decken, ständig geöffnete Notunterkunft.

Karten/Führer/Literatur Kompass-Wanderkarte 1 : 50000, Blatt 48 »Kals am Großglockner«; AV-Karte 1 : 25000, Blatt »Schobergruppe«. AV-Führer »Schobergruppe«.

Schober-Gruppe

29 Schönleitenspitze 2810 m

wenig schwierig, Wandertour

Ausgangsort Unterlesach 1300 m; oder Kals am Großglockner 1325 m.
Die Tour in Stichworten Unterlesach 1300 m – Lesachriegel-H. 2131 m; oder Kals 1325 m – Lesachriegel-H. – Schönleitenspitze 2810 m – Lesachriegel-H.
Schwierigkeit/Anforderung I = wenig schwierig, Wandertour; mittlere Anforderung, Tagestour. Ab Unterlesach über Oberlesach (P.) auf Fahrstr. in Richtung Lesach-A. bis zur Tafel »Lesachriegel-Hütte«, kurz hinter der Straßenschranke. Nach li. steiler, kurzer Waldsteig zur Waldgrenze. Dort Einmündung in den Fahrweg, auf ihm zur Hütte. Oder von Kals auf markiertem Steig zur Hütte. (Tägliche Fahrmöglichkeit mit Jeep von Kals über Lesach zur Lesachriegel-H.!) Ab Hütte über den Rücken des Lesachriegels auf markiertem Steig mäßig steil zu einem Vermessungszeichen (2614 m, Stempelstelle), steiler Schrofensteig zum Gipfelplateau. Markierte Route, leichter Wandergipfel.

Höchste Wegestelle/Gipfel Schönleitenspitze 2810 m.
Anstiegsleistung Ab Unterlesach oder Kals 1500, ab Lesachriegel-H. 700 Höhenmeter.
Abstieg Wie Anstieg; oder auf markiertem Steig hinab zur Lesachalm-H. (1828 m) u. in einer Rundtour auf dem Fahrweg zurück nach Lesach, 4 Std.
Gehzeiten P. Oberlesach ca. 1350 m – Lesachriegel-H. 2131 m: 2½ Std. Lesachriegel-H. – Schönleitenspitze 2810 m: 2 Std. Abstieg wie Anstieg zur Hütte: 1½ Std.
Gesamtgehzeit: 6 Std.
Hütten/Stützpunkte *Lesachriegel-H.* 2131 m, priv. Berggasthaus, keine Übernachtung, bew. Anfang Juni–Ende Sept. *Lesachalm-H.* 1828 m, priv., 18 Matratzenlager, bew. Anfang Juni–Anfang Okt.
Karten/Führer/Literatur
Siehe Tour 28.
Tip Die Lesachalm-H. eignet sich gut als Stützpunkt für die nordseitigen Anstiege zu Hochschober, Glödis, Roter Knopf, Böses Weibl.

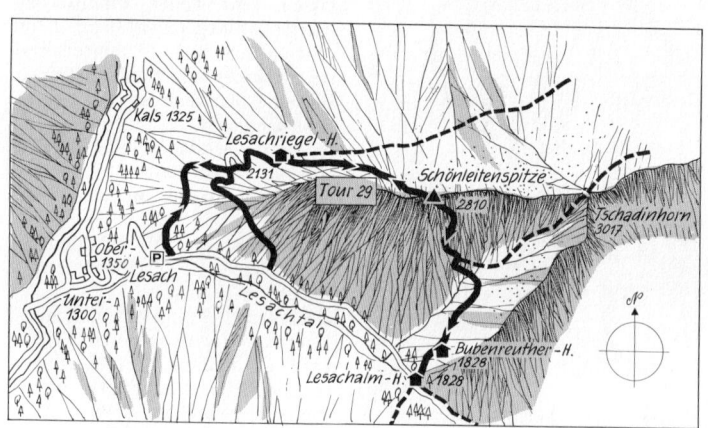

Schober-Gruppe

30 Hoher Prijakt 3064 m
Niederer Prijakt 3056 m

mäßig schwierig,
Wander-/Felstour

Ausgangsort Ainet 755 m; oder St. Johann im Walde 749 m im Iseltal.
Die Tour in Stichworten Ainet 755 m – Hochschober-H. 2322 m; oder St. Johann i. W. 749 m – Seil-

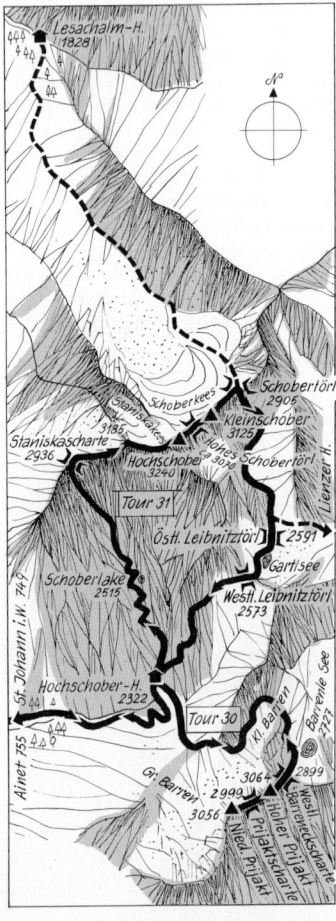

bahn Oberleibnig 1240 m – Hochschober-H. – Westliche Barreneckscharte 2899 m – Hoher Prijakt 3064 m – Niederer Prijakt 3056 m – Westliche Barreneckscharte – Hochschober-H.
Schwierigkeit/Anforderung II = mäßig schwierig, Wander-/Felstour; große Anforderung als Tagestour. Aus dem Iseltal von Ainet auf Bergstr. (ca. 10 km) in das Leibnitztal zum P. (1640 m) am Leibnitzbach. Mäßig steil auf dem Eduard-Jordan-Weg zur Hochschober-H. Oder von St. Johann i. W. mit der Seilbahn nach Oberleibnig, von dort in das Leibnitztal, wie oben zur Hütte. Ab Hochschober-H. nach Schild »Mirnitzscharte/Barrenle See« auf markiertem Steig südöstlich gegen die Steilwände der Prijakte in das Kar des Großen Barren, höher zu einem Seelein im Felstrog des Kleinen Barren. Wegweisung »Hoher Prijakt«, markierter Steig nach re. über eine felsige Steilstufe zum Barrenle See (2727 m). Nach Steigspuren westlich des Sees (Achtung: Ewigschneefeld!) steil zur Westlichen Barreneckscharte, mäßig steil (Steinmänner) auf dem blockigen Ostrükken zum Hohen Prijakt. Auf der Grathöhe abwärts zur Prijaktscharte (2999 m) zwischen den beiden Prijakten, sehr steiler, drahtseilgesicherter Abstieg (etwa 30 m) in die schmale Scharte, mit Drahtseilsicherung Ausstieg zum Niederen Prijakt. Einsame, markierte Route für erfahrene Berggeher.
Höchste Wegestelle/Gipfel Westliche Barreneckscharte 2899 m, Hoher Prijakt 3064 m, Niederer Prijakt 3056 m.
Anstiegsleistung Ab P. 1500, ab Hochschober-H. 800 Höhenmeter.
Abstieg Wie Anstieg.
Gehzeiten Parkplatz Leibnitztal 1640 m – Hochschober-H. 2322 m: 2 Std. Oberleibnig – Hochschober-H.: 3 Std. Hochschober-H. – Westliche Barreneckscharte 2899 m: 2 Std.

Scharte – Hoher Prijakt 3064 m:
½ Std. Hoher Prijakt – Niederer Prijakt 3056 m u. zurück: 1 Std. Abstieg
wie Anstieg zur Hochschober-H.:
1½ Std.
Gesamtgehzeit: 7–8 Std., ab Hochschober-H.: 5 Std.
Hütten/Stützpunkte *Hochschober-H.* 2322 m, ÖAV-Sektion Wiener
Lehrer, 60 Betten u. Matratzenlager,
bew. Anfang Juli–Ende Sept.
Karten/Führer/Literatur
Siehe Tour 28.

Schober-Gruppe

31 Hochschober 3240 m
Kleinschober 3125 m
Hochschober-Hütte 2322 m

schwierig, Fels-/Gletschertour

Ausgangsort Siehe Tour 30.
Die Tour in Stichworten Ainet
755 m – Hochschober-H. 2322 m;
oder St. Johann i.W. 749 m – Seilbahn Oberleibnig 1240 m – Hochschober-H. – Staniskascharte
2936 m – Hochschober 3240 m –
Kleinschober 3125 m – Schobertörl
2905 m – Östliches Leibnitztörl
2591 m – Gartlsee – Westl. Leibnitztörl 2573 m – Hochschober-H.
Schwierigkeit/Anforderung III =
schwierig, Fels-/Gletschertour; große Anforderung als Tagestour. Zur
Hochschober-H. siehe Tour 30.
Nach Schild »Zum Hochschober«
abwärts zum Leibnitzbach, auf markiertem Steig nach Norden zur
Schoberlake (2515 m). Auf Steig höher, hinein in das Hochkar unter der
Staniskascharte, je nach den Verhältnissen über Schnee direkt zur
Scharte oder im Fels nach Markierungen u. Steigspuren. Ab Scharte
auf dem Hochschober-W-Grat über
steilen blockigen Fels nach Markierungen u. Steigspuren meist südseitig, vorbei am Vorgipfel (3185 m), zu
den Steinmännern am ebenen Fels
u. Firnsattel (ca. 3150 m) vor dem
Hauptgipfel. Aus dem Sattel entweder nach den ersten Felsen wenig
hinaus in die steile vergletscherte N-Flanke u. über Firn oder Eis; oder
über die steilen, drahtseilgesicherten
Randfelsen zum Ausstieg am Gipfelgrat. Ab Hochschober über einen
Firngrat abwärts zu einem Felsspitz,
in seiner Überschreitung hinab in
den weiten Firnsattel des Hohen
Schobertörls (ca. 3070 m), kurzer
Felsanstieg zum Kleinschober. Nach
Steigspuren u. Steinmännern sehr
steil u. ausgesetzt über den NO-Grat
hinab zum Schobertörl. Ab Törl auf
markiertem Steig zum Östlichen
Leibnitztörl (vorher Abzweigung zur
Lienzer H.), vorbei am Gartlsee zum
nahen Westlichen Törl u. Abstieg
zur sichtbaren Hochschober-H. Nur
für im Fels u. Eis erfahrene Bergsteiger mit Eisausrüstung.
Höchste Wegestelle/Gipfel Staniskascharte 2936 m, Hochschober
3240 m, Kleinschober 3125 m, Schobertörl 2905 m.
Anstiegsleistung Ab P. 1600, ab
Hochschober-H. 900 Höhenmeter.
Abstieg Siehe Tourenverlauf.
Gehzeiten Zur Hochschober-H. siehe Tour 30. Hochschober-H. 2322 m
– Staniskascharte 2936 m: 2 Std.
Staniskascharte – Hochschober
3240 m: 1½ Std. Hochschober –
Kleinschober 3125 m: ½ Std. Kleinschober – Schobertörl 2905 m: 1 Std.
Schobertörl – Westliches Leibnitztörl 2573 m – Hochschober-H.
2322 m: 2 Std.
Gesamtgehzeit: 7 Std. ab Hochschober-H.
Hütten/Stützpunkte *Hochschober-H.* 2322 m, siehe Tour 30.
Karten/Führer/Literatur
Siehe Tour 28.
Tip Für den Eisgeher: Ab Staniskascharte Querung in das Schoberkees
und über die N-Wand des Hochschober zum Gipfel.

Schober-Gruppe

32 Glödis 3206 m Lienzer Hütte 1977 m

schwierig, Wander-/Felstour

Ausgangsort Lienz 688 m (Nussdorf).

Die Tour in Stichworten Nussdorf 688 m – Debanttal – P. Seichenbrunn 1685 m – Lienzer H. 1977 m – Glödis 3206 m – Lienzer H.

Schwierigkeit/Anforderung
III = schwierig, Wander-/Felstour; große Anforderung als Tagestour. Zum P. Seichenbrunn siehe Tour 26. Auf Almstr. zur Lienzer H. Auf dem Franz-Keil-Weg in Richtung Leibnitztörl zur markierten Abzweigung »Kalser Törl/Glödis«. Nach re. mit Markierung u. Steigspuren mäßig steil gegen das Kalser Törl (2806 m) bis zur bezeichneten Abzweigung »Glödis« (ca. 2500 m). Dort re. nach Steigspuren (Steinmänner) steil in das Felsbecken unter der Glödis-S-Flanke. Über ein Altschneefeld zum Steinmann (ca. 3000 m) am Ansatz des SO-Grates. Am Grat höher, bis ein Steinmann nach re. in die O-Flanke weist. Nach Steigspuren in der O-Flanke sehr steil u. ausgesetzt höher, bis die Route den SO-Grat schneidet u. in der S-Flanke den Gipfel erreicht. Besondere Vorsicht beim Abstieg! Markierte Route, für geübte, im Fels erfahrene Bergsteiger.

Höchste Wegestelle/Gipfel Glödis 3206 m.

Anstiegsleistung Ab P. Seichenbrunn 1500, ab Lienzer H. 1200 Höhenmeter.

Abstieg Wie Anstieg.

Gehzeiten Seichenbrunn 1685 m – Lienzer H. 1977 m: 1 Std. Lienzer H. – Steinmann am Glödis-SO-Grat ca. 3000 m: 3 Std. Glödis 3206 m: 1 Std. Abstieg Glödis – Steinmann: 1 Std. Lienzer H. – P. Seichenbrunn: 3 Std. Gesamtgehzeit: 9 Std.

Hütten/Stützpunkte *Lienzer H.* 1977 m, ÖAV-Sektion Lienz, 100 Betten u. Matratzenlager, bew. Mitte Juni–Ende Sept.

Karten/Führer/Literatur
Siehe Tour 28.

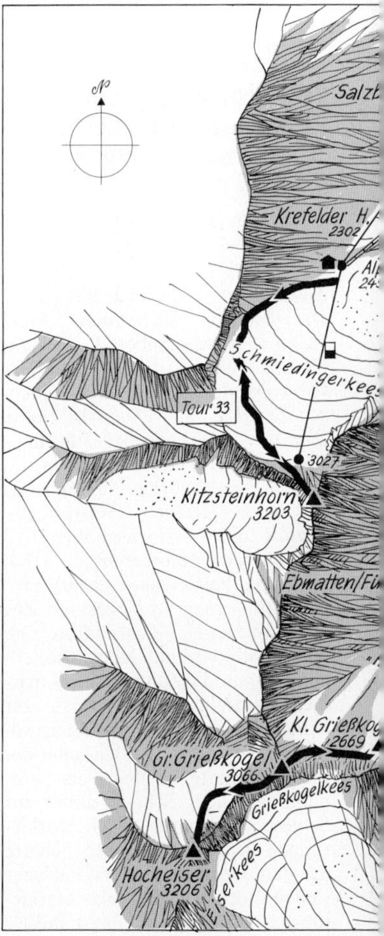

Glockner-Gruppe

33 Kitzsteinhorn 3203 m
Krefelder Hütte 2302 m

*mäßig schwierig,
Fels-/Gletschertour*

Ausgangsort Kaprun 786 m im Kapruner Tal.

Die Tour in Stichworten Kaprun 786 m – Talstation der Kapruner Gletscherbahnen 928 m – Bergsta-

tionen Alpincenter 2452 m und Kitzsteinhorn 3027 m – Kitzsteinhorn 3203 m – Bergstationen.

Schwierigkeit/Anforderung II = mäßig schwierig, Gletscher-/Felstour; geringe Anforderung, ½-Tages-Tour. Auffahrt mit den Gletscherbahnen (Stand- oder Luftseilbahn) zum Alpincenter, mit Gondelbahn zur Bergstation unter der nördlichen Gipfelflanke des Kitzsteinhorns. Oder ab Alpincenter über das Schmiedingerkees entlang den Lift-

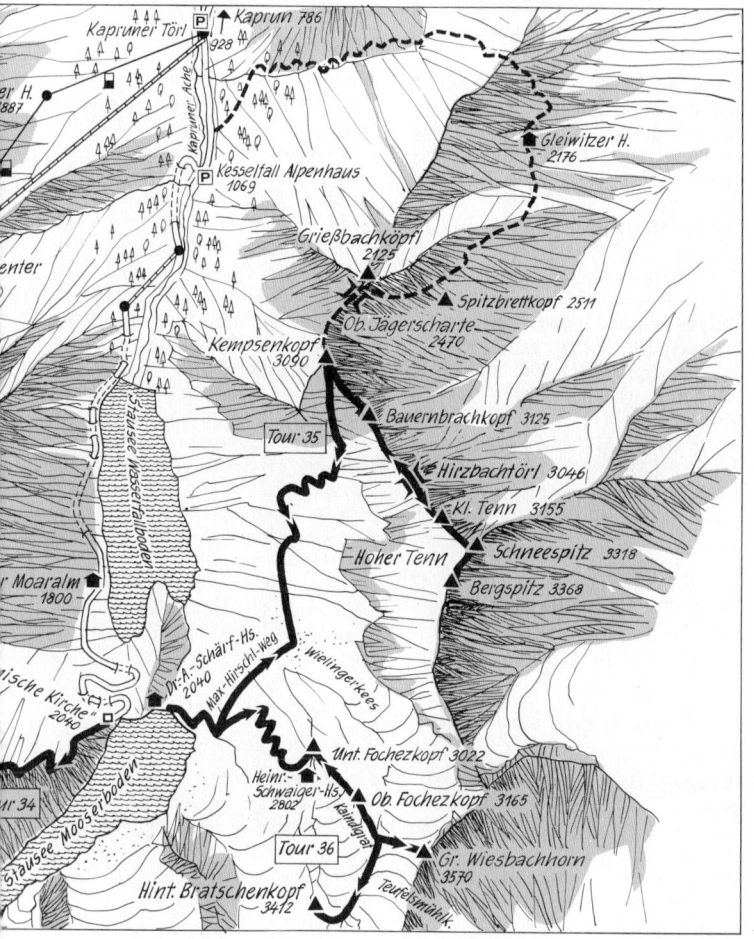

trassen zur Bergstation (nur mit Gletschererfahrung u. -ausrüstung!). Ab Bergstation von der obersten Aussichtsplattform über Geröll zu den Lawinenverbauungen u. zur mit doppeltem Seilgeländer gesicherten, alten Steiganlage, steil u. ausgesetzt zum Gipfel. Für geübte, trittsichere Bergwanderer, bei Neuschnee u. Vereisung gefährlich!

Höchste Wegestelle/Gipfel Bergstation Kitzsteinhorn 3027 m, Kitzsteinhorn 3203 m.

Anstiegsleistung Ab Alpincenter 800, ab Bergstation 200 Höhenmeter.

Abstieg Wie Anstieg.

Gehzeiten Alpincenter 2452 m – Kitzsteinhorn 3203 m: 2½ Std. Ab Bergstation 3027 m: ½ Std. Abstieg zur Bergstation: ½ Std., zum Alpincenter: 1½ Std.
Gesamtgehzeit: 1–4 Std.

Hütten/Stützpunkte *Krefelder H.* 2302 m, DAV-Sektion Krefeld, 105 Betten u. Matratzenlager, ganzjährig bewirtschaftet.

Karten/Führer/Literatur Kompass-Wanderkarte 1:50000, Blatt 39 »Glocknergruppe – Zell am See«; AV-Karte 1:25000, Blatt »Großglocknergruppe«. AV-Führer »Glockner- u. Granatspitzgruppe«; Kleiner Führer »Glockner-Granatspitz- u. Venedigergruppe«.

Glockner-Gruppe

34 Großer Grießkogel
3066 m
Hocheiser 3206 m

schwierig,
Wander-/Fels-/Gletschertour

Ausgangsort Kaprun 786 m im Kapruner Tal, Station »Heidnische Kirche« am Stausee Mooserboden 2040 m.

Die Tour in Stichworten Station »Heidnische Kirche« 2040 m – Kl. Grießkogel 2669 m – Gr. Grießkogel 3066 m – Hocheiser 3206 m – Gr. Grießkogel – Mooserboden.

Schwierigkeit/Anforderung III = schwierig, Wander-/Fels-/Gletschertour; mittlere Anforderung, Tagestour. Ab. P. Kesselfall Alpenhaus mit Bus u. Lärchwand-Schrägaufzug u. wieder mit Bus zur Endstation »Heidnische Kirche« am Stausee Mooserboden. Ab hier südwestlich nach markiertem AV-Steig 716/734 mäßig steil zum Steinmann am Kl. Grießkogel. Kurze Querung über mäßig geneigten Firn zum Ostgrat (Sedlgrat) des Gr. Grießkogels. Auf Steigspuren über den gut gangbaren Gratfels höher, meist südseitig, zu einem Firngupf unter dem Gipfelaufbau, blockiger Fels, Anstieg zum Gr. Grießkogel (3066 m). Vom Gipfel über blockigen Fels nach Südwesten abwärts, bis bei P. 3016 (AV-Karte) ein leichter Übergang zum Oberen Hocheiserkees möglich ist. Über den Gletscher, meist Trasse – Achtung: Spalten! –, mäßig steil zum Hocheiser. Übersichtliche Route (nur bis zum Kl. Grießkogel markiert!), fast nur Fels, ab Gr. Grießkogel Gletschertour. Nur für erfahrene Bergsteiger mit Eisausrüstung.

Höchste Wegestelle/Gipfel Kl. Grießkogel 2669 m, Gr. Grießkogel 3066 m, Hocheiser 3206 m.

Anstiegsleistung Ab Mosserboden 1200 Höhenmeter.

Abstieg Wie Anstieg; oder über das Obere u. Untere Hocheiserkees nach Westen zur Mittelstation der Stubacher Weißseebahn am Tauernmoossee (2050 m, 3 Std.).

Gehzeiten Station »Heidnische Kirche« 2040 m – Kl. Grießkogel 2669 m: 2 Std. Kl. Grießkogel – Gr. Grießkogel 3066 m: 1 Std. Gr. Grießkogel – Hocheiser 3206 m: 1 Std. Abstieg wie Anstieg: 3 Std.
Gesamtgehzeit: 7 Std.

Hütten/Stützpunkte *Dr.-Adolf-Schärf-Hs.* 2040 m, am Stausee Mooserboden, TV Naturfreunde,

59 Betten, bew. Ende Mai–Ende Sept. *Ebmatten/Fürther Moar-A.* 1800 m, am Stausee Wasserfallboden, Sommerwirtschaft, 45 Betten u. Matratzenlager.
Karten/Führer/Literatur
Siehe Tour 33.
Tip Für Bergwanderer ist der Kl. Grießkogel (2669 m) ein leicht erreichbarer, lohnender Aussichtsberg.

Glockner-Gruppe
35 Hoher Tenn Schneespitz 3318 m
Bergspitz 3368 m
Gleiwitzer Hütte 2176 m

schwierig, Wander-/Felstour

Ausgangsort Stausee Mooserboden, siehe Tour 34. Kaprun 786 m im Kapruner Tal, Station »Heidnische Kirche« am Stausee Mooserboden, 2040 m.
Die Tour in Stichworten Mooserboden 2040 m – Dr.-Adolf-Schärf-Hs. 2040 m – Drossensperre – Max-Hirschl-Weg – Kempsenkopf 3090 m – Bauernbrachkopf 3125 m – Hirzbachtörl 3046 m – Kl. Tenn 3155 m – Hoher Tenn Schneespitz 3318 m – Bergspitz 3368 m – Kl. Tenn – Kempsenkopf – Stausee Mooserboden.
Schwierigkeit/Anforderung
III = schwierig, Wander-/Felstour; große Anforderung, Tagestour. Zum Stausee Mooserboden siehe Tour 34. Die Tour beginnt an der Drossensperre im Anstieg zum Heinrich-Schwaiger-Hs. Nach kurzer Gehzeit bei Schild »Gleiwitzer Hütte« Abzweigung, auf AV-Weg (723, Max-Hirschl-Weg) horizontal zum Abflußwinkel des Wielingerkeeses. An der Wasserfassung etwas abwärts, mit deutlicher Markierung beginnt ein schmaler Steig durch Wiesenhänge zum begrünten Hausebenrücken. Mit Steigkehren in zunehmender Steilheit hinauf zu den schrofigen Bratschenhängen unter dem Bauernbrachkopf, bis der Steig in einer langgezogenen, steilen, ausgesetzten Diagonale den Ausstieg beim Kempsenkopf (3090 m, Einmündung des Gleiwitzer Höhenweges von der Gleiwitzer H.) vermittelt. Nach Steigspuren und Markierungen über den Bauernbrachkopf (3125 m), mit Seilsicherungen hinab zum weiten Sattel des Hirzbachtörls (3046 m). Stifte u. Drahtseile helfen in dem fast senkrechten, felsigen Durchstieg hinauf zum Kl. Tenn (Umgehung nicht ratsam!). Eine ostseitige, abschüssige Flankenquerung führt zum breiten Nordwestkamm des Hohen Tenn, über ihn zum Gipfelkreuz auf dem N-Gipfel (Schneespitz 3318 m). Zum nahen Bergspitz (3368 m) über einen Sattel u. mehrere Grattürme. Nur für im Fels erfahrene, ausdauernde Bergsteiger.
Höchste Wegestelle/Gipfel Kempsenkopf 3090 m, Bauernbrachkopf 3125 m, Kl. Tenn 3155 m, Hoher Tenn Schneespitz 3318 m, Bergspitz 3368 m.
Anstiegsleistung Ab Stausee Mooserboden 1300 Höhenmeter.
Abstieg Wie Anstieg; oder zur Gleiwitzer H. 2176 m. Besonderer Hinweis: Ab Kempsenkopf ist auf dem Gleiwitzer Höhenweg ein markierter, teils gesicherter Abstieg zur Gleiwitzer H. möglich, 3 Std. Diese Route ist auf weiten Strecken sehr ausgesetzt, besonders in der Steilhangquerung zwischen Oberer- (2752 m) u. Unterer Jägerscharte (2470 m), u. kann nur sehr geübten, trittsicheren Gehern bei besten trockenen Verhältnissen u. sicherem Wetter empfohlen werden.
Gehzeiten Stausee Mooserboden 2040 m – Kempsenkopf 3090 m: 3 Std. Kempsenkopf – Bauernbrachkopf 3125 m – Hirzbachtörl 3046 m – Kl. Tenn 3155 m – Hoher Tenn Schneespitz 3318 m: 2 Std. Über-

gang zum Bergspitz 3368 m: ½ Std.
Abstieg: Hoher Tenn – Kempsenkopf: 1½ Std. Kempsenkopf – Stausee Mooserboden: 2 Std.
Gesamtgehzeit: 9 Std.
Hütten/Stützpunkte *Dr.-Adolf-Schärf-Hs.* 2040 m, siehe Tour 34.
Gleiwitzer H. 2176 m, DAV-Sektion Tittmoning, 80 Betten u. Matratzenlager, bew. Mitte Juni–Ende Sept.
Karten/Führer/Literatur
Siehe Tour 33.
Tip Rundtour für gute, ausdauernde Bergsteiger: Ausgangsort P. bei den Kapruner Gletscherbahnen 928 m, ab oberstem P. markierter Steig Brandlscharte (2371 m) – Gleiwitzer H. (2176 m, Übernachtung) – Gleiwitzer Höhenweg – Kempsenkopf – Hoher Tenn – Abstieg über Kempsenkopf – Mooserboden – Kesselfall – P.

Glockner-Gruppe

36 Großes Wiesbachhorn 3570 m
Hinterer Bratschenkopf 3412 m
Heinrich-Schwaiger-Haus 2802 m

schwierig, Fels-/Gletschertour

Ausgangsort Stausee Mooserboden 2040 m siehe Tour 34.
Die Tour in Stichworten Mooserboden 2040 m – Dr.-Adolf-Schärf-Hs. 2040 m – Drossensperre – Heinrich-Schwaiger-Hs. 2802 m – Unterer Fochezkopf 3022 m – Oberer Fochezkopf 3165 m – Kaindlgrat – Gr. Wiesbachhorn 3570 m – Hinterer Bratschenkopf 3412 m – Oberer Fochezkopf – Heinrich-Schwaiger-Hs.
Schwierigkeit/Anforderung
III = schwierig, Fels-/Gletschertour; mittlere Anforderung, 1½-Tage-Tour. Zum Stausee Mooserboden siehe Tour 34.

Wiesbachhorn: Hüttenanstieg zum Schwaiger-Haus ab Drossensperre nahe dem A.-Schärf-Hs. AV-Steig durch steile, abschüssige felsige Hänge. Ab H.-Schwaiger-Hs. durch das mit Seilen gesicherte Klamml sehr steil in das gut begehbare, aber abschüssige Felsgelände des Unteren Fochezkopfes, mit Markierungen, Steigspuren, zu seinem Gipfel. Nun entweder über den Firngrat oder r. von ihm, je nach Ausaperung, zum Steinmann am Oberen Fochezkopf (3165 m). Von dort zieht die Firnschneide des Kaindlgrates mäßig steil zur Wielingerscharte u. zum Ansatz des felsigen NW-Grates, der steil und ausgesetzt (Fels u. Eis) den Schlußanstieg vermittelt. *Hinterer Bratschenkopf:* Abstieg zur Wielingerscharte, über den flachen Gletscherboden nach SW zur vergletscherten NO-Flanke des Hinteren Bratschenkopfes. Über steilen Firn, meist Trasse, zur Bratschenkopfscharte (3383 m) u. nach r. zum Gipfelkreuz, 3412 m. Vielbegangene Routen, aber nur für in Fels u. Eis erfahrene Bergsteiger mit Eisausrüstung.
Höchste Wegestelle/Gipfel Gr. Wiesbachhorn 3570 m, Hinterer Bratschenkopf 3412 m.
Anstiegsleistung Ab Stausee Mooserboden 1500, ab Schwaiger-Haus 800 Höhenmeter (mit Hinterem Bratschenkopf + 150 m).
Abstieg Wie Anstieg.
Gehzeiten Stausee Mooserboden 2040 m – Heinrich-Schwaiger-Hs. 2802 m: 2½ Std. H.-Schwaiger-Hs. – Oberer Fochezkopf 3165 m: 1 Std. Fochezkopf – Gr. Wiesbachhorn 3570 m: 2 Std. Abstieg Wielingerscharte 3265 m: 1 Std. Hinterer Bratschenkopf 3412 m hin u. zurück: 2 Std. Wielingerscharte – H.-Schwaiger-Hs.: 2 Std.
Gesamtgehzeit: 6 Std. ab H.-Schwaiger-Hs., mit Hinterem Bratschenkopf: 8 Std.
Hütten/Stützpunkte *Dr. Adolf-*

Schärf-Hs. 2040 m, siehe Tour 34.
Heinrich-Schwaiger-Hs. 2802 m,
DAV-Sektion München, 80 Betten
u. Matratzenlager, bew. Ende Ju-
ni–Ende Sept.
Karten/Führer/Literatur
Siehe Tour 33.

Glockner-Gruppe
37 Johannisberg 3463 m
Hohe Riffl 3346 m
Oberwalder-Hütte
2973 m

schwierig, Gletschertour

Ausgangsort Franz-Josefs-Höhe
2369 m/Glocknerstr.
Die Tour in Stichworten P. Franz-
Josefs-Höhe 2369 m – Gamsgruben-
weg – Hofmanns-H. 2442 m – Wasserfallwinkel – Oberwalder-H.
2973 m – Johannisberg 3463 m –
Obere Ödenwinkelscharte 3233 m –
Hohe Riffl 3346 m – Oberwalder-H.
– Franz-Josefs-Höhe.
Schwierigkeit/Anforderung III =
schwierig, Gletschertour; große Anforderung als Tagestour. Ab P. auf
dem Gamsgrubenweg, vorbei an der
Hofmanns-H., zum Auslauf dieses
»Promenadenweges« im Wasserfallwinkel. Dort Gletscheranstieg
(Spalten!) zur Oberwalder-H. auf
dem Gr. Burgstall. *Johannisberg:*
Ab Hütte je nach den Verhältnissen
in den Obersten Pasterzenboden, in
einem Li.-Bogen mäßig steil, nur im
Schlußanstieg über den Firn des SO-
Grates steiler zum Gipfel. Spaltengefahr! *Hohe Riffl:* Ab Johannisberg über den teils ausgeaperten
NW-Grat steil hinab zur Oberen
Ödenwinkelscharte. Einfacher, mäßig steiler Firnanstieg zur Hohen
Riffl, Rückkehr zur Scharte u. über
den Gletscher zurück zur Oberwalder-H. Vielbegangene Gletscherroute, meist Trasse, aber teils große
Spaltengefahr! Nur für gletscher-

erfahrene Bergsteiger mit Eisausrü-
stung.
Höchste Wegestelle/Gipfel Johan-
nisberg 3463 m, Hohe Riffl 3346 m.
Anstiegsleistung Ab Franz-Josefs-
Höhe 1200, ab Oberwalder-H.
600 Höhenmeter.
Abstieg Siehe Tourenverlauf.
Gehzeiten Franz-Josefs-Höhe
2369 m – Oberwalder-H. 2973 m:
2½ Std. Oberwalder-H. – Johannis-
berg 3463 m: 3 Std. Johannisberg –
Hohe Riffl 3346 m: 1 Std. Abstieg:
Oberwalder-H. – P.: 3½ Std.
Gesamtgehzeit: 10 Std.
Hütten/Stützpunkte *Oberwalder-H.*
2973 m, ÖAV-Sektion Austria,
88 Betten u. Matratzenlager, bew.
Pfingsten–Anfang Okt.
Karten/Führer/Literatur
Siehe Tour 33.

Glockner-Gruppe
38 Fuscherkarkopf 3336 m
Hofmanns-Hütte 2442 m

schwierig, Felstour

Ausgangsort Franz-Josefs-Höhe
2369 m, an der Glocknerstr.
Die Tour in Stichworten P. Franz-
Josefs-Höhe 2369 m – Hofmanns-H.
2442 m – Gamsgrubengrat = SW-
Grat – Fuscherkarkopf 3336 m –
Hofmanns-H. – Franz-Josefs-Höhe.
Schwierigkeit/Anforderung III =
schwierig, Felstour; mittlere Anforderung, Tagestour. Vom P. Franz-
Josefs-Höhe auf dem Gamsgrubenweg zum Schild »Gamsgrube«
(2529 m) nahe der Hofmanns-H.
Weglos in die Gamsgrube, ein mäßig
geneigtes, sandiges Karbecken südlich unter dem Fuscherkarkopf. Aus
dem Kar nach l. gegen den Rücken
des Elschbergls steil hinauf zu einer
deutlich sichtbaren Einschartung
(P. 2848 AV-Karte). Dort setzt der
Gamsgrubengrat (= SW-Grat) mit
mürbem, bratschigem Fels an. Nach

Steigspuren teils steil bis zum NW-Gipfel (3252), auf dem Grat – bei aperem Fels gut begehbar, aber ausgesetzt – zum Hauptgipfel. Für erfahrene, trittsichere Bergsteiger.

Höchste Wegestelle/Gipfel Fuscherkarkopf 3336 m.

Anstiegsleistung Ab Franz Josefs-Höhe 900 Höhenmeter.

Abstieg Wie Anstieg; oder vom NW-Gipfel über den NW-Grat (II) zur Fuscherkarscharte (2835 m), von dort über den Gletscher des Wasserfallwinkels hinüber zur sichtbaren Oberwalder-H. (2973 m) oder über den mäßig geneigten Gletscher (Spalten!) hinab zur Einmündung in den Gamsgrubenweg.

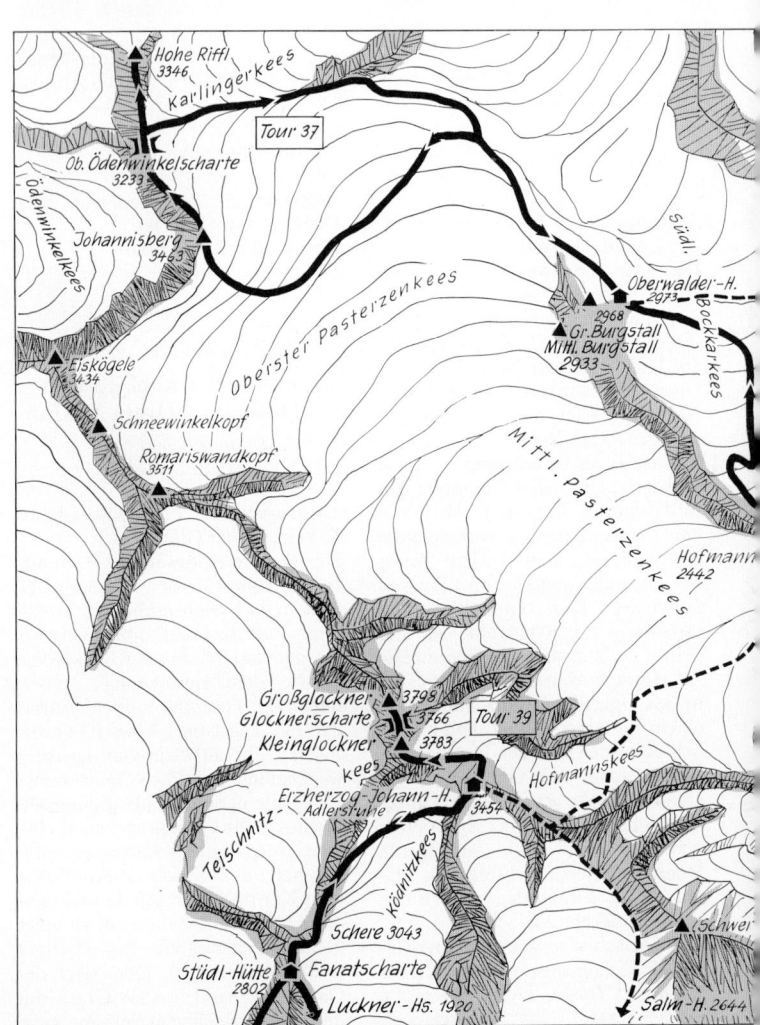

Gehzeiten Franz-Josefs-Höhe 2369 m – Hofmanns-H. 2442 m – Gamsgrubengrat – NW-Gipfel 3252 m – Fuscherkarkopf 3336 m: 3 Std. Abstieg wie Anstieg: 2½ Std. zur Oberwalder-H. 2973 m: 2 Std. Gesamtgehzeit: 5½–6 Std.
Hütten/Stützpunkte *Hofmanns-H.* 2442 m, ÖAV-Akad. Sektion Wien,

100 Betten u. Matratzenlager, bew. Ende Mai–Anfang Okt.
Karten/Führer/Literatur
Siehe Tour 33.

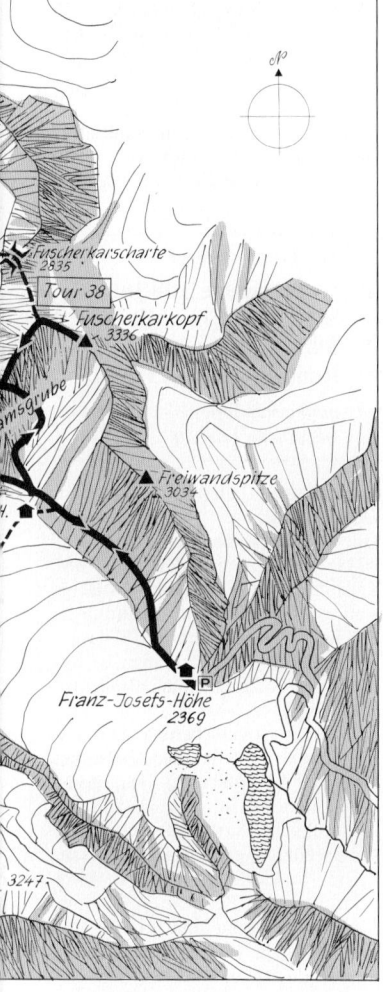

Glockner-Gruppe

39 Großglockner 3798 m Erzherzog-Johann-Hütte 3454 m Stüdl-Hütte 2802 m

*sehr schwierig,
Gletscher-/Felstour*

Ausgangsort Kals 1325 m, am Großglockner.
Die Tour in Stichworten Kals 1325 m – Kalser Glocknerstr. – P. Luckner-Hs. 1920 m – Luckner-H. 2227 m – Stüdl-H. 2802 m – Oberer Mürztaler Steig – Erzh.-Johann-H. 3454 m (Adlersruhe) – Kleinglockner 3783 m – Großglockner 3798 m – Adlersruhe.
Schwierigkeit/Anforderung IV = sehr schwierig, Gletscher-/Felstour; mittlere Anforderung, 1½-Tage-Tour. Von Kals auf der Kalser Glocknerstr. (Maut) zum P. beim Luckner-Hs. (Ab Kals auch Bus.) Ab P. das Ködnitztal einwärts, auf Fahrweg zur sichtbaren Luckner-H., markierter, mäßig steiler Steig zur Stüdl-H. in der Fanatscharte. (Zugang auch durch das Teischnitztal nahe Kals, 3½ Std.) Ab Stüdl-H. nach markiertem, teils gesichertem Steig über einen steilen, plattigen Schotterrücken zum Rand des Teischnitzkeeses, in kurzer Querung zur mit Stange bezeichneten Einschartung im Luisengrat, der »Schere« (3043 m). Übertritt zum Ködnitzkees, im weiten NO-Bogen mit wenig Höhengewinn zu dem Felssporn, der von der Adlersruhe herab das obere Ködnitzkees begrenzt. Nach Überschreitung der Randkluft beginnen die Drahtseilsicherungen, die

45

als ›Oberer Mürztaler Steig zur Erzh.-Johann-H. auf der Adlersruhe führen. (Zur Adlersruhe auch von der Hofmanns-H. 2442 m u. von der Salm-H. 2644 m.) Ab Adlersruhe über den Gletscher zum »Glocknerleitl«, in steilem Firnanstieg zu einer Schulter (ca. 3700 m). Dort setzen die Felsen des Kleinglockners an, die steil u. sehr ausgesetzt (eiserne Sicherungsstangen) erstiegen werden. Es folgt der mit Drahtseil gesicherte, sehr steile Abstieg in die Glocknerscharte (3766 m), ihre Überschreitung auf einem waagrechten, sehr schmalen Schneegrat (ca. 5 m), jenseits über eine gesicherte Platte u. Felsstufen zum Großglockner. Vielbegangene Route, nur für erfahrene, gut ausgerüstete Bergsteiger (Seil, Pickel u. Steigeisen), sonst mit Führer ab Stüdl-H. Stüdlgrat = SW-Grat; Zugang von der Stüdl-H. zum Teischnitzkees (siehe oben), über das Kees, entlang des Luisengrates, zum Einstieg, ca. 3300 m. Anstieg im wesentlichen immer am Grat, keine Drahtseile, nur eingelassene rote Thenius-Haken, zum Glocknerkreuz am Gipfel. Kein Klettersteig! Nur für im hochalpinen Steilfels erfahrene Bergsteiger bei besten Verhältnissen!

Höchste Wegestelle/Gipfel Erzh.-Johann-H. 3454 m auf der Adlersruhe, Kleinglockner 3783 m, Großglockner 3798 m.

Anstiegsleistung Ab P. Luckner-Hs. 1900, ab Stüdl-H. 1000, ab Adlersruhe 350 Höhenmeter.

Abstieg Wie Anstieg.

Gehzeiten P. Luckner-Hs. 1920 m – Luckner-H. 2227 m – Stüdl-H. 2802 m: 2½ Std. Stüdl-H. – Adlersruhe 3454 m: 2½ Std. Adlersruhe – Kleinglockner 3783 m – Großglockner 3798 m: 1½ Std. Abstieg wie Anstieg zur Stüdl-H.: 3 Std. Gesamtgehzeit: 7 Std. ab Stüdl-H.

Hütten/Stützpunkte *Luckner-Hs.* 1920 m, priv. 63 Betten, bew. Anfang Juni–Mitte Oktober, *Luckner-H.*

2227 m, priv., 36 Betten u. Matratzenlager, bew. Mitte Juni – Ende Sept. *Stüdl-H.* 2802 m, DAV-Sektion Prag, 80 Betten u. Matratzenlager, bew. Ende Juni–Ende Sept. *Erzh.-Johann-H.* 3454 m auf der Adlersruhe, ÖAK, 210 Betten u. Matratzenlager, bew. Anfang Juli–Ende Sept.

Karten/Führer/Literatur Kompass-Wanderkarte 1 : 50000, Blatt 48 »Kals am Großglockner«; AV-Karte 1 : 25000, Blatt »Großglocknergruppe«. AV-Führer »Glockneru. Granatspitzgruppe«; Kleiner Führer »Glockner-, Granatspitz- u. Venedigergruppe«; Auswahlführer »Hohe Tauern – Südseite«. Sepp Schnürer »Hohe Route Ostalpen«.

Granatspitz-Gruppe

40 Granatspitze 3086 m Stubacher Sonnblick 3088 m Rudolfs-Hütte 2315 m

mäßig schwierig, Gletscher-/Felstour

Ausgangsort Uttendorf 804 m, im Oberpinzgau.

Die Tour in Stichworten Uttendorf 804 m – Enzingerboden 1525 m = Talstation Weißseebahn – Bergstation Alpinzentrum Rudolfs-H. 2315 m – Granatscharte 2974 m – Stubacher Sonnblick 3088 m – Granatscharte – Granatspitze 3086 m – Rudolfs-H.

Schwierigkeit/Anforderung II = mäßig schwierig, Gletscher-/Felstour; mäßige Anforderung, Tagestour. Von Uttendorf im Pinzgau Zufahrt im Stubachtal zur Talstation der Weißseebahn am Enzingerboden, 17 km, P. Gondelseilbahn in zwei Sektionen zur Bergstation bei der Rudolfs-H. Wenig hinab zum Weißsee, mit Steig 711 Richtung Kalser Tauern (2518 m). Vorher, bei ca.

2400 m Höhe, zweigt nach r. die markierte Route 518 zur Granatscharte ab, quert das Weißseekees, überwindet am Roten Kogel einen felsigen, mit Leiter u. Drahtseilen gesicherten Steilanstieg zum Sonnblickkees, das bei ca. 2700 m betreten wird. Mäßig steiler Anstieg nach hölzernen Wegezeichen zur Granatscharte, meist Trasse (Spalten). *Sonnblick:* Ab Granatscharte entweder über den blockigen, mäßig steilen S-Grat oder leichter nach Steigspuren im Schotter der O-Flanke zum Gipfel. *Granatspitze:* Ab Granatscharte Gletscherquerung zum Ansatz des östlichen Gipfelgrates u. ca. 100 Höhenmeter Steilanstieg, teils in der O-Flanke, über blockigen Fels zum Gipfel. Vielbegangene

Routen, nur für Bergsteiger mit Eisausrüstung.

Höchste Wegestelle/Gipfel Granatscharte 2974 m, Stubacher Sonnblick 3088 m, Granatspitze 3086 m.

Anstiegsleistung Ab Rudolfs-H. 900 Höhenmeter für beide Gipfel.

Abstieg Wie Anstieg.

Gehzeiten Rudolfs-H. 2315 m – Granatscharte 2974 m: 2½ Std. Granatscharte – Stubacher Sonnblick 3088 m hin u. zurück: 1 Std. Granatspitze 3086 m hin u. zurück: 1 Std. Abstieg Rudolfs-H.: 1½ Std. Gesamtgehzeit: 6 Std.

Hütten/Stützpunkte *Alpinzentrum Rudolfs-H.* 2315 m, am Weißsee, ÖAV, 200 Betten u. Matratzenlager, ganzjährig bew.

Karten/Führer/Literatur Kompass-

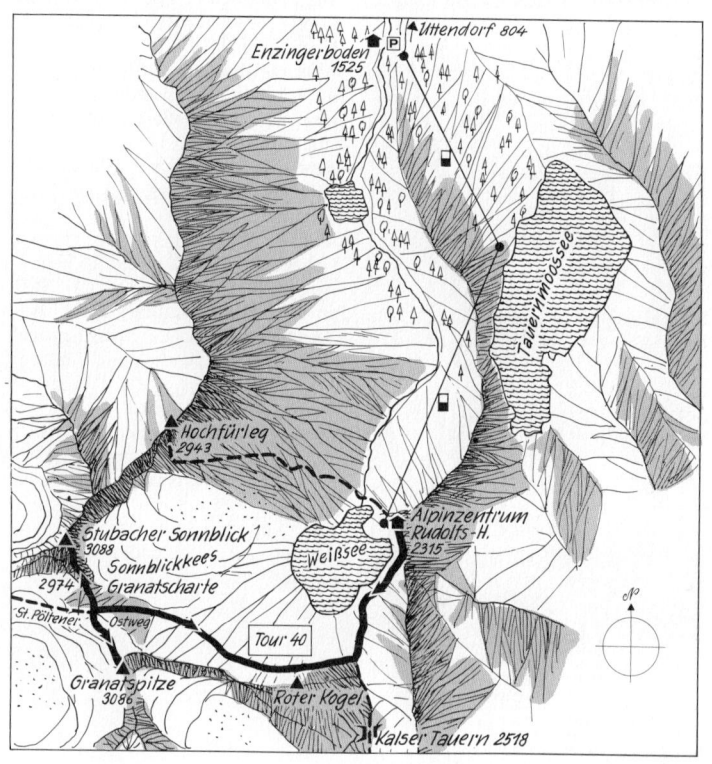

Wanderkarte 1:50000, Blatt 39 »Glocknergruppe – Zell am See«; AV-Karte 1:25000, Blatt »Granatspitzgruppe«. Führer siehe Tour 39.

Führer siehe Tour 39.

Granatspitz-Gruppe
41 Nussingkogel 2991 m
wenig schwierig, Wandertour

Ausgangsort Matrei 1000 m, in Osttirol.
Die Tour in Stichworten Matrei 1000 m – Äußere Steiner A. 1909 m – Nussingkogel 2991 m – Äußere Steiner A. – Matrei.
Schwierigkeit/Anforderung I = wenig schwierig, Wandertour; große Anforderung, Tagestour. Ab Matrei:

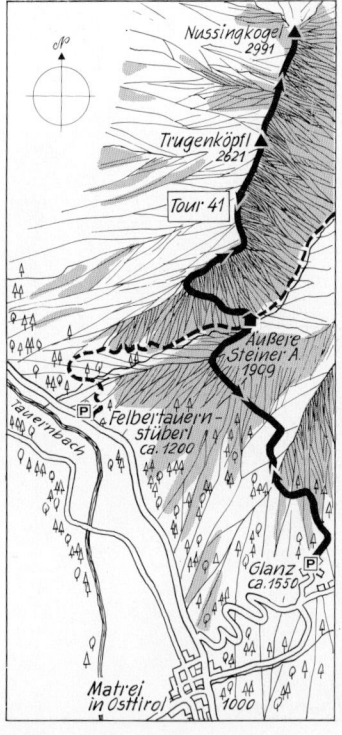

Entweder vom Felbertauernstüberl (ca. 1200 m) an der Felbertauernstr. auf Almsteig direkt zur Äußeren Steiner A. oder Auffahrt über Hinterburg zur Streusiedlung Glanz, kleiner P. vor dem obersten Bauernhof, ca. 1550 m. Ab P. zum Straßenende, nach Schild »Edelweißwiesen/Äußere Steiner Alm« auf Almweg u. Steig zur Alm. Durch die Almeinfriedung talauswärts Richtung Innere Steiner A., bis eine Hütte mit Schrägdach in Sicht kommt. Nun vom Steig nach r. weglos über steile grasige Berghänge mühsam zum S-Rücken des Nussingkogels. Bei einem großen Steinmann (ca. 2350 m) beginnt der steile Anstieg über den breiten grasigen Rücken nach Steigspuren (Steinmänner) hinauf zum S-Grat, über die Trugenköpfl (2621 m) zu den Felsplatten im Gipfelbereich.
Einsame Route, nur für ausdauernde, erfahrene Bergwanderer.
Höchste Wegestelle/Gipfel Nussingkogel 2991 m.
Anstiegsleistung Ab P. Glanz 1400, ab P. Felbertauernstüberl 1800 Höhenmeter.
Abstieg Wie Anstieg.
Gehzeiten P. Glanz ca. 1550 m – Äußere Steiner A. 1909 m: 1½ Std., ab Felbertauernstüberl: 2 Std. Äußere Steiner A. – Nussingkogel 2991 m: 3 Std. Abstieg wie Anstieg: 3½–4 Std.
Gesamtgehzeit: 8–9 Std.
Hütten/Stützpunkte *Äußere Steiner A.* 1909 m, Jausenstation.
Karten/Führer/Literatur Siehe Tour 43.
Tip Von der Äußeren Steiner A. Anstieg zur Sudetendeutschen H. (2 Std.)

Granatspitz-Gruppe

42 Großer Muntanitz 3232 m
Kleiner Muntanitz 3192 m
Gradötzspitze 3063 m
Sudetendeutsche Hütte
2658 m

*mäßig schwierig,
Wander-/Fels-/Gletschertour*

Ausgangsort Matrei 1000 m, in Osttirol; oder Kals 1325 m, am Großglockner.

Die Tour in Stichworten Matrei 1000 m oder Kals 1325 m – Sudetendeutscher Höhenweg – Dürrenfeldscharte 2823 m – Sudetendeutsche H. 2658 m – Kl. Muntanitz 3192 m – Gr. Muntanitz 3232 m – Sudetendeutsche H. – Gradötzspitze 3063 m – Sudetendeutscher Höhenweg – Matrei oder Kals.

Schwierigkeit/Anforderung II = mäßig schwierig, Wander-/Fels-/Gletschertour; mittlere Anforderung, 2-Tage-Tour. *Ab Matrei:* Mit Lift zur Bergstation Goldried (2160 m), auf dem Goldriedweg zum Kals-Matreier-Törlhaus (2207 m) u. dem Sudetendeutschen Höhenweg (502) zur Sudetendeutschen H. Oder direkter Hüttenzugang vom Felbertauernstüberl an der Felbertauernstr. über die Äußere Steiner A. (1909 m). *Ab Kals:* Von Großdorf (1364 m) mit Lift zur Bergstation Glocknerblick (1970 m), dem Aussig-Teplitzer-Weg (516) zum Hohen Tor (2477 m) u. auf dem Sudetendeutschen Höhenweg zur Hütte.

Großer Muntanitz: Ab Hütte auf markiertem Steig zum Steinmann »Auf dem Wellach« (2877 m), über ein Ewigschneefeld mäßig steil zum Steinmann am Grat darüber. Über die breiten Rücken der Wellachköpfe (3037 m, 3110 m, 3117 m) leicht ansteigend zum Kl. Muntanitz, mit Drahtseilsicherung nordseitiger, sehr steiler kurzer Felsabstieg zum

Sattel des Kampl (3129 m), einfacher Wiederanstieg zum Gr. Muntanitz. Durchgehend markierte Route, wenig Gletscherberührung, Pickel vorteilhaft. *Gradötzspitze:* Ab Hütte bis unter die Dürrenfeldscharte, weglos über die unteren Moränenhügel nach l. in die westseitige Gipfelflanke, steil über Steinhalden u. Blöcke zum Gipfelkreuz.

Höchste Wegstelle/Gipfel Dürrenfeldscharte 2823 m, Kl. Muntanitz

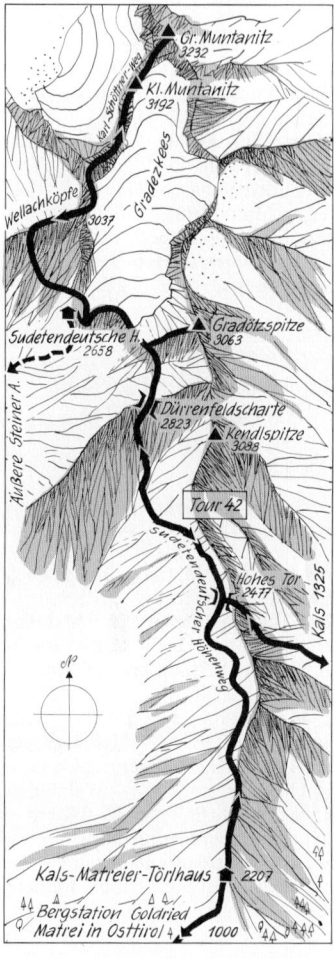

49

3 192 m, Gr. Muntanitz 3 232 m, Gradötzspitze 3 063 m.

Anstiegsleistung Ab Bergstationen Goldried oder Glocknerblick 1 300, ab Sudetendeutsche H. 600 Höhenmeter + 300 Höhenmeter Gradötzspitze.

Abstieg Siehe Tourenverlauf.

Gehzeiten Zur Sudetendeutschen H. 2 658 m: Ab Bergstation Goldried 2 160 m: 4½ Std., ab Glocknerblick 1 970 m: 3½ Std. Hütte – Kl. Muntanitz 3 192 m – Gr. Muntanitz 3 232 m: 2½ Std. Abstieg zur Hütte: 2 Std. Zur Gradötzspitze 3 063 m hin u. zurück: 2 Std. Zurück zu den Bergstationen: siehe Anstiegszeiten. Gesamtgehzeit: 14–15 Std.

Hütten/Stützpunkte *Sudetendeutsche H.* 2 658 m, DAV-Sektion »Verein Sudetendeutsche Hütte«, 50 Betten u. Matratzenlager, bew. Anfang Juli–Ende September.

Karten/Führer/Literatur Siehe Tour 43.

Granatspitz-Gruppe

43 Meßlingkogel 2 694 m Hochgasser 2 922 m St. Pöltener Hütte 2 481 m

wenig schwierig, Wandertour

Ausgangsort Matreier Tauernhaus 1 512 m, im Tauerntal.

Die Tour in Stichworten Matreier Tauernhaus 1 512 m – Lift »Venedigerblick« Bergstation 2 000 m – Grünsee 2 246 m – Schwarzsee 2 344 m – Grausee 2 500 m – Meßlingscharte 2 563 m – Meßlingkogel 2 694 m – Alter Tauern 2 498 m – Hochgasser 2 922 m – Weinbühel 2 545 m – St. Pöltener H. 2 481 m – Bergstation »Venedigerblick«.

Schwierigkeit/Anforderung I = wenig schwierig, Wandertour; mittlere Anforderung, Tagestour. Vom Matreier Tauernhaus (Bus von Matrei)

mit Sessellift zur Bergstation »Venedigerblick«, nach markiertem Steig 513 über die Dreiseenstufe mäßig steil zur Meßlingscharte, kurze, markierte Stichtour zum Meßlingkogel. Ab Scharte auf Steig 513 zum Alten Tauern vor dem Weinbühel. Nach Wegweiser mäßig steiler, markierter Anstieg zum Hochgasser, wieder zurück zur Abzweigung u. über den Weinbühel zur nahen St. Pöltener H. Auf dem kürzesten Hüttenzugang über das Zirbenkreuz zur Bergstation »Venedigerblick«.

Markierte Routen, nur für ausdauernde Bergwanderer.

Höchste Wegestelle/Gipfel Meßlingkogel 2 694 m, Hochgasser 2 922 m.

Anstiegsleistung Ab Bergstation 1 100 Höhenmeter.

Abstieg Siehe Tourenverlauf.

Gehzeiten Bergstation »Venedigerblick« 2 000 m – Meßlingscharte 2 563 m: 1½ Std. Meßlingkogel

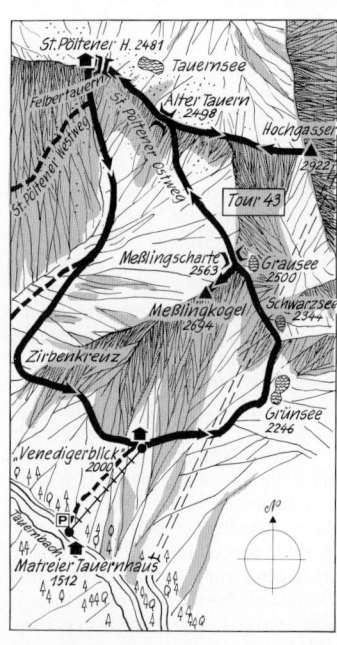

2694 m hin u. zurück: ½ Std. Meßlingscharte – Alter Tauern 2498 m:
½ Std. Hochgasser 2922 m hin u. zurück: 2½ Std. Alter Tauern – St. Pöltener H. 2481 m: ½ Std. Abstieg
Bergstation: 1½ Std.
Gesamtgehzeit: 7 Std.
Hütten/Stützpunkte *St. Pöltener H.*
2481 m, ÖAV-Sektion St. Pölten,
69 Betten u. Matratzenlager, bew.
Mitte Juni–Ende Sept.
Karten/Führer/Literatur Kompass-
Wanderkarte 1:50000, Blatt 46
»Matrei in Osttirol – Venediger-
gruppe«; AV-Karte Blatt 38 »Venedigergruppe – Oberpinzgau«;
AV-Karte 1:25000, Blatt »Granatspitzgruppe«. AV-Führer »Glock-
ner- u. Granatspitzgruppe«; Auswahlführer »Hohe Tauern – Südseite«. Sepp Schnürer »Hohe Route
Ostalpen«.
Tip Im Kammzug vom Hochgasser
nach N ragt das Hörndl, 2852 m,
auf, ab »Alter Tauern« (Tafel) markierte Anstiegsroute.

Venediger-Gruppe

44 Tauernkogel 2989 m
St. Pöltener Westweg
Prager Hütten 2489 m
u. 2796 m

wenig schwierig,
Wander-/Felstour

Ausgangsort Matreier Tauernhaus
1512 m, im Tauerntal = Südseite
(Matrei); oder Hintersee 1324 m, im
Felbertal = Nordseite (Mittersill).
Die Tour in Stichworten Matreier
Tauernhaus 1512 m – Lift »Venedi-
gerblick« Bergstation 2000 m – St.
Pöltener H. 2481 m; oder P. Hinter-
see 1324 m – St. Pöltener H. – Tau-
ernkogel 2989 m – St. Pöltener H. –
St. Pöltener Westweg – Alte Prager
H. 2489 m – Neue Prager H. 2796 m
– Alte Prager H. – Innergschlöß
1691 m – Matreier Tauernhaus.

Schwierigkeit/Anforderung I = wenig schwierig, Wander-/Felstour;
mittlere Anforderung, 2½-Tage-
Tour. *Zur St. Pöltener H.:* Vom Matreier Tauernhaus siehe Tour 43;
von Hintersee auf markiertem
Weg 917. *Tauernkogel:* Ab St. Pöltener H. über den Ostgrat, markierte,
mäßig schwierige Felsroute nur für
geübte, trittsichere Berggeher. *St.
Pöltener Westweg:* Von der St. Pöltener H. nach S wenig abwärts zur beschilderten Abzweigung »Prager
Hütten«. Von dort zieht der St. Pöltener Westweg 917 gut markiert,
auch Steinmänner, als ausgeprägter
Steig, in langer Wegstrecke in mäßigem Auf u. Ab zwischen 2400 u.
2500 m Höhe zur Abzweigung »Fürther Weg« = Verbindung über das
Sandebentörl (2753 m) nach N zur
Fürther Hütte. Der Westweg läuft
über die Viltragen Nöcker bis zu
P. 2500 (AV-Karte) »In den Wandeln« horizontal weiter u. verliert
zum Abfluß des Viltragen Keeses
etwa 300 Höhenmeter zur Brücke
über den Gschlößbach. (Ca. 2200 m,
markierter Abstieg nach Innergschlöß möglich, 1½ Std.) Jenseits
steiler Wiederanstieg zu den Gamsleiten, fast horizontal zur Alten Prager H., mäßig steiler Anstieg zur
sichtbaren Neuen Prager H. Abstieg
auf dem AV-Steig zurück zur Alten
Prager H., weiter nach Innergschlöß,
Whs. Venedigerhaus. Taxi zum Matreier Tauernhaus. Gut markierter
Wegeverlauf, nur für erfahrene
Bergwanderer.
Höchste Wegestelle/Gipfel Tauernkogel 2989 m, Neue Prager H.
2796 m.
Anstiegsleistung Ab Matreier Tauernhaus 2000, ab Bergstation Venedigerblick 1500, ab Hintersee
2200 + 500 Höhenmeter mit Tauernkogel.
Abstieg Siehe Tourenverlauf.
Gehzeiten Zur St. Pöltener H.
2481 m: Ab Matreier Tauernhaus
1512 m; 3½ Std., ab Bergstation

»Venedigerblick« 2000 m: 2 Std., ab Hintersee 1324 m: 4½ Std. Tauernkogel 2989 m ab St. Pöltener H. hin u. zurück: 2½ Std. St. Pöltener Westweg: St. Pöltener H. – Brücke Gschlößbach ca. 2200 m: 5 Std. – Alte Prager H. 2489 m: 1½ Std. – Neue Prager H. 2796 m: 1 Std. Abstieg Innergschlöß 1691 m: 2½ Std. Gesamtgehzeit: 15–17 Std.

Hütten/Stützpunkte *St. Pöltener H.* 2481 m, siehe Tour 43. *Alte Prager H.* 2489 m, DAV-Sektion Prag, 25 Matratzenlager, bew. Ende Juni–Ende Sept. *Neue Prager H.* 2796 m, DAV-Sektion Prag, 140 Betten u. Matratzenlager, bew. Anfang Juli–Ende Sept. *Alpengasthof Venedigerhaus* 1691 m, in Innergschlöß, priv. 20 Betten, bew. Anfang Juni–Mitte Okt.

Karten/Führer/Literatur Kompass-Wanderkarte 1:50000, Blatt 38 »Venedigergruppe – Oberpinzgau«; AV-Karte 1:25000, Blatt »Venedigergruppe«; AV-Führer »Venedigergruppe«; Kleiner Führer »Glockner-, Granatspitz- u. Venedigergruppe«; Auswahlführer »Hohe Tauern – Südseite«; Sepp Schnürer »Hohe Route Ostalpen«.

Tip Ab Alte Prager H. über den sehr interessanten Gletscherweg (=Gletscherschaupfad) hinab nach Innergschlöß.

Venediger-Gruppe

45 Venediger-Höhenweg Badener Hütte 2608 m Kristallwand 3329 m

mäßig schwierig, Wander-/Gletscher-/Felstour

Ausgangsort Matreier Tauernhaus 1512 m, im Tauerntal.
Die Tour in Stichworten Matreier Tauernhaus 1512 m – Innergschlöß

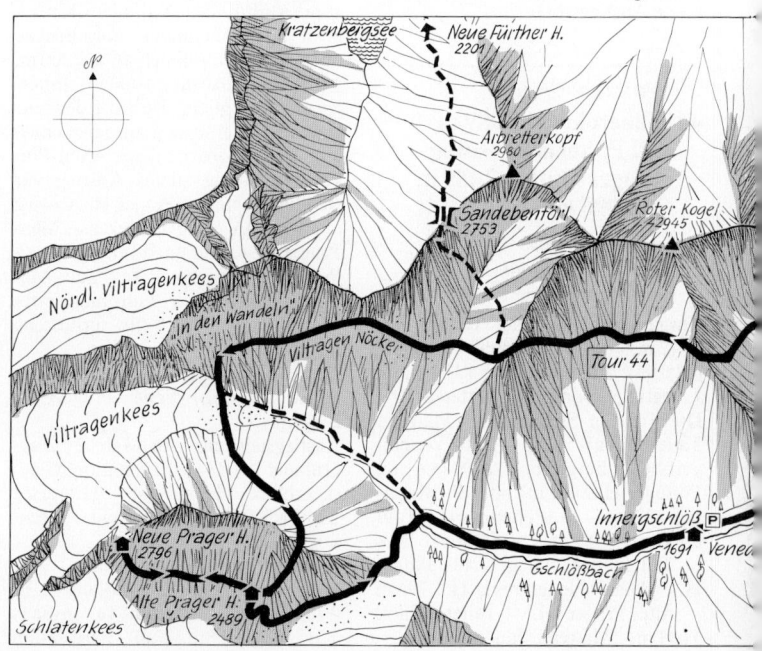

1691 m – Löbbentörl 2770 m – Badener H. 2608 m – Kristallwand 3329 m – Badener H. – Gruben 1164 m im Tauerntal.

Schwierigkeit/Anforderung II = mäßig schwierig, Wander-/Gletscher-/Felstour; mittlere Anforderung, 2-Tage-Tour. Ab Matreier Tauernhaus (Bus von Matrei) mautpflichtige Straße nach Innergschlöß, von 9–17 Uhr gesperrt, nur Taxiverkehr. Ab P. Innergschlöß zur Brücke im Talschluß, nach Schild »Löbbentörl/Badener Hütte« auf dem Rudolf-Zöllner-Weg, teils steil zum Löbbentörl. In langer nordostseitiger Querung zur Badener H., gut markiert (921), Teilstück des Venediger-Höhenweges. *Kristallwand:* Ab Hütte nach markiertem Steig über den Moränenkamm zur beschilderten Abzweigung: links über das Froßnitzkees zum Froßnitztörl (3114 m, Übergang zum Defregger-Hs. 2962 m), geradeaus auf der Moräne in Richtung Kristallwand höher zu ihrem Auslauf (ca. 2880 m) im Froßnitzkees. Ab hier Gletscherroute, meist Trasse, zu einer Felsinsel, steiler zum obersten Gletscherrand entlang des SO-Grates. Über die Randkluft zu einem Schartl bei einem markanten Gratturm (P. 3130 AV-Karte), markierte Felsroute, teilweise mit Drahtseil gesichert, mäßig steil über den gut gangbaren SO-Grat zum Gipfelfirn. *Talabstieg:* Von der Badener H. auf AV-Weg 921 durch das Froßnitztal nach Gruben im Tauerntal, dort Busanschluß. Venediger Höhenweg für erfahrene, ausdauernde Bergwanderer, Kristallwand nur für Bergsteiger mit Eisausrüstung.

Höchste Wegestelle/Gipfel Löbbentörl 2770 m, Kristallwand 3329 m.

Anstiegsleistung Ab Innergschlöß 1200 + 700 Höhenmeter mit Kristallwand.

Abstieg Siehe Tourenverlauf.

Gehzeiten P. Innergschlöß 1691 m – Löbbentörl 2770 m: 3½ Std. Löbbentörl – Badener H. 2608 m: 1½ Std. Badener H. – Kristallwand 3329 m: 2½ Std. Abstieg Hütte: 1½ Std. Badener H. – Gruben 1164 m: 3 Std.
Gesamtgehzeit: 8 Std., mit Kristallwand 12 Std.

Hütten/Stützpunkte *Badener H.* 2608 m, ÖAV-Sektion Baden bei Wien, 40 Betten u. Matratzenlager, bew. Anfang Juli–Ende Sept. *Alpengasthof Venedigerhaus* 1691 m, in Innergschlöß, priv. 20 Betten, bew. Anfang Juni–Mitte Okt.

Karten/Führer/Literatur Kompass-Wanderkarte 1:50000, Blatt 46 »Matrei in Osttirol – Venedigergruppe«. Sonstige Führer u. Karten siehe Tour 44.

Tip Ab Kristallwand ist die Weiterführung der Tour über den Hohen Zaun 3467 m – Schwarze Wand 3511 m – Rainer Horn 3560 m zum Großvenediger 3674 m möglich.

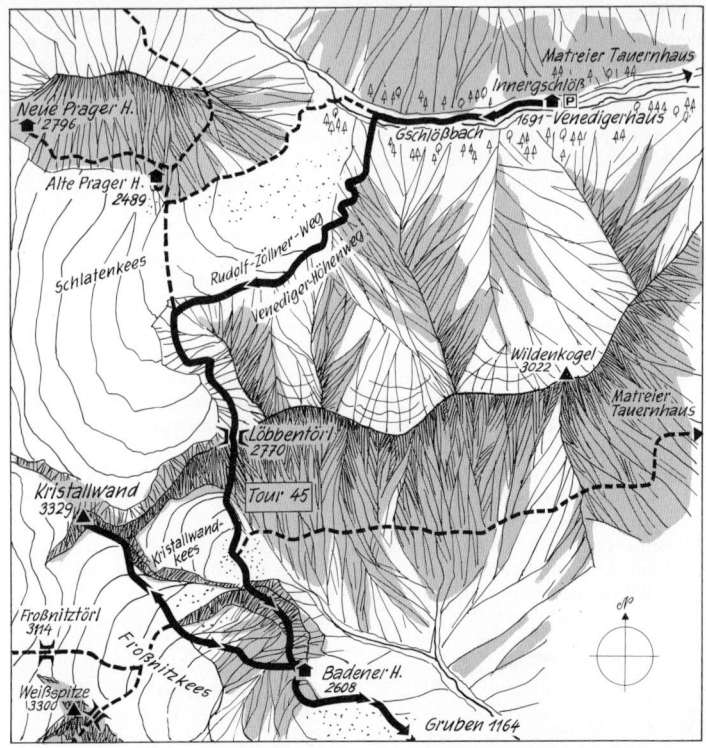

Gletscherroute, für erfahrene Bergsteiger mit Eisausrüstung.

Venediger-Gruppe

46 Großvenediger 3674 m
Defregger-Haus 2962 m
Kürsinger-Hütte 2547 m

schwierig, Gletschertour

Ausgangsort Hinterbichl 1318 m, im Virgental.

Die Tour in Stichworten Hinterbichl 1318 m – Johannis-H. 2121 m – Defregger-Hs. 2962 m – Rainer Törl 3422 m – Großvenediger 3674 m – Defregger-Hs. – Johannis-H.

Schwierigkeit/Anforderung

III = schwierig, Gletschertour; mittlere Anforderung, 1½-Tage-Tour. Von Hinterbichl auf geschotterter Fahrstr. zur Johannis-H., Autozufahrt (ca. 7 km) bis zu einem P. vor der Hütte möglich. Ab Hütte markierter Steig 915 mäßig steil zum Defregger-Hs. Kurzer Anstieg zum Steinmann (ca. 3000 m) auf dem Felskamm des Mullwitz Aderl, Übertritt in das Innere Mullwitzkees, mäßig steile Gletschertrasse zum Rainer Törl, mehrere Spaltenzonen! Hier ist der Gipfelaufbau des Großvenediger sichtbar, der mäßig steile Schlußanstieg läuft in einem schmalen Firngrat aus. Fast immer vorhandene Trasse, nur für erfahrene Bergsteiger mit Eisausrüstung, sonst mit Führer ab Defregger-Hs.

Höchste Wegestelle/Gipfel Großvenediger 3674 m.
Anstiegsleistung Ab Hinterbichl 2400, ab Johannis-H. 1500, ab Defregger-Hs. 700 Höhenmeter.
Abstieg Wie Anstieg; oder über die Venedigerscharte (3414 m) zur Kürsinger-H. 2547 m (3 Std.); oder über das Schlatenkees zur Neuen Prager H. (2796 m, 2½ Std.).
Gehzeiten Hinterbichl 1318 m – Johannis-H. 2121 m: 2 Std. Johannis-H. – Defregger-Hs. 2962 m: 2½ Std. Defregger-Hs. – Großvenediger 3674 m: 2½ Std. Abstieg Defregger-Hs. – Johannis-H.: 4 Std. Gesamtgehzeit: 9 Std. ab Johannis-H.
Hütten/Stützpunkte *Johannis-H.* 2121 m, DAV-Sektion Prag, 30 Betten u. Matratzenlager, bew. Anfang Juni – Ende Sept. *Defregger-Hs.* 2962 m, ÖTC, 100 Betten u. Matratzenlager, bew. Anfang Juli–Ende Sept. *Kürsinger-H.* 2547 m, ÖAV-Sektion Salzburg, 200 Betten u. Matratzenlager, bew. Ostern–Ende Sept. *Neue Prager H.* 2796 m, siehe Tour 44.
Karten/Führer/Literatur
Siehe Touren 44 u. 45.

Venediger-Gruppe

47 Hoher Zaun 3467 m
Schwarze Wand 3511 m
Rainer Horn 3560 m

schwierig, Gletschertour

Ausgangsort Defregger-Hs. 2962 m.
Die Tour in Stichworten Defregger-Hs. 2962 m – Hoher Zaun 3467 m – Schwarze Wand 3511 m – Rainer Horn 3560 m – Rainer Törl 3422 m – Defregger-Hs.
Schwierigkeit/Anforderung
III = schwierig, Gletschertour; mäßige Anforderung, ½-Tage-Tour ab Defregger-Hs. Zum Defregger-Hs. siehe Tour 46. Zum Steinmann am

Auslauf des Mullwitz Aderl (ca. 3200 m), über das Äußere Mullwitzkees mäßig steil zum Felsgipfel des Hohen Zaun. Ca. 750 m Gletscherstrecke – Achtung: Spalten! – zum Firngipfel der Schwarzen Wand, der von Süden über eine Randkluft im steilen Anstieg erreicht wird. Über das Schwarze-Wand-Törl (3496 m) u. den verfirnten NO-Grat zum Rainer Horn. Ab hier meist Trasse hinab zum Rainer Törl, auf der »Venediger-Trasse« zurück zum Defregger-Hs.
Gletscherroute, nur für erfahrene Bergsteiger mit Eisausrüstung.
Höchste Wegestelle/Gipfel Hoher

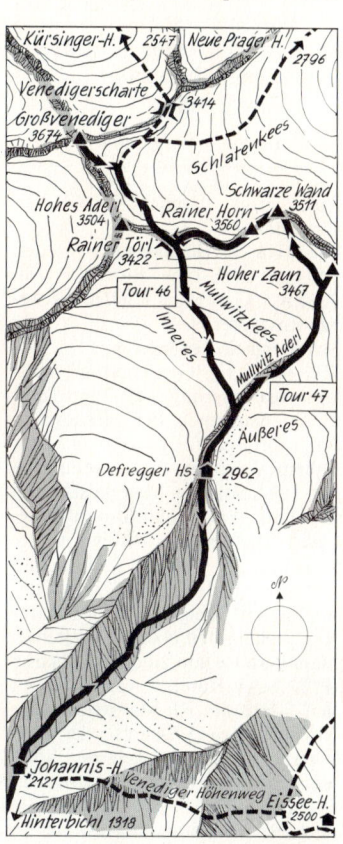

Zaun 3467 m, Schwarze Wand 3511 m, Rainer Horn 3560 m.
Anstiegsleistung Ab Defregger-Hs. 700 Höhenmeter.
Abstieg Siehe Tourenverlauf.
Gehzeiten Defregger-Hs. 2962 m – Hoher Zaun 3467 m: 1½ Std. Hoher Zaun – Schwarze Wand 3511 m – Rainer Horn 3560 m: 2 Std. Rainer Horn – Defregger-Hs.: 1½ Std. Gesamtgehzeit: 5 Std.
Hütten/Stützpunkte *Defregger-Hs.* 2962 m, siehe Tour 46.
Karten/Führer/Literatur
Siehe Touren 44 u. 45.

Venediger-Gruppe

48 Großer Geiger 3360 m Essener-Rostocker Hütte 2208 m

schwierig, Gletschertour

Ausgangsort Streden 1403 m, im Virgental.
Die Tour in Stichworten Streden 1403 m – Essener-Rostocker H. 2208 m – Gr. Geiger 3360 m – Essener-Rostocker H.
Schwierigkeit/Anforderung
III = schwierig, Gletschertour; mittlere Anforderung, 1½-Tage-Tour. In Streden Ende der öffentlichen Str., Großparkplatz. Ab P. auf Fahrstr. (gesperrt) in das Maurertal zur Talstation der Materialseilbahn (1552 m), Rucksacktransport möglich. Markierter, mäßig steiler Steig 912 zur Hütte. Nach Schild »Maurer Törl« im Talboden auf markiertem Steig 912 zum Maurer Kees, mäßig steil über die spaltenarme untere Region zu einer Felsinsel (P. 2926 AV-Karte), l. von ihr gegen den S-Fuß des Kl. Maurerkeeskopfes. Dort nach O, Querung des Gletscherhochbeckens – Achtung: Spalten! – zum Fuß der teilweise verfirnten Gipfelflanke (ca. 3150 m). Je nach den Verhältnissen entweder im

Firn steiler Direktanstieg oder l., entlang des ausgeaperten W-Grates, über Schotter u. plattigen Fels steil zum Gipfel.
Gletscherroute, nur für erfahrene Bergsteiger mit Eisausrüstung.
Höchste Wegestelle/Gipfel Gr. Geiger 3360 m.
Anstiegsleistung Ab P. Streden 2000, ab Essener-Rostocker H. 1200 Höhenmeter.
Abstieg Wie Anstieg; oder über das Maurer Törl (3108 m) zur Warnsdorfer H. (2336 m), 3 Std.; oder zur Kürsinger-H. (2547 m), 3½ Std.
Gehzeiten P. Streden 1403 m – Essener-Rostocker H. 2208 m: 2½ Std.

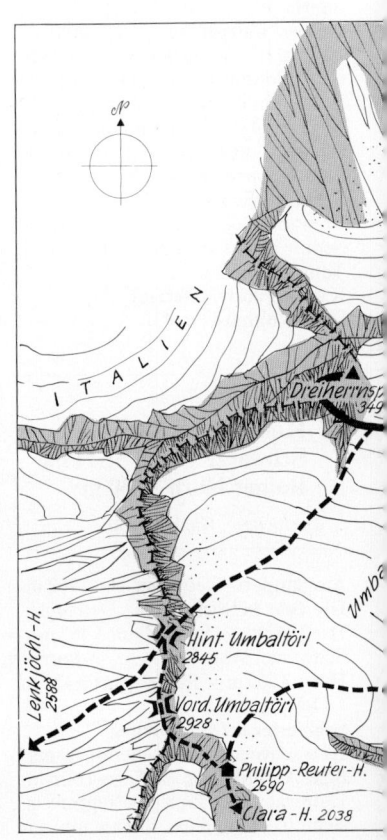

Essener-Rostocker H. – Gr. Geiger 3360 m: 4½ Std. Abstieg Essener-Rostocker H.: 3½ Std.
Gesamtgehzeit: 8 Std. ab Essener-Rostocker H.

Hütten/Stützpunkte *Essener-Rostocker H.* 2208 m, DAV-Sektionen Essen u. Rostock, 100 Betten u. Matratzenlager, bew. Anfang Juni–Ende Sept. *Kürsinger-H.* 2547 m, siehe Tour 46. *Warnsdorfer H.* 2336 m siehe Tour 56.

Karten/Führer/Literatur
Siehe Touren 44 u. 45.

Venediger-Gruppe

49 Östliche Simonyspitze 3488 m

schwierig, Gletschertour

Ausgangsort Essener-Rostocker H. 2208 m.
Die Tour in Stichworten Essener-Rostocker H. 2208 m – Östliche Simonyspitze 3488 m – Essener-Rostocker H.
Schwierigkeit/Anforderung
III = schwierig, Gletschertour; mittlere Anforderung, Tagestour ab Hütte. Zur Essener-Rostocker Hütte sie-

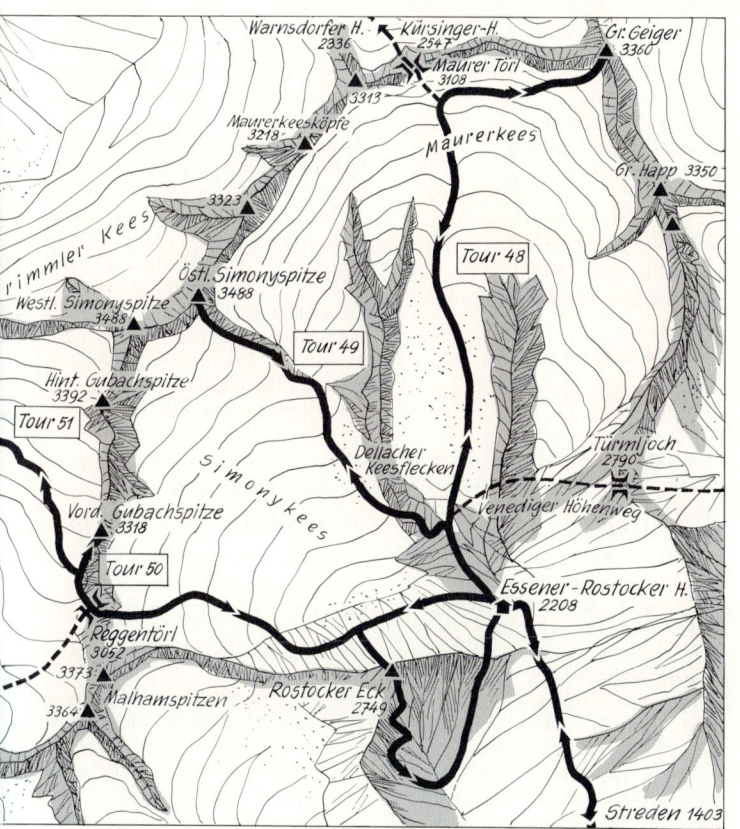

57

he Tour 48. In das Maurertal zum Schild »Östliche Simonyspitze«, das den markierten Steig zu den ›Dellacher Keesflecken‹ anzeigt. Nach Steinmännern gegen den felsigen SO-Grat, über Firnhänge, Querspalten, meist Trasse, teils steil, zum Firngrat, der am überwächteten Firngipfel ausläuft.
Gletscherroute für erfahrene Bergsteiger mit Eisausrüstung.
Höchste Wegestelle/Gipfel Östliche Simonyspitze 3 488 m.
Anstiegsleistung Ab Essener-Rostocker H. 1 300 Höhenmeter.
Abstieg Wie Anstieg.
Gehzeiten Essener-Rostocker H. 2 208 m – Östliche Simonyspitze 3 488 m: 3½ Std. Abstieg zur Hütte: 2½ Std.
Gesamtgehzeit: 6 Std. ab Hütte.
Hütten/Stützpunkte Essener-Rostocker H. 2 208 m, siehe Tour 48.
Karten/Führer /Literatur Siehe Touren 44 u. 45.

Venediger-Gruppe
50 Vordere Gubachspitze 3 318 m
Rostocker Eck 2 749 m
schwierig, Gletscher-/Felstour

Ausgangsort Essener-Rostocker H. 2 208 m.
Die Tour in Stichworten Essener-Rostocker H. 2 208 m – Reggentörl 3 052 m – Vordere Gubachspitze 3 318 m – Reggentörl – Rostocker Eck 2 749 m – Essener-Rostocker H.
Schwierigkeit/Anforderung III = schwierig, Gletscher-/Felst.; mittlere Anforderung, Tagestour ab Hütte. Zur Essener-Rostocker H. siehe Tour 48. Auf markiertem Steig 920 über den Moränenrücken, vorbei an der beschilderten Abzweigung »Rostocker Eck« zum Gletscherrand des Simonykeeses. Über

das Kees – Achtung: Spalten! – meist Trasse, teils steil zum Reggentörl. Aus dem Törl über den Sockelfels der Reggenspitze in das Umbalkees, mäßig steiler Firnhang zum plattigen Fels der Vorderen Gubachspitze. Abstieg wie Anstieg bis zur Abzweigung »Rostocker Eck« (ca. 2 749 m), auf markiertem Steig zum Gipfel, ½ Std., auf dem Karl-Bremer-Weg in einer Rundtour zurück zur Hütte, lohnend!
Vordere Gubachspitze nur für gletschererfahrene Bergsteiger mit Eisausrüstung, Rostocker Eck Aussichtsgipfel auch für Bergwanderer.
Höchste Wegestelle/Gipfel Reggentörl 3 052 m, Vordere Gubachspitze 3 318 m, Rostocker Eck 2 749 m.
Anstiegsleistung Vordere Gubachspitze: Ab Hütte 1 100 Höhenmeter.
Rostocker Eck: Ab Hütte 500 Höhenmeter.
Abstieg Siehe Tourenverlauf.
Gehzeiten Essener-Rostocker H. 2 208 m – Reggentörl 3 052 m: 2½ Std. Reggentörl – Vordere Gubachspitze 3 318 m: 1 Std. Abstieg: Reggentörl – Rostocker Eck 2 749 m: 2½ Std. – Hütte: 1 Std.
Gesamtgehzeit: 7 Std.
Hütten/Stützpunkte *Essener-Rostocker-H.* 2 208 m, siehe Tour 48.
Karten/Führer/Literatur Siehe Touren 44 u. 45.

Venediger-Gruppe
51 Dreiherrnspitze 3 499 m
sehr schwierig, Gletscher-/Felstour

Ausgangsort Essener-Rostocker H. 2 208 m.
Die Tour in Stichworten Essener-Rostocker H. 2 208 m – Reggentörl 3 052 m – Dreiherrnspitze 3 499 m – Reggentörl – Essener-Rostocker H.
Schwierigkeit/Anforderung IV = sehr schwierig, Gletscher-/Felstour;

große Anforderung, Tagestour ab Hütte. Zur Essener-Rostocker H. siehe Tour 48; zum Reggentörl siehe Tour 50. Ab Reggentörl über den Sockelfels der Reggenspitze nach NW in das spaltenreiche Hochbekken des Umbalkeeses. Die Dreiherrnspitze, der schmale Firnhang, der von ihrer hohen Eisschulter hinab zum Umbalkees zieht, u. auch der felsige SW-Fuß der Spitze sind sichtbar! In hoher Querung, vorbei an den Gubachspitzen, etwa auf der Linie 3000–3150 m – große Spaltengefahr! – gegen den SW-Fuß, dort je nach den Verhältnissen entweder im eingelagerten steilen Firnhang oder nach Steigspuren über steiles Geröll u. Fels hinauf zu dem großen Firnrücken (P. 3335 AV-Karte), zum felsigen NW-Grat und über ihn mäßig steil zum Gipfel. Gletscherroute, nur für sehr gletschererfahrene Bergsteiger mit Eisausrüstung.

Höchste Wegestelle/Gipfel Reggentörl 3052 m, Dreiherrnspitze 3499 m.

Anstiegsleistung Ab Hütte 1300 Höhenmeter.

Abstieg Wie Anstieg; oder über die beiden Umbaltörl zur Kl. Philipp-Reuter-H. (2690 m) und weiter zur Clara-H. (2038 m) im Umbaltal 5 Std.; oder vom Hinteren Umbaltörl (2845 m) zur Lenkjöchl-H. (2588 m) in Südtirol 3½ Std. Siehe Sepp Schnürer »Hohe Route Ostalpen« u. »Bergsteigen in Südtirol«, Band 1.

Gehzeiten Essener-Rostocker H. 2208 m – Reggentörl 3052 m: 3 Std. Reggentörl – Dreiherrnspitze 3499 m: 2½ Std. Abstieg Essener-Rostocker H.: 4½ Std. Gesamtgehzeit: 10 Std. ab Hütte.

Hütten/Stützpunkte *Essener-Rostocker H.* 2208 m, siehe Tour 48. *Kleine Philipp-Reuter-H.* 2690 m, *Clara-H.* 2038 m, im Umbaltal, u. *Lenkjöchl-H.* 2588 m, siehe Tour 52.

Karten/Führer/Literatur Siehe Touren 44 u. 45.

Venediger-Gruppe
52 Rötspitze 3495 m Clara-Hütte 2038 m

schwierig, Gletscher-/Felstour

Ausgangsort Streden 1403 m, im Virgental.

Die Tour in Stichworten Streden 1403 m – Pebell-A. 1513 m – Clara-H. 2038 m – Kl. Philipp-Reuter-H. 2690 m – Rötspitze 3495 m – Clara-H.

Schwierigkeit/Anforderung
III = schwierig, Gletscher-/Felstour; mittlere Anforderung, 2-Tage-Tour.

Ab P. Streden auf gesperrter Fahrstr. zur Pebell-A. und dem Wasserschaupfad Umbalfälle zur Clara-H. im Umbaltal. (Dort Schlüssel für die unbew. Philipp-Reuter-H.) Markierter Steig 911 zur Philipp-Reuter-H. Der zumeist begangene Anstieg führt von der Hütte nach Steinmännern zu den Firnfeldern im nördlichen Flügel des Welitzkeeses u. in mäßig steiler Gletscherroute zum nordöstlichen Felskamm Rötspitze-Vorderes Umbaltörl (2928 m). Vom Törl über Graterhebungen in Richtung Rötspitze zum P. 3290 (AV-Karte), bei dem von r. der Zugang über das Rötkees von der südtirolerischen Lenkjöchl-H. (2588 m) einmündet. (Oder ab Hütte je nach den Verhältnissen die direkten steilen Firnanstiege über das Welitzkees zu P. 3290.) Die nun gemeinsame Route läuft über einen weiten Firnsattel zum Ansatz des Rötspitz-NO-Grates, überschreitet die Firnkuppe der Unteren Rötspitze (3313 m) und die schmale felsige Gipfelschneide, die steil u. ausgesetzt im Gipfeldach ausläuft. Kombinierte Route in Fels und Eis, nur für erfahrene Bergsteiger mit Eisausrüstung.

Höchste Wegestelle/Gipfel P. 3290 AV-Karte, Rötspitze 3495 m.

Anstiegsleistung Ab P. Streden

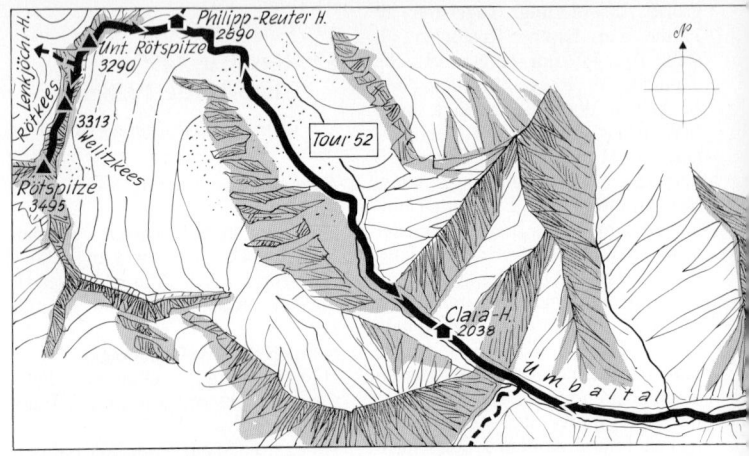

2100, ab Clara-H. 1400, ab Philipp-
Reuter-H. 800 Höhenmeter.
Abstieg Wie Anstieg; oder ab
P. 3290 über das Rötkees zur Lenk-
jöchl-H. in Südtirol (2½ Std., vielbe-
gangene Route, siehe Sepp Schnürer
»Bergsteigen in Südtirol«, Band 1).
Gehzeiten P. Streden 1403 m – Clara-H. 2038 m: 2½ Std. Clara-H. – Kl.
Philipp-Reuter-H. 2690 m: 2 Std.
Philipp-Reuter-H. – Rötspitze
3495 m: 3 Std. Abstieg wie Anstieg
zur Clara-H.: 4 Std.
Gesamtgehzeit: 9 Std. ab Clara-H.
Hütten/Stützpunkte *Clara-H.*
2038 m, DAV-Sektion Essen, 25 Bet-
ten u. Matratzenlager, bew. von Mit-
te Juni–Ende Sept. *Kleine Philipp-
Reuter-H.* 2690 m, DAV-Sektion Es-
sen, 10 Matratzenlager, Selbstversor-
gerhütte, nur mit Hüttenschlüssel
zugänglich! *Lenkjöchl-H.* 2588 m,
CAI-Sektion Bruneck, 45 Betten u.
Matratzenlager, bew. Anfang Juli–
Mitte Sept.
Karten/Führer/Literatur Kompass-
Wanderkarte 1:50000, Blatt 82
»Tauferer-Ahrntal«, Blatt 45 »Deferegger Alpen – Lasörlinggruppe«;
AV-Karte 1:25000, Blatt »Venedigergruppe«. AV-Führer »Venediger-
gruppe«; Kleiner Führer »Glock-

ner-, Granatspitz- u. Venedigergruppe«; Auswahlführer »Hohe Tauern
– Südseite«.

Venediger-Gruppe

53 Weißspitze 3300 m
Eissee-Hütte 2500 m
Sajat-Hütte 2600 m

mäßig schwierig,
Wander-/Felstour

Ausgangsort Prägraten 1310 m, im
Virgental.
Die Tour in Stichworten Prägraten
1310 m – Eissee-H. 2500 m – Wallhorntörl 3045 m – Weißspitze
3300 m – Eissee-H. – Sajat-H.
2600 m – Bichl 1495 m bei Prägraten.
Schwierigkeit/Anforderung II = mäßig schwierig, Wander-/Felstour;
mittlere Anforderung, 2-Tage-Tour.
Ab Prägraten auf Str. hinauf zu den
Höfen von Wallhorn, nach markiertem Steig im Lärchenwald steil höher zur Einmündung in das Timmeltal. Im Talboden gegen den Talschluß, steil empor zur schon lange
sichtbaren Eissee-H. im Bereich der
Kleinitzalpe.

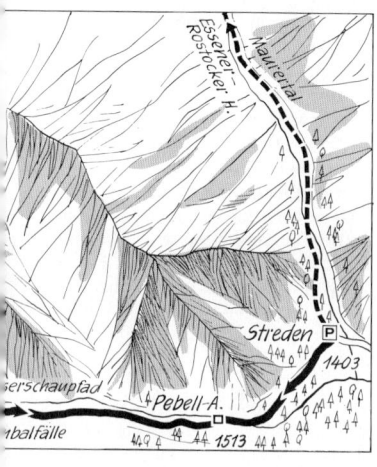

Weißspitze: Ab Hütte markierter Steig zum Sand- und Moosboden des Timmelsbaches (P. 2555 AV-Karte, Abzweigung zur Johannis-H. im Dorfer Tal = Teil des Venediger-Höhenweges; außerdem Abzweigung nach r. zum Eissee). Ab hier nach Markierungen, Tafel »Wallhorntörl/Defregger-Haus«, steil höher in das mit Altschnee gefüllte Hochbecken unter dem Wallhorntörl. (Dort gesicherter Steilabstieg zum Äußeren Mullwitzkees u. Gletscherübergang, Spalten!, zum Defregger-Hs. 2962 m u. über das Froßnitztörl, 3114 m, zur Badener H., 2608 m; Eisausrüstung notwendig!). Ab Wallhorntörl nach Steigspuren im südseitigen Fels zu einer Altschneezunge, Querung nach r. zum Blockrücken, der das Garaneber Kees begrenzt (nicht im Fels höher!). Aus dem flachen Keesboden im S-Anstieg steil hinauf zum Blockgrat, über gut gangbares Blockwerk zum Gipfel. Abstieg zur Eissee-H. Nur für im Fels erfahrene Bergsteiger. *Übergang zur Sajat-H.:* Ab Eissee-H. auf dem Talweg zur Wallhorn-A. (2128 m), nach Schild »Sajat-Hütte« auf dem Prägrater Höhenweg mäßig steil zur Sajat-H.

(Dort lohnende Stichtour zur Roten Säule, 2879 m.) Auf markiertem Steig über die Sajat-Mähder hinab nach Bichl – Prägraten. Lohnende Tour für ausdauernde Bergwanderer.

Höchste Wegestelle/Gipfel Wallhorntörl 3045 m, Weißspitze 3300 m.

Anstiegsleistung Ab Prägraten 2200, mit Weißspitze 2500 Höhenmeter.

Abstieg Siehe Tourenverlauf.

Gehzeiten Prägraten 1310 m – Eissee-H. 2500 m: 3½ Std. Eissee-H. – Wallhorntörl 3045 m: 2 Std. Wallhorntörl – Weißspitze 3300 m: 1 Std. Abstieg wie Anstieg zur Eissee-H.: 2 Std. Eissee-H. – Wallhornalm 2128 m – Sajat-H. 2600 m: 3 Std. Sajat-H. – Bichl 1495 m – Prägraten: 2½ Std.

Gesamtgehzeit: 14 Std., ohne Weißspitze 9 Std.

Hütten/Stützpunkte *Eissee-H.* 2500 m, priv., 30 Matratzenlager, bew. Anfang Juni–Ende Sept. *Sajat-H.* 2600 m, priv., 20 Matratzenlager, bew. Anfang Juli–Anfang Okt. *Defregger-Hs.* 2962 m, siehe Tour 46. *Badener H.* 2608 m, siehe Tour 45.

Karten/Führer/Literatur Kompass-Wanderkarte 1:50000, Blatt 46 »Matrei in Osttirol – Venedigergruppe«; AV-Karte 1:25000, Blatt »Venedigergruppe«. AV-Führer »Venedigergruppe«; Kleiner Führer »Glockner-, Granatspitz- u. Venedigergruppe«; Auswahlführer »Hohe Tauern – Südseite«.

Venediger-Gruppe

54 Hoher Eichham 3371 m
Säulkopf 3209 m
Bonn-Matreier Hütte
2750 m

schwierig, Wander-/Felstour

Ausgangsort Obermauern 1301 m; oder Prägraten 1310 m, im Virgental.

Die Tour in Stichworten Obermauern 1301 m oder Prägraten 1310 m – Nilljoch-H. 1970 m – Bonn-Matreier H. 2750 m – Säulkopf 3209 m – Eichhamscharte 3125 m – Hoher Eichham 3371 m – Hütte oder Bonn-Matreier H.

Schwierigkeit/Anforderung
III = schwierig, Wander-/Felstour; mittlere Anforderung, 1½-Tage-Tour. Zur Bonn-Matreier H. entweder von Obermauern (Auffahrt über

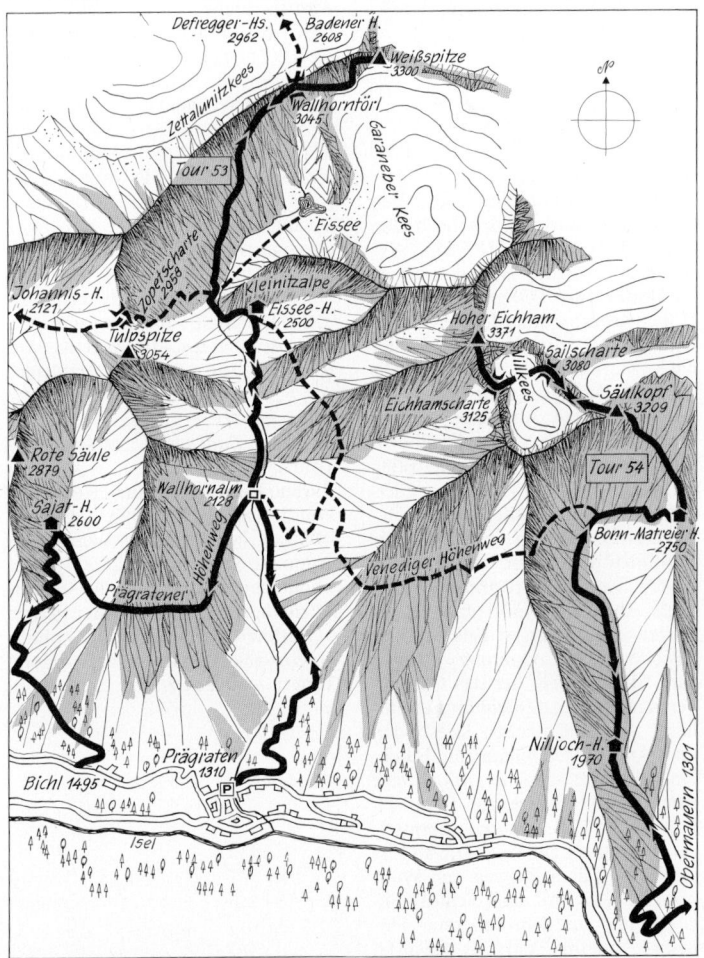

den Berghof Budamer bis ca.
1600 m) oder von Prägraten (Auffahrt bis ca. 1500 m) über die Nilljoch-H., Steig 922. Ab Hütte nach Markierung u. Steigspuren steil höher zu einer Scharte im O-Grat des Säulkopfes. Am Grat, teils ausgesetzt, zum Gipfel. Den wenig schwierigen NW-Grat abwärts zur Sailscharte (3 080 m), über das kleine Nillkees fast horizontal zur Eichhamscharte. Über den Eichham-S-Grat nach Steigspuren bis unter den markanten Gratturm, dort in die O-Flanke zu einer Gratscharte, l. des Grates über plattigen Fels zur Scharte vor der Gipfelwand. Auf einer Felsleiste, griffarm, (Ringhaken) zu den gut gangbaren Gipfelfelsen. Nur für im Steilfels erfahrene, sichere Bergsteiger mit Seilausrüstung.
Höchste Wegestelle/Gipfel Säulkopf 3 209 m, Hoher Eichham 3 371 m.
Anstiegsleistung Ab Obermauern oder Prägraten 2 100, ab Bonn-Matreier-H. 700 Höhenmeter.
Abstieg Wie Anstieg.
Gehzeiten Obermauern 1 301 m oder Prägraten 1 310 m – Bonn-Matreier H. 2 750 m: 4 Std. Hütte – Säulkopf 3 209 m: 1½ Std. Sailscharte 3 080 m – Eichhamscharte 3 125 m: 1 Std. Eichhamscharte – Hoher Eichham 3 371 m: 1½ Std. Abstieg Bonn-Matreier H.: 3 Std. Gesamtgehzeit: 7 Std. ab Hütte.
Hütten/Stützpunkte *Nilljoch-H.* 1 970 m, priv., 20 Matratzenlager, bew. Anfang Juni–Mitte Okt. *Bonn-Matreier H.* 2 750 m, DAV-Sektion Bonn u. ÖAV-Sektion Matrei in Osttirol, 65 Betten u. Matratzenlager, bew. Anfang Juli–Ende Sept.
Karten/Führer/Literatur
Siehe Tour 53.

Venediger-Gruppe
55 Neue Fürther Hütte
2 201 m
Larmkogel 3 022 m
Neue Thüringer Hütte
2 240 m

wenig schwierig, Wandertour

Ausgangsort Hollersbach 806 m, im Oberpinzgau.
Die Tour in Stichworten Hollersbach 806 m – P. Ghs. Edelweiß 1 273 m – Neue Fürther H. 2 201 m – Larmkogelscharte 2 934 m – Larmkogel 3 022 m ; Larmkogelscharte – Neue Thüringer H. 2 240 m – Ghs. Alpenrose 1 384 m – P. Habachklause 867 m.
Schwierigkeit/Anforderung I = wenig schwierig, Wandertour; mittlere Anforderung, 2-Tage-Tour. Von Hollersbach bis zum P. vor dem Ghs. Edelweiß Auffahrt möglich. Ab P. auf Fahrweg u. Steig 916 mäßig steil zur Hinteren Ofner-A. (1 543 m, Materialseilbahn, Rucksackbeförderung möglich), weiter zur Neuen Fürther H. Mäßig steiler AV-Steig zur Larmkogelscharte. Nach Steigspuren u. Markierungen über den gut gangbaren S-Grat kurz zum Larmkogel. Zurück zur Scharte, steiler Abstieg auf Steig 918 durch die blockige W-Flanke zur Großen Weidalpe mit der Neuen Thüringer H. Entweder weniger steil, aber länger auf dem Normalweg in das Habachtal oder auf dem sehr steilen, teils gesicherten Noitroi-Steig zur Einmündung in den Normalweg vor der Moar-A. 1 440 m. Dort Beginn der gesperrten Fahrstr. zum Ghs. Alpenrose u. P. Habachklause. Markierte Route für ausdauernde, erfahrene Bergwanderer.
Höchste Wegestelle/Gipfel Larmkogelscharte 2 934 m, Larmkogel 3 022 m.
Anstiegsleistung Ab Hollersbach

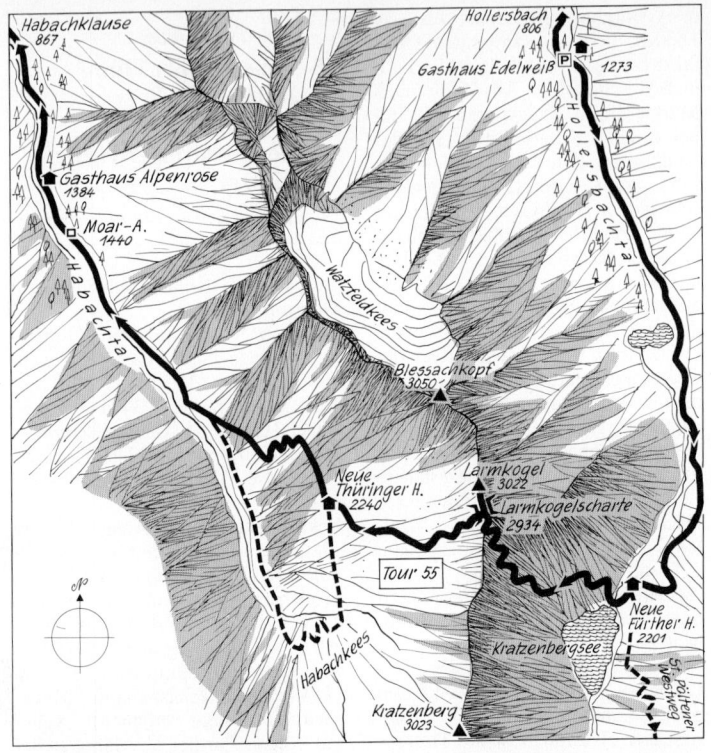

2 200, ab P. Edelweiß 1 700, ab Neue Fürther H. 800 Höhenmeter.

Abstieg Siehe Tourenverlauf.

Gehzeiten P. Ghs. Edelweiß 1273 m – Neue Fürther H. 2201 m: 3 Std. (ab Hollersbach 6 Std.). Neue Fürther H. – Larmkogelscharte 2934 m – Larmkogel 3022 m: 2½ Std. Abstieg: Larmkogelscharte – Neue Thüringer H. 2240 m: 2 Std. Hütte – Ghs. Alpenrose 1384 m: 2 Std., ab hier Jeep zur Habachklause. Ghs. Alpenrose – Habachklause 867 m: 1½ Std. (7 km!).

Gesamtgehzeit: 14 Std. ab Hollersbach.

Hütten/Stützpunkte *Neue Fürther H.* 2201 m, DAV-Sektion Fürth, 62 Betten u. Matratzenlager, bew. Anfang Juli–Mitte Sept. *Neue Thü-*

ringer H. 2240 m, DAV-Sektion Oberkochen, 80 Betten u. Matratzenlager, bew. Anfang Juli–Mitte Sept.

Karten/Führer/Literatur Kompass-Wanderkarte 1 : 50 000, Blatt 38 »Venedigergruppe – Oberpinzgau«. Führer u. sonstige Karten siehe Tour 53.

56 Schlieferspitze 3 289 m
Gamsspitzl 2 895 m
Warnsdorfer Hütte 2 336 m

mäßig schwierig,
Wander-/Felstour

Ausgangsort Krimml 1 072 m, im Oberpinzgau.

Die Tour in Stichworten Krimml 1 072 m – Krimmler Tauernhaus 1 622 m – Warnsdorfer H. 2 336 m – Schlieferspitze 3 289 m – Warnsdorfer H. – Gamsspitzl 2 895 m – Warnsdorfer H. – Krimml.

Schwierigkeit/Anforderung II = mäßig schwierig, Wander-/Felstour; mittlere Anforderung, 2-Tage-Tour. Ab Krimml Taxi (von 11–16 Uhr keine Fahrt!) zum Krimmler Tauernhaus (14,2 km); oder auf dem Wasserfallweg entlang der Krimmler Wasserfälle in das Krimmler Tal u. auf Fahrstr. zum Tauernhaus

(13,5 km). Vom Tauernhaus die Fahrstr. (gesperrt) talein zur Inneren Kees-A. (1 808 m), mäßig steil auf AV-Steig 502 zur Warnsdorfer H.

Schlieferspitze: Von der Hütte wenig abwärts, Schild »Schlieferspitze/nur Pfadspur«. Steil aufwärts zu einem sichtbaren Steinmann mit Stange, nach Steigspuren und Markierungen 936 (AV-Karte) nach N in das Sonntagskar, in dem übersichtlichen Gelände zum Schlieferkar unter dem kleinen Schlieferkees. Aus dem Kar nach r. höher zu der Einsattelung zwischen Rinderwand u. Schlieferspitze. Bei P. 3076 (AV-Karte) setzt der mäßig steile, blockige SW-Grat an, auf ihm, teils ausgesetzt, zum Gipfel. Nur teils markierte Route für erfahrene Berggeher.

Gamsspitzl: Ab Hütte markierter AV-Steig mäßig steil zum Gipfel. (Ab Gamsspitzl Gletscherrouten im Übergang zur Kürsinger-H., 2 547 m, u. zur Essener-Rostocker H., 2 208 m, nur mit Eisausrüstung!) Lohnender Gipfel auch für Bergwanderer.

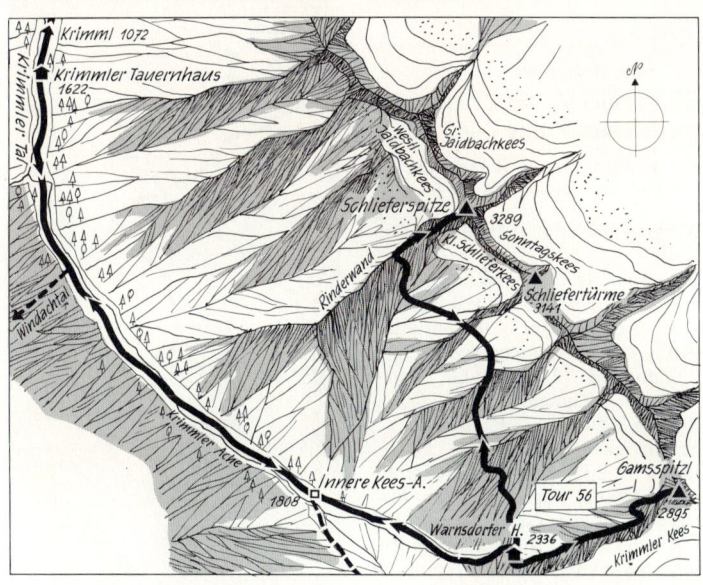

Höchste Wegestelle/Gipfel Schlieferspitze 3289 m, Gamsspitzl 2895 m.

Anstiegsleistung Ab Krimml 2200, ab Krimmler Tauernhaus 1600, ab Warnsdorfer H. 900, mit Gamsspitzl + 500 Höhenmeter.

Abstieg Wie Anstieg.

Gehzeiten Krimmler Tauernhaus 1622 m – Warnsdorfer H. 2336 m: 3 Std. (ab Krimml 6 Std.). Warnsdorfer H. – Schlieferspitze 3289 m: 4 Std. Abstieg Hütte: 3 Std. Warnsdorfer H. – Gamsspitzl 2895 m hin u. zurück: 2 Std. Warnsdorfer H. – Krimmler Tauernhaus: 2½ Std. Gesamtgehzeit: 15 Std. ab Krimmler Tauernhaus.

Hütten/Stützpunkte *Krimmler Tauernhaus* 1622 m, priv., 60 Betten u. Matratzenlager, bew. Mitte März –Mitte Okt. *Warnsdorfer H.* 2336 m, ÖAV-Sektion Oberpinzgau, Gruppe Warnsdorf, 50 Betten u. Matratzenlager, bew. Ende Juni– Ende Sept.

Karten/Führer/Literatur Siehe Touren 53 u. 55.

Lasörlingkamm

57 Großer Zunig 2771 m Kleiner Zunig 2443 m

wenig schwierig, Wandertour

Ausgangsort Matrei 1000 m, in Osttirol.

Die Tour in Stichworten Matrei 1000 m – Jausenstation Lukasser ca. 1200 m (Parkplatz) – Jausenstation Zunig-A. 1846 m – Zunigsee 2112 m – Zunigtörl 2355 m – Gr. Zunig 2771 m – Zunigtörl – Kl. Zunig 2443 m – Zunig-A. – P. Lukasser.

Schwierigkeit/Anforderung I = wenig schwierig, Wandertour; große Anforderung, Tagestour. Von Matrei Zufahrt zum Ghf. Lukasser (P.). Nach der Wegweisung »Großer Zunig« auf Fahrstr. zur Jausenstation

Zunig-A. (Auffahrt zu einem Waldparkplatz, ca. 1450 m, nur bedingt möglich.) Ab Zunig-A. nach Schild »Großer Zunig« auf markiertem Steig mäßig steil zum Zunigsee, weiter zum Zunigtörl zwischen Kl. und Gr. Zunig. Ab Zunigtörl gut angelegter Steig, teils steil, über den breiten, schrofigen NO-Grat, im Schlußanstieg südostseitig zum Gipfel. Zurück zum Zunigtörl u. auf Steig zum Kl. Zunig, lohnend! Abstieg auf dem Franz-Steiner-Weg zur Einmündung am Zunigsee. Durchgehend markierte Route, nur für ausdauernde Bergwanderer.

Höchste Wegestelle/Gipfel Zunigtörl 2355 m, Gr. Zunig 2771 m, Kl. Zunig 2443 m.

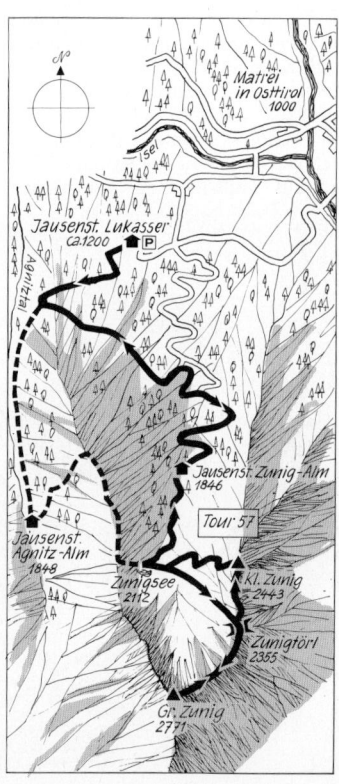

Anstiegsleistung Ab P. Lukasser 1 600 Höhenmeter.

Abstieg Siehe Tourenverlauf.

Gehzeiten P. Lukasser ca. 1 200 m – Zunig-A. 1 846 m: 2 Std. Zunig-A. – Zunigtörl 2 355 m – Gr. Zunig 2 771 m: 2½ Std. Übergang zum Kl. Zunig 2 443 m: 1½ Std. Abstieg Kl. Zunig – Zunig-A. – P. Lukasser: 3 Std.

Gesamtgehzeit: 9 Std.

Hütten/Stützpunkte *Jausenstation Zunig-A.* 1 846 m.

Karten/Führer/Literatur
Siehe Tour 58.

Tip Rundwanderung: Vom Zunigsee zur Arnitz-A. (1 848 m markiert) und zurück zum P. beim Lukasser.

Lasörlingkamm

58 Lasörling 3 098 m
Lasörling-Hütte 2 400 m

wenig schwierig,
Wander-/Felstour

Ausgangsort Virgen 1 194 m, im Virgental.

Die Tour in Stichworten Virgen 1 194 m – Niedermauern 1 140 m – P. Brücke Mullitzbach (vor Welzelach) ca. 1 100 m – Stadler-H. 1 800 m – Lasörling-H. 2 400 m – Lasörling 3 098 m (NW-Gipfel) – Lasörling-H. – P.

Schwierigkeit/Anforderung I = wenig schwierig, Wander-/Felstour; mittlere Anforderung, 1½-Tage-Tour. Von Virgen über Niedermauern Zufahrt nach Welzelach, wenig vorher an der Brücke über den Mullitzbach. Am P. Schild »La-

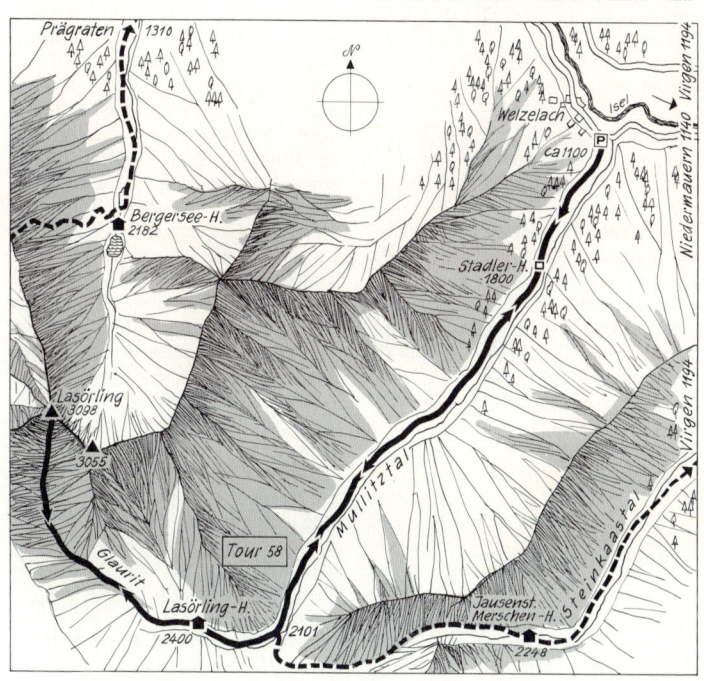

sörling-Hütte«, auf einem Alm-Fahrweg im Mullitztal, vorbei an der Stadler-H. (nur Almwirtschaft) zur Materialseilbahn der Lasörling-H. Mäßig steiler Steig zur Hütte. Nach Markierung entlang des Mullitzbaches in sanfter Steigung hinein in den weiten Hochkessel des Glaurit bis in den Talschluß. Nach Markierung u. Steigspuren über Blockwerk zur SO-Flanke des Lasörling, sehr steil zu einer Senke im Verbindungsgrat zum SO-Gipfel, der sich r. erhebt. Nach l. über einen groben Blockgrat zum Kreuz am höheren NW-Gipfel. Markierte Route, nur für erfahrene, ausdauernde Berggeher.

Höchste Wegestelle/Gipfel Lasörling 3 098 m (Nordwestgipfel).

Anstiegsleistung Ab P. 2 000, ab Lasörling-H. 700 Höhenmeter.

Abstieg Wie Anstieg.

Gehzeiten P. ca. 1 100 m – Lasörling-H. 2 400 m: 4 Std. Lasörling-H. – Lasörling 3 098 m (NW-Gipfel): 2½ Std. Abstieg zur Hütte – P.: 4½ Std.

Gesamtgehzeit: 11 Std.

Hütten/Stützpunkte Lasörling-H. 2 400 m, priv., 80 Betten u. Matratzenlager, bew. Anfang Juli–Mitte Okt.

Karten/Führer/Literatur Kompass-Wanderkarte 1 : 50 000, Blatt 46 »Matrei in Osttirol – Venedigergruppe«, Blatt 45 »Defereger Alpen – Lasörlinggruppe«; Zinner Wanderkarte 1 : 30 000, Blatt 40 »Matrei in Osttirol«. Kleiner Führer »Glockner-, Granatspitz- u. Venedigergruppe«; Auswahlführer »Hohe Tauern – Südseite«.

Lasörlingkamm

59 Gösleswand 2 912 m
Neue Reichenberger Hütte 2 586 m

wenig schwierig, Wandertour

Ausgangsort St. Jakob 1 389 m, im Defereggental.

Die Tour in Stichworten St. Jakob 1 389 m – Hintere Trojer-A. 1 916 m – Neue Reichenberger H. 2 586 m – Rote Lenke 2 794 m – Gösleswand 2 912 m – Neue Reichenberger H. – St. Jakob.

Schwierigkeit/Anforderung I = wenig schwierig, Wandertour; große Anforderung als Tagestour. Ab St. Jakob auf Forststr. (gesperrt) in das Trojer Almtal, über die Vordere Trojer-A. (1 846 m, kurz vorher zweigt nach Schild und Markierung 313 der Rudolf-Kauschka-Weg nach r. ab, der ebenfalls zur Neuen Reichenberger H. führt) zur Hinteren Trojer-A. Markierter Steig, mäßig steil, zur Neuen Reichenberger H. am Bödensee. Nach Markierungen u. Steig, vorbei am See, nach O, mäßig steil zur Roten Lenke. (Dort mit Markierung 312 Übergang zur Lasnitzen-A., 1 887 m, u. nach Prägraten, 1 310 m, im Virgental.) Ab Rote Lenke nach l., auf Steigspuren in der S-Flanke der Gösleswand mäßig steil zum Gipfel. Markierte Route, für ausdauernde Bergwanderer.

Höchste Wegestelle/Gipfel Rote Lenke 2 794 m, Gösleswand 2 912 m.

Anstiegsleistung Ab St. Jakob 1 600, ab Neue Reichenberger H. 400 Höhenmeter.

Abstieg Wie Anstieg.

Gehzeiten St. Jakob 1 389 m – Neue Reichenberger H. 2 586 m: 3½ Std. Neue Reichenberger H. – Gösleswand 2 912 m: 1 Std. Abstieg wie Anstieg nach St. Jakob: 3½ Std.

Gesamtgehzeit: 8 Std.

Hütten/Stützpunkte *Neue Reichenberger H.* 2 586 m, ÖAV-Sektion Rei-

chenberg (Wien), 50 Betten u. Matratzenlager, bew. Ende Juni–Anfang Okt.

Karten/Führer/Literatur Kompass-
Wanderkarte 1 : 50 000, Blatt 45 »De-
feregger Alpen – Lasörlinggruppe«.
Auswahlführer »Hohe Tauern –
Südseite«; Kl. Führer »Glockner-,
Granatspitz- u. Venedigergruppe«.
Tip Von St. Jakob bieten sich loh-
nende Gipfeltouren im Panargen-
kamm, Weißes Beil, 2767 m, u. See-
spitze, 3 021 m, an.

Deferegger Alpen
60 Gölbner 2943 m
wenig schwierig, Wandertour

Ausgangsort Außervillgraten
1286 m, im Villgratental.
Die Tour in Stichworten Außervillgraten 1286 m – P. Jagdhütte im
Winkeltal ca. 1630 m – Straß-A.
1974 m – Gölbner 2943 m – Gölbner Schartl 2799 m – Tilliach-A.

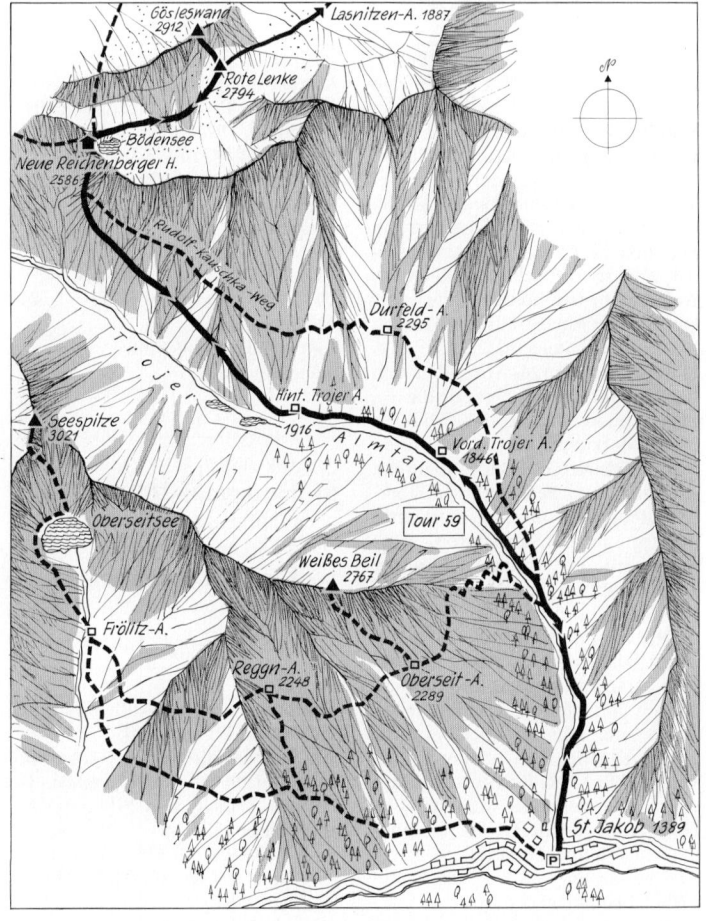

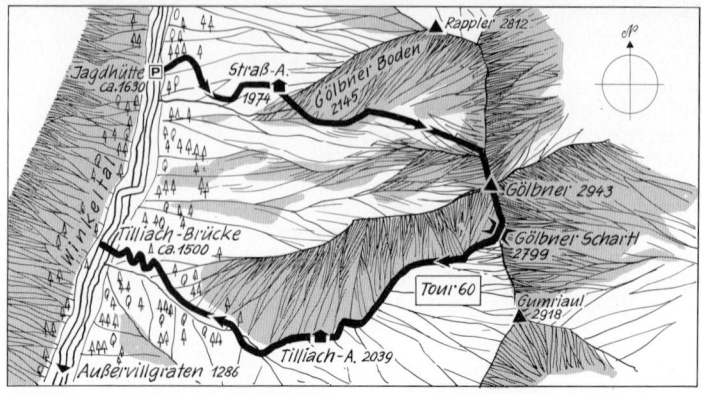

2039 m – Tilliach-Brücke ca. 1500 m im Winkeltal.

Schwierigkeit/Anforderung I = wenig schwierig, Wandertour; mittlere Anforderung, Tagestour. Wie bei Tour 61 in das Winkeltal bis zum P. bei einer Jagdhütte, r. der Str. (ab Schranke ca. 1 km). Dort Anfang einer Forststr. u. Schild »Gölbner«. Auf der Forststr. höher, bis der markierte Steig zur Straß-A. abzweigt. Ab Alm auf Steig mäßig steil zum Gölbner Boden (2145 m), über den flachen Boden höher gegen die w., plattige Gipfelflanke des Gölbner. Nach Markierungen u. Steigspuren in die felsige Gipfelregion, direkt, steil, zum höchsten Punkt. In Überschreitung des Gipfels markierter Abstieg nach Steigspuren über Schrofenstufen zum Gölbner Schartl, auf Felsgeröll steil hinab in den Blockkessel darunter, über eine steile, begrünte Hangstufe zur sichtbaren Tilliach-A. Auf Almsteig, später Karrenweg, entlang des Tilliach-Baches hinunter in das Winkeltal, das bei der Tilliach-Brücke erreicht wird. (Ab Brücke ca. 1,5 km zurück zum P.) Markierte Route für ausdauernde, erfahrene Bergwanderer.

Höchste Wegestelle/Gipfel Gölbner 2943 m, Gölbner Schartl 2799 m.

Anstiegsleistung Ab P. Jagdhütte 1300 Höhenmeter.

Abstieg Siehe Tourenverlauf.

Gehzeiten P. Jagdhütte ca. 1630 m – Straß-A. 1974 m: 1 Std. Straß-A. – Gölbner 2943 m: 3 Std. Abstieg: Gölbner Schartl 2799 m – Tilliach-A. 2039 m: 2 Std. Tilliach-A. – Tilliach-Brücke ca. 1500 m: 1 Std. Gesamtgehzeit: 7 Std.

Hütten/Stützpunkte *Straß-A.* 1974 m, *Tilliach-A.* 2039 m, nur Almwirtschaft.

Karten/Führer/Literatur Siehe Tour 61.

Deferegger Alpen

61 Hochgrabe 2951 m
Großes Degenhorn 2946 m
Kleines Degenhorn 2849 m

wenig schwierig, Wandertour

Ausgangsort Außervillgraten 1286 m, im Villgratental.

Die Tour in Stichworten Außervillgraten 1286 m – Volkzeiner H. 1886 m – Hochgrabe 2951 m – Degenhornsee 2713 m – Kl. Degenhorn 2849 m – Gr. Degenhorn 2946 m – Hainkaralm-H. 2122 m – Volkzeiner H.

Schwierigkeit/Anforderung I = wenig schwierig. Wandertour; große Anforderung, Tagestour. Von Außervillgraten erschließt eine breite neue Str. das Winkeltal bis zu einer Mautschranke. Ab Schranke teils schmale, steile Sandstr. in den Talschluß zum P. (ca. 7 km) vor der Volkzeiner H.

Hochgrabe: Ab P. nach Schild »Hochgrabe« auf markiertem Steig mäßig steil zum weiten Hochbecken des Schrentebachbodens n. unter dem sichtbaren Gipfel der Hochgrabe. Dort (ca. 2350 m) markierte Wegeteilung: nach r. zum Degenhorn, S, zu, über Alpweiden, zum Goldtrögele (2666 m) u. zur Hochgrabe. Markierungen leiten durch das gut begehbare Gelände der Wilden Platten, vorbei am Goldtrögele, nach l. zur Gipfelflanke u. über den NO-Kamm mäßig steil zum Gipfel.

Degenhorn: Von der Hochgrabe zurück zur Wegeteilung: »Degenhorn« oder ohne Markierung u. Steig über die Wilden Platten (interessante, leichte Route, aber nur bei Sicht unternehmen!) zum sichtbaren Wasserfall des Schrentebaches. Dort Treffpunkt mit dem Anstieg aus dem Schrentebachboden, nach Markierungen über eine Rasenrampe hinauf in das Karbecken unter dem Degenhornsee. Über die Felsstufe steil zum See (im Anstieg zweigt r. der markierte Steig zur Ochsenlenke ab = Übergang nach St. Jakob im Defereggental), über seinen Abfluß dem Steig u. Markierungen nach l. folgen, die zum Kl. Degenhorn führen. Unter dem Gipfelsteinmann vorbei, über einen schmalen, gut gangbaren Verbindungsgrat u. die S-Flanke zum Gr. Degenhorn. Abstieg: auf Anstiegsweg zurück in den Boden unter dem Degenhornsee, auf markiertem Steig über die Hainkaralm-H. hinab zur Volkzein-A. (= Direktanstieg zum Degenhorn ab Volkzeiner H.).

Nur für erfahrene, ausdauernde Bergwanderer.

Höchste Wegestelle/Gipfel Hochgrabe 2951 m, Kl. Degenhorn 2849 m, Gr. Degenhorn 2946 m.

Anstiegsleistung Ab P. Volkzein-A. 1600 Höhenmeter.

Abstieg Siehe Tourenverlauf; oder ab Hochgrabe wie Anstieg.

Gehzeiten P. Volkzein-A. ca. 1850 m – Hochgrabe 2951 m: 3½ Std. Übergang zum Gr. Degenhorn 2946 m: 3 Std. Abstieg Volkzeiner H. 1886 m: 2½ Std. Gesamtgehzeit: 9 Std.

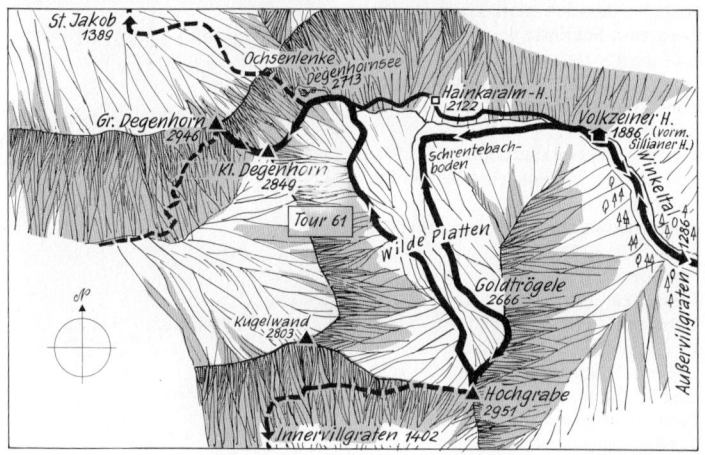

Hütten/Stützpunkte *Volkzeiner H.* 1886 m, auf der Volkzein-A. (vormals Sillianer H.), priv., 34 Betten u. Matratzenlager, bew. Ende Juni–Ende Sept.

Karten/Führer/Literatur Kompass-Wanderkarte 1 : 50 000, Blatt 45 »Deferegger Alpen – Lasörlinggruppe«. Kleiner Führer »Glockner-, Granat-spitz- und Venedigergruppe«.

Deferegger Alpen

62 Weiße Spitze 2963 m
Rote Spitze 2956 m

wenig schwierig, Wandertour

Weiße Spitze: **Ausgangsort** Innervillgraten 1402 m, im Villgratental.

Die Tour in Stichworten Innervillgraten 1402 m – Unterstaller A. 1664 m – Oberstaller A. 1883 m – Schlötter Lenke 2725 m – Weiße Spitze 2963 m – Ober-Unterstaller A.

Schwierigkeit/Anforderung I = wenig schwierig, Wander-/Felstour; mittlere Anforderung, Tagestour. Von Innervillgraten zur Unterstaller-A. (P.), auf Fahrweg zur Oberstaller-A. Wenig talein zum Schild »Weiße Spitze«, das den markierten steilen Steig zum Schlötter u. im Kammverlauf darüber zur Schlötter Lenke anzeigt. Ab Lenke nach Markierungen über den schrofigen W-Grat mäßig steil zum Gipfel.

Höchste Wegestelle/Gipfel Schlötter Lenke 2725 m, Weiße Spitze 2963 m.

Anstiegsleistung Ab Unterstaller-A. 1300 Höhenmeter.

Abstieg Wie Anstieg.

Gehzeiten Unterstaller-A. 1664 m – Oberstaller-A. 1883 m: ½ Std. Oberstaller-A. – Weiße Spitze 2963 m: 3 Std. Abstieg wie Anstieg: 2½ Std. Gesamtgehzeit: 6 Std.

Hütten/Stützpunkte *Unterstaller-A.* 1664 m, Jausenstation.

Rote Spitze: **Ausgangsort** St. Jakob 1389 m, im Defereggental.

Die Tour in Stichworten St. Jakob 1389 m – P. Talstation Brunnalm-Lift 1400 m – Brugger-A. 1818 m – Ragötzl-A. 2115 m – Rote Spitze 2956 m – Brugger-A. – Talstation Brunnalmlift.

Schwierigkeit/Anforderung I = wenig schwierig, Wandertour; mittlere Anforderung, Tagestour. Ab P. Brunnalmlift entweder auf markier-

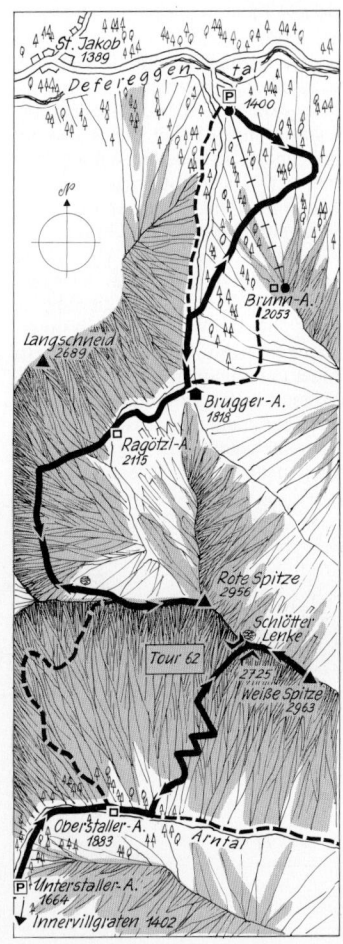

tem Weg oder auf gesperrter Forststr. zur Brugger-A. (Hierher auch im Übergang von der Bergstation.) Ab Brugger-A. markierter Steig, nach Schild »Ragötzllenke«, vorbei an der Ragötzl-A., mäßig steil höher. Bald nach der Alm (ca. 2300 m, auf Stein = »W.-Spitze« angeschrieben) Abzweigung nach l., mit Steigspuren u. Markierungen in ein Hochtälchen. In ihm hinauf zu einem Karsee, weiter zur Kammsenke darüber, auf der die Route von der Oberstaller-A. (siehe Weiße Spitze) einmündet. Nach Steigspuren u. Markierungen steil zum Vorgipfel, l. von ihm, aus einem Schartl, in eine Blockmulde, an ihrem r. Rand wieder zur Kammhöhe, über Gratköpfe zu einer schmalen Gratkerbe, aus der Drahtseile zum Gipfel leiten. Nur für ausdauernde, erfahrene Bergwanderer.

Höchste Wegestelle/Gipfel Rote Spitze 2956 m.

Anstiegsleistung Ab P. Brunnalmlift 1400, ab Brugger-A. 1100 Höhenmeter.

Abstieg Wie Anstieg; oder zur Oberstaller-A. 1883 m im Arntal. (Siehe Weiße Spitze.)

Gehzeiten P. Brunnalmlift 1400 m – Brugger-A. 1818: 1½ Std. Brugger-A. – Ragötzl-A. 2115 m – Rote Spitze 2956 m: 3 Std. Abstieg wie Anstieg: 3½ Std.
Gesamtgehzeit: 8 Std.

Hütten/Stützpunkte *Brugger-A.* 1818 m, Jausenstation.

Karten/Führer/Literatur Siehe Tour 61.

Deferegger Alpen

63 Deferegger Pfannhorn 2819 m

wenig schwierig, Wandertour

Ausgangsort St. Jakob 1389 m, im Defereggental.

Die Tour in Stichworten St. Jakob 1389 m – Staller-Sattel-Str., P. 1914 m, Defereggger Pfannhorn 2819 m; oder St. Jakob – Mariahilf 1422 m – Lappach-A. 1928 m – Hirschbichl 2141 m – Planklake – Deferegger Pfannhorn – St. Jakob.

Schwierigkeit/Anforderung I = wenig schwierig, Wandertour; mittlere Anforderung, Tagestour. Von St. Jakob über Mariahilf auf der Str. zum Staller Sattel (2052 m) bis zu einem li.-seitigen P. (1914 m), noch vor der Staller A. (Bus ab St. Jakob.) Dort nach Tafel »Lappach-Alm/Defereggger Pfannhorn« hinab zum Almbach, auf markiertem Steig nach O mäßig steil höher zum Bergwald. An der Baumgrenze (ca. 2100 m) über den unteren Erlasboden fast horizontal bis vor die kleine Planklake inmitten von Hochweiden. Hier Einmündung des Wanderweges von Mariahilf. Die nun gemeinsame Route zweigt nach S, Markierungen u. Steigspuren führen über steile Alphänge zu einem Blockfeld, nach seiner Überschreitung zu dem Felskessel unter dem no.-seitigen Gipfelaufbau. Aus dem Kessel über einen Gratrücken, in der Gipfelflanke nach Markierungen und Steigspuren zum höchsten Punkt. Markierte Route, nur für erfahrene, ausdauernde Bergwanderer.

Höchste Wegestelle/Gipfel Deferegger Pfannhorn 2819 m.

Anstiegsleistung Ab P. Staller-Sattel-Str. 900, ab Mariahilf 1500 Höhenmeter.

Abstieg Wie Anstieg.

Gehzeiten P. Staller-Sattel-Str. 1914 m – Planklake ca. 2100 m: 1 Std. Von Mariahilf 1422 m über die Lappach-A. 1928 m: 2 Std. Planklake – Deferegger Pfannhorn 2819 m: 2½ Std. Abstieg Staller-Sattel-Str.: 2½ Std. Mariahilf: 3½ Std.
Gesamtgehzeit: 6–8 Std.

Hütten/Stützpunkte *Lappach-A.* 1928 m, nur Almbetrieb.

Rieserferner-Gruppe

64 Almer Horn 2986 m
Obersee-Hütte 2020 m

mäßig schwierig,
Wander-/Felstour

Ausgangsort St. Jakob 1389 m –
Staller Sattel 2052 m.
Die Tour in Stichworten Staller Sattel 2052 m – Obersee-H. 2020 m –
Jägerscharte 2882 m – Almer Horn
2986 m – Obersee-H.
Schwierigkeit/Anforderung II = mäßig schwierig, Wander-/Felstour;
mäßige Anforderung, ½-Tage-Tour.
Von St. Jakob zum Staller Sattel u.
zur Obersee-H. am Obersee (P.). Ab
Hütte nach markiertem Steig 325
(= Übergang zur Neuen Barmer H.,
2610 m), zum Schluß steil über
Blockwerk, zur Jägerscharte – Achtung: Schneewächte! Ab Scharte in
der nordwestlichen Felsflanke nach
Markierungen u. Steigspuren mäßig
steil zum Gipfel. Nur für im Fels erfahrene Berggeher.
Höchste Wegestelle/Gipfel Jägerscharte 2882 m, Almer Horn
2986 m.
Anstiegsleistung Ab Obersee-H.
900 Höhenmeter.
Abstieg Wie Anstieg.
Gehzeiten Obersee-H. 2020 m – Jägerscharte 2882 m: 2½ Std. Jägerscharte – Almer Horn 2986 m:
½ Std. Abstieg wie Anstieg: 2 Std.
Gesamtgehzeit: 5 Std.
Hütten/Stützpunkte *Obersee-H.*
2020 m, priv., bew. Mitte Mai–Ende
Okt.
Karten/Führer/Literatur
Siehe Tour 65.

Rieserferner-Gruppe

65 Hochgall 3435 m
Neue Barmer Hütte
2610 m

sehr schwierig,
Gletscher-/Felstour

Ausgangsort St. Jakob 1389 m, im
Defereggental.
Die Tour in Stichworten St. Jakob
1389 m – P. Patscher A. 1667 m –
Neue Barmer H. 2610 m – Hochgall
3435 m – Neue Barmer H.
Schwierigkeit/Anforderung IV =
sehr schwierig, Gletscher-/Felstour;
mittlere Anforderung, 1½-Tage-Tour. Von St. Jakob nach Erlsbach
(1555 m), auf geschotterter Fahrstr.
(Maut) zum P. Patscher A. Auf Fahrweg im Patscher Tal zur Talstation
der Materialbahn (ca. 1950 m), markierter Steig, mäßig steil, zur Neuen
Barmer H. Nach Schild »Hochgall«
auf Steig in Richtung Riepenscharte.
Vorher r. zum Patscher Kees, das r.
angestiegen u. gegen die Bergschründe am Fuße der Hochgallrinne gequert wird. Über die Schründe
in der steilen, aber breiten Firnrinne
etwa 250 Höhenmeter hinauf zu
P. 3354 (Grenzpunkt), im Firn des
nordöstlichen Gipfelgrates. Auf der
Patscher Seite über die abschüssige
Firnschneide mäßig steiler Anstieg
zum Firngipfel des Hochgall. Von
dort auf plattigem, ausgesetztem
Fels über eine scharfe Einschartung
kurzer Übergang zum Südtiroler
Gipfel. Nur für in Fels und Eis erfahrene Bergsteiger mit Eisausrüstung.
Höchste Wegestelle/Gipfel Hochgall 3435 m.
Anstiegsleistung Ab P. Patscher A.
1800, ab Neue Barmer H. 800 Höhenmeter.
Abstieg Wie Anstieg; oder vom
Südtiroler Gipfel zur Kasseler H.,
2400 m, (4 Std.), Felsgrat! (Siehe

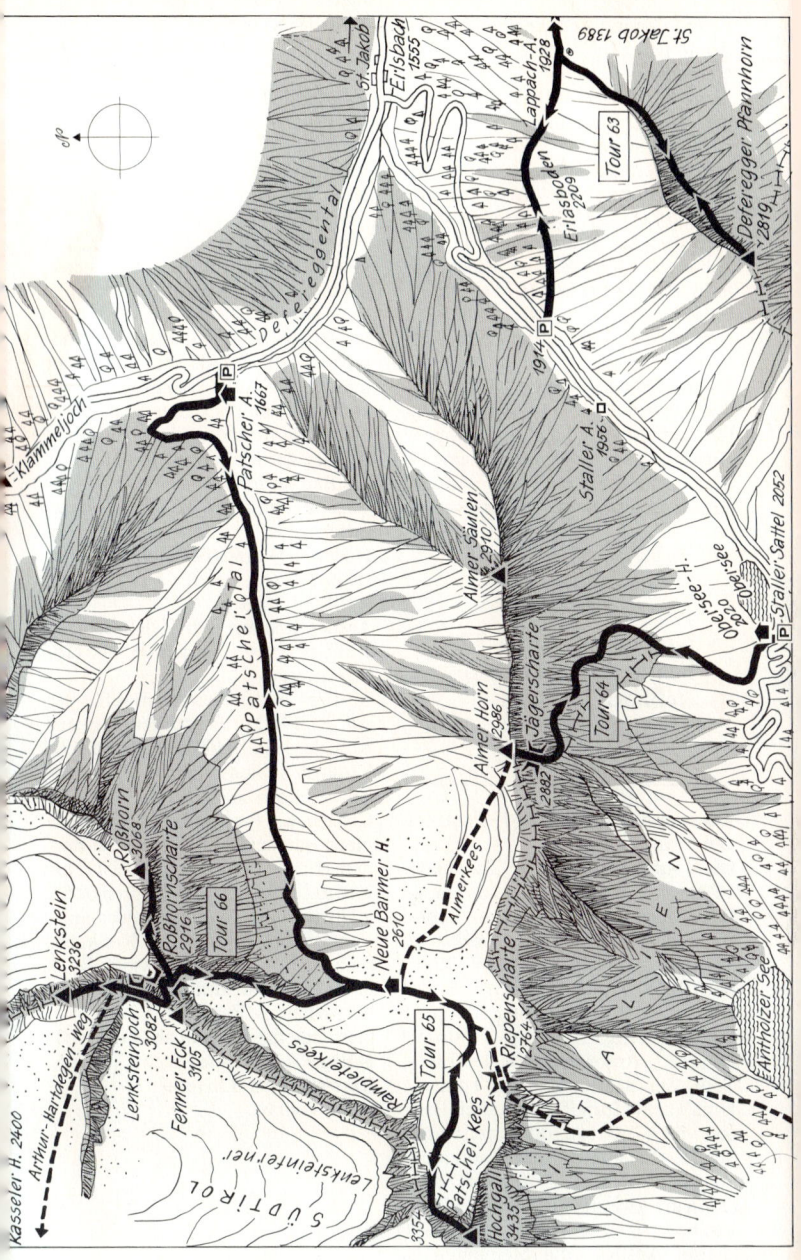

St. Jakob 1389

Erlsbach 1555

Lappach-A. 1928

Defereggental

Tour 63

Erlasboden 2209

Defereggen-Pfannhorn 2819

Klammeljoch

Patscher-A. 1667

1914

Staller-A. 1926

Almer-Säulen 2910

Staller-Sattel 2252

Obersee 2022 Obersee

Patscher Ta.

Almer Horn 2986

Jägerscharte

Tour 64

Kasseler H. 2400

Arthur-Hartdegen-Weg

Lenksteinjoch 3082

Roßhorn 3058

Roßhornscharte 2916

Tour 66

Almer Horn 2882

Almerkees

Lenkstein 3236

Fenner Eck 3105

Neue Barmer H. 2610

Tour 65

Riepenscharte 2764

Lenksteinferner

Rampleierkees

Tour 65

Patscher Kees

Hochgall 3435

3354

SÜDTIROL

Antholzer See

AL EN TAL

75

Sepp Schnürer »Bergsteigen in Süd-
tirol«, Band 1.)
Gehzeiten Patscher A. 1667 m –
Neue Barmer H. 2610 m: 3 Std. Bar-
mer H. – Hochgall 3435 m: 4 Std.
Abstieg Barmer H.: 3 Std.
Gesamtgehzeit: 7 Std. ab Barmer H.
Hütten/Stützpunkte *Neue Barmer
H.* 2610 m, DAV-Sektion Barmen,
40 Betten u. Matratzenlager, bew.
Anfang Juli–Ende Sept. *Alpengast-
haus Patscher Hütte* 1675 m, am P.
Patscher A., priv. Übernachtungs-
möglichkeit, Sommerbewirtschaf-
tung.
Karten/Führer/Literatur Kompass-
Wanderkarte 1 : 50 000, Blatt 45 »De-
feregger Alpen – Lasörlinggruppe«.
Auswahlführer »Hohe Tauern –
Südseite«; Kleiner Führer »Glock-
ner-, Granatspitz- u. Venedigergrup-
pe«.

Rieserferner-Gruppe

66 Großer Lenkstein 3236 m Fenner Eck 3105 m Roßhorn 3068 m

*mäßig schwierig,
Wander-/Felstour*

Ausgangsort St. Jakob 1389 m, im
Defereggental.
Die Tour in Stichworten St. Jakob
1389 m – Patscher A. 1667 m –
Neue Barmer H. 2610 m – Lenksteinjoch 3082 m – Lenkstein
3236 m – Fenner Eck 3105 m – Roßhorn 3068 m – Barmer H.
Schwierigkeit/Anforderung II = mäßig schwierig, Wander-/Felstour;
mittlere Anforderung, 1½-Tage-
Tour. Zur Barmer H. siehe Tour 65.
Hinab zum Grundfest der alten Barmer H. (2500 m), dort weist das
Schild »Lenkstein« den markierten
Steig zur sichtbaren Roßhornscharte
(2916 m) zwischen Fenner Eck u.
Roßhorn. Steiler, teils drahtseilgesicherter Anstieg zum Steinmann l.

über der Scharte. Höher zum Steinmann auf einem Plateau, von dem
der Steig den nächsten Steinmann
auf der Fels- und Firnschulter des
Lenksteinjochs erreicht. Über Firn
nach r. zu einer Schrofenwand,
durch die ein markierter Steig steil u.
ausgesetzt zum Steinmann vor dem
Lenkstein-S-Grat führt. Über Firn
zum gut begehbaren Gratfels u. zum
Gipfel. Abstieg: Zurück zum Lenksteinjoch, kurzer Anstieg zur Stange
am Fenner Eck, wie Anstieg hinunter zum Steinmann über der Roßhornscharte. Markierter Steig zur
nahen, verfirnten Scharte, aus der
ein Felssteig über den breiten N-
Grat das Roßhorn erschließt. Wie
Anstieg zurück zum Steinmann und
zur Barmer H.
Nur für im Fels erfahrene Berggeher.
Höchste Wegestelle/Gipfel Lenkstein 3236 m, Fenner Eck 3105 m,
Roßhorn 3068 m.
Anstiegsleistung Ab P. Patscher A.
1700, ab Neue Barmer H. 800 Höhenmeter.
Abstieg Siehe Tourenverlauf; oder
auf dem Arthur-Hartdegen-Weg zur
Kasseler H., 2400 m (3½ Std.) in
Südtirol. (Siehe Sepp Schnürer
»Bergsteigen in Südtirol«, Band 1.)
Gehzeiten Patscher A. 1667 m –
Neue Barmer H. 2610 m: 3 Std. Bar-
mer H. – Lenksteinjoch 3082 m:
2½ Std. Lenksteinjoch – Lenkstein
3236 m: 1 Std. Abstieg: Lenkstein –
Fenner Eck 3105 m – Roßhorn-
scharte 2916 m: 1 Std. Anstieg Roß-
horn 3068 m u. zurück: ½ Std. Roß-
hornscharte – Barmer H.: 2 Std.
Gesamtgehzeit: 7 Std. ab Barmer H.
Hütten/Stützpunkte Siehe Tour 65.
Karten/Führer/Literatur
Siehe Tour 65.

Übersicht der Touren nach Schwierigkeiten

Diese Übersicht ordnet die Touren in vier Schwierigkeitsstufen ein. Die Einstufung erfolgte nach meinen eigenen Erfahrungen und bewertet die technische Schwierigkeit im Vergleich der Touren untereinander, unabhängig von den Schwierigkeitsangaben in den Alpenvereinsführern. Neben der technischen Schwierigkeit habe ich zudem jeder Tour noch eine Beurteilung der erforderlichen Ausdauer und Bergerfahrung, unterteilt in vier Stufen, mitgegeben. Näheres dazu siehe »Praktische Hinweise« (Hauptbuch Seite 158).

61 Hochgrabe Großes Degenhorn Kleines Degenhorn	Wandertour	70
62 Weiße Spitze Rote Spitze	Wander-/Felstour	72
63 Deferegger Pfannhorn	Wandertour	73

II = Mäßig schwierig

3 Gamskarlspitze	Wander-/Felstour	5
4 Ankogel	Wander-/Felstour	6
6 Säuleck	Wander-/Felstour	9
7 Schneewinkelspitze Gussenbauerspitze	Wander-/Felstour	9
9 Südliches Schwarzhorn	Wander-/Felstour	11
10 Keeskogel	Wander-/Felstour	12
11 Großer Hafner	Wander-/Felstour	12
12 Reißeck-Höhenweg	Wander-/Felstour	13
21 Schareck Herzog Ernst	Wander-/Felstour	25
22 Hoher (Rauriser) Sonnblick	Wander-/Felstour	27
26 Petzeck	Wander-/Felstour	31
27 A.-Noßberger-Hütte Elberfelder Hütte	Wander-/Fels-/Gletschertour	33
28 Roter Knopf Böses Weibl	Wander-/Felstour	33
30 Hoher Prijakt Niederer Prijakt	Wander-/Felstour	36
33 Kitzsteinhorn	Fels-/Gletschertour	39
40 Granatspitze Stubacher Sonnblick	Gletscher-/Felstour	46
42 Großer Muntanitz Kleiner Muntanitz Gradötzspitze	Wander-/Fels-/Gletschertour	49
45 Venediger-Höhenweg Kristallwand	Wander-/Gletscher-/Felstour	52
53 Weißspitze	Wander-/Felstour	60
56 Schlieferspitze Gamsspitzl	Wander-/Felstour	65
64 Almer Horn	Wander-/Felstour	74
66 Großer Lenkstein Fenner Eck Roßhorn	Wander-/Felstour	76

III = Schwierig

8 Hochalmspitze	Gletscher-/Felstour	10

Begleitheft zu »Hohe Tauern«,
(BLV Kombi-Bergsteigerbuch)

Tips für zweckmäßige Ausrüstung und Bekleidung

Ausrüstung

Rucksack: Leichtes Modell, aber mit Tragekomfort.

Seil: Kernmantel-Bergseil 9 mm, ca. 15 Meter für Klettersteige, für Gletschertouren Bergseil 10–11 mm, 30 Meter.

Klettergürtel: Sicherheitsbrustgurt mit Sitzgurt.

Reepschnur: Kernmantel-Reepschnüre, 6–8 mm, ca. 2,50–3 Meter.

Karabiner: Schnappkarabiner, Ausführung Klettersteigmodell mit großer Öffnung.

Steinschlaghelm: Möglichst leicht, aber stabil, mit Belüftung.

Pickel/Steigeisen: Leichtes Pickelmodell und Leichtsteigeisen.

Rucksackapotheke (in wasserdichtem Beutel): 2 Verbandspäckchen, 1 elastische Binde, Schnellverband (Hansaplast in verschieden großen Streifen, Leukoplast), Sprühverband (z. B. flint), Schmerzmittel (z. B. Thomapyrin), Tabletten gegen Erschöpfung, persönliche Medikamente nicht vergessen!

Rettungsdecke: Spezialfolie in Kleinstpackung, in Sporthäusern erhältlich, 2 Stück.

Proviant: Kekse, Schokolade, Dörrobst, und nach eigenem Geschmack, aber möglichst leicht.

Getränke: Tee, Kaffee etc., bei längeren Touren in Thermosflasche, Mineraldrinks.

Sonstiges: Sonnenschutzmittel, Lippenschutz, Sonnenbrille, Taschenlampe, Taschenmesser, Papiertaschentücher, Höhenmesser empfehlenswert.

Bekleidung

Die Bekleidung sollte nach den Gesichtspunkten: leicht, praktisch, warm, aber atmungsaktiv, ausgewählt werden!

Anorak: Popeline oder Gore-Tex, evtl. Nylon-Leichtanorak als zusätzlicher Wetterschutz (Regenumhang im Klettersteig ungeeignet!), Bergsteigerponcho.

Bundhose: Bequemer Sitz, Länge gut über das Knie, evtl. lange Hose.

Schuhe: Hohe, mittelschwere Bergschuhe, mit gutem Knöchelsitz, steigeisenfest.

Strümpfe: Kniestrümpfe, wasserabweisende Wollqualität, möglichst über das Knie reichend (Ersatzstrümpfe mitnehmen!).

Handschuhe: Feste Lederhandschuhe, Fingerhandschuhe, im Klettersteig vorteilhaft bei Gletschertouren Wollfäustel.

Pullover: Strickjacke meist praktischer, oder Weste (Daunenweste).

Wäsche: Sportwäsche, schweißaufsaugend, ggf. lange Unterhose.

Hemd/Bluse: Möglichst aus Baumwolle.

Kopfbedeckung: Berghut, Sonnenhut, Wollmütze, Skimütze.

Regenschutz: Überhose und Spezial-Regenanorak.

Sonstiges: Schal, Halstuch, Taschentücher; für Übernachtungen Trainingsanzug (leicht!), Hüttenschuhe, Waschzeug, Handtuch, ggf. Kleidung zum Wechseln, Gamaschen, Biwaksack.

Nicht vergessen: Vorliegendes Begleitheft, Gebietskarte.